Écrire l'histoire des relations internationales

Genèses, concepts, perspectives
XVIIIe-XXIe siècle

Laurence Badel

Écrire l'histoire des relations internationales

Genèses, concepts, perspectives
XVIIIe-XXIe siècle

ARMAND COLIN

Collection U
Histoire

Image de couverture : © akg-images / Erich Lessing

Mise en page : Belle Page

NOUS NOUS ENGAGEONS EN FAVEUR DE L'ENVIRONNEMENT :

Nos livres sont imprimés sur des papiers certifiés pour réduire notre impact sur l'environnement.

Le format de nos ouvrages est pensé afin d'optimiser l'utilisation du papier.

Depuis plus de 30 ans, nous imprimons 70% de nos livres en France et 25% en Europe et nous mettons tout en œuvre pour augmenter cet engagement auprès des imprimeurs français.

Nous limitons l'utilisation du plastique sur nos ouvrages (film sur les couvertures et les livres).

Armand Colin est une marque de Dunod Éditeur
11, rue Paul Bert, 92240 Malakoff
www.dunod.com
ISBN : 978-2-200-63061-4

Introduction

L'*Introduction à l'histoire des relations internationales*, publiée par Pierre Renouvin et Jean-Baptiste Duroselle en 1964, est devenue un classique de l'historiographie contemporaine. L'objectif des auteurs était de fournir un « cadre de recherche » et un « point d'appui » pour les chercheurs s'engageant dans l'étude historique des relations internationales. S'il est impossible de refaire un tel ouvrage, il nous est apparu nécessaire de présenter une réflexion sur l'état de ce domaine au début du XXIe siècle. Ce livre a le même objectif pratique, qui est de contribuer à la formation de jeunes chercheurs, mais aussi une perspective épistémologique, guidée par un souci de décloisonnement des approches comme par le souhait de proposer des orientations de recherche encore peu approfondies.

En France, l'heure n'est plus au désintérêt pour les questions épistémologiques, constaté par Antoine Prost au moment où il commençait la rédaction de ses *Douze leçons sur l'histoire* dans les années 1990. Les historiens manifestent une préoccupation accrue pour définir leurs objets d'étude et leur position méthodologique. Ils y sont encouragés, ou contraints, par l'évaluation de leurs articles par leurs pairs, pratiquée par les revues internationales, majoritairement anglo-saxonnes. Longtemps enfermés dans une historiographie nationale, ils ont élargi leurs perspectives. Les historiens des relations internationales ne font pas exception, à la pointe de recherches conduites à une échelle infra- et transnationale.

En 1988, René Rémond estimait l'histoire des relations internationales « profondément renouvelée[1]. » En 1996, Zara Steiner pouvait écrire : « L'histoire internationale est un nouveau domaine avec un vieux pedigree[2]. » En ce début des années 2020, la notion de « renouvellement » appliquée à la discipline n'a déjà plus le même contenu au terme de trois décennies où se sont épanouies les approches transnationale et mondiale. René Rémond et Zara Steiner donnaient-ils d'ailleurs le même sens à l'époque à une sous-discipline historique qu'ils ne désignaient pas par la même appellation ?

La notion de « discipline » est, on le sait, problématique et débattue. Elle est fondée sur la distinction de domaines de recherche, relativement bien délimités et imperméables les uns par rapport aux autres, obéissant à des logiques propres, explorés selon une méthode particulière, et institutionnalisés, dans des chaires universitaires, une revue scientifique, une association, dans un nom aussi, qui est devenu avec le temps la « marque » de la discipline. Pour les historiens français, les choses sont claires. L'histoire des relations internationales a émergé selon une logique de différenciation par rapport à l'histoire diplomatique. Elle s'est affirmée par la diversification de ses objets d'études, en ne se concentrant plus uniquement sur les relations interétatiques, et par son caractère généraliste, en empruntant à d'autres sous-disciplines historiques (histoire économique, histoire sociale, histoire culturelle, etc.).

Cette différenciation est toutefois demeurée longtemps inachevée. Tout en se donnant de nouvelles lois et une méthode fondée sur une approche plurifactorielle, cette histoire n'a pas rompu avec l'ordre interne antérieur de l'histoire diplomatique, qui reproduisait le cloisonnement et la catégorisation imprimés par son principal centre documentaire, le dépôt d'archives. Elle a longtemps continué à privilégier une approche nationale des réalités internationales et la promotion d'histoires bilatérales (franco-allemande, italo-belge, etc.). Dans ce contexte, le nom de « Renouvin » a fait office de « marque » ou de « figure conceptuelle » (Jorge Dotti) dans l'espace francophone et au-delà. Le « Nestor » de l'historiographie contemporaine des relations internationales, comme l'appelait encore l'historien allemand Winfried Baumgart à la fin des années 1990[3], a longtemps incarné l'identité de la discipline, une identité qui a considérablement évolué depuis trente ans. Ludovic Tournès parle de Pierre Renouvin comme « des meubles de famille qui passent de génération en génération et dont la valeur est incontestable, mais qu'on ne sait plus où mettre [...][4]. » La métaphore est un peu rude, mais elle n'est pas fausse. Il n'en demeure pas moins que c'est sous l'égide intellectuelle de Renouvin qu'a eu lieu, en France, la construction systématique d'un domaine scientifique depuis la fondation de sa bibliothèque comme Bibliothèque de la Guerre dans les années 1920, devenue La contemporaine en 2018, jusqu'à celle de sa revue *Relations internationales* en 1974, en passant par la création de l'Institut d'histoire des relations internationales contemporaines (IHRIC) en 1935.

Si les propositions de Renouvin circulent encore aujourd'hui, sont discutées et souvent reprises dans l'espace francophone, en Belgique, en Suisse, en Italie, en Espagne notamment, elles sont bien moins présentes aux États-Unis, au Royaume-Uni, en Allemagne ou en Autriche, ou identifiées à une forme d'archaïsme historiographique. Dans ces pays, un saut a été directement effectué de l'histoire diplomatique à l'histoire internationale à la fin des années 1990. Le récit historiographique n'est pas le même.

Pour éclairer ces évolutions et décalages, nous avons essayé de nous déprendre des approches par « école nationale », tout en respectant les « situations nationales ». L'approche par les « écoles » a longtemps marqué l'historiographie. Elle cède trop souvent à l'hagiographie et à l'autosatisfaction. D'autres domaines historiques sont loin d'en être exempts. Les « annalistes » ont eux aussi leurs pères et textes « fondateurs » et leurs lignées prestigieuses, perpétués dans les ouvrages historiographiques les plus récents. L'« histoire transnationale de cette histoire des relations internationales », qu'appelait de ses vœux Robert Frank en 2012, nous semble plus féconde[5]. Elle repose ici sur une approche synchronique, qui conduit par exemple à comparer l'itinéraire d'un Renouvin avec ceux des historiens étrangers de sa génération ou à mettre l'accent sur la transversalité des débats, particulièrement importants lors des congrès internationaux des sciences historiques de 1950 et de 1955, ou autour de certains programmes de recherche. Nous avons également répudié l'approche internaliste qui n'envisage l'évolution d'une discipline qu'à l'aune de ses propres productions. Or, la genèse complexe de l'histoire des relations internationales, entre droit, histoire et science politique, ne peut qu'inciter à en sortir.

L'approche génétique permet de rappeler une chose souvent ignorée : la désignation de cette sous-discipline historique est demeurée très fluctuante et variable selon les États, tout au long du XIXe siècle et jusqu'à aujourd'hui. L'historien américain Alexander DeConde évoquait en 1988 un « domaine à l'identité équivoque, connu sous un certain nombre de noms différents. [...] histoire des relations internationales, des relations étrangères, des politiques étrangères, des affaires étrangères, [...] histoire internationale, [...] histoire diplomatique[6] ». Une appellation peut renvoyer à un contenu différent selon les situations nationales. En 2005, Patrick Finney parlait de la mutation de l'histoire diplomatique en « histoire internationale » après 1945. Il décrivait en réalité, sous cette dernière expression, l'histoire des relations internationales « renouvinienne », et non l'« histoire internationale » telle qu'elle a été pratiquée par ses collègues anglo-saxons à partir du début du XXIe siècle ou labellisée au même moment par une nouvelle génération d'historiens allemands soucieux de se démarquer de l'ancienne *Diplomatiegeschichte*[7]. Selon les situations nationales, certaines appellations se sont imposées sans toutefois empêcher qu'elles continuent à cohabiter avec d'autres. En Italie, l'histoire des traités, qui prend naissance au XVIIIe siècle, a été enseignée loin dans le XXe siècle. Face à la prolifération passée et présente de ces labels, et quel que soit le regard critique que l'on peut porter sur des disciplines et sous-disciplines universitaires toujours soucieuses de défendre leur pré carré et leurs frontières, il faut donc admettre la nécessité d'un état des lieux conduit librement et sans *a priori*.

Sans s'y laisser enfermer, il importe de proposer des définitions préliminaires clarifiant ces différents labels, pour permettre ensuite le débat sur leur pertinence. Ce livre se concentre donc sur un *domaine*, celui de l'histoire des relations internationales, et sur ses liens avec deux nouvelles formes d'histoire, institutionnalisées à leur tour, l'histoire transnationale et l'histoire mondiale, qui ont en commun de renvoyer à des *objets d'étude* privilégiés et de proposer sinon une méthode, du moins une *perspective*, ou une approche, pour appréhender ou relire les phénomènes historiques. Alors que de nombreux universitaires et historiens emploient depuis de longues années la notion d'« histoire internationale », nous demeurons attachée à celle d'histoire des *relations* internationales car elle permet de distinguer clairement ce domaine de recherche d'une approche « internationale », qui permet, de fait, d'écrire l'histoire internationale d'objets qui ne ressortissent pas toujours au domaine des relations internationales.

À rebours du discours des pères fondateurs français, nous ne retracerons pas une histoire linéaire, qui conduirait de l'histoire diplomatique à celle des relations internationales, sans solution de continuité et de manière similaire dans tous les États. Ce sont bien plutôt les décalages et les cohabitations que le livre fera apparaître. Dès lors, nous sortirons aussi d'un discours distribuant les bons et les mauvais points de l'innovation épistémologique, en considérant la discipline et les ouvrages produits, génération après génération, en soi, comme l'expression des conceptions et des représentations historiques d'une époque donnée. Nous nous proposons d'éclairer la singularité d'un domaine historique, paradoxalement méconnu, ou ravalé avec la saine mauvaise foi innervant les polémiques, au rang d'une histoire positiviste dédaignée, comme si ses contempteurs vivaient encore dans le monde des années 1950. Expliquer ce qu'est l'histoire des relations internationales à ceux qui ne la pratiquent pas, donner une méthodologie aux étudiants attirés par ce domaine, clarifier son projet dans un environnement où sa spécificité semble s'être diluée, telle est la triple ambition de ce livre. Il est l'histoire des avant-gardes historiques, il est aussi celle de l'exploration de voies méconnues, marginalisées, ou d'impasses, et celle de la mise en lumière d'historiens et d'historiennes, parfois oubliés.

Au moment où nous avons conçu le projet de ce livre, en février 2020, *Le Monde* venait de consacrer une pleine page d'hommage à Georges Steiner, critique et comparatiste[8]. À Zara Steiner, sa femme, historienne de l'Europe et des relations internationales, décédée dix jours plus tard, il ne consacra aucun entrefilet. Doit-on y voir le signe de la persistance d'un cadre mental où l'on imaginait, à l'instar de Lucien Febvre en 1941, que seuls existaient de « jeunes hommes décidés à consacrer leur vie à la recherche historique[9] » ? Il faudra un jour réfléchir à la place occupée, dans la cohorte générale des historiens et dans celle des premières générations d'historiennes, par les toutes premières femmes, aujourd'hui décédées, à s'être intéressées aux questions internationales, des femmes nées entre la fin du XIXe siècle et 1945 : Suzanne Tassier (1898-1956) en Belgique, Josefina Cuesta (1947-2021) en Espagne, Betty Miller Unterberger (1922-2012) et Sally Marks (1931-2018) aux États-Unis, Janine Ponty (1930-2017) et Elisabeth du Réau (1937-2021) en France, Maria Antonia Di Casola, (1937-2012) en Italie, Lillian Penson (1896-1963) et Zara Steiner (1928-2020) au Royaume-Uni, ou encore Marlis Steinert (1922-2005) en Suisse. De même que les femmes ont accédé aux responsabilités régaliennes touchant à la défense ou à la diplomatie, plus tardivement qu'à d'autres domaines d'action au XXe siècle, les historiennes se sont d'abord concentrées dans le domaine de l'histoire sociale ou culturelle avant de s'emparer des relations internationales.

Pour expliquer les mutations des trente dernières années, nous avons pris le parti, une nouvelle fois, d'inscrire la genèse du domaine dans la longue durée de l'histoire européenne. L'Europe est notre échelle d'analyse, même si nous n'ignorons pas que d'autres régions du monde ont développé de longue date une réflexion théorique sur les « relations internationales ». Comme telle, notre démarche affirme la singularité d'une pensée historique européenne sur les relations internationales, qui a certes considérablement évolué dans le cadre d'échanges avec les représentants d'autres régions du monde, mais qui a été marquée par des prémisses épistémologiques et une vision de ces relations, enracinées dans les pratiques politiques de l'Europe depuis la fin du Moyen Âge. La longue durée permet, par ailleurs, de rappeler que les historiens de l'époque contemporaine (XIXe-XXIe siècle) n'ont pas l'exclusivité de la réflexion sur les relations internationales et sur son historiographie. Une bonne compréhension de la genèse de la sous-discipline, du développement de ses concepts fondateurs, de l'attachement de ses historiens aux sources diplomatiques et de la longue sacralisation de l'archive ne peut être atteinte que dans la connaissance intime et méditée des travaux des historiens médiévistes et modernistes, qui ont grandement participé du renouvellement du domaine. Les historiens médiévistes rappellent régulièrement la possibilité d'une « histoire des relations internationales dans un monde où les États-nations n'existaient pas[10] ». Il n'est pas indifférent de souligner que Pierre Renouvin avait conçu son *Histoire des relations internationales* (1953) dans cette perspective, en confiant un volume au médiéviste François-Louis Ganshof, qui entendait présenter « la complexité des problèmes que pose l'histoire des relations internationales au Moyen Âge[11] ». Cette inscription dans la durée est donc essentielle ici.

Depuis la somme de 1964, peu d'ouvrages de ce type ont paru en langue française, ni même en d'autres langues. Or, la marginalisation relative, mais effective, du continent européen dans les débats en cours, cette « provincialisation » de fait, légitime ironiquement ce regard européen assumé que nous portons ici sur l'état de ce domaine historique, ni surplombant, ni complexé, mais interrogeant de manière lucide les évolutions qui ont eu lieu. En France, Jean-Baptiste Duroselle avait synthétisé en 1981 dans *Tout Empire périra* le fruit d'une vie de travaux et, en 2012, Robert Frank a édité un volume collectif en forme de manifeste, *Pour l'histoire des relations internationales*. À l'étranger, les années 2000 ont été riches de débats animés et de publications collectives coordonnées par Patricia Clavin, Eckart Conze, Jost Düffler, Jessica Gienow-Hecht, Barbara Haider-Wilson, Akira Iriye, Wilfried Loth, Charles Maier, Jürgen Osterhammel, Johannes Paulmann, Juan Carlos Pereira Castañares, David Reynolds et Patrick Finney, Federico Romero, Glenda Sluga, Marc Trachtenberg, ou encore Antonio Varsori. Ils sont relativement peu connus en France alors qu'ils entérinent les évolutions du domaine et sa diversification. Au demeurant, notre propre démarche s'inscrit dans les remises en cause vigoureuses, depuis la fin des années 1980, d'une grille de lecture plaçant l'action des États « au centre des relations internationales ».

Ce livre ne présente donc ni une nouvelle théorie des relations internationales, ni une histoire des relations internationales, mais une réflexion épistémologique, historiographique et méthodologique qui vise à rassembler et à ordonner les réflexions qui se sont succédé. « C'est par des concepts qu'un groupe se reconnaîtra et se définira », écrivait l'historien allemand Reinhardt Koselleck[12]. En un temps, qui oscille entre le butinage conceptuel parfois décontextualisé, la récitation incantatoire de certains maîtres-mots et l'invention quasi quotidienne d'un nouveau concept, cet ouvrage rappelle et discute ceux forgés par la discipline tout en incitant à poursuivre le dialogue avec les sciences juridiques, politiques et sociales et à développer, en particulier, les relations avec les géographes, anthropologues, linguistes, littéraires et scientifiques.

Enfin, il met en lumière une recherche francophone, qui a pâti depuis trente ans de l'hégémonie consacrée de la langue anglaise, et dont il importe de faire valoir la contribution à la diversification des recherches. La fonction essentielle de médiateur entre les histoires et les historiographies, que permet la maîtrise de quelques langues étrangères, ne doit pas conduire, en effet, les historiens francophones à la seule acclimatation des objets et approches produits dans la communauté anglo-saxonne, mais bien plutôt à continuer à défricher de nouveaux terrains. Nous avons veillé néanmoins à garder une perspective comparée et à inscrire leurs travaux dans l'évolution plus générale du domaine. Cet ouvrage espère aussi démontrer par l'exemple que la force de l'histoire des relations internationales a toujours été de penser *hors de* son champ en liant les histoires et les cadres analytiques. L'accent a donc été mis sur la clarification des approches et des concepts, sur l'analyse des catégories de l'international, ainsi que sur la réévaluation de la place accordée aux individus et aux nouveaux lieux de l'international dans l'historiographie. Enfin, un chapitre, reposant sur une approche constructiviste et linguistique, est consacré aux concepts et aux métaphores de l'international, tant il nous semble important de souligner qu'à l'instar d'autres domaines de recherches, le rapport des historiens à l'international a été médiatisé non seulement par les gestes des acteurs, mais aussi par leurs mots.

Chapitre 1

Genèses

On pourrait appliquer à l'histoire des relations internationales ce qu'écrivait René Rémond de l'histoire politique : elle a longtemps été celle de l'État, des administrations en charge de la politique étrangère et des instruments de l'expansion nationale à l'étranger. Elle a tiré profit de « l'éclat dont brillait l'État, réalité suprême et transcendante[1] », éclat qui s'est considérablement terni dans le monde occidental dans les trois dernières décennies du XXe siècle, sous l'effet de la remise en cause de l'État-providence et des processus inhérents à la phase nouvelle de mondialisation de l'économie et des sociétés, accentuée dans les années 1980.

Loin d'être l'enfant de la Première Guerre mondiale comme certains ouvrages tendent à le suggérer, son histoire est enracinée dans celle de l'État en Europe et dans celle de la formation de ses élites à l'époque moderne. Elle puise dans trois sources : le droit international, l'histoire des traités et les sciences de l'État. Ses liens intimes avec le droit et la science politique et sa finalité pratique marquent durablement son *ethos* et les représentations qui vont lui être attachées. Il importe donc de les rappeler. En second lieu, l'essor de l'histoire diplomatique s'inscrit dans un XIXe siècle marqué par l'affirmation des identités nationales et des États-nations. L'histoire est l'un des outils de la construction des récits nationaux, fondés sur la relecture d'un passé souvent mythifié afin de légitimer les revendications du présent. Structurée autour de concepts-clefs, majoritairement forgés à l'époque moderne, l'histoire diplomatique nourrit l'argumentation des gouvernements et les revendications des opinions publiques en matière de politique extérieure. Son dynamisme, variable selon les États, reflète en réalité le rapport des forces entre les grandes puissances ainsi que les ambitions des jeunes États. Enfin, elle prend son essor dans un siècle marqué par la professionnalisation de l'histoire et l'essor de la mobilité universitaire. Ses méthodes sont tributaires des débats qui marquent alors la discipline historique, la science politique et l'émergence de la sociologie.

Deux récits historiographiques coexistent. D'un côté, celui de la rupture entre l'histoire diplomatique et l'histoire des relations internationales, établi par les historiens français ; de l'autre, celui d'une histoire diplomatique (*diplomatic history*), qui se déploie du début du XIXe siècle jusqu'à son entrée en « crise » après 1989, fabriqué par les historiens américains. En France, la construction précoce du récit, qui établit une distinction nette entre une histoire diplomatique politique, centrée sur l'individu, et une histoire des relations internationales pluri-factorielle, qui penche du côté des structures, a un usage interne et externe. Ce récit permet de répondre pied à pied, dans les années 1950-1960, aux attaques des historiens des *Annales* dont la propre construction identitaire a reposé, en partie, sur la disqualification de la « vieille histoire diplomatique ». D'autre part, il légitime l'affirmation du dynamisme de l'« école française » dans une sphère francophone, qui s'étend de la Belgique à l'Afrique francophone en passant par la Suisse et la Méditerranée orientale. Aux États-Unis, la durabilité de l'appellation « histoire diplomatique » a favorisé par contraste, dans les années 1990, l'affirmation éclatante d'une partie des historiens américains, qui promeuvent une « histoire internationale » fondée sur un nouveau paradigme culturel.

Or, la cohabitation, depuis le XIXe siècle, d'appellations variées pour désigner ce que nous appellerons, de manière inaugurale, une histoire qui pense la relation de différentes sociétés de par le monde dans un cadre systémique, et le constat de l'instabilité de ces labels nous ont conduite à réfléchir aux circonstances transnationales qui ont favorisé son essor, tout en veillant à ne pas fausser la perspective en construisant un nouveau récit faisant fi des contextes nationaux. Dans chaque communauté historienne nationale, si le débat s'est fait jour, des positions différentes se sont affirmées. Cette diversité, voire la résistance de pratiques anciennes, ne doivent pas être masquées, sous peine de n'écrire qu'une histoire des avant-gardes historiques.

Ce sont donc ces liens discontinus, mais forts, ce sont ces contradictions internes que nous nous proposons d'éclairer dans ces deux premiers chapitres, en rappelant d'abord que l'histoire des relations internationales contemporaines puise son origine dans l'histoire intellectuelle, universitaire et politique de l'Europe moderne.

L'histoire diplomatique, une discipline-carrefour, XVIIIe-XXe siècle

Dans le cadre de la réflexion qui se développe sur la formation à donner aux émissaires des cours européennes (attachés d'ambassades, secrétaires et ministres ou ambassadeurs), un enseignement historique spécifique prend son essor, l'histoire des traités, dans le cadre des études juridiques. Cet essor est permis par le développement d'instruments de recherche et la publication de sources. Celle-ci se fait de plus en plus abondante, en particulier dans le domaine des papiers d'État.

Un premier « moment documentaire » (Valérie Tesnière)

Il est admis que la charnière des XIXe-XXe siècle a correspondu à la création en Europe et aux États-Unis de nombreuses bibliothèques et centres de documentation liés soit au monde industriel et économique, soit aux institutions scientifiques ou à l'administration, et chargés de collecter la production mondiale imprimée dans tous ces domaines, notamment les documents administratifs officiels (textes et règlements). On sait moins que, du milieu du XVIIe siècle au milieu du XVIIIe siècle, un processus comparable a eu lieu, centré sur l'acquisition de traités et de documents politiques, dont l'objet central était le droit des gens. Ils ont été publiés dans de grandes collections afin de mettre à la portée des praticiens des éditions relativement compactes et de permettre une diffusion plus élargie de ces documents. Les traités fondaient en effet les droits de souveraineté des princes ou des États. Ils fixaient juridiquement les relations entre les puissances, via des coutumes et des normes. Ils étaient considérés comme des sources importantes du droit international positif. Le principe *pacta sunt servanda* asseyait leur autorité. En outre, ces textes juridiques avaient acquis un statut de source exceptionnelle pour les dirigeants politiques : ils étaient considérés comme des preuves.

Le droit des gens (*jus inter gentes*) est alors la grande discipline qui forme les élites politiques et administratives européennes. Le *Droit des gens* d'Elmer de Vattel, publié en 1758, est destiné aux souverains et aux diplomates européens. Les Français Jean Du Tillet et Frédéric Léonard ont été des compilateurs du droit international positif. Le philosophe Gottfried W. Leibniz est le premier à présenter une collection de documents juridiques consacrés aux relations interétatiques, le *Codex juris gentium diplomaticus* (1693). Entre 1726 et 1739, avec ses treize volumes, le *Corps universel diplomatique du droit des gens* de Jean Du Mont constitue la plus importante collection imprimée alors existante. Aux côtés des recueils généraux de textes juridiques, des recueils nationaux de traités sont édités. Thomas Rymer commence ainsi à publier en 1704 une compilation d'accords diplomatiques de statut différent : *Foedera, Conventiones, Litterae et cujuscunque generis Acta Publica [...]*, première série de dix-sept volumes rassemblant les accords conclus par la Couronne d'Angleterre. L'Europe des Lumières a amplifié ce travail de compilation des actes du droit international. Citons, à titre d'exemple, les ouvrages de F. A. Wenk, *Corpus juris gentium recentissimi, 1735-1772* (1786), et de Georg Friedrich de Martens, *Recueil des principaux traités d'alliance de paix, de trêve, etc., conclus par les puissances de l'Europe, depuis 1761 jusqu'à présent* (1791-1800). Ces recueils de traités servent, on l'a dit, à asseoir le droit des États. Ils sont aussi utilisés dans le domaine de l'enseignement et dans la formation diplomatique. Leur existence garantit enfin la disponibilité de textes importants lors des négociations : ils fournissent des informations essentielles sur les normes, règles et procédures alors en vigueur, ainsi que des modèles de textes et de formulations pour les futurs traités.

Ils ont été au cœur de l'essor de deux nouvelles disciplines universitaires : l'histoire des traités et la science des États.

L'histoire des traités, science auxiliaire du droit des gens

Les livres de Dietrich Heinrich L. von Ompteda (*Litteratur des gesammten sowohl natürlichen als positiven Völkerrechts*, 1785) et de Robert Plumer Ward (*An Enquiry into the Foundation and History of the Law of Nations in*

Europe..., 1795) inaugurent une tradition d'histoire du droit des gens, que l'on va bientôt qualifier de droit « international ». Le philosophe britannique Jeremy Bentham emploie, en effet, cet adjectif pour la première fois dans l'*Introduction aux principes de morale et de législation,* imprimée en 1780, mais diffusée à partir de 1789. Ce néologisme désigne la branche de la jurisprudence qui traite des « affaires mutuelles entre souverains en tant que tels ». Il est mentionné brièvement dans la préface, puis dans le dernier chapitre des *Principes.* Le terme « international » est utilisé quand Bentham examine la qualité politique des personnes régies par le droit. Il met le mot « international » en contrepoint avec le droit interne : « Celles-ci peuvent, en toute occasion, être considérées soit comme membres d'un même État, soit comme membres d'États différents : dans le premier cas, la jurisprudence peut être renvoyée au chapitre de la jurisprudence interne, dans le second cas, à celui de la jurisprudence *internationale.* » Le mot est forgé comme un synonyme de droit des gens : « Le mot *international,* il faut le reconnaître, est nouveau ; [...]. Il est destiné à désigner, d'une manière plus parlante, la branche du droit qui porte communément le nom *de droit des gens* [...]. » Les relations entre les souverains relèvent de « cette branche de la jurisprudence que l'on peut qualifier à juste titre et exclusivement d'*internationale*[2] ». Jusqu'alors, l'ancien concept de « droit des gens » désignait un peu confusément à côté du droit naturel tant le droit *intra se* que chacun des États observe sur son territoire que le droit *inter se* que les nations observent dans leurs relations mutuelles. Le nouveau concept renvoie dès lors au seul droit *inter se.* Il s'impose très progressivement dans la première partie du XIXe siècle. Ce néologisme reste concurrencé jusqu'au siècle suivant par les expressions de « droit des gens » ou de « droit public de l'Europe ».

Recueils généraux et nationaux de traités se multiplient au XVIIIe siècle. De la compilation de ces textes, on passe à leur commentaire. L'histoire des traités devient un genre historique à part entière. Elle est alors illustrée par les noms de Jean-Yves de Saint-Prest et de Christophe Guillaume Koch. Le premier a été le directeur du dépôt des archives des Affaires étrangères et de l'académie de Torcy, éphémère école de formation des diplomates en France. Son *Histoire des traités de paix et autres négociations du dix-septième siècle* publiée en 1725 se présente, dès la couverture, comme « nécessaire aux ministres publics et autres négociateurs et [pouvant] servir d'introduction au corps diplomatique ». De son côté, auteur d'un *Abrégé de l'histoire des traités de paix entre les puissances de l'Europe depuis la paix de Westphalie* en 1796, Koch était professeur de droit et de science politique à l'université de Strasbourg et y dirigea, de 1771 à 1789, l'école diplomatique fondée par son maître Jean-Daniel Schöpflin. Dans son « Introduction à l'histoire des traités », il présente l'objectif de son livre :

> « [...] conduire à la vraie connaissance de l'histoire [...]. La connaissance d'un traité suppose celle de la guerre et des négociations dont il a été précédé. Les objets politiques qui ont occasionné la guerre déterminent aussi la paix, et l'histoire de la négociation d'un traité en est souvent le meilleur commentaire[3]. »

L'histoire de chaque traité se fonde sur un résumé très bref de la guerre, qui a précédé sa négociation, puis sur une sélection d'articles de ce traité, plus ou moins commentés. L'histoire relève d'une démarche contextuelle au service du texte juridique. C'est en ce sens qu'elle acquiert le statut de science auxiliaire du droit international. La tradition de publication de traités s'est poursuivie du XVIIIe au XIXe siècle, tout comme le genre qu'est l'histoire des traités avec les livres de Baptiste Capefigue ou de Jacques Crétineau-Joly, par exemple. Celle-ci demeure un matériau essentiel pour les juristes internationalistes au XIXe siècle. Elle est également requise dans la formation des élites politiques et diplomatiques. Dans la réédition de 1854 du *Manuel diplomatique* de Charles de Martens, archétype d'un nouveau genre, publié en 1822, les grands titres de l'histoire des traités figurent toujours en bibliographie : ceux des livres de Jean Dumont, Saint-Prest, etc., et l'*Abrégé* de Koch, dans la version refondue par Frédéric Schoell en 1817-1818. L'enseignement de l'histoire des traités s'est poursuivi en Italie au XXe siècle comme l'atteste le maintien de cours de « diplomatie et histoire des traités » dans un certain nombre d'universités italiennes. À Milan, un nouveau cours de « *Diplomazia e storia dei trattati e dei concordati* » est introduit en 1920 au sein de l'École des sciences politiques, économiques et sociales – devenue ultérieurement faculté de sciences politiques – et de la faculté de droit de la même université : il est confié au même enseignant Anton Maria Bettanini. L'insertion simultanée de l'histoire des traités dans les cursus de sciences politiques comme de droit va correspondre, dans ce pays, au moment de l'autonomisation de l'histoire diplomatique. Droit international et histoire des traités sont ainsi intimement liés par la place qu'ils continuent à tenir dans la formation des élites dirigeantes.

Parallèlement à ce premier processus, au lendemain de la guerre de Trente Ans, vers 1650-1730, l'enseignement de l'histoire commence à s'articuler progressivement aux sciences de l'État naissantes dans les pays de langue allemande.

L'inscription dans les sciences de l'État

La genèse de la science des États s'enracine dans les écrits italiens du XVIe siècle, comme ceux de Francesco Sansovino, *Del governo et amministratione di diversi regni et republiche, cosi antiche come moderne libri XXI* (1567) ou de Giovanni Botero, *Relazioni universali* (1591). Elle se développe en France (Pierre Davity) et aux Pays-Bas (Georg Frick) au XVIIe siècle. Dans le Saint-Empire, elle commence à être enseignée dans les universités à partir de la seconde moitié du XVIIe siècle sous l'appellation de *Notitia rerum publicarum* (« connaissance des choses publiques »), ou encore de « curiosités de l'État », c'est-à-dire la collecte de données sur les ressources des États et la description de leurs forces. Elle est marquée par les noms de Johann Andreas Bose à Iéna et de Hermann Conring à Helmstedt, qui transforment cette étude de l'État (*Staatskunde*) en une discipline universitaire à part entière, avec l'objectif d'en faire un enseignement pratique dédié aux hommes d'État. Elle est baptisée « statistique » au XVIIIe siècle par Gottfried Achenwall et son maître Martin Schmeizel[4]. L'appellation est propre aux pays germaniques. En France, à la même époque, on parle de « science du gouvernement » comme chez Gaspard de Réal de Curban dans son ouvrage éponyme (1762-1764).

Parallèlement, les sciences camérales, dédiées à la formation des administrateurs des domaines royaux et des employés en charge des revenus fiscaux du Saint-Empire, se développent. Ces dernières recouvraient à l'origine l'économie, les finances et la « police », comprise au sens de science de l'administration. En 1727, deux premières chaires sont créées, l'une à l'université de Halle, l'autre à l'université de Francfort-sur-l'Oder. D'autres princes ou landgraves allemands suivent l'exemple prussien. Avec la création de chaires au *Theresianum* de Vienne (1752), puis à Prague (1763), et à Innsbruck, Klagenfurt et Milan (1768), les sciences camérales conquièrent ensuite les universités autrichiennes. Dans la seconde moitié du XVIIIe siècle, elles s'étendent au domaine de la politique et deviennent des sciences de gouvernement à la faveur d'un « processus complexe de différenciation disciplinaire, de formalisation conceptuelle et d'institutionnalisation universitaire[5] ». Dans ce contexte, aux côtés de la géographie, l'histoire intègre les matières enseignées. Une véritable doctrine de la puissance des États s'est ainsi forgée en Europe et l'histoire y tient toute sa place.

Cette place acquise au sein des sciences de l'État perdure. À la fin du XVIIIe siècle, on parle alors en France des « sciences morales et politiques » pour qualifier les sciences du gouvernement et l'étude des « mœurs » en plein essor. Elles sont progressivement institutionnalisées dans les académies qui se créent dans divers États européens. Une Académie des sciences morales et politiques, conçues comme des « sciences de l'utile, orientées vers l'action et la réforme », devenue cinquième Académie de l'Institut de France, est fondée en 1795, supprimée en 1803, puis restaurée en 1831.

Pour comprendre le nouveau statut acquis par l'histoire, il faut se souvenir que, dans la culture de l'Europe, elle tient une place bien établie, reconnue pour son utilité exemplaire, inscrite à la Renaissance dans la tradition cicéronienne de la « maîtresse de vie », expression devenue, dès l'Antiquité, un véritable lieu commun repris par chaque génération.

L'histoire, « école des princes »

Utile pour la formation morale des individus par les exemples de comportement qu'elle procure, l'histoire est décrite par Juste Lipse comme le « miroir des exemples ». Fondée sur l'idée de la répétition et de l'analogie des situations auxquelles l'homme est confronté, dans la continuité des propositions de Thucydide et de Plutarque, elle est faite d'exemples, échappant au temps historique, et elle produit des normes de conduite reconductibles. Pour les humanistes et les Réformateurs, elle est aussi un réservoir d'*exempla* pour l'éducation du chrétien.

Si elle est utile dans la vie privée des hommes, elle l'est aussi pour les dirigeants politiques, auxquels elle enseigne la prudence, vertu cardinale qui permet de discerner, en toutes circonstances, le véritable bien et de choisir les justes moyens de l'accomplir. L'histoire est ainsi devenue leçon de politique. Le genre des « Miroirs des princes », traités spécialisés d'éducation, se développe à partir de la fin du XIIe siècle en latin, puis dans les langues vernaculaires. Promouvant les modèles antiques de vies exemplaires, les auteurs de la Renaissance, à commencer par Machiavel et Guichardin, mettent au premier plan l'histoire politique : la politique extérieure et la guerre sont des thèmes privilégiés en un temps où les États s'affermissent en Europe. L'histoire procure des règles de conduite politique et, comme telle, elle s'impose dans l'éducation du prince. Pour Héroard en 1609, elle est « l'école des princes[6] ». Un lieu commun s'affirme dans la filiation duquel Frédéric le Grand s'inscrira en 1775 :

> « L'histoire est l'école des princes : c'est à eux de s'instruire des fautes des siècles passés, pour les éviter, et pour apprendre qu'il faut se former un système, et le suivre pied à pied ; et que celui qui a le mieux calculé sa conduite, est le seul qui peut l'emporter sur ceux qui agissent moins conséquemment que lui [7]. »

Elle renforce sa fonction d'« exemplier politique[8] ». Le « miroir du prince » se mue en livre d'État ou de « statistique », dès la seconde partie du XVIe siècle, présentant au prince les ressources et forces de son État comme évoqué ci-dessus. Selon Michel Sennelart : « La comptabilité des forces se substitue au catalogue des vertus. » Les données matérielles sont systématiquement recueillies, compilées, publiées, comme dans l'ouvrage de Giovanni Botero, les *Relazioni universali*, qui présente un tableau de tous les États du monde.

L'importance accordée à l'histoire ne veut toutefois pas dire qu'elle est consacrée, à cette date, par une reconnaissance institutionnelle. Au XVe siècle, on avait intégré l'histoire profane aux arts libéraux et son apprentissage était subordonné à celui de la grammaire et de la rhétorique. C'est en Allemagne que les études historiques prennent leur essor de manière précoce : Mayence est la première université où est créée une chaire d'histoire en 1504. Puis des chaires apparaissent dans les universités protestantes nouvellement créées : à Strasbourg, Gießen, Rinteln, etc., mais, même dans les États protestants, l'histoire demeure un enseignement au statut mineur, propédeutique, délivré quasi exclusivement dans la faculté des arts. Elle est au service de la théologie, de la philosophie ou du droit auxquels elle fournit des exemples.

À la fin du XVIIIe siècle, l'histoire perd sa valeur cicéronienne de *magistra vitae*. Mais, si elle ne fournit plus des recettes toutes faites, elle demeure formatrice pendant tout le siècle suivant, comme le souligne Martens en 1854 :

> « [...] selon les lieux, les temps et les personnes. Les exemples du passé ne sont pas toujours applicables à la circonstance dans laquelle on se trouve. Les exemples cependant sont toujours le plus grand et le plus sûr moyen de tous les moyens d'instruction. Les passions ont toujours été en lutte pour les mêmes objets, pour le même but, pour les mêmes intérêts ; elles y ont de tout temps mis en jeu les mêmes ressorts[9]. »

L'affirmation de sa finalité pratique accompagne la structuration d'une lecture des relations internationales, fondée sur l'entrelacs des passions et des intérêts. Elle est celle d'un monde universitaire européen, devenu atlantique, à la suite de la parution de manuels de droit dus à des juristes des États-Unis (comme Henry Wheaton) ou d'Amérique latine. Pour le juriste argentin Carlos Calvo en

1868, « l'histoire des guerres, des traités de paix et de commerce, des négociations de toute espèce entre les États [est] une des grandes sources du droit international ». L'histoire, ce « grand arsenal des faits », lui apparaît d'une « nécessité absolue » pour un droit international largement fondé sur la coutume[10].

Essor d'une approche systémique des relations internationales

À partir de la fin du XVIIIe siècle, l'histoire présente une vision systémique des relations internationales, qui pense l'interrelation de ses différents acteurs.

Si les premières études de l'État étaient centrées sur la politique interne des États, les suivantes mettent en lumière leur interdépendance. Ce changement fondamental de paradigme a lieu avec les cours de Johann Andreas Bose à Iéna et le livre de Johann Christoph Becmann, professeur d'histoire à Francfort-sur-l'Oder (*Historia orbis terrarum*, 1673). Peu après, le livre de Samuel Pufendorf, *Einleitung zu der Historie der vornehmsten Reiche und Staaten von Europa so/ itziger Zeit in Europa ſich befinden* [*Introduction à l'histoire des plus prestigieux empires et États qui se trouvent actuellement en Europe*], destiné à ses étudiants suédois et publié en 1682, a eu une grande influence comme manuel d'enseignement dans les universités allemandes[11]. Le livre adopte la forme habituelle d'un traitement par chapitre des différents États, mais il met l'accent sur leur politique étrangère. D'autres exemples sont le livre *Über den jetzigen Zustand von Europa* [*Sur l'état actuel de l'Europe*] de Nicolaus Hieronymus Gundling, professeur de droit naturel et international à Halle, paru en 1712, et celui de Christian Gottfried Hoffmann, professeur de droit naturel et international à Leipzig, *Entwurff einer Einleitung zu dem Erkäntniß des gegenwärtigen Zustandes von Europa* [*Projet d'introduction à la compréhension de l'état actuel de l'Europe*], publié en 1720, qui intègrent les dimensions de la politique étrangère dans le catalogue de thèmes de la *Notitia rerum publicarum*. Les domaines abordés sont l'histoire des relations entre les États européens, le droit des gens sous la forme des traités européens, le commerce en Europe, l'organisation interne, les forces, les faiblesses et les intérêts des Etats et enfin les légations et le cérémonial. Dans ces ouvrages, l'Europe est présentée comme un ensemble de puissances en interaction politique ou liées par un réseau de relations contractuelles et d'intérêts contradictoires. C'est dans ce contexte que la notion de « système » entre dans le lexique international (voir chapitre 3). Dans la *Dissertatio de politico Europae systemate* (1755) de Gottlieb Schumann, elle est définie comme : *diuersarum rerum ordine inter se cohaerentium nexu[s]* (« un tissu de choses différentes liées entre elles selon un certain ordre »)[12]. L'historien Benjamin Durst a défendu récemment la thèse que cette nouvelle conception de la politique des puissances était essentiellement le résultat des formes d'organisation des collections de traités disponibles. En d'autres termes, les nouveaux schémas de classement, qui ont vu le jour, l'organisation et l'utilisation des informations alors disponibles, ont conduit à une perception différente des relations des États et au recours, sinon à de nouveaux concepts, du moins à un usage nouveau de concepts, comme celui de système, dorénavant appliqué aux relations interétatiques.

Au sein de l'université de Göttingen fondée dans les années 1730, une école historique s'affirme, autour des figures de Johann Christoph Gatterer, Ludwig

Spittler et Arnold Hermann Ludwig Heeren. Ce dernier publie *Handbuch der Geschichte des europäischen Staatensystems* en 1809, traduit en français en 1820, puis en 1841, sous le titre *Manuel historique du système politique des États de l'Europe et de leurs colonies depuis la découverte des deux Indes*. À partir de son observation des relations entre les États européens, Heeren affine la notion de « système », de ce qu'il appelle : « système européen d'États » ou « union d'États » (*Europäisches Staatensystem* ; *Staatenverein*)[13].

De son enracinement dans les sciences de l'État, l'histoire des relations internationales gardera ce que j'appelle le goût de l'inventaire, l'appétence pour « cette connaissance de l'État dans ses différentes données, dans ses différentes dimensions, dans les différents facteurs de sa puissance [...] », ainsi que cette pensée relationnelle inscrite dans un cadre systémique[14].

L'histoire diplomatique, une nouvelle école pour l'homme d'État

Le XIXe siècle a été celui de l'essor de l'histoire diplomatique. Le besoin d'une régénération de ses élites dans une France terrassée par la défaite face à la Prusse en 1870 et la nécessité de leur éducation dans une Italie unifiée conduisent à la naissance de nouvelles écoles pour former les futurs « hommes d'État ». Après avoir tenté, depuis le début du XIXe siècle, d'assurer la formation de ses fonctionnaires soit dans des écoles spéciales, soit dans les facultés de droit, la France met sur pied, en dehors de l'université, une École libre des sciences politiques (ELSP) en 1871. Se rattachant explicitement au modèle germanique du siècle précédent, son fondateur Émile Boutmy expliqua un peu plus tard que, « pour « faire vivre l'affaire », il fallait attacher l'« œuvre » aux sciences camérales (*Cameralwissenschaften*, ou science du gouvernement, des universités d'Outre-Rhin)[15] ». Pour lui, les « sciences d'État » sont cet « immense domaine qui couvre tout ce que les lois et les traités peuvent régler, tout ce que le gouvernement et l'administration peuvent atteindre », c'est-à-dire les sciences politiques et administratives. Mais il leur adjoint les sciences historiques auxquelles il donne la prééminence. L'histoire irrigue tout, reflétant la place alors centrale qu'elle a désormais acquise dans la société. « École de modération et de patience » pour l'homme d'État, mais nourrie de « passions fortes », elle a toujours une vertu d'exemplarité, trempant la volonté « par le contact des grands caractères ».

> « L'histoire est pour l'homme d'État un guide plus sûr. Ce ne sont pas des personnages abstraits qu'elle lui présente, mais des hommes réels ; elle discerne, elle mesure en eux les forces accumulées au cours d'une longue vie collective ; il apprend d'elle le juste degré d'élasticité et de résistance de la matière qu'il est appelé à façonner[16]. »

En Italie, l'enseignement des sciences politiques s'autonomise au sein des facultés de droit. Depuis le milieu du siècle, les anciennes facultés de droit de l'Empire autrichien – Pavie (Lombardie) et Padoue (Vénétie) – sont devenues des facultés de sciences politiques et administratives. Le modèle français de l'ELSP est repris par le marquis Carlo Alfieri di Sostegno pour créer l'École en sciences sociales Cesare-Alfieri à Florence. À partir de l'unification, l'histoire des traités – conçue, à l'origine, dans différentes universités en fonction des études juridiques, comme l'exégèse des sources en ce qui concerne le droit romain ou l'histoire du droit italien ou du droit canonique –, est introduite dans les facultés de sciences politiques et de lettres.

En France, en juillet 1872, deux premières sections, diplomatique et administrative, sont créées au sein de l'ELSP et les premiers cours sont institués avec une finalité pratique. C'est dans ce contexte que l'histoire diplomatique y est introduite, Boutmy contestant aux facultés de droit la capacité de proposer « à côté du cours d'histoire des traités, des exercices sur la procédure et le style diplomatique, et des renseignements sur les principales cours et les cabinets de l'Europe[17] ». Le cours d'« Histoire diplomatique de l'Europe depuis le traité de Westphalie. Antécédents et analyse des traités conclus entre les puissances », est confié à un praticien, le diplomate Albert Sorel (1842-1906). Il est entré au Quai d'Orsay sur la recommandation de l'ancien ministre des Affaires étrangères, François Guizot, un patronage encore courant à cette date. Il y demeure jusqu'à sa mise en disponibilité pour répondre à l'appel d'Émile Boutmy. Il donne son premier cours le 16 février 1872. Pour lui, l'enseignement de l'histoire diplomatique a une « raison d'être nationale ».

> « Cette science est par excellence une science d'État. L'enseignement de l'histoire diplomatique fournit aux futurs diplomates une série d'expériences bien déterminées et une série de notions qui leur sont indispensables. [...] L'histoire qui se fait pour l'avenir ne vit pas d'autres éléments que celle qui s'est faite dans le passé[18]. »

Au même moment, son collègue britannique John R. Seeley (1834-1895), professeur à Cambridge, martèle la même chose dans sa leçon inaugurale, *The Teaching of Politics*, en 1870 : « L'histoire est l'école de l'homme d'État[19] » et le répète en 1881 :

> « Toute notre vision de l'utilisation de l'histoire change, si nous donnons à l'histoire contemporaine la place qui lui revient, et encore plus si nous la considérons en même temps comme débouchant sur une science des États[20]. »

C'est dans ce contexte que l'histoire diplomatique s'institutionnalise en France dans les trois dernières décennies du XXe siècle. Si les premiers travaux d'histoire diplomatique avaient été le fait d'archivistes, d'hommes politiques ou de diplomates dans le premier XIXe siècle, vingt ans après être entrée à l'ELSP, l'histoire diplomatique entre à son tour à l'université. Né en 1857, venu de l'histoire médiévale, mais auteur en 1887 d'un livre sur *Neufchâtel et la politique prussienne en Franche-Comté (1702-1713)*, Émile Bourgeois est nommé en 1904 professeur d'histoire politique et diplomatique des temps modernes à la Sorbonne. Toutefois, comme dans d'autres États, des historiens-diplomates ou des diplomates-historiens comme François de Bourgoing, Edmond Hippeau, ou encore René Poriquet et André Tardieu continuent à publier ; Gabriel Hanotaux donne des conférences d'histoire diplomatique à l'École pratique des hautes études (EPHE) dans les années 1880.

En Belgique, l'histoire diplomatique naît de mémoires ministériels, endossés par les ministres des Affaires étrangères, mais rédigés en réalité par des archivistes, à commencer par Émile Banning, nommé archiviste par Charles Rogier en 1863. On peut estimer que l'*Histoire des relations extérieures depuis 1830*, signée par Sylvain Van de Weyer, mais rédigée par Banning, et publiée en 1873 dans *Patria Belgica*, constitue la première grande rétrospective des relations extérieures de la jeune Belgique[21]. Elle est fondée sur l'exploitation de collections de traités et de mémoires antérieurs, mais elle vient imprimer un sens à son histoire récente, celle d'une « transaction européenne », qui se clôt avec la signature du traité préliminaire de paix, signé à Versailles le 26 février 1871 entre la France et l'Allemagne. De fait, le défi de cette histoire diplomatique est aussi d'assumer une histoire du temps présent avant la lettre.

Faire entrer l'histoire contemporaine dans les universités

Il peut sembler étrange de parler d'une « histoire contemporaine » pour la fin du XIXe siècle, tant celle-ci a été identifiée à un « enfant de "l'âge des extrêmes" » (Gabriele Metzler). Toutefois, même si elle ne constitue pas alors une sous-discipline historique, ni un domaine de recherche institutionnalisé (on parle indifféremment d'histoire moderne ou contemporaine), il n'en demeure pas moins que la réflexion est engagée en lien avec l'enracinement de l'histoire diplomatique en France et en Angleterre. Pour Boutmy : « L'éducation très insuffisante de nos collèges et de nos écoles supérieures nous laisse dans l'ignorance de presque tous les éléments de la vie contemporaine. [...] Combien n'en ai-je pas vu qui se faisaient plus aisément les concitoyens de Lycurgue et de Platon que ceux de Tocqueville, et les contemporains de Virgile que ceux de Victor Hugo et de Tennyson[22]. » L'objectif premier est d'être correctement informé de l'actualité politique et internationale.

Ce constat, établi pour la France, est aussi valable pour l'Angleterre. Les élites y sont formées par la lecture des auteurs de l'Antiquité, même si quelques chaires « royales » (*Regius Chairs*) dédiées à l'histoire « moderne » ont été créées dans les anciennes universités du Royaume-Uni et d'Irlande – à savoir Aberdeen, Cambridge, Dublin, Édimbourg, Glasgow, Oxford et St Andrews – pour enseigner les langues et l'histoire de l'Europe aux jeunes gens promis au service diplomatique. Les titulaires de ces premières chaires d'histoire moderne ne font pas d'histoire diplomatique. À Oxford, quand William Stubbs (1825-1901) est nommé en 1866 à la tête de la *Regius Chair of Modern History* à l'Oriel College, l'histoire moderne est associée au droit dans un diplôme commun, qui vise à préparer les hommes au gouvernement et au service public. Son cours porte sur l'histoire constitutionnelle, non sur l'histoire diplomatique. À Cambridge, William Smyth (1765-1849), le sixième titulaire de la chaire en 1807, a sans doute été le premier à proposer des leçons d'histoire courant jusqu'à la guerre d'indépendance des États-Unis. Il a précisé les critères temporel et matériel de sa définition de l'histoire « contemporaine » : « Un demi-siècle après les événements, le public est généralement mis en possession de documents que même les détracteurs de l'histoire devraient considérer comme suffisants pour expliquer les mystères de ces intrigues et, par conséquent, même dans leur vision du sujet, les affaires du monde[23]. »

Mais, dans les années 1870, l'histoire contemporaine occupe encore une place minime dans le cadre des examens de science morale, puis dans ceux de droit auxquels elle est temporairement rattachée. Le successeur de Smyth en septembre 1869, John Seeley, s'élève en 1881 contre cet état de fait qui fait de l'historien « un simple antiquaire ». Il est alors le seul à enseigner l'histoire moderne à Cambridge avec Basil Hammond, *lecturer* à Trinity[24].

> « Il y a malheureusement une grande partie de l'histoire qui a été presque oubliée dans l'organisation des études, non pas certainement parce qu'elle est sans importance, mais parce que, malheureusement, ni les universités ni aucune profession savante ne se sentent particulièrement responsables d'elle. Je parle des siècles récents, surtout du dix-neuvième, dont nous commençons à entrevoir la fin, et du dix-huitième. [...]
> Si donc cette Société [d'histoire de Birmingham] me demande conseil, je lui suggérerais de rendre le plus grand service à l'histoire en fixant son attention principalement sur les périodes plus récentes. [...][25]. »

En France, l'histoire contemporaine fait son entrée à l'université avec la création d'une chaire à la Sorbonne en 1884 : elle est confiée à Alfred Rambaud, qui a publié en 1878 une *Histoire de la Russie jusqu'en 1877*. En Belgique, le domaine universitaire est composé de deux universités d'État fondées en 1817, Gand et Liège, et de deux universités privées, Bruxelles et Louvain, nées en 1834-1835. Des cours d'histoire contemporaine ont commencé à être donnés en 1880 à Liège, dispensés par Eugène Hubert, spécialiste de la période autrichienne. Elle se développe autour de chaires tenues par des médiévistes ou modernistes de formation, tels que Frans Van Kalken (Université libre de Bruxelles) ou Jan Dhondt (université de Gand), puis Henri Haag (université catholique de Louvain). En Autriche, lors de la création d'un séminaire d'histoire indépendant de la philologie à l'université de Vienne en 1872, seules l'histoire ancienne et l'histoire médiévale étaient enseignées. L'Allemand Max Büdinger, spécialiste d'histoire antique et médiévale, a été le premier professeur d'histoire à Vienne à mettre l'accent sur l'histoire anglaise et nord-américaine à l'époque moderne dans son enseignement pendant quelques semestres. Il faut néanmoins attendre le début du XXe siècle pour que l'histoire des temps modernes (*Neuzeit*) soit institutionnalisée à l'université de Vienne avec la création d'une chaire confiée à August Fournier en 1903. En 1913, une deuxième chaire ordinaire d'histoire moderne y a été créée : elle a été occupée par son élève Alfred Přibram, qui se tourne vers l'histoire diplomatique.

Des décalages temporels nets existent ainsi selon les États, tant en ce qui concerne l'essor de l'histoire « contemporaine » que celui de l'histoire diplomatique. Toutefois, quels que soient les États, elles sont ancrées dans une culture historique à l'horizon national et participe de la construction d'un récit national. En France, *L'Europe et la Révolution française* d'Albert Sorel vient ainsi répondre en 1885 à la *Geschichte der Revolutionszeit von 1789 bis 1800* (1853-1854) de Heinrich von Sybel, rééditée et augmentée en 1877.

Une histoire nationale des relations internationales

Établir la continuité de la nation par-delà les déchirements politiques, justifier la sortie du « recueillement », qui avait suivi la défaite de 1870 en France, ou la neutralité perpétuelle et garantie en Belgique, l'histoire diplomatique naissante a une visée justificatrice dans chaque État. Dans ce contexte, l'établissement du « vrai » par la « preuve » a une dimension non seulement politique, mais aussi juridique, lourde de conséquences. Elle requiert la définition d'une méthode solide.

Une histoire militante au service de l'intérêt national

L'histoire diplomatique s'affirme à l'heure de la nation triomphante et dans des États cherchant à justifier leur légitimité et leur politique extérieure. En l'absence d'un État constitué, les historiens tchèques se vouent surtout à leur histoire nationale. Cela n'empêche pas certains d'entre eux comme Antonín Gindely (1829-1892) ou Jaroslav Goll (1846-1929), professeurs à l'université Charles de Prague, de contribuer à l'essor de l'histoire diplomatique, en travaillant sur la Guerre de Trente Ans. Cette histoire peut porter, en effet, sur des périodes anciennes, centrée sur la recherche des fondements des « intérêts immémoriaux » des États ou sur la légitimation de leurs « frontières naturelles ». L'ancien Premier ministre du Portugal, le vicomte de Santarem, retrace ainsi l'histoire diplomatique de son pays jusqu'aux années 1840. Aux États-Unis, les premiers travaux sur la diplomatie de la période révolutionnaire correspondent à l'essor de l'histoire diplomatique. Son développement participe là aussi de la légitimation du nouvel État et de l'affirmation de la spécificité de ses pratiques diplomatiques en rupture avec celles des cours européennes. L'homme politique Theodore Lyman (1792-1849) écrit en 1826 « la première étude historique de la diplomatie américaine » de 1778 à 1814 : *The diplomacy of the United States* s'inscrit dans le cadre du modèle exceptionnaliste, glorifiant l'accomplissement américain. William H. Trescot (1822-1898), qui occupa des fonctions diplomatiques et politiques, est resté dans la vulgate comme « *the father of the writing of diplomatic history in the United States*[26] ». Il publie dans les années 1850 une série de livres sur la politique extérieure des États-Unis et est le premier historien à utiliser les archives du Département d'État. De même que l'histoire diplomatique du Vieux Continent est centrée sur le système européen des États, l'histoire diplomatique aux États-Unis se révèle rapidement marquée par l'américanocentrisme.

Y compris dans une Espagne où l'histoire diplomatique est peu représentée, l'objectif d'un livre comme le *Tratado de las relaciones internacionales de España* de Facundo Goñi en 1848 est de comprendre les causes de la « décadence » de l'Espagne sur la scène internationale et de « mettre en évidence nos intérêts les plus permanents et nos droits et obligations vis-à-vis de chaque pays[27] ». Goñi développe une vision eschatologique des relations internationales, fondée sur le progrès et la conscience d'une communauté de civilisation européenne. On peut encore mentionner le *Discurso sobre la historia de las relaciones internacionales de España* d'Eusebio Alonso Pesquera en 1856. Mais la précocité de ces livres ne doit pas dissimuler la rareté d'œuvres de ce genre, que l'éditeur du livre de Goñi ne manquait d'ailleurs pas de souligner. Cette faible tradition est représentée essentiellement par le diplomate Wenceslao Ramírez de Villaurrutia (1850-1933) et par Jerónimo Bécker y González (1857-1925), qui travaille d'abord comme journaliste pendant la période de la *Restauración*. L'*España en el Congreso de Viena* (1907) de Villaurrutia ou l'*Historia de las relaciones exteriores de España durante el siglo XIX. Apuntes para una Historia Diplomática* (1924-1926) de Bécker constituent, avec quelques autres livres, de rares exemples d'histoire diplomatique en Espagne.

En Russie, la priorité des historiens est de définir l'identité de leur État en Europe en fonction des concepts antonymiques d'« occidentaliste » et de « slavophile ». La guerre de Crimée a été un stimulant puissant pour développer les travaux sur la politique extérieure russe et l'on estime que Sergej Tatiscev, auteur notamment d'un livre sur Nicolas Ier et les cours étrangères (1889), peut « être considéré comme le fondateur de l'historiographie des relations internationales[28] ». Comme dans les autres pays, les études portent sur la politique étrangère nationale ou sur les relations bilatérales de l'État avec les autres États européens, mais l'on trouve aussi des livres avec une dimension multilatérale, comme celui de Sergei Gorianow sur *Le Bosphore et les Dardanelles* (1907) qui bénéficie d'une traduction française en 1910. Les thématiques privilégiées sont la Question d'Orient (Sergej Solov'ev, Sergej Zigarev), les partages de la Pologne (Sergej Solov'ev), l'avancée en Asie centrale (Michail Grulev, Andrej Subbotin, Michail Terent'ev), la compétition avec l'Angleterre en Extrême-Orient (Michail Fedorov, Pavel Torgasev).

Au Brésil, l'histoire diplomatique est incluse dans des ouvrages généraux d'histoire du Brésil et écrite, comme en Europe, par des historiens amateurs ou par une première génération de diplomates, tels Francisco Adolfo de Varnhagen (1816-1878), Joaquim Nabuco (1849-1910) et le Baron de Rio Branco (1845-1912), « fondateur » de la diplomatie brésilienne. La professionnalisation de l'histoire des relations internationales s'amorce avec Pandiá Calógeras (1870-1934), « le « Clausewitz » de la politique étrangère brésilienne », auteur de *A política exterior do Império*, dont le premier volume paraît en 1927 sous la forme d'un numéro spécial de la *Revista do Instituto Histórico e Geográfico Brasileiro*[29].

Au Royaume-Uni, John Seeley, le plus important historien de l'Empire britannique de la fin du XIXe siècle, auteur en 1883 de *L'Expansion de l'Angleterre*, a tenu une place centrale comme « précurseur de l'étude universitaire des relations internationales[30] ». Ses cours forment une nouvelle génération d'historiens dont Georges Peabody Gooch, né en 1873. Ce dernier a aussi eu pour maître à penser Lord Acton, le successeur de Seeley à Cambridge, proche de l'historien allemand Leopold von Ranke. Il a suivi en Allemagne les cours d'Heinrich von Treitschke et d'Hermann Oncken, et, à Paris, ceux de Sorel en 1896. Son intérêt pour l'histoire des relations internationales s'affirme au moment du déclenchement de la seconde guerre des Boers. Sa connaissance de l'historiographie de l'Allemagne wilhelmienne alimente l'écriture d'*History and historians in the nineteenth century* (1913). Les ouvrages d'histoire diplomatique les plus connus de Gooch paraissent après la Première Guerre mondiale, à commencer par son *History of Modern Europe, 1878-1919* (1923).

La « diplomatie historique » (Keith Hamilton)

Depuis que les documents diplomatiques peuvent être conservés (voir *infra*), ils sont un instrument politique à la main des États. Ils présentent d'abord l'utilité pratique de leur permettre d'organiser leurs ambassades ou les rencontres princières avec une certaine continuité. Ils sont aussi un marqueur de puissance, si important que leur « rapt » durant les batailles médiévales était de véritables enjeu et objectif[31].

La publication de documents diplomatiques demeure au XIXe siècle un instrument politique permettant d'aider aux négociations en cours et futures, de faire la lumière sur les événements passés et, aussi, d'influencer les parlementaires et un public plus large. Les grands États occidentaux s'engagent dans des publications qui révèlent la prise en compte d'une opinion publique plus présente, encore élitiste, s'exprimant dans des cercles circonscrits (la presse, les parlements, les universités). Les Britanniques ont été parmi les premiers à s'engager dans leur publication régulière : Lewis Hertslet, le bibliothécaire du *Foreign Office* de 1810 à 1857, et son fils et successeur, Edward, ont été des pionniers dans ce domaine avec l'édition des deux séries de *Commercial and Slave Trade Treaties* à partir de 1820. Au lendemain des guerres napoléoniennes, le *Foreign Office* a commencé à publier plus ou moins régulièrement des sélections de correspondance diplomatique sous la forme de documents parlementaires ou de *Blue Books*. Sous Napoléon III, la pratique, inaugurée par la Révolution française, devient régulière. Le premier Livre jaune date de 1861, année durant laquelle le Département d'État américain lance une série similaire, mais plus durable, les *Foreign Relations of the United States* (FRUS). Des parutions plus épisodiques se multiplient comme le Livre orange russe, le Livre vert italien, les Livres noir ou blanc allemands, le Livre rouge autrichien, etc. On n'hésite alors pas à délibérément falsifier les documents publiés pour gagner des soutiens contre des rivaux nationaux et étrangers. Le document diplomatique est un instrument de ce que l'on n'appelle pas encore une diplomatie publique et d'influence.

Dans le dernier quart du XIXe siècle, une ambition tout aussi politique, mais plus scientifique, permet l'édition de séries associant diplomates et historiens. En 1873, Heinrich von Sybel, fondateur de la *Historische Zeitschrift* et directeur des archives d'État prussiennes, commence la publication de la collection monumentale des *Publicationen aus der königlichen Preussischen Staatsarchiven*, qui couvrent à la fois politiques intérieure et extérieure. En 1874, une commission des archives diplomatiques mêlant archivistes, bibliothécaires, historiens et anciens diplomates est créée au Quai d'Orsay. Elle décide en 1880 de commencer la publication du *Recueil des Instructions données aux Ambassadeurs et Ministres de France depuis les traités de Westphalie jusqu'à la Révolution française*, dont le premier volume est édité par Albert Sorel en 1884. Puis, en 1907, un décret crée une commission de publication de documents sur *Les origines diplomatiques de la guerre de 1870-1871*, dont le premier tome (1863-1864) paraît en 1910. Cette diplomatie historique est une diplomatie de combat à usage externe, mais aussi interne. La décision de procéder à la publication de cette série a été prise peu après la formation de la première administration de Georges Clemenceau. Elle est en partie une réaction à la tentative faite par le dernier chef du cabinet de Napoléon III, Émile Ollivier, d'utiliser ses mémoires pour réhabiliter le Second Empire. Or, les radicaux français veulent montrer comment la diplomatie impériale a contribué à provoquer la guerre de 1870-1871 et l'humiliation de la France par la Prusse. Le second objectif est de former des diplomates républicains en leur procurant des modèles de la grandeur passée de la France et de leur donner les moyens de restaurer sa place en Europe.

Dans ce contexte, la reconstitution exhaustive des faits, loin d'être anecdotique, a une valeur politique. Le récit de l'histoire diplomatique, calé sur la stricte chronologie politique, privilégie la part informationnelle du document diplomatique sans le questionner. Il repose sur l'illusion de l'histoire totale et peut s'appuyer sur les méthodes de l'historicisme.

Le culte des faits : l'inscription dans le cadre de l'école méthodique

Sur le plan méthodologique, l'histoire diplomatique se développe en se coulant dans le moule méthodique, entretenant un rapport consanguin avec le document écrit et étatique et en s'attachant à reconstituer la chronologie des faits.

En lien avec la construction des États européens, deux processus importants ont été enclenchés, à partir des XIIe-XIIIe siècles : l'organisation précoce de services destinés à préserver les « archives », c'est-à-dire les lettres et instructions dont on garde trace pour les périodes plus anciennes, et l'ensemble des actes issus des négociations ; la définition d'une méthode pour classer et interpréter ces documents. En Angleterre, en Italie, dans les archives impériales ou dans les archives royales de Barcelone, les pièces relatives aux affaires extérieures commencent à être préservées de manière autonome des autres papiers d'État, dans une « certaine improvisation[32] ». Le dépôt des archives des Affaires étrangères est fondé en France en 1709.

La fréquentation de ces premiers « centres d'archives » a d'abord été professionnelle avant de s'ouvrir aux historiens et d'alimenter la construction des chroniques nationales. Parallèlement, il a fallu aussi former des hommes pour classer, décrypter, interpréter les documents. C'est ainsi que naquirent la diplomatique (*res diplomatica*), c'est-à-dire l'analyse critique des documents, destinée à distinguer les vrais diplômes d'avec les faux, et une méthode d'interprétation avec Dom Mabillon, qui fait paraître l'ouvrage *De re diplomatica* en 1681. La diplomatique est ainsi étroitement liée à l'histoire administrative, à l'histoire des institutions et à l'histoire diplomatique puisqu'il convient d'étudier les lieux de production des sources. Au XIXe siècle, l'édition des sources se poursuit avec celle d'un type nouveau : la collection de documents diplomatiques, évoquée précédemment.

Ce siècle a été, on le sait, celui de la professionnalisation et de la « scientifisation » de l'histoire. Créée en 1810, l'université de Berlin a été l'institution porteuse d'une rupture épistémologique et méthodologique. En rompant avec les approches philosophique ou téléologique des Lumières, son fondateur Wilhelm von Humboldt (1767-1835) délivre une conférence programmatique en 1821, *La tâche de l'historien*, dont les échos résonnent encore à la fin du siècle.

> « La tâche de l'historien est d'exposer ce qui s'est produit. Il s'en acquitte d'autant plus parfaitement qu'il parvient à une exposition plus pure et plus complète. La simple exposition est en même temps l'impératif premier de son métier, auquel il ne saurait renoncer, et la réalisation la plus haute à laquelle il puisse parvenir. Considéré de ce point de vue, il semble seulement recueillir et reproduire, et être dépourvu d'activité autonome et créatrice[33]. »

Ce texte fonde l'historisme (*Historismus*) – on parle plutôt d'« historicisme » en France. Devenu professeur dans cette même université de Berlin (1825-1871), Leopold von Ranke (1795-1886) enracine cette approche scientifique, qui se veut « objective », frayant la voie à un débat de longue portée. Ses postulats marquent durablement la pratique des historiens, et en particulier de ceux qui traitent des relations internationales. Il s'oppose aux thèses de son collègue Hegel et à l'idée d'une histoire linéaire et rythmée par les progrès de l'humanité. Il s'en explique dans la préface de *Geschichte der romanischen und germanischen Völker : von 1494 bis 1535*, parue en 1824, à Leipzig :

> « On a assigné à l'histoire la mission de juger le passé, d'éclairer le monde contemporain au bénéfice de l'avenir : la tentative présente n'a pas de missions aussi hautes, elle veut simplement dire comment les choses se sont vraiment passées [*er will bloß sagen, wie es eigentlich gewesen*]. »

L'histoire n'est plus un genre moral : elle n'est plus *magistra vitae*, celle qui donne des leçons et des recettes à appliquer. Ranke tente de faire prévaloir le principe de l'objectivité scientifique. Son empreinte est forte et s'imprime sur les historiens européens et sur ceux des États-Unis. En France, dans leur *Introduction aux études historiques* (1898), Charles-Victor Langlois et Charles Seignobos mentionnent encore le fameux : « *wie es eigentlich gewesen.* » La dette envers les historiens allemands, le principe de l'objectivité scientifique ont été affirmés par Gabriel Monod en 1876 dans le texte « Du progrès des études historiques en France », qui constitue la charte d'une nouvelle revue, la première revue historique scientifique en France, *La Revue historique*. Langlois et Seignobos récusent l'idée des leçons de l'histoire :

> « C'est une illusion surannée de croire que l'histoire fournit des enseignements pratiques pour la conduite de la vie (*Historia magistra vitae*), des leçons immédiatement profitables aux individus et aux peuples : les conditions où se produisent les actes humains sont rarement assez semblables d'un moment à l'autre pour que les « leçons de l'histoire » puissent être appliquées directement[34] »,

tout en défendant son « utilité indirecte. L'histoire fait comprendre le présent, en tant qu'elle explique les origines de l'état de choses actuel ». L'attention portée à la science allemande est avivée par la défaite de 1870. Beaucoup d'historiens (à commencer par Seignobos et Monod) ont complété leur formation par des études en Allemagne et ont pris modèle sur les programmes, les méthodes, les structures des universités allemandes. On a souligné que, sur les cent quarante-neuf notes de bas de page du manuel de Langlois et Seignobos, 33 % renvoient à des références allemandes contre 13 % à des références anglo-saxonnes (et 49 % à des ouvrages français)[35]. Ils établissent le culte du document : « L'histoire se fait avec des documents. Les documents sont les traces qu'ont laissées les pensées et les actes des hommes d'autrefois[36] » et des postulats fondamentaux dont l'histoire diplomatique va être tributaire. Quand Albert Sorel évoque ses premiers cours devant ses étudiants de l'École libre des sciences politiques, il rappelle qu'il souscrivait à ce credo :

> « Je rendais ainsi les choses telles qu'elles m'étaient données, et il m'était permis de tirer parti des documents mélangés que j'avais entre les mains : je présentais à l'auditeur des faits, rien que des faits, tous ceux que j'avais pu rassembler [...][37]. »

Cette démarche positiviste n'est toutefois pas suivie de manière uniforme. La plupart des historiens français sont encore alors des amateurs, même si le processus de professionnalisation est engagé et les universitaires de plus en plus nombreux, tels François Combes, Henri Cordier, Antonin Debidour, Édouard Driault ou Albert Sorel, en France. D'autre part, certains historiens professionnels de la génération de Sorel, comme Alfred Rambaud, né comme lui en 1842, continuent à développer des analyses empreintes d'un style littéraire aux accents romantiques, par exemple dans le livre sur *La domination française en Allemagne*, paru en 1873-1874, quand il traite de la création du nouveau royaume de Westphalie en 1808, confié par Napoléon à son frère Jérôme. Il y trouve matière à rédiger une page exaltée sur « les traditions de la vieille Allemagne ».

> « Partout se dressaient devant la royauté étrangère de glorieux et terribles souvenirs nationaux. On ne pouvait prononcer le nom d'une des préfectures du roi Jérôme sans réveiller un monde de traditions ou de légendes. Ici était cette forêt de Teuteberg, qui avait vu le désastre de Varus et les larmes de Germanicus ; là, ces fameux champs de bataille des guerres carolingiennes : le Sunthal, où les Saxons avaient exterminé une armée franque ; le Weser, que Charlemagne avait rougi du sang des vaincus décapités ; Paderborn, où, décimés par le glaive du conquérant, ils étaient venus demander la paix et le baptême. [...][38]. »

En Angleterre, le combat de la « science » contre la « littérature » fait rage. Seeley incarne cette nouvelle communauté d'historiens de la fin de l'époque victorienne qui cherchent à promouvoir le statut scientifique de l'histoire. Il s'inscrit dans la lignée de Humboldt, Johann Gustav Droysen et Ranke. Il promeut une histoire qui repose sur la stricte présentation des faits et il implante la méthode du séminaire, la *Sprechstunde*, à Cambridge.

Dans ce contexte, il faut imaginer ce que représenta, autour des années 1860-1880, l'élargissement aux historiens de l'accès à des archives jusque-là réservées à la formation des seuls diplomates. En Angleterre, le jeune Acton s'exclame : « C'est vraiment le début de l'histoire[39]. » Herbert Butterfield souligne que cette génération dut se battre contre une tradition sacralisant le document archivistique, et il cite la remarque d'un fonctionnaire que s'attira Heinrich von Sybel en 1851 quand il commença à travailler sur les papiers du Comité de la santé publique : « Respectez cette poussière, c'est la poussière de 1795. » Un rapport de force entre l'historien, l'archiviste et les pouvoirs publics se met en place pour l'ouverture des archives. En 1925, Charles Webster rappelle qu'en 1914, les archives britanniques étaient accessibles jusqu'en 1860, et que, tout récemment, le nouveau ministre des Affaires étrangères Austen Chamberlain venait d'annoncer leur ouverture jusqu'en 1878.

> « Le principe que je me suis moi-même efforcé de faire accepter au *Foreign Office* est de fixer une durée de plusieurs années pendant laquelle les archives resteront secrètes, puis de les rendre automatiquement publiques, de sorte que chaque année, les archives d'une autre année deviennent accessibles[40]. »

L'association des historiens à l'effort de guerre et au débat sur les origines de la guerre

Au lendemain de la Première Guerre mondiale, une petite communauté d'historiens sort transformée par un processus qui l'a associée, à des degrés divers – à l'instar des géographes –, à la préparation de la Conférence de la paix et à la redéfinition de l'ordre international, que ce soit par l'écriture d'opuscules historiques ou par son intégration dans des comités d'experts rattachés aux ministères des Affaires étrangères et aux agences de renseignement. Comme le souligne David Stevenson, « la correspondance de l'époque donne le sentiment que quelque chose de nouveau et de passionnant était en train d'émerger, dans le cadre d'un mouvement transnational qui englobait des chercheurs comme Pierre Renouvin à Paris, Bernadotte Schmitt à Chicago, et Otto Hoetzsch et Albrecht Mendelssohn-Bartholdy en Allemagne[41] ». La période est celle d'un bouillonnement intense, et également de pistes ouvertes dans de nombreuses directions, brouillant les frontières disciplinaires et favorisant à la fois l'affermissement de l'histoire diplomatique et la naissance des études internationales (voir chapitre 2).

Le renforcement de l'histoire diplomatique en Russie, aux États-Unis, au Royaume-Uni, en Italie, en Tchécoslovaquie et en Autriche

En Russie soviétique, les années 1920 sont marquées par Mikhaïl N. Pokrowskij (1868-1932), le fondateur de l'historiographie soviétique et de la réécriture de l'histoire à l'aune des principes bolchéviques. De « vieux » historiens cohabitent encore avec les historiens marxistes, tels Sergej D. Skaskin (1890-1973), auteur en 1928 d'un livre sur la fin de l'Entente des trois empereurs, 1879-1884, ou Eugène Tarlé (1874-1955), spécialiste de l'invasion de la Russie par Napoléon et de la guerre de Crimée. Des années 1930 aux années 1950, les thématiques centrales sont la relation de l'Allemagne et de la Russie, comme l'attestent les travaux d'Arkadij Erusalimskij (1901-1965) sur Bismarck et le militarisme allemand, par exemple, et le déclenchement de la guerre en 1914 (Philipp Notovic). Par ailleurs, l'histoire marxiste des mouvements anti-coloniaux aux Amériques aux XVIIe et XIXe siècles, principalement traités sous le prisme de guerres anti-coloniales appelées « mouvements de libération nationale », font leur apparition pour la première fois après 1917[42]. Andrei I. Vol'skii publie ainsi une *Istoriya meksikanskikh revoliutsiakh* [*Histoire des révolutions mexicaines*] en 1928.

Aux États-Unis, des historiens comme Thomas A. Bailey (1902-1983) et Samuel F. Bemis (1891-1973) ont solidement enraciné l'histoire diplomatique. Le premier est entré comme étudiant à Stanford en 1920 et y a enseigné ensuite comme professeur pendant près de quarante ans. Auteur de *Theodore Roosevelt and the Japanese-American Crises* (1934) et de plusieurs livres critiques sur la politique du président Wilson, il a également grandement contribué à populariser l'histoire diplomatique avec ses manuels. Samuel F. Bemis, professeur à Yale de 1945 à 1961, est un autre « père fondateur » (Mark Gilderhus). Auteur de travaux sur les secrétaires d'État américains et sur la diplomatie américaine, il publie un *Guide to the diplomatic history of the United States, 1775-1921* (1935), et un livre controversé sur *The Latin American Policy of the United States* (1943). Herbert Feis (1893-1972), conseiller économique au Département d'État sous Hoover et Roosevelt, écrit lui aussi sur la politique extérieure des États-Unis. Leurs travaux reflètent les tensions de la politique étrangère américaine depuis la fin de la Première Guerre mondiale, entre internationalisme et isolationnisme. Après des études à Harvard, leur collègue William L. Langer (1896-1977) a entrepris dès avant la guerre de se spécialiser dans l'étude des relations internationales à Clark University. Il y a participé comme ingénieur du service de guerre chimique de l'armée américaine. Il en tire un récit, *Gas and Flame in World War I*, le premier selon lui, publié par une unité américaine après la guerre[43]. Plus tard, il rédige également son autobiographie et revient sur son expérience combattante, assumant avec fierté son « compte rendu de témoin oculaire[44] ». Il poursuit ses études et obtient son doctorat d'histoire à Harvard en 1923. À la suite du décès d'Archibald Coolidge, professeur dans cette même université, il reprend son cours sur la question du Proche-Orient, enseigne aussi l'histoire européenne moderne de 1815 à 1914, puis devient en 1936 le premier titulaire de la chaire Coolidge. Son livre *European Alliances and Alignments, 1871-1890* (1931) entend dépasser les débats de la décennie et contribuer plus fondamentalement à l'étude de l'évolution du système européen, objectif qu'il poursuit encore avec *The Diplomacy of Imperialism, 1890-1902* (1935).

Formés dans les universités d'Iéna, Göttingen, Heidelberg et Tübingen, les historiens britanniques ont éprouvé lors de l'entrée en guerre en 1914 le choc reçu par leurs collègues français en 1870. La majorité d'entre eux est alors mobilisée par le *Foreign Office*, qui met en place une Section historique en février 1918. Elle produit de petits livrets, *Peace Handbooks*, couvrant l'ensemble des régions du monde, de la rive gauche du Rhin aux îles du Pacifique. L'historien britannique Thomas Otte a reconnu la difficulté d'évaluer précisément l'influence de cette cellule sur la prise de décision, et a souligné la marginalisation de son responsable, George Prothero, lors de la constitution des diverses commissions de la Conférence de la paix. En revanche, T. Otte estime que leur participation au *Political Intelligence Bureau* (PIB), créé au sein du *Foreign Office* en mars 1918, comme à l'écriture des *Peace Papers* produits par l'agence de renseignement MI2 – qui sera rebaptisé MI6 –, a laissé son empreinte à la fois sur Whitehall et sur la profession d'historien. Leur participation aux travaux gouvernementaux en temps de guerre, l'entrée, parfois, dans les services secrets ont aiguisé l'intérêt pour les questions internationales et affecté la manière d'écrire sur le passé.

Au sortir de la guerre, certains demeurent ancrés dans le domaine historique, tels Harold Temperley et Charles Webster, ces *booming giants* (Herbert Butterfield), figures prééminentes d'historiens, formés à King's College (Cambridge). Harold Temperley (1879-1939) a entrepris en 1898 des études d'histoire à King's, au moment où celles-ci prennent leur essor à la suite de leur autonomisation en 1875 vis-vis du *tripos* des sciences morales. Ses premiers travaux dans le cadre de la *Cambridge Modern History* le montrent tourné vers l'histoire intérieure de la Grande-Bretagne, avant qu'il ne s'ouvre à l'histoire européenne dans les années 1910, en partie grâce à sa biographie de George Canning publiée en 1905. Temperley commence aussi à découvrir l'Europe centrale et orientale à partir de 1905, puis l'Amérique du Nord, à la faveur de deux séjours à Harvard en 1911 et au Canada en 1912. Pendant la Première Guerre mondiale, il est mobilisé dans le régiment blindé *Fife and Forfar Yeomanry*, mais il ne participe pas au débarquement de Gallipoli pour cause de maladie. Il travaille ensuite au *War Office* dans le domaine du renseignement comme attaché militaire à Belgrade et assiste à la conférence de la paix de Paris de 1919. Charles Webster a, quant à lui, commencé à enseigner l'histoire moderne à l'université de Liverpool en 1914. Comme Temperley, il participe aux travaux du PIB, publiant *The Congress of Vienna, 1814-1815* (1920) dans la série des *Peace Papers*, et il assiste à la Conférence de la paix. Les deux historiens vont dès lors réorienter leurs travaux vers l'étude de la politique extérieure du Royaume-Uni. On confie à Temperley la rédaction de l'histoire officielle de cette conférence, qui commence à paraître dès 1920 sous le titre *History of the Peace Conference in Paris*. Il publie ensuite de nombreux livres sur la politique étrangère britannique au XIXe siècle : *The Foreign Policy of Canning, 1822-1827* (1925), *England and the Near East : The Crimea* (1936), premier tome d'une trilogie qu'il projetait. De son côté, Webster fait paraître *The Foreign Policy of Castlereagh (1815-1822). Britain and the European Alliance* (1925), *The European Alliance, 1815-1825* (1929) ou encore *Palmerston, Metternich and the European System, 1830-1841* (1934), archétypes de l'histoire diplomatique.

En Italie, Mario Toscano (1908-1968) s'impose, aux côtés de Gaetano Salvemini et Pietro Silva, comme un maître de l'histoire diplomatique dès la parution de sa thèse, *Il Patto di Londra. Storia diplomatica dell'intervento italiano, 1914-1915*, en 1931, dans laquelle il adhère à l'idée de la victoire mutilée. Il obtient une chaire d'histoire des traités et de politique internationale à Turin en 1933.

Dans la nouvelle Tchécoslovaquie, Josef Šusta (1874-1945), successeur de J. Goll à Prague et responsable de la Commission tchécoslovaque de coopération intellectuelle, est l'auteur de *Světová politika v letech 1871-1914* [*La politique mondiale dans les années 1871-1914*], parue entre 1924 et 1931, et dont l'origine « remonte au manuel pour l'instruction des diplomates qu'il avait préparé à la commande du ministère des Affaires étrangères tchécoslovaque en 1922[45] ». L'entrée de nombreux historiens tchèques en diplomatie comme Vlastimil Kybal, Kamil Krofta ou Jan Opocenscky, passé du service consulaire à celui des archives, explique l'enracinement de l'histoire diplomatique dans ce pays. En 1922, la revue *Zahraniční politika* [*Politique étrangère*] est fondée.

En Autriche, l'histoire diplomatique prend son essor dans ce contexte particulier des années 1920, avec les cours dispensés par Alfred Přibram (1859-1942) au lendemain de la guerre. Il délivre, à partir de 1919-1920, des enseignements sur « L'histoire de l'Empire britannique, 1815-1914 » et sur « La politique internationale des grandes puissances européennes de 1871 à 1918 ». Toutefois, Přibram est l'un des rares historiens autrichiens à avoir gardé ses distances vis-à-vis des discours nationalistes exacerbés durant le conflit. En 1923, il publie une *Austrian Foreign Policy 1908-1918*, fruit de conférences à l'université de Londres, avec une préface de Gooch. Dans une introduction marquée par sa hauteur de vues, il explique notamment sa préoccupation de livrer une analyse historique qui tente d'éviter les idées reçues :

> « Car, à mon avis, ces causes sont trop multiples et trop profondes pour être résumées par des expressions courantes telles que le désir de l'Autriche-Hongrie d'étendre ses sphères d'influence dans les Balkans, l'aspiration de l'Allemagne à la puissance mondiale, le désir de la Russie d'avoir accès aux mers chaudes, le désir irrépressible de la France de récupérer l'Alsace-Lorraine ou l'inquiétude de l'Angleterre face à la croissance de la flotte et du commerce allemands[46]. »

Ses conférences à Oxford sont publiées en 1931 sous le titre *England and the International Policy of the European Great Powers, 1871-1914*. Il occupe également des postes de professeur invité à l'université de Stanford (1926) et à celle de Harvard (1927-1928). En raison de ses origines juives, et déjà retraité de l'université, il se voit retirer tout droit d'y intervenir encore en avril 1938 et, début 1939, il émigre à Londres où il décède en 1942. De nombreux intellectuels autrichiens d'origine juive emprunteront aussi le chemin de l'exil, à commencer par son élève Friedrich Engel-Jánosi.

Réorientations thématiques et professionnelles : les itinéraires de Woodward et de Renouvin

Certains historiens accomplissent une mue plus radicale : la fin de la guerre marque leur conversion à l'histoire des relations internationales contemporaines. L'analyse synchronique des parcours du Britannique Ernest Llewellyn Woodward et du Français Pierre Renouvin, nés respectivement en 1890 et en 1893, le confirme avec force. Ils ne sont pas, initialement, des historiens des relations internationales. Les premiers écrits de Woodward portent sur le christianisme et le nationalisme dans l'Empire romain tardif (1916). Il a fait ses études au Corpus Christi College, à Oxford, et les a terminées en 1913. Le domaine de Renouvin est celui de l'Ancien Régime et de la Révolution française. En 1912, jeune agrégé d'histoire et de géographie, il est en poste au lycée d'Orléans.

Pendant la Première Guerre mondiale, Woodward sert dans les Flandres, puis à Salonique. Il est ensuite affecté au renseignement militaire entre octobre 1918 et février 1919. Membre de la classe 1913, Renouvin est réformé. Mais l'importance des pertes humaines dès le début de la guerre conduit le gouvernement à faire appel aux exemptés et aux réformés. Il est incorporé en 1915, blessé une première fois en mars 1916 en Champagne. Une seconde blessure, beaucoup plus grave, survient en avril sur le Chemin des Dames : il est alors amputé du bras gauche. Woodward a rédigé une autobiographie, *Short journey*, parue en 1942, dans laquelle il témoigne de l'« état de dépression nerveuse » où il se retrouva[47]. Une atteinte de malaria en 1918 conduit à son rapatriement à Londres où il intègre l'équipe de G. Prothero au sein du *Foreign Office* et rédige un des manuels édités, en l'occurrence celui sur le congrès de Berlin de 1878. Pour sa part, Renouvin n'a laissé aucun document comparable, connu à ce jour, sur son état d'esprit, mais, dans son travail ultérieur de collecte de documents sur la guerre, il s'est montré attentif à la « psychologie du combattant[48] ».

Les premiers grands travaux de Woodward paraissent dans les années 1930 (*Great Britain and the German Navy*, 1935). Renouvin, en revanche, est prolifique dès les années 1920, publiant *Les formes du gouvernement de guerre* (1925), *Les origines immédiates de la guerre, 28 juin-4 août 1914* (1927), puis *La Crise européenne et la Première Guerre mondiale* (1934). Après avoir donné ses tout premiers cours d'histoire « diplomatique » en 1928 au sein de l'Institut des hautes études internationales, dans le cadre de la Faculté de droit de Paris, au siège du Centre européen de la Dotation Carnegie, il devient professeur à la Sorbonne en 1931. Il fonde l'Institut d'histoire des relations internationales contemporaines (IHRIC) quatre ans plus tard, institutionnalisant l'élargissement des perspectives et des sources.

Apporter la preuve

Avoir vu à l'œuvre diplomates, fonctionnaires et autres responsables gouvernementaux, et participé, parfois, à des activités de renseignement et de négociation fait éclore chez ces hommes leur réflexion sur l'environnement institutionnel et les processus décisionnels. À la fin des années 1920, Temperley avoue : « Une connaissance accrue de la pratique de la diplomatie permet de reconnaître les grandes difficultés qui assaillent toujours le praticien, et les difficultés encore plus grandes qui assaillent toujours l'historien qui doit porter un jugement sur lui[49]. » Sollicités par les pouvoirs publics dans chaque État, en grande partie pour dédouaner les dirigeants de la responsabilité première de l'hécatombe, les historiens ont une lourde responsabilité éthique et politique. Le débat met à l'épreuve l'« objectivité » sacrée du siècle précédent.

La Première Guerre mondiale a stimulé l'édition de documents diplomatiques pour justifier les décisions précédant son éclatement, mais aussi pour répondre au défi posé par la décision des dirigeants soviétiques de publier les traités secrets de la Russie impériale. Ils rendent publics de manière précoce des documents destinés à montrer l'essence impérialiste des grandes puissances européennes, comme les *Materialy po istorii franko-russkikh otnoshenii za 1910-1914. Sbornik sekretnykh diplomaticheskikh dokoumentov*, [*Matériaux sur l'histoire franco-russe, 1910-1914. Collection de documents diplomatiques secrets*], publiés à Moscou en 1922. Mikhaïl N. Pokrowskij continue à éditer régulièrement des archives dans la revue historique, *Krasny' arkhiv* [*Archives rouges*].

Il s'agit alors surtout de riposter à la campagne publique que les autorités allemandes conduisent contre le traité de Versailles. S'il était possible de démontrer que l'Allemagne et ses alliés n'étaient pas coupables, ou en tout cas pas les seuls coupables, alors toute la base juridique des réparations pourrait être détruite, et la base morale de beaucoup d'autres éléments du traité serait sapée. L'Allemagne publie une série de documents en cinquante-quatre volumes entre 1922 et 1927 : *Die Grosse Politik der Europäische Kabinette* est la première grande série de documents diplomatiques à être publiée sur les origines de la guerre. Elle a un retentissement important aux États-Unis et sur l'opinion des anciens pays neutres. En Autriche, Alfred Přibram reçoit en 1920 la responsabilité de l'édition des traités secrets conclus par l'Autriche-Hongrie à la suite de la mise en place de l'alliance austro-allemande de 1879 (*Die politischen Geheimverträge Österreich-Ungarns 1879-1914*). En Angleterre, il faut attendre le gouvernement travailliste pour que l'on confie à Gooch et Temperley, historiens réputés indépendants, l'édition des *British Documents on the Origins of the War, 1898-1914*. Ils paraissent entre 1926 et 1938. Devant le risque que seuls les points de vue allemand, autrichien et britannique prévalent, Poincaré confie en 1928 à Renouvin l'édition des *Documents diplomatiques français relatifs aux origines de la guerre de 1914*, qui commencent à paraître en 1930. Conscient de l'importance de cette diplomatie historique, Llewellyn Woodward poussera son gouvernement dès 1939 à publier un ensemble de documents britanniques sur les relations anglo-allemandes dans les années 1930, mais il faudra attendre 1944 pour qu'une nouvelle collection de *Documents on British Foreign Policy (DBFP)*, couvrant la période 1919-1939, soit lancée.

L'enjeu n'est pas uniquement intellectuel et moral, il est aussi politique, juridique et financier. Au cœur du débat, l'article 231 et la responsabilité morale imputée à l'Allemagne, dans la formule ajoutée par le jeune diplomate John Foster Dulles – « *causing* » –, interprétation contre laquelle elle se rebelle. La « preuve » doit être trouvée dans les textes grâce à l'analyse des intentions des décideurs et la reconstitution des circuits de la décision pour comprendre l'entrée en guerre. Cela permet à l'histoire diplomatique d'occuper une place sans précédent dans le discours politique et intellectuel. Le débat oppose les « orthodoxes » – comme Bernadotte Schmitt (*The Coming of the War, 1914*, 1931), Pierre Renouvin, le journaliste Luigi Albertini – à l'école « révisionniste » américaine rassemblée autour de Harry Elmer Barnes (*The Genesis of the World War*, 1926) et Sidney Fay (*Origins of the World War*, 1928), qui rejettent la responsabilité des puissances centrales sur les Alliés. On sait son rebondissement dans les années 1960 avec la « controverse Fischer[50] » et son nouvel avatar lors du centenaire de la Première Guerre mondiale et de la publication du livre de l'Australien Christopher Clark, *The Sleepwalkers. How Europe went to war in 1914* (2012). Les pouvoirs publics du début des années 1920 portent ainsi une responsabilité dans l'enfermement des historiens dans une démarche positiviste, dans une grille de lecture unique, causale, centrée sur les processus décisionnels des journées ayant précédé l'entrée en guerre. Le positivisme est à son apogée, même si les méthodes s'affinent.

Vers un rejet du positivisme intégral : pluridisciplinarité, sources de presse, sources orales

Les certitudes placées dans le document étatique ont été ébranlées bien avant le conflit. Les années 1890 ont constitué, tant en Europe qu'aux États-Unis, une période importante d'ouverture des historiens à la pluridisciplinarité, bien connue des spécialistes, mais dont les conséquences pour l'histoire diplomatique ont été moins étudiées. En Allemagne, le débat a été lancé par Karl Lamprecht à Leipzig, avec ses propositions pour renouveler l'histoire en la concevant comme une histoire culturelle. La *Revue de synthèse historique* s'en est fait l'écho en France. Sous le coup des effets des révolutions industrielles, l'attention s'est déplacée de l'individu vers la société. La sociologie et l'histoire économique et sociale ont pris leur essor. Cet élargissement des perspectives a également concerné ceux qui traitent des questions internationales.

En Italie, Scipione Gemma, professeur de droit international et d'histoire des relations internationales à Florence, estime en 1895 que la recherche historique doit se proposer l'« observation du phénomène social ».

> « Un traité, dans la généralité des cas, doit être considéré comme un phénomène social, comme une manifestation, et nous pensons qu'elle est parmi les plus importantes, de la vie collective des peuples. En effet, un traité n'est rien d'autre que l'expression d'une relation de forces entre les États qui le concluent. Et quand nous disons forces, nous ne nous référons pas seulement aux forces matérielles, mais à l'ensemble des éléments – militaires, financiers, économiques et moraux – qui contribuent à former la puissance d'un État et donc le degré relatif d'efficacité dans ses relations extérieures, c'est-à-dire la position à laquelle il a le droit d'aspirer et d'atteindre dans la société internationale[51]. »

Aux États-Unis, un groupe autour de l'université de Columbia à New York – Harry Elmer Barnes, Charles Austin Beard, James Harvey Robinson, James Thomson Shotwell –, se préoccupe aussi d'élargir les centres d'intérêt des historiens traitant des problèmes internationaux. Leur réflexion est loin d'être le fruit d'une pensée nationale qui se serait développée de manière endogène. Ils ont lu les historiens européens et parfois étudié dans une université européenne, allemande en particulier. Le parcours de leur figure de proue, James Robinson (1863-1936), l'illustre. Formé d'abord à Harvard, puis ayant poursuivi ses études doctorales en Europe (diplômé de Fribourg-en-Brisgau), il a commencé à enseigner l'histoire moderne à l'université de Pennsylvanie en 1891, puis est devenu professeur à Columbia en 1895. Il a pris progressivement la tête d'un groupe de « nouveaux historiens », progressistes dans leur engagement politique, encourageant l'élargissement des perspectives, et incitant au rapprochement avec les nouvelles sciences sociales – anthropologie, psychologie, sociologie. Dans un article fondateur, « The New History », dont une première version a été esquissée en 1900, Robinson remet en cause la prédilection des historiens pour une histoire strictement politique :

> « La vraie question est de savoir si notre parti pris pour l'histoire politique ne nous a pas conduits à inclure un grand nombre de détails insignifiants sur les dynasties et l'histoire militaire qui ne font que déconcerter le lecteur et occupent un espace précieux qui devrait être consacré à certaines grandes questions jusqu'ici négligées [...]. L'homme est plus qu'un guerrier, un sujet ou un chef princier ; l'État n'est en aucun cas son seul intérêt [...]. [Pourtant] l'histoire politique conserve encore sa position suprême, et les événements politiques du passé sont encore considérés par le public comme l'histoire par excellence ».
> « La "Nouvelle histoire" échappe aux limites autrefois imposées à l'étude du passé. Elle viendra à temps pour répondre consciemment à nos besoins quotidiens ; elle se servira de toutes les découvertes qui sont faites sur l'humanité par les anthropologues, les économistes, les psychologues et les sociologues – découvertes qui, au cours des cinquante dernières années, ont servi à révolutionner nos idées sur l'origine, le progrès et la perspective de notre race[52]. »

Charles Beard (1874-1948), qui passe à la fin de sa vie de l'étude de l'histoire nationale américaine à celle des relations internationales, insiste après la Première Guerre mondiale sur les structures mentales et intellectuelles, sur les forces sociales et économiques internes qui pèsent sur l'élaboration des politiques étrangères. Il conduit aussi une charge méthodologique vigoureuse en attaquant en 1935 le positivisme persistant, en soulignant que les traces de l'histoire sont partiales et que les « faits » relèvent d'une construction intellectuelle. La source historique ne parle qu'à partir de la question posée :

> « L'historien cherchant à connaître le passé, ou autour de lui, n'apporte pas à la documentation partielle avec laquelle il travaille un esprit neutre, parfait et astiqué, dans lequel le passé, coulant à travers la documentation, est reflété tel qu'il a réellement été. Quels que soient les actes de purification que l'historien

peut accomplir, il reste un être humain, une créature d'un temps, d'un lieu, de circonstances, d'intérêts, de prédilections, d'une culture [...][53]. »

À ces considérations s'ajoutent des réflexions sur les sources et sur leur lecture critique. Au sortir de la guerre, ces hommes sont d'abord conscients de la hausse massive du volume des documents qu'ils vont avoir à traiter. Lors d'un exposé devant l'*American Historical Association* en décembre 1924, Charles Webster exprime métaphoriquement le sentiment, partagé par beaucoup, d'être submergé par la masse sans cesse croissante des documents : « En règle générale, la récolte est d'abord effectuée par la presse quotidienne, et ce n'est que lorsque le journaliste a engrangé ses gerbes que l'historien est admis dans le champ pour le glanage[54]. » Décortiquant le travail de la commission instituée en 1928 par le président du Conseil, Raymond Poincaré, pour publier les documents diplomatiques sur la période 1871-1914, Renouvin soupire devant le « fatras » engendré par l'inflation des télégrammes[55].

Si l'histoire des relations internationales a été durablement identifiée et ramenée au culte des faits, ses praticiens ne vont pourtant jamais cesser de mettre en doute une démarche fondée sur leur compilation. Certes, à l'instar de ses collègues, Charles Webster perpétue la critique méthodique des sources mise en place au siècle précédent, attentif, à la manière d'un paléographe, aux conditions matérielles de leur production administrative, de leur rédaction, et à leur interprétation.

« Canning et Palmerston exigeaient un niveau élevé de leurs subordonnés et leur influence a perduré jusqu'à l'ère de la machine à écrire, de l'imprimerie de bureau et du télégraphe. Les documents sont pour la plupart datés avec précision et leur auteur, ou du moins leur commanditaire, est généralement clairement attesté. Il est donc relativement facile de traiter tous les documents à leur juste valeur et de produire avec peu d'efforts de nouvelles preuves de transactions historiques importantes. [...] Une grande partie du langage des dépêches a un sens convenu qui nécessite une interprétation[56]. »

Mais, développant une réflexion de nature épistémologique, il attire aussi l'attention sur la culture administrative propre au *Foreign Office*. Il transmet un savoir-faire relatif à la typologie spécifique des documents britanniques et à la manière dont ils font l'objet de circulations et d'annotations entre les différents services.

« Dans certains cas, il existe également les brouillons (*drafts*) et les procès-verbaux (*minutes*) sur la base desquels la dépêche était rédigée. Presque tous les principaux ministres des Affaires étrangères du XIXe siècle étaient incroyablement travailleurs et, au début, ils écrivaient ou dictaient eux-mêmes presque toutes leurs dépêches importantes. Pourtant, même à cette époque, de nombreuses dépêches et mémorandums devaient être soumis au Cabinet et étaient modifiés, parfois radicalement, à la suite des discussions qui s'y déroulaient. »

La confrontation systématique des sources nationales est encouragée. De manière pionnière, Webster fait remarquer que la fabrique de la politique impériale n'était pas située à Londres, mais à Calcutta ou à Dehli, et que, dès lors, les archives du *Board of Control*, de l'*East India Company* et de l'*India Office* sont nécessaires. De son côté, William Langer est l'un des premiers historiens américains à utiliser les sources russes. En 1930, il plaide pour l'élargissement du corpus et la prise en compte d'une plus grande diversité de paramètres :

> « L'étude de la diplomatie, si elle doit aboutir à quelque chose de valable, doit aller au-delà du simple résumé ou de l'analyse des documents et des négociations. Elle doit étudier les forces fondamentales et les grands courants qui ont influencé les relations des États entre eux. Je me suis efforcé, avec un succès qui reste à voir, de tenir pleinement compte des changements économiques, de l'évolution des considérations militaires et des liens étroits avec les sentiments nationaux, ainsi que de la capacité d'entraînement de chaque individu[57]. »

Renouvin, bien que centré sur l'étude de la « politique d'alliances et de contre-alliances », et donc sur une approche littéralement diplomatique de l'entrée en guerre, désacralise en 1931 le document diplomatique comme source unique et prééminente :

> « Dépêches, notes, télégrammes nous permettent d'apercevoir des actes ; il est plus rare qu'ils permettent d'entrevoir les intentions des hommes d'État, plus rare encore qu'ils portent le reflet des forces qui agitent le monde : mouvements nationaux, intérêts économiques[58]. »

Il est un utilisateur assidu de la presse, dont l'importance dans le façonnage des esprits lui a été révélée par la guerre mondiale. Avec lui s'ouvre un domaine de recherche qui porte sur les opinions publiques, avec toutes les limites et précautions nécessaires, qu'il détaillera des années plus tard dans un article fondamental de la *Revue d'histoire moderne et contemporaine*[59]. La diversification des sources sera un acquis pour la génération suivante, celle de l'Italien Federico Chabod en particulier, qui recourt aux journaux, brochures, correspondances privées et témoignages à sa disposition.

La génération de la guerre prend aussi position pour la collecte d'entretiens oraux. Seignobos et Langlois dans leur *Introduction aux méthodes historiques* avaient réfuté catégoriquement la tradition orale et recommandé de ne s'intéresser qu'aux documents écrits :

> « L'écriture fixe l'affirmation et en rend la transmission fidèle ; au contraire l'affirmation orale reste une impression sujette à se déformer dans la mémoire de l'observateur lui-même, en se mélangeant à d'autres impressions ; en passant oralement par des intermédiaires elle se déforme à chaque transmission, et comme elle se déforme pour des motifs variables, il n'est possible ni d'évaluer ni de redresser la déformation. La tradition orale est par sa nature une altération continue ; aussi dans les sciences constituées n'accepte-t-on jamais que la transmission écrite[60]. »

Leurs successeurs ont une autre vision. Bernadotte Everly Schmitt écrit un livre, *Interviewing the Authors of the War* (1930), à partir d'entretiens récoltés en 1928 auprès des protagonistes de l'entrée en guerre. Pierre Renouvin a fait partie des premiers historiens à recourir à l'entretien oral en rupture avec la position méthodique. Le 12 mai 1936, il conduit un entretien avec l'ancien ambassadeur de France en poste à Moscou à l'été 1914, Maurice Paléologue – que Schmitt n'avait pu rencontrer –, afin d'éclaircir le processus de prise de décision qui a conduit à la guerre, et en particulier comprendre le rôle du représentant français dans la lenteur de la transmission de l'information relative à la mobilisation générale de la Russie, qui n'a pu permettre à la France de tenter un ultime compromis[61]. Le compte rendu qu'il donne du comportement de son témoin, désireux de lui expliquer « quel était son état d'esprit en juillet 1914 », certaines didascalies – « Cette question paraît l'embarrasser. Il amorce deux ou trois phrases qu'il n'achève pas » – sont riches d'enseignements sur les enjeux de la constitution de ces archives « orales », qui feront l'objet, dans les décennies ultérieures, de réflexions méthodologiques approfondies. De son côté, Luigi Albertini a complété sa lecture des archives par la lecture de tous les articles de la presse européenne de 1914 et par des entretiens systématiques avec les protagonistes encore vivants de la « crise de juillet[62] ». La pratique de l'interview, propre au journaliste, féconde la pratique de l'historien. Louis Gottschalk, professeur à l'université de Chicago, souligne dès 1945 sa banalisation[63].

Les années 1920 sont ainsi à la fois la décennie de l'affirmation de l'histoire diplomatique et celle de la formulation des conditions de son dépassement. Certes, les traits fondamentaux de la sous-discipline ne changent pas fondamentalement. Elle est une histoire des politiques étrangères, abordées selon un prisme national-étatique et bilatéral. Fondée sur des concepts analytiques spécifiques (la puissance, la grandeur, l'intérêt national) que nous présenterons au troisième chapitre, sur une approche événementielle, qui privilégie les alliances, les crises, les guerres et les congrès de paix, elle est aussi façonnée par la vision imprimée par sa source documentaire prépondérante, l'archive diplomatique. Hors de France, elle s'est affirmée de manière inégale selon les États, dans le sillage de l'histoire des traités. En Italie, en 1895, l'année même de la parution du *Manuel de politique étrangère* d'Émile Bourgeois, Scipione Gemma a publié une *Storia dei trattati nel secolo XIX*. Les livres de Bourgeois et de Gemma font l'objet d'une révision encore en 1949, continuant à faire partie des classiques recommandés sous la rubrique « Histoire diplomatique » dans le *Guide de l'étudiant en histoire moderne et contemporaine* que font paraître, en 1949, Camille Bloch et Pierre Renouvin. La pesanteur de ce type d'approche a été très forte.

Une tradition s'enracine *ipso facto* qui a été soumise aux critiques lapidaires des historiens des *Annales*. Dans un article mémorable, consacré à « un mort qu'il faut toujours tuer », paru en 1946 chez Armand Colin, Lucien Febvre assassine le livre d'Alphonse Roubaud, *Paix armée (1871-1914)*, et la « vieille et néfaste « histoire diplomatique » » en raison de sa méthode étroite, centrée sur les faits et gestes des diplomates et ministres, et de sa méconnaissance des forces structurelles s'exerçant sur les relations internationales. Le procès est aussi – surtout ? – à cette date le procès renouvelé d'un état d'esprit et de praticiens défendant les pratiques de la diplomatie secrète, se prétendant « à l'abri des passions et des utopies », et qui ont, pourtant, conduit une nouvelle fois la France au bord de ce que Jean-Baptiste Duroselle a appelé plus tard l'« abîme ». La chape critique coulée par les « annalistes » a enseveli jusqu'au souvenir de cette génération d'historiens diplomatiques français. Les séminaires historiographiques en France leur infligent souvent mépris ou oubli. Febvre sursauterait en lisant l'historien néerlandais Pim den Boer qui, dans sa typologie des professeurs d'université français du dernier tiers du XIXe siècle établie en 2015, classe Émile Bourgeois parmi les « défricheurs », ces hommes qui ont « élargi l'horizon jusqu'alors essentiellement national des historiens français » aux côtés d'Ernest Denis, de Georges Pariset ou encore d'Albert Waddington[64].

L'imprécision terminologique, la permanence d'appellations anciennes n'ont pas favorisé la reconnaissance de l'évolution des pratiques et, au fond, de leur pluralité. Un État comme l'Italie continue à présenter une extrême diversité d'appellation de ses chaires universitaires : « histoire diplomatique », « histoire des traités », « histoire des traités et des concordats », mais aussi « histoire des affaires internationales », « histoire des relations internationales », « histoire de la politique étrangère », « histoire des traités et des relations internationales », « diplomatie et histoire des traités », « histoire de la diplomatie », « histoire de la politique internationale ». Cette diversité italienne se retrouve dans d'autres pays quand la discipline s'institutionnalise dans le dernier tiers du XIXe siècle. En France, la notion d'histoire diplomatique s'impose majoritairement, soutenue par la Société d'histoire diplomatique, créée en 1887, où cohabitent diplomates et historiens. Elle prédomine jusqu'à la Seconde Guerre mondiale : elle connaît son apogée avec la publication par Jean-Baptiste Duroselle de son *Histoire diplomatique de 1919 à nos jours*, en 1953.

Pourtant, le rejet d'un positivisme intégral est induit par l'impossibilité de s'en tenir aux faits. Comme l'Inconnue dans *Comme tu me veux* de Pirandello, qui refuse d'être assignée à une identité par « les faits », les historiens internationalistes sont dorénavant sommés d'avancer entre une réalité qui les rattrape (la preuve) et celle forgée par les représentations ou les fantasmes.

Chapitre 2

Dynamiques internationales

La discipline historique est loin d'être la seule à analyser les évolutions internationales. Des questions simples sont souvent posées par les étudiants : « Quelle est la différence entre les Relations internationales et l'histoire des relations internationales ? », « L'histoire des relations internationales et l'histoire internationale se recouvrent-elles ? », « Faut-il opposer histoire des relations internationales et histoire transnationale ? », « L'histoire des relations internationales est-elle une histoire mondiale ? » Ces questions, qui portent sur des appellations conçues comme autant de labels, sont riches d'enjeux épistémologiques, mais aussi politiques, institutionnels et éditoriaux. Nous souhaitons apporter ici des réponses, en établissant des différences de nature disciplinaire ou de perspective entre ces appellations. Nous rappellerons d'abord les circonstances du développement des Relations internationales au début des années 1920, avant de souligner que l'affirmation d'une *histoire* des relations internationales s'est faite, selon les États, soit dans la mouvance de ces nouvelles études internationales pluridisciplinaires, soit dans celle des études de droit, soit encore dans la filiation de l'histoire diplomatique.

Deux discours historiographiques coexistent : celui de l'expansion et celui de la cohabitation. Selon le premier, l'histoire des relations internationales est née de l'expansion thématique continue de l'histoire diplomatique et a été renouvelée par la proposition d'une méthodologie spécifique, faite par Pierre Renouvin ; selon l'autre, les deux sous-disciplines ont continué à cohabiter. Nous plaçant du côté de cette seconde lecture, nous ferons valoir à la fois la variété des situations nationales, mais aussi les échanges qui ont eu lieu lors de certains congrès internationaux des sciences historiques (1950 et 1955), qui furent l'occasion de clarifications. Nous soulignerons enfin que, dans la foulée du tournant culturel des sciences humaines et sociales engagé dans les années 1960-1970, les nouveaux labels (histoire transnationale, histoire internationale, histoire mondiale) ont exprimé la volonté de dépasser l'État-nation comme cadre analytique, et l'Occident comme cadre spatial, auxquels tous les phénomènes historiques étaient encore rapportés. Dès lors, la question de leur articulation avec l'histoire des relations internationales sera examinée.

Relations internationales et histoire des relations internationales : fertilisations croisées

Il existe une différence de nature entre les Relations internationales et l'histoire des relations internationales. Ce sont aujourd'hui encore, à l'échelle du monde, deux sous-disciplines, inégalement implantées dans le domaine universitaire selon les États. La première relève de la science politique, la seconde de l'histoire. Les Relations internationales ont pour objet de proposer des cadres conceptuels d'analyse des relations internationales, avec un objectif normatif : forger des outils pour l'action politique. L'expertise scientifique est mise au service de l'action du responsable politique : elle se veut « politiquement orientée » (*policy-oriented*). La confusion entre les Relations internationales et l'histoire des relations internationales a pu être entretenue par le fait que leurs premiers représentants ont souvent eu une expérience commune d'experts auprès des administrations en charge de la préparation de l'après-Première Guerre mondiale, et que les premiers titulaires des chaires de Relations internationales ont parfois été des historiens (aux côtés de quelques juristes).

En dépit de l'affirmation de Stanley Hoffmann selon lequel les Relations internationales (*International Relations*) sont une « science sociale américaine », on s'accorde aujourd'hui à rappeler l'importance, dans leur genèse, d'échanges transatlantiques intenses depuis la fin du XIXe siècle. L'émergence des Relations internationales a lieu dans un environnement marqué par la mobilité enseignante et étudiante, du fait de la multiplication des universités, ce produit « d'exportation culturelle de l'Europe » (Jürgen Osterhammel) vers le reste du monde. Les universités allemandes acquièrent la réputation d'être devenues les meilleures et attirent les étudiants américains. Les universités privées américaines, comme Harvard ou Columbia, concluent des accords avec des universités allemandes, mais aussi françaises et autrichiennes avant 1914.

Mais c'est toutefois dans les pays anglo-saxons que la nouvelle sous-discipline va s'affirmer au sein des sciences politiques au sortir de la Première Guerre mondiale. Les États-Unis n'ont pas été le lieu unique du développement d'une pensée nouvelle sur l'international à la fin du XIXe siècle, loin de là. Toutefois, leur force économique sans précédent au lendemain du conflit, la part prédominante prise dans la restructuration du système international entre 1917 et 1922, l'engagement de leurs fondations philanthropiques pour en asseoir les fondements créent le besoin de nouvelles structures d'expertise sur les questions internationales dans une perspective pluridisciplinaire. De son côté, le Royaume-Uni, également sorti vainqueur de la guerre, a entrepris de redéfinir ses relations avec les États colonisés au sein du Commonwealth. Dans ce cadre, il se dote d'instruments de réflexion qui perpétuent sa domination sous un autre nom, et il s'attache à développer un enseignement universitaire à la hauteur de ses ambitions internationales persistantes.

Think tanks et chaires universitaires : l'essor des Relations internationales

L'institutionnalisation des Relations internationales est passée par la création de *think tanks*, ces groupes de réflexion réunissant praticiens et chercheurs, conçus comme des instruments d'aide à la décision dans le domaine des politiques internationales. À l'origine des deux premiers *think tanks* anglo-saxons – Chatham House à Londres et le *Council on Foreign Relations* à New York, tous deux toujours en activité –, il y a le rapprochement des experts des délégations du Royaume-Uni et des États-Unis à la conférence de la paix de Paris, qui souhaitent continuer à travailler ensemble. Le 30 mai 1919, une réunion à l'hôtel Majestic décide la création d'un institut binational pour les relations internationales, mais la décision n'est pas suivie d'effet. Le 5 juillet 1920, le cercle fondateur britannique autour de Lionel Curtis et Lord Robert Cecil inaugure le *British Institute of International Affairs*, qui prend le nom de *Royal Institute of International Affairs* en 1926, domicilié Chatham House à Londres. Le *Council on Foreign Relations* voit le jour un an plus tard, le 29 juillet 1921.

Les premières chaires universitaires en Relations internationales s'implantent au Royaume-Uni à la fin de la guerre : au pays de Galles, à l'*University College Wales* à Aberystwyth en 1919 (le premier titulaire est l'historien de l'Antiquité Alfred Zimmern) ; en Angleterre, à la *London School of Economics and Politics* (LSE) en 1924, avec la création de la *Cassel Chair*, confiée à Philip Noel-Baker (1924-1929), puis à Charles Manning en 1930, avant d'être transformée en 1932 en *Montague Burton Chair*, avec toujours Manning en fonction. Une seconde chaire Montague Burton est créée à Oxford en 1930 et occupée par Zimmern jusqu'en 1944. Les enseignements prodigués reposent sur une conception des relations internationales favorable à la coopération intergouvernementale, qui s'enracine dans les débats du XVIIIe siècle européen sur l'inadéquation croissante du principe d'équilibre des pouvoirs à la nouvelle donne politique. Elle implique le dépassement du cadre national, qui, à cette date, ne s'incarne pas dans des structures supranationales, mais dans les organisations internationales genevoises, qui naissent alors : la Société des Nations (SDN), l'Organisation internationale du travail (OIT), l'Institut international de coopération intellectuelle (IICI), etc. Elle est porteuse d'une écriture de l'histoire susceptible de lutter contre l'historiographie nationale et nationaliste dominante.

Les frontières disciplinaires sont poreuses. L'histoire diplomatique constitue l'un des viviers où l'on puise pour pourvoir ces premières chaires. L'historien Charles Webster est nommé à Aberystwyth à la succession de Zimmern (1922-1932), et son collègue Llewellyn Woodward à Oxford (1944-1947), à la succession du même Zimmern, personnalité nodale des Relations internationales. Une toute première chaire en « histoire internationale », la *Stevenson Chair*, fondée en 1925 à la LSE, confiée dans un premier temps à Arnold Toynbee, a longtemps été occupée par Webster (1932-1953).

L'enseignement des Relations internationales se diffuse aussi sur le continent grâce à des structures universitaires pluridisciplinaires soutenues par l'argent des fondations américaines. À Genève, l'Institut universitaire des hautes études internationales (IUHEI) est fondé en 1927, avec le soutien du *Laura Spelman Rockefeller Memorial Fund*, pour former les fonctionnaires des organisations internationales, à commencer par le personnel de la SDN. Ces premiers enseignants « internationalistes » présentent un profil d'« idéalistes », confiants dans les vertus du multilatéralisme. Ils revendiquent ouvertement les valeurs normatives qui guident leurs recherches : l'étude scientifique de la politique internationale peut contribuer à la prévention des conflits. La Conférence des études internationales fondée en 1928, et dont le secrétariat est basé à l'Institut international de coopération intellectuelle à Paris, devient un autre forum d'échanges entre théoriciens et praticiens. Dans les années 1920, les *think tanks* dédiés aux questions internationales se multiplient. L'*Institute of Pacific Relations* est fondé en 1925 à Honolulu. Au sein de ce qui devient le Commonwealth, et directement inspirés par l'exemple de Chatham House, sont créés le *Canadian Institute of International Affairs* en 1928, l'*Australian Institute of International Affairs* en 1933, le *South-African Institute* et le *New-Zealand Institute* en 1934, et l'*Indian Institute of International Affairs* en 1936. Leur vision a été structurée dès avant la guerre, dans le cadre du cercle, dit de la Table ronde, constitué en réseaux en 1909-1910 dans les cinq sociétés impériales : l'Afrique du Sud, l'Australie, le Canada, l'Inde et la Nouvelle-Zélande. Les liens forts, consolidés pendant le conflit entre les responsables politiques, mais aussi l'émancipation croissante des dominions et l'essor du nationalisme indien expliquent la proximité de l'approche des animateurs de ces différents instituts sur les questions de race, de hiérarchie, de souveraineté, de civilisation et d'empire, et des modes d'actions communs, mais aussi la volonté de chaque structure de faire entendre une voix distincte de celle du Royaume-Uni.

Sur le continent européen, la situation est très différente. En France, pays sorti vainqueur de la guerre, l'institutionnalisation des Relations internationales est faible. On peut y voir la faiblesse nouvelle d'une grande puissance vieillissante, qui se recroqueville sur un Empire à son apogée, mais qui peine à redéfinir une ambition mondiale. C'est aussi le reflet d'une approche spécifique des relations internationales, par l'histoire et par le droit, qui reste forte après 1919. Pierre Renouvin, titulaire d'une licence dans ces deux domaines, commence à enseigner l'histoire de la guerre, non les Relations internationales, comme chargé de cours à la Sorbonne en 1922. En 1920, c'est à la Faculté de droit de Paris qu'a été attaché un nouvel Institut des hautes études internationales (IHEI), structure privée tournée vers la formation pluridisciplinaire des diplomates des États récemment créés en Europe centrale. C'est dans ce cadre méconnu que Renouvin a délivré, on l'a dit, son tout premier cours d'histoire diplomatique en 1928. La méconnue Académie diplomatique internationale fondée en 1926 peut être considérée comme le premier *think tank* français[1]. Ancêtre de l'IFRI (Institut français des relations internationales), le Centre d'études de politique étrangère n'est mis en place qu'en 1935. Enfin, on peut observer qu'il n'existe pas à cette date en France de tradition de mécénat universitaire. Or, au Royaume-Uni, l'institutionnalisation des Relations internationales a été soutenue par le mécénat. Des hommes d'affaires (David Davies à Aberystwyth, Ernst Cassel à Londres et

Montague Burton à Oxford) financent les nouvelles chaires pour développer ces études internationales.

En Allemagne, le climat anti-libéral du Reich wilhelmien, son engagement mondial tardif, puis la défaite et la perte de ses colonies peuvent expliquer la lenteur de l'implantation de la sous-discipline, même si des instituts d'études régionales ont été mis en place : *Osteuropa* à Breslau/Wrocław (1918), *Nordisches Institut* à l'université de Greisfeld (1918), *Ibero-amerikanisches Institut* à Hambourg (1917) et à Berlin (1929). Une initiative américaine favorise la création de la *Deutsche Hochschule für Politik*, établissement privé, en 1920 à Berlin. L'école est choisie en 1927 par la Dotation Carnegie pour y créer une chaire pour la politique extérieure et l'histoire. Elle est, en l'occurrence, occupée en alternance par des *New Historians* : Charles A. Beard, Nicholas M. Butler et James T. Shotwell. En octobre 1931, la Dotation finance la création d'une Académie de la paix. Enfin, le *Hamburger Institut für auswärtige Politik*, fondé en 1923 par le professeur de droit Albrecht Mendelssohn Bartholdy, ancien membre de la délégation allemande à Versailles, s'affirme comme le modeste partenaire allemand de Chatham House.

Dans l'Italie fasciste, l'affirmation de la puissance passe par la création de l'*Istituto per gli studi di politica internazionale* (ISPI) à Milan en 1933. Porteur d'une vision alternative à l'ordre de Versailles, l'ISPI est soutenu financièrement par l'industriel lombard Alberto Pirelli, ancien membre de la délégation italienne à la Conférence de la paix, qui attire dans son sillage d'autres industriels italiens comme Gino Olivetti ou Giuseppe Volpi di Misurata. La collaboration commencée par l'ISPI et l'historien médiéviste Gioacchino Volpe, via l'École des sciences politiques de Rome – devenue faculté au sein de l'université *Sapienza* de Rome en septembre 1925 – a été l'une des voies empruntées par l'histoire des relations internationales pour s'affirmer comme domaine universitaire en Italie. C'est de ce terreau qu'émerge le projet d'écrire une histoire de la politique étrangère italienne autour de Federico Chabod, Walter Maturi, Carlo Morandi et Augusto Torre.

Dans une Espagne qui a perdu les derniers reliquats de son Empire face aux États-Unis en 1898 et qui vit encore sous l'emprise d'un syndrome décadentiste, la création de la *Sociedad de Estudios Internacionales y Coloniales* en janvier 1934 signe un intérêt nouveau pour la politique étrangère et les relations internationales de l'Espagne. Après 1945, le régime franquiste cherche à sortir de l'isolement. La politique étrangère est un instrument fondamental de sa survie et de sa reconnaissance internationale. Il favorise l'institutionnalisation des études internationales dans les années 1950, sous l'égide de juristes comme Fernando María Castiella (1907-1976) et José María Cordero (1909-1977), cofondateurs de la *Sociedad de Estudios Internacionales y Coloniales*. Cordero a participé dans les années 1950 à la fondation de l'*Instituto de Estudios Africanos* et des *Cuadernos de Estudios Africanos*. Quant à Castiella, formé à Madrid, il a complété sa formation d'internationaliste à l'IHEI de Paris, à l'Académie de droit international de La Haye et aux universités de Cambridge et de Genève. Il a collaboré temporairement au secrétariat général de la Société des Nations. Il offre ainsi le profil d'un praticien, entré en diplomatie comme ambassadeur à Lima en 1948, puis nommé près le Saint-Siège en 1951, avant de devenir ministre des Affaires étrangères (1957-1969) et de mettre en œuvre le processus d'intégration de l'Espagne dans les Communautés européennes. Parmi les publications dédiées aux questions internationales qui se développent, la revue *Cuadernos de Política Internacional*, fondée en 1950, se distingue. Elle professe l'« hispanisme radical » du régime mais unifie les trois domaines traditionnels des études internationales : la diplomatie, le droit international et, dans une moindre mesure, l'histoire diplomatique. Durant toute cette période, l'Amérique a été, pour les historiens de l'après-guerre, « la seule fenêtre par laquelle l'Espagne du XIXe siècle regardait le monde » (« *la única ventana* ») pour reprendre la métaphore de José María Jover Zamora (1920-2006). L'ostracisme international dont l'Espagne souffre encore dans les années 1940 et 1950, couplé avec les exigences idéologiques du régime franquiste, la marginalise dans le domaine proprement historique.

Si le grand essor des Relations internationales aux États-Unis après 1945 s'explique, certes, par son avènement comme puissance mondiale et le besoin de subventionner des études internationales aptes à analyser les enjeux présents et à anticiper ceux de demain, il a aussi été soutenu par les vagues d'immigration de nombreux intellectuels européens à la suite de la mise en place du régime nazi en 1933. Parmi ces personnalités, passées « du statut de réfugiés sans le sou et de déracinés en marge de la société à celui de membres de l'élite diplomatique, éducative et culturelle américaine », selon Udi Greenberg, figurent des « internationalistes », tels Hans Morgenthau (1904-1980) ou Waldemar Gurian (1902-1954), moins connu en France, mais qui eut pourtant une influence tout aussi forte sur la carrière américaine et le cheminement intellectuel du Français Jean-Baptiste Duroselle à partir des années 1950[2]. Ces hommes ont participé aux débats intenses de la république de Weimar sur la nature des institutions démocratiques, sur la relation de la démocratie avec le fait social et la religion, et sur les réponses à apporter aux forces politiques anti-démocratiques. Leurs idées et leur expérience nourrissent leurs analyses au lendemain de la Seconde Guerre mondiale et sont au cœur des transferts intellectuels transatlantiques, qui ont lieu depuis la fin du XIXe siècle et qui se prolongent.

La reconstitution de ces divers processus ne doit pas laisser ignorer que, depuis une vingtaine d'années, le *Aberystwyth narrative*, récit d'une sous-discipline implantée par des intellectuels libéraux « idéalistes » qui cherchaient à prévenir les horreurs d'une prochaine guerre mondiale, a été nuancé par une série de travaux d'inspiration post-coloniale ou genrée. L'accent est mis dorénavant sur les origines impériales et plurielles de la discipline, autour de son « anxiété fondatrice » : assurer le maintien de l'Empire britannique[3]. La construction de ce nouveau récit est l'une des réponses apportées à la demande d'une mondialisation des Relations internationales (*global IR*) émise par l'internationaliste d'origine indienne Amitav Acharya lors du discours qu'il prononça en 2014 devant l'Association des études internationales (ISA), dont il était devenu le premier président non occidental. L'effort critique fait pour remettre en perspective la pensée occidentale en s'intéressant aux réflexions développées dans d'autres régions du monde a, par exemple, conduit à souligner l'importance de la réflexion en Inde. L'une des premières figures de proue de la pensée internationaliste a ainsi été le théoricien politique bengali Benoy Kumar Sarkar. Son article intitulé « Hindu Theory of International Relations », paru en 1919 dans la revue *American Political Science*, et son livre *The Politics of Boundaries and Tendencies in International Relations* (1926) sont aujourd'hui cités à l'appui de la démonstration de l'existence d'une pensée alternative sur les relations internationales au moment même où cette sous-discipline s'institutionnalisait en Occident. À ses côtés, plusieurs internationalistes indiens ont été redécouverts, comme Tarak Nath Das (1884-1958), ou Lanka Sundaram (1905-1967). Au-delà, ce sont des recherches non seulement transimpériales, mais qui portent aussi sur la manière dont les États non-occidentaux pensent leurs relations bilatérales, régionales et internationales depuis plus d'un siècle qui devraient nous permettre d'établir un jour une vision rééquilibrée du développement des Relations internationales.

Enfin, on commence à mettre en lumière la présence de femmes parmi les premiers théoriciens de la sous-discipline, telle Helena Swanwick (1864-1929), même s'il faut attendre l'après-Seconde Guerre mondiale pour qu'Agnes Headlam-Morley (1902-1986) et Elizabeth Wiskemann (1899-1971) deviennent les premières femmes titulaires d'une chaire, respectivement à Oxford (1948) et à Édimbourg (1958), 1978 pour que Susan Strange (1923-1998) soit nommée sur la Burton Chair à la LSE, et 2004 pour que Jenny Edkins devienne la première femme professeure à Aberystwyth [4].

La cristallisation de situations nationales en Europe et aux États-Unis du milieu des années 1930 au milieu des années 1980

Si l'histoire diplomatique connaît un indéniable apogée après 1945 – ses praticiens se concentrent alors sur l'établissement des causes de l'échec du traité de Versailles, sur la Seconde Guerre mondiale et sur les débuts de la guerre froide –, le récit linéaire du passage uniforme de l'histoire diplomatique à celle des relations internationales ne tient plus aujourd'hui. La comparaison fait en effet apparaître des situations nationales différenciées et des tendances communes. L'histoire des relations internationales, comme projet émancipé du couple antonyme guerre/paix, porteur d'une perspective plurifactorielle et articulant acteurs et structures, s'affirme des années 1930 aux années 1980, en se rattachant soit aux propositions de Pierre Renouvin, précisées en 1950, 1953 et 1964, soit aux perspectives pluridisciplinaires ouvertes par les *New Historians* ou les Relations internationales. Elle est tributaire, même si cela est rarement souligné, des espaces linguistiques dans lesquels elle se déploie. Les propositions de Pierre Renouvin ont ainsi circulé essentiellement dans l'espace francophone et, quand celui-ci s'est rétracté ou a été fortement concurrencé par la diffusion de l'anglais dans les études universitaires, ces propositions sont passées au second plan. La Belgique en est un bon exemple : si les universités de Liège et de Louvain-la-Neuve restent en prise avec les chercheurs francophones, l'université d'Anvers est tournée vers le monde anglophone.

Les propositions de Pierre Renouvin et leur diffusion dans l'espace francophone et méditerranéen (1945-1985)

Sous l'impulsion de Renouvin, qui a fondé un Institut des relations internationales contemporaines en 1935 et qui occupe une chaire de professeur d'histoire contemporaine à la Sorbonne de 1937 à 1964, l'histoire des relations internationales définit sa méthode après 1945. Son engagement en 1950 lors du IXe congrès international des sciences historiques, qui se tient à Paris, est un moment important de clarification de sa démarche et de l'affirmation de la troisième voie qu'il défend entre histoire politique et histoire structurale, pour que l'effort se porte vers « l'étude des conditions économiques, sociales et psychologiques ». Le concept fondateur des « forces profondes » est fixé dans l'*Introduction à l'histoire des relations internationales*, publiée avec son disciple Jean-Baptiste Duroselle en 1964. Il recouvre des données structurelles, ou « forces matérielles », et des données immatérielles, ou « forces spirituelles », entre lesquelles il se refuse à établir une quelconque hiérarchie, pas plus qu'il n'entend céder au déterminisme en faisant prévaloir leur influence sur la prise de décision (voir chapitre 3). Une première génération d'historiens français, résolument ancrés dans cette perspective plurifactorielle, prend son essor en préparant une thèse de doctorat sous la direction de Renouvin (René Girault, Pierre Guillen, Yves Marchasson, Pierre Miquel, Guy Pedroncini, Raymond Poidevin, Jacques Thobie, etc.). Commencées dans les années 1950, ces thèses sont soutenues à partir de la fin des années 1960 et dans les années 1970.

En Belgique, l'œuvre de Renouvin est introduite par l'historien moderniste Frans Van Kalken, qui fait le compte rendu de *La crise européenne et la Grande Guerre* en 1935 dans la *Revue belge de philologie et d'histoire*. L'enracinement de la sous-discipline est porté par une génération d'historiens francophones, nés entre le début des années 1910 et celui des années 1920 : Robert Demoulin (1911-2008), Jacques Willequet (1914-1990), Jean Stengers (1922-2002). Leur objectif premier est documentaire : collecter et reproduire les documents conservés à l'étranger, relatifs à l'histoire de Belgique et de ses relations extérieures au XIXe siècle, puis à la guerre. Dans cette perspective, l'engagement de Suzanne Tassier (1898-1956) doit être souligné[5]. Elle a été orientée vers l'histoire contemporaine par Frans Van Kalken. Docteure en histoire de l'université de Bruxelles en 1923, elle est devenue la première femme belge agrégée de l'Université (avec une thèse sur l'« Histoire de la Belgique sous l'occupation française en 1792 et 1793 »), et nommée professeure à l'Université libre de Bruxelles en 1948. Lors d'un voyage aux États-Unis en 1938, elle découvre « un grand centre historique américain : la Hoover Library » qu'elle fait connaître dans un article publié en 1940 et dont elle utilise les fonds pour son livre *La Belgique et l'entrée en guerre des États-Unis, 1914-1917* (1951). Elle plaide aussi, mais sans succès, pour la création d'un musée de la Guerre mondiale en 1944. De son côté, médiéviste de formation, professeur à l'Université libre de Bruxelles, Jean Stengers se livre à des recherches qui ont fait date sur la question coloniale. Son livre *Congo: mythes et réalités* (1989) condense les études qu'il lui a consacrées à diverses étapes de sa carrière. Premier titulaire d'une chaire d'histoire contemporaine à Liège en 1938, et spécialiste de la révolution de 1830, Robert Demoulin assoit l'histoire des relations internationales en Belgique. Il participe aux côtés de Pierre Renouvin et de Charles Webster au IXe congrès international de sciences historiques de Paris de 1950 et développe les travaux sur les opinions publiques.

En Suisse, en 1985, à l'exception de l'IUHEI de Genève, aucune chaire dans les autres universités suisses ne dispensait un enseignement régulier d'histoire des relations internationales. Le cas singulier de l'Institut s'explique à la fois par la vocation internationaliste qui a présidé à sa naissance et par l'inflexion donnée par Jacques Freymond (1911-1998), ancien boursier de la fondation Rockefeller aux universités de Yale et de Columbia (1950). Professeur à l'université de Lausanne (1943-1955), il est devenu professeur d'histoire des relations internationales à l'IUHEI en octobre 1951, avant d'être nommé professeur à l'université de Genève entre 1958 et 1977. Le cycle d'études sur les conflits lancé par la Dotation Carnegie l'a mis en relation avec Jean-Baptiste Duroselle, Freymond publiant le premier volume de la série *Le conflit sarrois, 1945-1955* (1959) et Duroselle, *Le conflit de Trieste, 1943-1954* (1965).

Dans les universités germanophones, l'historiographie française pâtissait du manque de traduction en allemand des œuvres des historiens français, et l'influence de Renouvin et Duroselle était restée « diffuse et indirecte ». L'histoire diplomatique s'y était perpétuée sous la plume d'Edgar Bonjour, professeur d'histoire suisse et d'histoire générale contemporaine à l'université de Bâle (1935-1968), spécialiste de la neutralité suisse, mais sans tenir compte de la méthode d'analyse française. Il a fallu attendre le lancement de la série des *Documents diplomatiques suisses* en 1972, favorisé un an plus tard par la décision de ramener le délai d'accès aux archives fédérales suisses de cinquante ans à trente-cinq ans pour que la méthodologie française soit systématiquement introduite. L'un des principaux promoteurs du projet, Antoine Fleury, a rappelé que Pierre Renouvin avait lui-même prodigué un certain nombre de conseils à ses collègues à l'occasion du premier colloque franco-suisse à la Sorbonne, en 1972, qui devait donner naissance à la revue *Relations internationales* deux ans plus tard. Cela fraya la voie à des travaux inédits sur les « échanges commerciaux, [...] la protection des intérêts financiers, [le] ravitaillement du pays en matières premières et en produits alimentaires, [les] communications, [...] l'accueil des réfugiés, [les] négociations sur les droits d'établissement ou encore [sur les] questions relatives à l'émigration et à l'immigration[6] ». À côté de Genève, l'université de Zurich a développé des recherches en histoire des relations internationales sous l'égide de Rudolf von Albertini, spécialiste de l'impérialisme colonial européen.

En Italie, après la Seconde Guerre mondiale, les débats ont été vifs en Italie entre Mario Toscano, le tenant de l'histoire diplomatique classique, et Federico Chabod. Né en 1901 et formé à l'université de Turin juste après la Grande Guerre, Chabod avait construit, comme Toscano, sa carrière d'historien des idées dans le sillage de Gioacchino Volpe et de l'ISPI. Mais sa perspective divergeait. En 1925-1926, il avait suivi les cours de Friedrich Meinecke (1862-1954). Celui-ci venait de faire paraître, en 1924, son livre sur *Die Idee der Staatsräson in der neueren Geschichte*. Le principal relais en Italie de son approche de l'histoire des idées fut Chabod, nommé en 1946 à la Sapienza à Rome. En 1951, il publia la première partie d'une *Storia della politica estera italiana dal 1870 al 1896*, restée inachevée et non traduite en français, mais dont la conception révèle la place qu'il accordait aux idées politiques dans les choix opérés par les hommes d'État. La première partie sur « les passions et les idées » participe de la construction d'une table des matières sans précédent dans l'histoire des politiques extérieures qui impressionna le Français Renouvin, qui en fit un compte rendu élogieux en 1954 dans *La Revue historique.* Lors du Xe congrès international des sciences historiques tenu à Rome du 4 au 11 septembre 1955, chargé du rapport final à la demande de Chabod, en raison du forfait de Llewellyn Woodward, Renouvin critiqua l'intervention de Toscano, qui s'en était tenu « aux aspects purement diplomatiques ». Ces différends scientifiques n'empêchèrent pas Toscano, devenu professeur à Rome, et fort de positions institutionnelles – il fut le directeur de la section Documentation et Archives du ministère des Affaires étrangères et de la publication des Documents diplomatiques italiens (1955) – de régner de manière assumée sur l'histoire diplomatique de la fin de la Seconde Guerre mondiale à 1968. Il forma dans cette tradition des historiens comme Pietro Pastorelli. Le rapprochement d'Enrico Serra et de Jean-Baptiste Duroselle autour du comité italo-français d'études historiques constitué en 1970 devait permettre à la vision « chabod-renouvinienne » de s'imposer.

Issu lui aussi de la tradition de l'histoire des traités, et professeur à Florence, Ennio Di Nolfo (1930-2016) a été le premier à travailler sur l'après-1945, et l'un des premiers historiens italiens à avoir mené des recherches dans les archives américaines et étudié la guerre froide. Son livre, *Le paure e le speranze degli Italiani* (*1943-1953*) publié en 1986, dédié aux peurs et aux espoirs des Italiens au sortir de la guerre, recourt à la poésie, au cinéma, au roman pour appréhender la société italienne et sa « psychologie collective ». Discutant en particulier les propositions d'Eric Fromm, de Francesco Alberoni, de Konrad Lorenz, il explore aussi une histoire émotionnelle avant la lettre :

> « Les sentiments primaires de la psychologie collective n'ont pas seulement produit des fruits mortels, ils ont aussi créé des expériences communes nouvelles, inconnues et profondément réunifiantes. Il s'agissait du sentiment de la peur et du sentiment de l'espoir. Toutes les peurs, même les plus lointaines et les plus inconscientes, ont été mises en lumière et révélées par la guerre. Et à leurs côtés, dans les moments les plus sombres, l'espoir a lutté pour trouver une place[7]. »

Deux « écoles » se consolident au cours des années 1980 : d'une part, la « Florentine », sous la direction de Di Nolfo, qui incarne l'histoire des relations internationales renouvelée par les propositions de Renouvin, de l'autre la « Romaine », représentée par Pietro Pastorelli, qui maintient une tradition centrée sur la politique étrangère de l'Italie.

Pour sa part, Chabod a aussi ouvert la voie à la constitution de l'« école de Milan » autour de Brunello Vigezzi (1930-2022), qui se concentre sur l'étude des opinions publiques. Membre de l'ISPI de 1956 à 1962, professeur *incaricato* d'histoire des doctrines politiques et d'histoire contemporaine de 1964 à 1971, puis *ordinario* d'histoire moderne à l'université de Milan de 1971 à 2005, Vigezzi y co-fonde le Centre d'étude de la politique étrangère et de l'opinion publique, qu'il dirige de 1981 à 2005. Dressant un bilan en 1985, Ennio di Nolfo estimait que le nombre de chaires d'histoire des traités et de politique internationale était passé en Italie de trois à une dizaine. La même année avait aussi vu le lancement d'une revue semestrielle, *Storia delle Relazioni Internazionali*.

La redécouverte par l'Espagne de son identité européenne et méditerranéenne et la publication en 1956 du livre de Jover sur la *Política mediterránea y política atlántica en la España de Feijóo* marquent son ouverture à l'histoire des relations internationales. Le livre paraît cinq ans après la *Storia della politica estera italiana* de Chabod et trois ans après la parution du premier volume de *l'Histoire des relations internationales* de Renouvin. Dès l'introduction, Jover manifeste à la fois ce qu'il doit à la perspective structurale de Fernand Braudel, mais aussi à Chabod et Renouvin. En outre, sa rencontre avec Renouvin à Rome à l'occasion du Xe congrès international des sciences historiques en 1955 a été un moment important de cette sortie de l'isolationnisme scientifique. La faculté de sciences politiques et de sociologie de l'université Complutense de Madrid, où Jover occupe la chaire d'histoire universelle contemporaine à partir de 1974, est un centre d'enracinement du domaine.

Une politique nouvelle de traduction d'ouvrages sur la théorie et la sociologie des relations internationales et le lancement de la revue *Relations Internationales* en 1974 ont exercé une grande influence sur la nouvelle génération d'historiens internationalistes espagnols, tels Victor Morales Lezcano, Manuel Espadas Burgos, Juan Bautista Vilar et Hipólito de la Torre Gómez ou Angel Viñas. Une « école Complutense » s'affirme avec Elena Hernández Sandoica, Rosario de la Torre del Río et Juan Carlos Pereira Castañares, au début des années 1980. Les travaux s'orientent vers le XXe siècle, et l'histoire de relations bilatérales, mais aussi vers celle des grands courants de pensée (fédéralisme hispanique, africanisme et orientalisme) et de la décolonisation. Les relations avec les historiens français (Andrée Bachoud, Jean-Marc Delaunay, René Girault et Émile Témine) et italiens (Marco Mugnaini, Claudio Venza et Aldo Abònico) se développent. Une éphémère *Revista de Estudios Internacionales* paraît entre 1980 et 1986. Né en 1956, devenu à son tour professeur *Catedrático* à la Complutense, J. C. Pereira Castañares fait paraître en 1983 *Introducción al estudio de la política exterior de España (siglos XIX y XX)*, qui offre aux chercheurs espagnols l'ouvrage de référence pour s'initier à l'histoire des relations internationales et signe « la fin de la léthargie ». En 1984, le ministère des Affaires étrangères espagnol autorise l'ouverture de ses archives et réduit à vingt-cinq ans le délai de consultation, ce qui permet aux chercheurs de travailler sur la période de l'autarcie franquiste (1939-1959).

Une histoire marginalisée en République fédérale d'Allemagne et en Autriche après 1945

En Allemagne occidentale comme en Autriche, l'histoire diplomatique est marginalisée après 1945. Pour le comprendre, il convient d'inscrire la réflexion dans le débat plus général, qui prend forme sur l'histoire du temps présent au lendemain de l'effondrement du régime nazi. Tant dans la RFA qu'en Autriche, la recherche historique s'est d'abord tournée vers l'intérieur plutôt que vers l'extérieur. C'est particulièrement vrai pour la *Zeitgeschichte* (« histoire du temps présent ») quand celle-ci s'établit comme sous-discipline à part, en dépit de l'exhortation souvent citée de Hans Rothfelds (1891-1976). Dans la première livraison des *Vierteljahrshefte für Zeitgeschichte* en janvier 1953, il rappelait que « l'histoire contemporaine, en tant que mission, nécessit[ait] en principe d'être traitée dans un cadre international[8] ». De son côté, l'historienne autrichienne Erika Weinzierl recommandait, dans le premier numéro de la nouvelle revue *Zeitgeschichte* en 1973, de « regarder toujours de nouveau par-delà les frontières de l'Autriche et de l'Europe[9] ». Si ces appels sont suivis tardivement par la *Zeitgeschichte* institutionnalisée, l'histoire diplomatique garde plus ou moins son statut traditionnel, mieux ancrée en Allemagne qu'en Autriche, parmi les historiens travaillant sur l'époque moderne et contemporaine. En Allemagne occidentale, de nouvelles générations se divisent sur l'opportunité de suivre le tournant structurel de l'histoire sociale allemande ou de s'ouvrir aux Relations internationales. En Autriche, l'histoire diplomatique ne s'ouvre guère à la *Historische Sozialwissenschaft*, mais un peu plus déjà aux Relations internationales.

En Allemagne, la défaite de 1918 a créé une « psychose apologétique » (Klaus-Jürgen Müller) et renforcé le germanocentrisme de l'histoire allemande, qui avait pris son essor après 1871. La renonciation à la politique de puissance (*Machtpolitik*) après l'effondrement du Reich nazi et une concentration des recherches sur les origines du nazisme et les causes de l'écroulement du régime de Weimar ont achevé de marginaliser la réflexion sur les relations internationales. En outre, des attaques vives sont portées dans les années 1970 par les tenants de la nouvelle histoire sociale (*Gesellschaftgeschichte*) de l'École de Bielefeld contre la *Diplomatiegeschichte* (« histoire diplomatique »), une sous-discipline qui se perpétue alors à l'université de Bonn (Klaus Hildebrand, Hans-Peter Schwarz) ou de Cologne (Andreas Hillgruber) et avec les travaux de Ludwig Dehio, Theodor Schieder et Egmont Zechlin. Le débat sur le rôle de l'Allemagne en 1914, lancé par la publication de *Griff nach der Weltmacht. Die Kriegszielpolitik des kaiserlichen Deutschland 1914-1918* (1961) en constitue un moment important. Fritz Fischer (1908-1999) insiste sur la responsabilité allemande et l'explique par des facteurs socio-économiques et idéologiques. Mais les attaques de l'École de Bielefeld ne signifient pas qu'elle encourage une « autre » histoire des relations internationales. Les recherches demeurent centrées sur l'histoire allemande et seules de très rares chaires permettent alors de travailler sur d'autres régions du monde. Comme le souligna Franz Knipping en 1985 dans la revue *Relations internationales*, tous ces « centrismes » de la recherche ont handicapé l'écriture d'une histoire des relations internationales partagée. Ils n'ont toutefois pas empêché l'essor d'une vision relationnelle sur d'autres types de chaires, comme l'atteste en particulier l'approche de Klaus Zernack (1931-2017), professeur d'histoire est-européenne à Francfort-sur-le Main, puis à Gießen, spécialiste de l'histoire des relations germano-polonaises, et qui sut faire prévaloir dans les années 1970 leur nécessaire inscription dans une histoire relationnelle de l'Europe :

« L'histoire des nations européennes en tant qu'histoire de l'Europe se caractérise par les relations qu'elles ont tissées entre elles, dans la conscience que chacune d'elles participait de cette histoire européenne vécue comme une histoire commune. Le principe national en tant que facteur constitutif de l'histoire européenne ne peut être pensé sans prendre en compte la dimension de relationnalité des histoires nationales de l'Europe[10]. »

En Autriche, outre Friedrich Engel-Jánosi, de retour à Vienne après son exil américain, Fritz Fellner (1922-2012), nommé professeur à l'université de Salzbourg en 1964, entretient la tradition de l'histoire diplomatique[11]. Professeur invité par diverses universités américaines avant d'être élu à l'université de Salzbourg en 1964, il est l'auteur de nombreux articles sur les négociations de paix au sortir de la Première Guerre mondiale. Or, y compris dans ses propres travaux, ses appels programmatiques à mieux intégrer les aspects sociaux, culturels et psychologiques, les opinions publiques, les transformations technologiques, etc., sont peu suivis dans la pratique autrichienne de l'histoire diplomatique. L'exception notable est celle de son élève Reinhold Wagnleitner. La traduction américaine de sa thèse d'habilitation sur la politique culturelle américaine dans l'Autriche de l'après-guerre (*Coca-Colonization and the Cold War. The Cultural Mission of the United States in Austria After the Second World War*, 1994), reçoit le Prix Stuart L. Bernath de la *Society for Historians of American Foreign Relations* (SHAFR).

Plus encore que Fritz Fellner, Gerald Stourzh, né en 1929, fait partie, comme le Français Jean-Baptiste Duroselle, des historiens ouverts à la science politique américaine et aux approches pluridisciplinaires. Il devient en 1951 l'assistant de recherche du politologue Hans Morgenthau à Chicago. Il y demeure jusqu'en 1958 et publie le livre *Benjamin Franklin and American Foreign Policy* (1954), devenu un classique, qui lie histoire diplomatique et histoire des idées. Sur invitation de Bruno Kreisky, Stourzh retourne à Vienne en 1958 pour monter l'association *Österreichische Gesellschaft für Außenpolitik* et la revue *Österreichische Zeitschrift für Außenpolitik*, contribuant ainsi à l'institutionnalisation des Relations internationales en Autriche. Après un an au ministère fédéral des Affaires extérieures, où il s'occupe de la relation avec le Conseil de l'Europe, et six années comme professeur d'histoire nord-américaine à la Freie Universität, à Berlin, il succède à Vienne à Friedrich Engel-Jánosi en 1969. Il y demeure jusqu'à son départ en retraite en 1997. La sixième édition, réalisée avec Wolfgang Mueller, de son histoire du traité d'État autrichien de 1955 (1975) a paru en 2020 sous le titre *Der Kampf um den Staatsvertrag 1945-1955. Ost-West-Besetzung, Staatsvertrag und Neutralität Österreichs*). L'un de ses disciples, Siegfried Beer, a fondé à Graz *l'Austrian Center for Intelligence, Propaganda and Security Studies*, et une revue *Journal for Intelligence, Propaganda and Security Studies* en 2007.

Né en 1945, professeur d'histoire de l'Europe orientale à Vienne de 1994 à 2011, Arnold Suppan contribue à l'institutionnalisation du domaine en éditant douze volumes de documents diplomatiques autrichiens sur l'entre-deux-guerres, entre 1993 et 2016 (*Außenpolitische Dokumente der Republik Österreich*). Né en 1953, Günter Bischof soutient une thèse aux États-Unis sous la direction d'Ernest R. May et Charles S. Maier. Le livre *Austria in the First Cold War, 1945-55.*

The Leverage of the Weak (1999) en est issu. Devenu professeur à l'université de New Orleans, il introduit les *Cold War Studies* américaines en Autriche tout en présentant la recherche autrichienne au public anglophone dans la collection *Austrian Contemporary Studies.*

La force de l'histoire diplomatique aux États-Unis et au Royaume-Uni au XXe siècle

Dans les États anglo-saxons, la tradition de l'histoire diplomatique se maintient au XXe siècle. Élève de Thomas A. Bailey, Alexander DeConde (1920-2016) a contribué au renforcement de cette tradition en participant à la création en 1967 de la SHAFR. Une autre élève de Bailey, également active lors la fondation de cette association, Betty Miller Unterberger (1922-2012), professeur à l'université du Texas entre 1968 et 2004, devient sa première présidente en 1986. Le domaine a aussi ses revues comme *Diplomatic History* (1977), *The International History Review* (1979), *Diplomacy and Statecraft* (1990), ou *Journal of Cold War Studies* (1999). Jusqu'aux années 1980, le caractère très autocentré de l'histoire diplomatique aux États-Unis est marquant. Toutefois, il faut se garder des labels et des lectures hâtives et réductrices : une revue comme *Diplomatic history* n'est pas le lieu d'une histoire étroite des relations internationales. Elle favorise les débats entre des historiens ayant des vues opposées. En outre, certains historiens « diplomatiques » ont été, en leur temps, les plus hardis. Ernst R. May (1928-2009) a ainsi publié « *Lessons* » *of the Past: The Use and Misuse of History in American Foreign Policy* (1973), un livre consacré à la manière dont les dirigeants politiques fondent leurs décisions et leurs actions sur leur perception des événements du passé. Akira Iriye, qui présida la SHAFR (1983), a rappelé en 2004 le caractère novateur du livre de Felix Gilbert, *To the Farewell Address: Ideas of Early American Foreign Policy* (1961), consacré aux idées et aux présupposés partagés par la nation américaine. Vingt ans plus tard, les livres de Hugh DeSantis, Reginald Horsman, Michael H. Hunt, Frank Ninkovich, Emily S. Rosenberg développent cette perspective perceptionniste.

De la même manière, au Royaume-Uni, une solide tradition d'histoire diplomatique, qualifiée avec humour par Patrick Finney d'« école FO 371 » (*the « FO 371 school* ») – appellation qui renvoie à la cote du fonds d'archives du *Foreign Office* aux Archives nationales, à Kew – a été entretenue. Dans les années 1980, Donald C. Watt est proche des perspectives du Français Jean-Baptiste Duroselle. Le maintien de l'histoire diplomatique n'a pas empêché le renouvellement des approches. Certes, le livre célèbre d'Alan J. P. Taylor (1906-1990), *The Origins of the Second World War* (1961), est attaqué en 1964 par l'historien marxiste Timothy Mason dans la revue *Past and Present* pour sa trop grande soumission au discours de ses sources diplomatiques et, surtout, pour sa sous-estimation des « forces profondes » à l'œuvre, signe, par ailleurs, que le cadre analytique de Renouvin est alors devenu *topos.*

> « M. Taylor réduit les relations internationales de l'époque à la formule obsolète d'États indépendants poursuivant des intérêts nationaux clairs avec plus ou moins d'habileté diplomatique. […] "La Seconde Guerre mondiale, elle aussi,

avait des causes profondes, mais elle est née d'événements spécifiques, et ces événements méritent un examen détaillé." Pourtant, la formule de M. Taylor exclut largement les causes profondes de sa réflexion ; elle semble incapable de prendre en compte les mouvements politiques et les idéologies[12]. »

Ce à quoi Taylor rétorqua :

« Bien sûr, les historiens doivent explorer les forces profondes. Mais je suis parfois tenté de penser qu'ils parlent tant de ces forces profondes pour éviter de faire le travail de détail. Je préfère le détail à la généralisation : une faute grave sans doute, mais qui permet au moins de rétablir l'équilibre[13]. »

Mais au Royaume-Uni aussi, comme le rappelle Patricia Clavin, d'autres historiens ont fait « plus que représenter l'histoire internationale des États-nations comme des billes s'entrechoquant dans un sac[14] ». De William N. Medlicott (1900-1987), élu en 1952, à David Stevenson, élu en 1998, les titulaires de la chaire Stevenson d'histoire internationale à l'université de Londres n'ont ainsi cessé de questionner la relation de l'économique et du politique dans toutes ses dimensions inter- et transnationales.

En France même, dans les années 1970 et 1980, le domaine est alors travaillé par de nouvelles perspectives, qui ont une dimension sociologique. Un certain nombre de travaux commencent à déplacer le centre d'intérêt vers les acteurs sociaux en se concentrant sur deux domaines de recherche : l'opinion publique et les mouvements migratoires. En particulier, les premières thèses sur l'opinion publique sont engagées sous la direction de Renouvin : celles de Jean-Jacques Becker, d'Alfred Kupfermann et de Pierre Miquel. Les recherches sur les émigrés sont illustrées par les travaux de Pierre Milza sur l'émigration italienne en France et ceux de Janine Ponty sur l'émigration polonaise en France. L'histoire des relations internationales se marie dorénavant à l'histoire sociale. Elle est encore rapportée à l'État, mais elle soulève progressivement la question de l'autonomie des acteurs privés sur la scène internationale. À la mort de Renouvin en 1974, huit universités peuvent se prévaloir de dispenser un enseignement en histoire des relations internationales (Paris 1 Panthéon-Sorbonne, né de l'éclatement de la Sorbonne en 1968), Paris X Nanterre, Grenoble II, Strasbourg II, Metz, Nantes, Rennes et Le Mans)[15]. La même année 1974, son successeur à la Sorbonne, Jean-Baptiste Duroselle, et le directeur de l'IUHEI, Jacques Freymond, qu'unit un compagnonnage intellectuel depuis les années 1950, donnent naissance à la revue *Relations internationales*, qui participe de l'institutionnalisation de la sous-discipline historique dans l'espace francophone.

Des voies nouvelles commencent à être explorées que le tournant culturel et la multiplication des études pluridisciplinaires vont achever de problématiser.

Repenser les frontières disciplinaires au prisme des *studies*

Dans un monde de la recherche organisé depuis le XIXe siècle en disciplines soucieuses de la défense de leurs frontières externes et internes, l'interdisciplinarité en plein essor dans les années 1960 a entraîné débats et résistances. Elle s'est incarnée dans des études pluridisciplinaires (ou *studies*) centrées sur un objet particulier et mobilisant les ressources analytiques de nombreuses disciplines. Leur développement est lié, de manière générale, à la remise en cause fondamentale des postulats universalistes et positivistes des grands courants des sciences humaines et sociales. Il a souvent accompagné un mouvement de nature politique visant à favoriser la constitution de savoirs sur des acteurs et actrices socialement dominés, comme les sociétés et États jadis colonisés ou soumis à une domination impériale (études subalternes et postcoloniales), ou encore les femmes (études de genre). Pour comprendre ce que les *studies* « font » à l'histoire des relations internationales, il convient de rappeler que le premier dialogue interdisciplinaire noué l'a été entre l'histoire diplomatique et la science politique.

Nous avons rappelé plus haut la porosité originelle entre les deux domaines. La bibliothèque de Pierre Renouvin, conservée en Sorbonne, atteste qu'il connaissait et lisait les auteurs en Relations internationales de son temps, comme Alfred Zimmern. Expliquant dans les années 1950 la germination du concept des forces profondes, il renvoyait au *Syllabus on International Relations* (1926) d'un professeur assistant à Columbia, Parker Thomas Moon, décédé prématurément en 1936. Né en 1892, il appartenait à la génération de Renouvin. Dans son cours, Moon inventoriait les « réalités fondamentales sous-tendant les relations internationales : géographiques, économiques, culturelles, psychologiques ». On saisit mieux ainsi l'intérêt pris par l'historien français à sa relecture au moment où il lance le premier volume de son *Histoire des relations internationales* en 1953 :

> « Parker Moon, dans son *Syllabus of international relations*, dressait un premier inventaire des questions dont l'examen lui paraissait nécessaire pour atteindre les explications profondes. Selon les tendances d'esprit, cet effort pour élargir les interprétations s'est engagé dans deux directions : l'explication économique et sociale qui examine les conditions du milieu naturel ou humain, la structure des sociétés, et surtout les formes de la vie économique pour y trouver les mobiles essentiels de la politique extérieure des États ; l'explication "spirituelle" qui voit dans les mouvements d'idées, dans les sentiments et dans la psychologie collective les "grandes forces historiques"[16]. »

L'intérêt pour la science politique, la discussion ou la reprise de ses concepts ont été entretenus, au fil des décennies, par certains historiens, comme Brunello Viggezzi en Italie, Ernst May et Paul Schroeder aux États-Unis, Jean-Baptiste Duroselle en France, ou Heinz Duchhardt et Paul Krüger en Allemagne, pour n'en citer que quelques-uns. En Angleterre, le *British International History Group*, créé en 1987 au sein de la *British International Studies Association* (BISA), est un lieu de rencontres interdisciplinaires. La science politique a même acquis un statut de « refuge », pour reprendre la métaphore de Marc Trachtenberg. Face la « balkanisation » de l'histoire des relations internationales au sein des universités américaines, les historiens, qui travaillent sur la guerre et la paix, ont migré, selon lui, soit vers les départements de science politique (tels Mary Sarotte et lui-même), soit vers des écoles pratiques (tel Frank Gavin).

Or, ce dialogue séminal entre historiens et politologues souligne les limites qu'il y aurait à donner une définition trop stricte et étriquée du domaine. L'histoire des relations internationales a intégré, dans les années 1960, les perspectives offertes par les études aréales (*Area Studies*) et, au-delà, s'est parallèlement nourrie, à certaines périodes, de cadres analytiques élaborés dans d'autres domaines, parfois éloignés.

Commençons par rappeler que la première impulsion a été donnée aux études aréales par l'ambition des sociétés impériales européennes de constituer un savoir sur les territoires dominés (orientalisme, africanisme). En leur sein, les *Asian Studies*, qui englobaient l'ensemble du Moyen- et Extrême-Orient, ont pris leur essor, soutenu par celui, antérieur, des études orientales en Europe, en France, aux Pays-Bas, au Royaume-Uni au XIXe siècle et dans le premier XXe siècle. La seconde impulsion a été imprimée par l'intervention des États-Unis d'Amérique dans la Seconde Guerre mondiale, qui souhaitaient disposer d'études précises sur les régions où ils intervenaient militairement, puis par le processus de décolonisation. Les études aréales sont donc le fruit d'une longue histoire occidentale et des visions évolutives portées sur le monde non-occidental. Mais, qu'on les enracine dans l'essor des humanités grecques et latines ou dans les études orientalistes, leur émergence correspond à un contexte précis, celui de la guerre froide et de la stratégie d'« endiguement » du communisme. Comme l'écrivit en 1964 le conseiller à la sécurité nationale de Kennedy et de Johnson, McGeorge Bundy, « c'est un fait curieux de l'histoire universitaire que le premier grand centre d'études régionales [se trouvait] dans l'Office des services stratégiques… C'est encore vrai aujourd'hui […][17]. »

Un premier programme sur l'Asie du Sud-Est est créé à l'université de Yale en 1947 ; l'université de Cornell ouvre son propre programme en 1950, avec l'aide de la Fondation Rockefeller. Premiers de leur genre aux États-Unis, ils demeurent parmi les formations américaines les plus importantes sur l'Asie du Sud-Est. Le sinologue américain John King Fairbank crée à Harvard en 1955 le *Center for East Asian Research*, qui porte depuis son nom et qui est devenu une référence mondiale en sinologie. L'intérêt pour l'Asie du Sud-Est augmente encore avec la guerre d'Indochine (1946-1954), puis la guerre du Vietnam (1955-1975). Les *Southeast Asian Studies* sont aussi soutenues par la création d'organisations professionnelles – *Far Eastern Association* (1941), renommée *Association for Asian Studies* (1956) et éditrice du *Journal of Asian Studies*. Parallèlement, en Europe, la *School of Oriental and African Studies (SOAS)* à Londres crée, en 1949, un département de l'Asie du Sud-Est ainsi qu'une chaire d'histoire de l'Asie du Sud-Est, occupée par Daniel G.E. Hall, historien spécialiste de la Birmanie. En France, l'EPHE, l'INALCO, la FNSP et le musée de l'Homme favorisent l'essor des études asiatiques.

L'émergence d'études africaines relève de logiques proches. Elle peut être liée à la fois à la volonté du Royaume-Uni de former des élites africaines et à son ambition de constituer un savoir pluridisciplinaire sur les sociétés africaines. Elles prennent ensuite leur essor dans les années 1960 aux États-Unis et en Europe.

Durant la Seconde Guerre mondiale, l'Afrique est devenue un terrain majeur de la lutte entre les Alliés et les forces de l'Axe. L'on prend alors conscience de l'importance cruciale, pour les États-Unis, d'une connaissance des réalités africaines. En 1961, l'anthropologue américain Melville J. Herskovits est nommé sur une chaire d'études africaines à l'université Northwestern, le premier poste de ce type aux États-Unis. En France, ces études sont introduites par l'ethnologue Georges Balandier à l'EPHE, avec la création du Centre d'études africaines (CEAf) en 1957, et par Fernand Braudel, qui lance en 1960 les *Cahiers d'études africaines* pour « préciser tout à la fois les visages anciens et les visages nouveaux du Continent noir ». Peu après, Henri Brunschwig obtient un poste à l'EPHE en 1961, et deux chaires d'histoire de l'Afrique sont créées à la Sorbonne en 1962.

Cette approche aréale n'a pas été exempte des biais idéologiques et néocoloniaux des vieilles disciplines, reproduisant souvent une division arbitraire du monde en régions ou populations « amies » ou « ennemies ». L'essor des *American Studies* en Grande-Bretagne à partir de la Seconde Guerre mondiale est dû à l'impulsion donnée par le ministre de l'Éducation, Duff Cooper, pour y faire mieux connaître l'histoire, la littérature et les politiques conduites par les États-Unis, dans un contexte où le renforcement de la « relation spéciale » devenait proprement vital[18]. Non seulement Cooper recommandait que les manuels scolaires introduisissent des références à l'histoire des États-Unis, mais aussi que les universités britanniques créassent des chaires d'histoire américaine, voire des chaires *Regius*, soutenues par le gouvernement. Les *Soviet African Studie*s sont très développées en Union soviétique dans les années 1950-1960, liées au soutien économique et politique apporté par l'URSS aux jeunes États décolonisés, ainsi qu'à l'accueil d'étudiants africains à l'université Patrice Lumumba de l'amitié des peuples à Moscou.

À la question des frontières externes de l'histoire des relations internationales se juxtapose celle de ses frontières internes. Les liens les plus anciens ont été établis avec l'histoire économique et l'histoire coloniale, comme en témoignent les travaux sur les buts de guerre en 1914 et sur l'impérialisme. Selon les périodes et l'ouverture intellectuelle des historiens, des coopérations se mettent en place, ou les recherches renforcent le compartimentage. En outre, les sous-disciplines historiques évoluent en fonction de leur propre ouverture à l'interdisciplinarité. C'est ainsi que certains historiens du renseignement se sont éloignés de l'histoire des relations internationales pour structurer un domaine autonome, celui des *Intelligence Studies*. De la même manière, deux autres domaines de recherche, dont le développement est lié consubstantiellement à l'histoire diplomatique, se sont autonomisés : les *War Studies* et les *Peace Studies*. Elles ont bénéficié d'une littérature pluriséculaire. Les études sur la guerre ont pris leur essor dans les années 1970 à partir des études stratégiques, qui s'étaient développées au XIXe siècle sous l'influence des idées et des écrits du théoricien militaire prussien Carl von Clausewitz (1780-1831). Dorénavant, la guerre est traitée comme un fait social qui touche l'ensemble des domaines d'action. Croisant histoire sociale et histoire culturelle, les *War Studies* étudient les transformations des sociétés par la guerre et les effets de ces transformations sur la guerre elle-même.

Les *Peace Studies*, quant à elles, s'enracinent dans le combat conduit depuis la fin du XIXe siècle par des intellectuels, des hommes politiques et des fondations philantropiques, comme la Dotation Carnegie pour la paix internationale (1910), qui militent pour le renoncement à la guerre et la poursuite d'alternatives pacifiques pour la prévention et la résolution des conflits. Pionnier, le programme de recherche engagé par Quincy Wright en 1926 à l'université de Chicago demeure emblématique de l'appropriation, par le domaine universitaire, de problématiques jusqu'alors largement réservées aux acteurs politiques et diplomatiques. À partir des années 1950, les promoteurs d'une « science » de la gestion et de la résolution des conflits se répartissent principalement autour de deux courants : le mouvement de la *Peace Research* et le développement des techniques « objectivées » du management des conflits. Ils structurent encore aujourd'hui le champ des études sur la paix et déterminent la nature des répertoires d'action adoptés par les praticiens de la paix. En 1948, un premier cursus universitaire de *Peace Studies* voit le jour au Manchester College de North Manchester situé dans l'État d'Indiana aux États-Unis. En 1959, c'est à l'université du Michigan que Kenneth Boulding inaugure le *Center for Research on Conflict Resolution* (CRCR) alors qu'à Oslo, Johan Galtung ouvre le *Peace Research Institute* (PRIO) en 1959. La publication du premier numéro du *Journal of Conflict Resolution: A Quarterly of Research Relevant to War and Peace* suivie, en 1964, par le *Journal of Peace Studies* et la création, la même année, de l'Association internationale des études sur la paix par Galtung consacrent l'émergence d'une nouvelle discipline en quête de légitimité et de scientificité.

Une histoire de la paix se structure au même moment autour du lancement de la *Conference on Peace Research in History* (CPRH), qui prend le nom en 1994 de *Peace History Society*. Elle se développe dans un premier temps dans les pays anglo-saxons et scandinaves, autour des travaux de Sandi Cooper, Michaël Clinton, Norman Ingram, avant de s'enraciner dans la littérature francophone (Carl Bouchard, Jean-Michel Guieu, Stéphane Tison) dans les années 1990-2000. Beatrice de Graaf incarne une nouvelle génération d'historiens qui ont transcendé les frontières disciplinaires pour repenser les questions de sécurité et de terrorisme (*Fighting Terror after Napoleon. How Europe Became Secure after 1815*, 2020).

Dans ce contexte, deux attitudes sont possibles : soit la crispation sur des frontières disciplinaires au risque de la marginalisation, soit l'accompagnement, voire l'anticipation des évolutions. C'est le pari fait en France par Jean-Baptiste Duroselle, qui, non sans s'être interrogé, œuvre pour articuler les *Area Studies* et l'histoire des relations internationales au moment où il crée, en 1952, le Centre d'études des relations internationales à la Fondation nationale des sciences politiques avec Jean Meyriat. D'autre part, après la tentative avortée de Pierre Renouvin en 1958, puis une deuxième tentative en 1962 pour la confier à Jean-Baptiste Duroselle, une chaire d'histoire américaine est finalement créée à la Sorbonne en 1967 et son premier titulaire est Claude Fohlen. Dans le même esprit, Robert Frank, titulaire de la chaire d'histoire des relations internationales (1994-2012), soutint à la fois la création d'une chaire d'histoire de l'Asie en 2008 (occupée par Hugues Tertrais, puis Pierre Singaravélou) et d'une chaire d'études de la guerre en 2011 (occupée par Alya Aglan).

La transnationalisation des approches à l'heure du « tournant culturel »

Faut-il opposer histoire des relations internationales et histoire transnationale ? Non, en réalité. L'une désigne un domaine, l'autre une perspective. L'histoire des relations internationales a intégré les perspectives transnationales, et il existe des histoires transnationales d'autres domaines que celui des relations internationales. Nous commencerons par restituer les débats autour du contenu de ces notions que sont l'« international » et le « transnational » avant de présenter les usages qui en ont été faits par les historiens internationalistes.

« International » et « transnational » : deux mots, plusieurs usages dans le premier XXe siècle

Issu du lexique juridique de la fin du XVIIIe siècle, le mot « international » a donné naissance à une doctrine, l'internationalisme (juridique), visant la constitution d'une société de droit entre les nations dont les conférences de La Haye de 1899 et 1907 ont posé les premiers jalons. Il est aussi entré dans le domaine politique : l'« internationalisme » est alors associé au militantisme socialiste, à la solidarité ouvrière transfrontalière, qui s'incarne dans la Première (1864) puis la Deuxième Internationale (1889). Au-delà, la notion d'international à la fin du XIXe siècle exprime la perception de l'interdépendance croissante des sociétés, qui se manifeste, entre autres, dans la multiplication de collaborations scientifiques et de conférences, et s'institutionnalise dans des unions administratives, « organisations internationales » avant la lettre.

Pendant la Première Guerre mondiale, Alfred Zimmern alimente la réflexion sur les nouveaux « mots d'ordre » (*catchwords*) de son temps. Il appelle à la « barre des témoins » le mot « international », déjà aussi galvaudé à l'époque que le sera le mot « mondial/*global* » un siècle plus tard.

> « Je rencontre constamment des gens qui professent ce qu'ils appellent des sympathies internationales, qui appartiennent à des clubs internationaux, soutiennent des causes internationales ou étudient les relations internationales », ironise-t-il.

Selon lui, « la moitié des personnes qui utilisent le mot "international" pense à quelque chose qui concerne une ou plusieurs nations : l'autre moitié pense à quelque chose qui concerne un ou plusieurs États souverains ». Zimmern établit une distinction nette entre un « international » que nous identifions aujourd'hui au « transnational » et un « international » assimilé à l'« interétatique ». Dans la première catégorie, il range des acteurs tels les sportifs, les écrivains, les mouvements politiques, les agences de presse, etc. Dans l'autre, les États. Il multiplie les exemples de ces « transferts culturels » qui ont fait depuis lors l'objet d'analyses poussées : « Les chapeaux qui sont portés à Paris une saison sont portés à Athènes et à Bucarest la suivante : et si le climat interdit aux jeunes Italiens et Grecs de s'adonner aux activités sportives anglaises, ils peuvent au moins rendre hommage à l'internationalisme du sport en arborant des costumes sportifs anglais[19]. »

Selon Pierre-Yves Saunier, le mot « transnational » aurait été employé pour la toute première fois par le linguiste allemand Georg Curtius dans sa leçon inaugurale à Leipzig en 1862 :

> « Chaque langue est, de par sa nature, quelque chose de transnational, et c'est précisément pour cette raison qu'elle ne peut pas être entièrement appréhendée du seul point de vue du philologue. » (*Eine jede Sprache ist ihrer Grundlage nach etwas transnationales und eben deshalb von dem Standpunkte des Philologen allein nicht völlig zu begreifendes*)[20]

Le mot passe dans la langue anglaise quelques années plus tard. L'écrivain new-yorkais Randolph Bourne l'utilise dans un petit texte, « Transnational America » (1916), qui sera redécouvert dans les années 1970 et 1980 comme un manifeste fondateur du multiculturalisme moderne et promu au rang de précurseur de l'histoire transnationale. En 1931, le terme « transnational » est introduit dans le vocabulaire juridique par Max Gutzwiller, professeur de droit international privé à Heidelberg. Gutzwiller s'intéressait aux zones grises du droit « au-delà des États », qui n'étaient pas couvertes de manière adéquate par le droit international public ou privé classique. En France, le mot fait l'objet d'un commentaire de l'écrivain-diplomate Paul Morand. « Politique transnationale : voilà un nom nouveau pour une très vieille chose », écrit-il dans un texte méconnu de 1937 après avoir lu un article de l'économiste Alvin Johnson paru dans la *Yale Review*[21]. Le directeur de la *New School for Social Research* à New York y expliquait que « la nation n'était pas destinée à être la forme définitive d'organisation politique et sociale »[22].

De son côté, ayant accompagné dès son arrivée aux États-Unis la naissance de la *Review of Politics* en 1938 et du *Committee for the Study of International Relations*, le politologue Waldemar Gurian estimait, au lendemain de la Seconde Guerre mondiale, qu'il fallait décidément donner au mot « international » une définition large, qui englobe l'infra-étatique et le transnational :

> « Les relations internationales concernent les relations entre nations, ou, si ce mot a un sens trop spécifique, les relations entre différents groupes organisés dans un sens moderne distinct, les relations entre différents groupes organisés en unités politiques distinctes. Une telle étude inclurait non seulement les relations entre États, mais aussi l'influence de groupes qui se trouvent à l'intérieur de l'État et qui, en même temps, dépassent souvent ses frontières, sous la forme d'organisations visibles, comme l'Église catholique, ou sans organisation, simplement liés par la sympathie, des idées et des buts communs, comme certaines formes du mouvement syndical[23]. »

Au demeurant, en cette première partie du XXe siècle, l'international n'est plus réduit au strict « interétatique ». C'est dans ce cadre qu'il convient d'apprécier la distinction établie avec la catégorie du « transnational » : l'« international » désigne une relation entre nations et perpétue l'existence du « fait national » dans cette relation, tandis que le « transnational » propose son dépassement selon des modalités qui restent débattues.

La notion de « transnational » devient un concept analytique de la science politique dans les années 1960. Raymond Aron parle dans *Paix et guerre entre les nations* (1962) d'une « société transnationale » qu'il distingue des interactions inter- et supranationales. De nouvelles perspectives sont ouvertes par Robert Keohane et Joseph Nye dans *Transnational Relations and World Politics* (1971). La faveur dont jouit le terme depuis lors s'explique par de nombreux facteurs. Selon l'historien Pierre Grosser, il exprime la revanche des traditions libérales américaines sur un « réalisme » fortement influencé par la philosophie européenne, en particulier allemande, et, d'autre part, un moyen de valoriser les *low politics* au moment où la puissance américaine semblait déclinante dans les *high politics*. Ajoutons que son accueil en Europe correspond à la remise en cause de la place de l'État, dans un contexte de crise de l'État-providence, voire à sa délégitimation comme centre unique de l'autorité et de la décision, à l'échelle nationale, et comme acteur central des relations internationales. Le « transnational » est, plus largement, l'expression d'une nouvelle étape dans la conscience de l'interdépendance accrue des régions du monde. Elle est renforcée par les révolutions technologiques de l'information et de la communication et par l'entrée dans une phase de la mondialisation dans les années 1980-1990, marquée par la déréglementation, la volonté d'encourager les mécanismes du marché, en supprimant ou en réduisant les règles, limitations et interventions publiques.

Histoire transnationale et dynamiques internationales

La notion se généralise dans le débat historique vingt ans plus tard. Lors d'un forum de l'*American Historical Review* en octobre 1991, elle est discutée pour la première fois. Ian Tyrell souligne que les approches transnationales ont déjà marqué les *Borderland Studies*, l'*Atlantic History* et la recherche sur les migrations. En Allemagne, le débat s'engage au début des années 2000, soutenu par des interventions de Jürgen Osterhammel et Jürgen Kocka, de Hannes Siegrist et Matthias Middell. En 2004, le forum en ligne geschichte.transnational est créé et il demeure actif sous l'égide du *Global and European Studies Institute* à Leipzig et du groupe de recherche « Transferts culturels » du CNRS. L'histoire « transnationale » est une appellation aujourd'hui institutionnalisée dans de nombreux laboratoires de recherche et formations universitaires. Cela ne signifie pas que les historiens s'accordent sur sa définition ou sur sa méthodologie. Akira Iriye et Pierre-Yves Saunier, coéditeurs du *Palgrave Dictionary of Transnational History* (2009), affirment qu'il s'agit d'un « angle, d'une perspective ». Pour l'historien américain David Thelen, elle renvoie à tout ce qui se situe « au-dessus, au-dessous, à travers, autour et à l'intérieur de l'État-nation ». Comme l'histoire des relations internationales, l'histoire transnationale bute sur le concept de « nation ». La nation est-elle identifiée et réduite à l'« État-nation » ? Dès lors, il ne peut y avoir d'histoire transnationale, c'est-à-dire d'histoire conçue comme le dépassement de frontières étatiques, que dans le cadre d'espaces régionaux où les frontières existent dans une forme territorialisée. Selon Kiran Patel, il faut limiter l'application de l'approche transnationale « à la fin de l'époque moderne » (*späte Neuzeit*)[24]. Pour éviter une lecture eurocentrique ou occidentale, Philipp Gassert plaide de son côté pour « une définition aussi large que possible », en estimant que l'historiographie transnationale « ne devrait pas reconstruire la nation par la petite porte[25] ».

Entendant dépasser le cadre de l'État-nation, voire de la nation tout court comme échelle d'analyse, et examiner les dynamiques qui transcendent les frontières de tous types, l'histoire transnationale privilégie donc l'étude des circulations et des transferts des hommes, des objets, des idées et des pratiques. Ses outils analytiques empruntent par conséquent à la recherche sur les transferts, à l'histoire des représentations, aux histoires comparée et croisée, voire à l'histoire mondiale, ce qui ne contribue pas à préciser sa spécificité ou la sûreté de sa méthodologie. Elle n'en a pas moins été opposée à une histoire des relations internationales, imaginée comme encore et toujours territorialisée et interétatique. Or, bien avant l'affirmation de l'histoire transnationale, certains historiens avaient remis en cause les postulats de Renouvin. Rendant compte de l'*Histoire des relations internationales*, Robert Demoulin soulignait que :

> « Les relations internationales de caractère privé y sont à peine traitées : relations commerciales, voyages, échanges scientifiques, relations universitaires, théâtrales, artistiques, sportives, contacts religieux, ouvriers, etc.[26] »

Les limites du cadre analytique renouvinien (déterministe, stato-centré et national) ont encore été soulignées en 1985, dans le texte que Jacques Freymond donne pour les vingt ans de la revue *Relations internationales*.

> « [...] les dimensions nouvelles des relations internationales, l'obligatoire insertion de l'écologie politique internationale dans toute étude de la politique étrangère des États, vont [...] contraindre [l'historien] à faire sauter les cadres dans lesquels il avait resserré son analyse d'une histoire mondiale abordée dans la perspective des sociétés industrielles de l'Occident et à élargir son champ de vision dans l'espace et dans le temps[27]. »

De fait, depuis les années 1980, les historiens des relations économiques et financières internationales ont mis en lumière les interactions transnationales des industriels, des banquiers et des négociants. Aux États-Unis, l'histoire diplomatique a même été « la force motrice de la popularisation de l'approche transnationale[28] ». Alexander DeConde s'emploie en 1988 à dénoncer les clichés et les « boutades éculées » accolés à la discipline, s'inscrivant dans le débat lancé par les réflexions de Michael Kammen, de Charles Maier et d'Akira Iriye. Au Royaume-Uni, Patrick Finney, qui enseigne l'histoire internationale à Leeds depuis 2002, enfonce le clou en 2005 et, à l'encontre de l'image d'une histoire internationale « continuellement assaillie par les angoisses de la marginalisation et du déclin, hantée par le spectre de sa prééminence perdue », fait valoir les pistes ouvertes. En Europe occidentale, le chantier lancé par un groupe d'historiens fédérés par René Girault autour de l'histoire des prémices de l'intégration européenne, contribue à secouer les fondements de la discipline. Successeur de Duroselle, et spécialiste d'histoire des relations économiques internationales, Girault avait engagé dans les années 1980 une première étude collective de la perception de la puissance en Europe autour de dates-clefs (1938, 1945, 1956). Le second chantier a une dimension transnationale affirmée, axée sur les échanges prévalant à l'échelle euratlantique entre les dirigeants de la sidérurgie, de la banque, ou encore de la grande distribution dans les années 1920 et 1930. En 2003, Robert Frank commence à installer la notion de « dynamiques » dans le lexique analytique à l'occasion d'une réflexion conclusive sur le premier élargissement de la Communauté européenne conduite avec Élisabeth du Réau[29]. La notion de dynamique présente en effet la vertu d'associer dans un même mot la force et le mouvement. En 2012, il l'emploie de nouveau pour rendre compte des processus de dimension transnationale affectant les sociétés. En Allemagne même, l'histoire de l'« intégration européenne » a été l'un des principaux terrains où l'histoire transnationale s'affirme, soutenue par une nouvelle génération d'historiens (Wolfram Kaiser, Kiran Patel).

La transnationalisation des perspectives est allée de pair avec le traitement de nouveaux sujets comme l'environnement, l'aide au développement et l'assistance humanitaire, les droits de l'homme et l'action des organisations non gouvernementales, les migrations et les diasporas. Toutefois, si la démarche transnationale semble s'imposer quand on traite d'acteurs privés, économiques, sociaux ou culturels, il faut aussi souligner, car cela paraît contre-intuitif et est contesté par les partisans intégristes de l'histoire transnationale, que ce type de lecture s'applique aussi aux acteurs publics (États et organisations internationales). La *Nouvelle histoire de l'Allemagne, XIX*e*-XXI*e *siècle* (2020), proposée par Marie-Bénédicte Vincent, en est une bonne illustration. Les travaux de longue date de Madeleine Herren sur les organisations internationales ou le livre de Sandrine Kott sur celles actives durant la guerre froide les ont dépeintes non plus seulement comme les domaines d'affrontements intergouvernementaux, mais aussi comme des espaces de circulation de fonctionnaires et d'experts, de savoirs, de savoir-faire et de droits. Dès lors, on l'aura compris, l'histoire transnationale n'est pas l'antonyme de l'histoire des relations internationales, et le « transnational » n'est pas une catégorie analytique que l'on pourrait opposer aux travaux qui continuent de s'interroger sur le rôle de l'État ou sur les politiques internationales. En outre, y recourir ne doit pas conduire à ignorer, ou à minorer, les phénomènes de re-nationalisation.

Histoire internationale versus histoire des relations internationales (années 1980-2020)

L'un des processus marquants des décennies 2000-2020 a été l'internationalisation d'objets d'étude relevant de l'histoire sociale, culturelle, technique, économique, jadis étudiés dans une perspective nationale. Se sont ainsi multipliées des histoires internationales des villes, des universités, du sport ou encore de l'environnement, dans lesquelles le cadre théorique de rattachement n'est pas toujours celui des relations internationales. Chacune a mis au jour les dynamiques échappant aux relations interétatiques et valorisé les acteurs agissant à l'échelle infra- ou transnationale. Spécialiste d'histoire urbaine, Pierre-Yves Saunier a abordé l'histoire municipale dans cette perspective, la montrant traversée par des dynamiques transnationales faites d'échanges de personnes, d'idées et d'informations, ainsi que de procédés et de services propres au gouvernement municipal[30]. Écrire l'histoire internationale d'un objet ne l'inscrit pas nécessairement dans le domaine des relations internationales, même si l'appellation crée de l'ambiguïté, une ambiguïté originellement liée, du reste, à la création de la première chaire en *International history* (la *Stevenson Chair*) en 1925 à Londres, comme nous l'avons rappelé plus haut. Elle recouvrait en réalité ce qu'on appelait l'histoire diplomatique.

L'ambiguïté a, en outre, été accentuée par l'adoption de cette appellation par un certain nombre d'historiens des relations internationales au début du XXIe siècle. Il s'est agi, là encore, de marquer la volonté de rupture avec une histoire organisée autour d'un objet, l'État, présenté comme la source centrale d'impulsion des dynamiques internationales. De fait, nous l'avons dit, s'il est impossible à l'histoire des relations internationales d'être entièrement séparée du domaine de sa genèse épistémologique, elle a élargi ses centres d'intérêt à d'autres acteurs que l'État et ses perspectives à d'autres cadres analytiques que la nation.

Toutefois, ce double élargissement s'est fait selon des temporalités et des échelles d'analyse très variables selon les États, et tributaires d'une évolution politique sur laquelle nous nous devons d'insister de nouveau au travers des cas espagnol et ouest-allemand. En Espagne, l'achèvement de la transition politique, l'affirmation de ses dirigeants tant sur la scène nationale qu'européenne et internationale (José Luis Zapatero, Javier Solana, Juan Antonio Samaranch, Josep Borrell) correspondent à l'achèvement du processus d'intégration des historiens espagnols. L'enseignement de l'histoire des relations internationales s'enracine dans les universités espagnoles de Madrid, Valladolid, Valencia, La Laguna, Castilla-La Mancha, Alicante, avec une concentration toutefois dans la capitale espagnole. Des centres lui sont consacrés : départements d'histoire contemporaine de l'universidad Complutense, de l'UNED, de l'universidad Autonoma et du Centro de Estudios Historicos del CSIC. L'œuvre prolifique de J. C. Pereira Castañares des années 1990 à nos jours (dictionnaires, éditions critiques, livres sur la Guerre froide, sur l'ONU, sur la transition espagnole) lui donne un socle solide, marqué par un attachement à la dénomination renouvinienne. En septembre 1991, la *Comisión española de historia de las relaciones internacionales* (CEHRI) est créée. En 2001 paraît sous l'égide de J. C. Pereira Castañares le premier grand manuel d'histoire des relations internationales rédigé par des historiens espagnols, *Historia de las relaciones internacionales contemporáneas.* Contribuant à rapprocher ce domaine des autres historiographies européennes, il fait l'objet de rééditions périodiques (la dernière ayant eu lieu en 2022).

En Allemagne fédérale, la fin des années 1990 est emblématique des mutations d'une sous-discipline à la croisée des chemins au lendemain de la réunification. L'histoire diplomatique y a perduré. Nommé à Cologne en 1972, spécialiste d'histoire de l'Allemagne, Andreas Hillgruber (1925-1989) travaille sur les continuités de la politique extérieure de l'Empire au Troisième Reich. Dans les années 1980, il se retrouve au cœur de la querelle des historiens sur l'historicité du nazisme comme objet d'étude. De son côté, professeur à Bonn depuis 1982, Klaus Hildebrand (né en 1941) renoue avec l'approche traditionnelle du primat de la politique extérieure. Son livre *Deutsche Außenpolitik 1933-1945. Kalkül oder Dogma ?* (1970) a pour pendant français, dans la même décennie, celui de Duroselle, *Politique étrangère de la France. La décadence, 1932-1939* (1979). Il marque l'apogée d'un type d'histoire nourrie par la seule perspective nationale. Or, les années 1980 ont été porteuses d'un double processus qui a conduit à la cohabitation d'une histoire des relations internationales, frappée du sceau renouvinien, et d'une histoire internationale (*Internationale Geschichte*), qui souhaite incarner le renouvellement épistémologique à l'instar de ce qui se produit au même moment aux États-Unis.

D'un côté, l'appellation d'« histoire des relations internationales » est retenue pour la série de neuf volumes qui doivent couvrir les époques moderne et contemporaine de 1450 à 1989 que lancent alors Heinz Duchhardt et Franz Knipping : *Handbuch der Geschichte der internationalen Beziehungen*. La facture en est classique. Chaque livre repose sur deux parties : structures et événements. Les acteurs présentés dans la première partie sont les seuls acteurs étatiques. Le premier volume paraît en 1997, *Balance of Power und Pentarchie. Internationale Beziehungen 1700-1785*, rédigé par le moderniste Heinz Duchhardt, professeur à Münster (1988-1995), puis devenu directeur du département d'histoire universelle de l'Institut d'histoire européenne de Mayence (1994-2011). L'ouvrage de Winfried Baumgart, professeur à Mayence, *Europäisches Konzert und nationale Bewegung* (1999), consacré aux années 1830-1878, établit dans sa préface sa filiation avec la méthodologie de Pierre Renouvin, faisant explicitement des forces profondes (*Tiefenkräfte*) son cadre analytique.

De l'autre, une collection « Studien zur Internationalen Geschichte » voit le jour, dirigée par Anselm Doering-Manteuffel, Jost Düffler, Wilfried Loth et Jürgen Osterhammel. En 1996, dans leur préambule au premier livre de la série, ces derniers expriment leur volonté de renouveau et, en réalité, d'une évolution plus que d'une rupture. Ils s'inscrivent, en effet, dans le cadre d'une histoire du « système mondial des États et de ses sous-systèmes » et ne renoncent pas à poursuivre des recherches sur les objets classiques du domaine : la paix, l'origine des guerres et les transformations des conflits militaires[31]. Par une « compréhension totale de l'histoire internationale », ils continuent d'analyser les « processus de décision en matière de politique extérieure de même que les influences historiques, les évolutions économiques et de politique intérieure ». Mais, et la rupture se situe ici, ils entendent aussi tenir compte « [d]es structures, [d]es fonctions des *belief systems* et des perceptions », examiner les contacts transnationaux en deçà du niveau gouvernemental, les effets des contextes internationaux et les transformations des régimes internationaux, se plaçant implicitement dans la dynamique impulsée par les tournants culturel et transnational des sciences humaines et sociales dans les années 1970. Le volume dirigé par Wilfried Loth et Jürgen Osterhammel (2000), *Internationale Geschichte : Themen, Ergebnisse, Aussichten*, accentue la démarche. Tout en maintenant l'approche systémique au cœur d'une histoire, qui est en partie celle de souverainetés dont on constate l'érosion, il développe l'idée que les relations internationales sont avant tout des relations interculturelles faites de perceptions, de représentations, de préjugés. Dans le trentième volume de la collection, *Dimensionen internationaler Geschichte* (2012), les éditeurs insistent à la fois sur la légitimité d'un « pluralisme » croissant des approches et sur l'importance de toujours croiser théories et études pratiques. Attestant l'attractivité de ces nouvelles perspectives, une génération d'historiennes et d'historiens allemands s'inscrit aujourd'hui dans la continuité de ces propositions tels Jessica Gienow-Hecht, Ursula Lehmkuhl, Simone Derix ou Isabella Löhr et Johannes Paulmann, Jörn Leonhard ou Eckart Conze. Un certain nombre d'entre eux exercent à l'étranger tels Matthias Schulz en Suisse, Wolfram Kaiser et Holger Nehring au Royaume-Uni, Ulrich Pfeil, Rainer Marcowitz et Andreas Wilkens en France, ou Wolfgang Schmale en Autriche.

Dans ce dernier pays aussi, les perspectives se renouvellent. Pionnier autrichien de l'histoire de la construction européenne et professeur à Hildesheim (Allemagne), Michael Gehler, directeur de l'*Institut für Neuzeit- und Zeitgeschichtsforschung* de l'Académie autrichienne des sciences, y fonde en 2013, avec Wolfgang Mueller, professeur à Vienne et spécialiste de l'URSS, la collection *Internationale Geschichte/ International History* (huit volumes à ce jour), qui ouvre l'histoire des relations internationales à l'histoire transnationale et l'histoire globale. Professeur d'histoire autrichienne à Vienne, Peter Becker examine le rôle des États-successeurs comme terrains d'essai pour de nouveau modes de gouvernance internationale dans le cadre de la Société des Nations dans le livre *Remaking Central Europe: The League of Nations and the Former Habsburg Lands* (2020).

Comme on le voit, une grande hétérogénéité terminologique et une pluralité de pratiques, voire un fort provincialisme, subsistent dans l'organisation du domaine universitaire en fonction des traditions culturelles, des enjeux universitaires et des positionnements historiographiques. En Amérique du Nord, l'« histoire diplomatique » continue à cohabiter avec l'« histoire internationale » sans que la première soit nécessairement le signe d'un « retard » épistémologique et tandis que la seconde amorce un rapprochement avec l'histoire « globale ». Au Royaume-Uni, l'expression d'« histoire internationale » reste prédominante. En France, un laboratoire de recherches de l'université de Nantes s'est rebaptisé en 2004 « Centre de recherche en histoire internationale et atlantique », ouvert aux études aréales, africaines en particulier, mais la majorité des historiens se reconnaissent toujours dans l'appellation d'histoire des relations internationales, incarnée par l'IHRIC. S'il existe aussi un enseignement d'*History of International Relations* à Utrecht aux Pays-Bas, l'histoire internationale et l'histoire transnationale cohabitent à l'université de Genève, un cours d'histoire transnationale est donné à celle de Lausanne. Cette hétérogénéité ne doit pas pourtant pas dissimuler que, dans chaque pays, la majorité des historiens a assimilé le virage transnational de la discipline.

Enfin, l'histoire des relations internationales ne peut être réduite aux seuls lieux institutionnels déjà mentionnés. Elle peut être pratiquée sur des chaires d'« histoire européenne » ou « est-européenne », d'histoire de l'Amérique latine ou d'histoire de l'Asie, d'« histoire impériale », « d'histoire contemporaine », voire d'« histoire globale », et être diffusée dans des revues spécialisées sur une période particulière, comme le *Journal of Cold War Studies*, ou sur un domaine particulier (*Journal of European Integration History*). Certains articles publiés dans des revues d'histoire mondiale peuvent aussi ressortir à ce domaine.

Comme l'histoire transnationale, l'histoire internationale bute sur la « nation ». Une nouvelle fois, ce qui peut être discuté dans l'appellation « internationale » est que cette histoire tendrait à restaurer des normes de souveraineté de l'État et, plus précisément, à réinscrire des normes *nationales*[32]. En d'autres termes, bien que déconstruite et décentrée, la nation demeure, là aussi, une unité analytique centrale.

L'histoire des relations internationales est-elle une histoire mondiale ?

De par son envergure spatiale, l'histoire des relations internationales pourrait aussi être confondue, dans un mouvement hâtif, avec l'histoire mondiale. Certaines définitions de cette dernière entretiennent l'ambiguïté : ainsi, pour l'historien italien Andrea Giardina, son coordinateur, la *Storia mondiale dell'Italia* (2017), inspirée par *l'Histoire mondiale de la France* (2017) dirigée par Patrick Boucheron, est l'histoire de « la présence italienne dans le monde et de la présence du monde en Italie*[33]* ». L'histoire de la présence italienne dans le monde, comprise comme histoire des individus et des communautés italiennes hors de leurs frontières, relève, en effet, en partie, de l'histoire des relations internationales tout comme une histoire de la présence de communautés non-italiennes dans l'État italien. Ce constat est d'ailleurs valable pour d'autres « histoires mondiales » nationales (Flandres, Pays-Bas). L'histoire globale de l'Allemagne parue en 2020, sous la direction d'Andreas Fahrmeir, *Deutschland. Globalgeschichte einer Nation*, ressort davantage, pour la majorité des articles, d'une histoire de transferts, de réappropriations locales d'éléments extérieurs, que d'une véritable histoire mondiale.

En réalité, et aussi étonnant que cela puisse paraître en raison des nombreux livres et articles consacrés à l'histoire mondiale, ses liens avec l'histoire des relations internationales sont encore peu explorés par les promoteurs de l'histoire mondiale, peut-être peu à l'aise avec cette partie intellectuelle de leur genèse, assimilée à tort à une pratique désuète. Inversement, il n'existe à ce jour qu'une seule proposition d'*Histoire mondiale des relations internationales: de 1900 à nos jours* (2023), celle coordonnée par Pierre Grosser. En revanche, la guerre froide a donné lieu à des synthèses ambitieuses, à commencer par celles de l'historien norvégien, spécialiste de l'histoire contemporaine de l'Asie de l'Est, Odd Arne Westad: *La guerre froide globale. Le tiers-monde, les États-Unis et l'URSS, 1945-1991*, Paris, Payot, 2007 [2006] et *Histoire mondiale de la guerre froide, 1890-1991*, Paris, Perrin, 2019 [2017].

Dès lors, nous rappellerons les perspectives propres à l'histoire mondiale en ce début de XXIe siècle, puis nous soulignerons que l'histoire des relations internationales comme l'histoire mondiale doivent, plus que d'autres, faire face à des défis spécifiques engendrés par l'entrée dans l'ère numérique. Enfin, nous mettrons en lumière les parcours intellectuels de deux historiens, Akira Iriye et Jürgen Osterhammel, qui ont fortement contribué à remettre en cause les cadres épistémologiques de l'histoire des relations internationales.

Ce qu'est l'histoire mondiale

Comme l'histoire transnationale, l'histoire mondiale a relevé d'une approche avant de devenir un domaine de recherche institutionnalisé. Préalablement, il convient donc de dire ce qu'est l'histoire « mondiale », en attirant l'attention sur sa quasi-synonymie avec l'histoire « globale », même si les appellations varient d'un État à l'autre, voire au sein d'un même État pour des raisons de positionnement éditorial, mais aussi pour des raisons historiques : dans l'espace germanophone, la notion de « *Globalgeschichte* » a été privilégiée aux dépens d'une « Weltgeschichte » ancrée dans le XIXe siècle. Une nouvelle fois, le consensus n'existe pas sur la définition et sur l'utilisation des expressions fondamentales que sont l'« histoire mondiale », l'« histoire globale », ou l'« histoire universelle ». Il n'en demeure pas moins que, pour se démarquer de l'histoire universelle du XIXe siècle et du premier XXe siècle, la majorité des historiens privilégie les deux premières expressions et les utilise, la plupart du temps, de manière interchangeable.

Avant de préciser ce qui différencie l'histoire mondiale de l'histoire universelle, nous mettrons en valeur l'engouement qu'elle a suscité et la vague de fond qui a submergé l'édition depuis les années 2010. Nous avons procédé à une enquête empirique simple sur le site de la Bibliothèque nationale de France qu'il faut néanmoins apprécier en tenant compte de l'inflation générale de la production éditoriale sur la période.

L'engouement éditorial pour l'histoire mondiale

En ce qui concerne la seule France, l'introduction entre guillemets de l'expression « histoire mondiale » et la recherche des seuls « titres » de « livres » parmi les « textes imprimés ou numériques » sur le site du catalogue général de la Bibliothèque nationale de France (BNF), arrêtée à la fin du mois de décembre 2022, font ressortir deux cent quarante-neuf livres parus depuis 1800. Le tableau ci-dessous détaille la répartition de ces livres. Cent trente-deux ont paru entre 1930 et 1999. Le premier essor date des années 1960. De quatre titres pour la décennie antérieure, on passe à vingt-cinq titres. Cent dix-sept livres portant ce titre ont paru en vingt-deux ans (entre 2000 et 2022), avec un nouvel essor sensible dans la décennie 2010, qui concentre cinquante-huit titres, et trente-cinq livres entre 2020-2022 (dix en 2020, douze en 2021 et treize en 2022).

Tableau 1 – Livres contenant l'appellation « Histoire mondiale » dans leur titre.

Livres parus entre 1800 et 2022	
1800-1899	0
1930-1939	1
1940-1949	1
1950-1959	4
1960-1969	25

1970-1979	37
1980-1989	41
1990-1999	23
2000-2009	25
2010-2019	58
2020-2022	35

La parution en 2017 du livre *Histoire mondiale de la France* a consacré cette approche. Pour la seule année 2020 sont parus dix titres : des histoires mondiales du bonheur, de la paix, des femmes photographes, de l'art contestataire, de la Flandre, du musée, de la guerre économique, de la nation, de l'agriculture ou encore de l'américanisation. Ce dernier ouvrage de Ludovic Tournès, *Américanisation : une histoire mondiale (XVIII*^e^*-XXI*^e^ *siècle)*, récompensé par le Grand Prix des Journées de Blois 2021, consacre la rencontre de l'histoire culturelle et de l'histoire des relations internationales et leur inscription dans une dynamique mondiale.

Pour la même période 1900-2022, et selon les mêmes critères, l'introduction de l'expression « histoire globale » fait ressortir quarante-quatre livres. Quatre livres paraissent entre 1980 et le début de la décennie 1990. L'expression apparaît en 1981 avec le livre de l'historien africaniste Jean Devisse, *Pour une histoire globale de la céramique africaine*, celui de l'historien du monde malais-indonésien Denys Lombard, *Le carrefour javanais : essai d'histoire globale* (1990), et deux ouvrages collectifs d'histoire sociale et d'histoire religieuse. Les ouvrages paraissent ensuite de manière très concentrée avec dix-neuf titres dans la décennie 2010, et quinze titres en 2020-2022.

Tableau 2 – Livres contenant l'appellation « Histoire globale » dans leur titre.

Livres parus entre 1800 et 2029	
Décennie de publication	Nombre de livres
1980-1989	1
1990-1999	3
2000-2009	6
2010-2019	19
2020-2022	15

Les années 2020, 2021 et 2022 ont connu chacune la parution régulière de cinq titres. L'année 2022 a enrichi la liste d'une histoire globale de la France coloniale, du poivre, et de la culture antiquaire au siècle des lumières, ainsi que de la traduction française de deux livres : un *Petit traité d'histoire globale* de Jack Goody, et *La France en guerre, 1940-1945 : une histoire globale*, de Chris Millington.

L'édition française privilégie nettement l'adjectif « mondial », qui correspond à la traduction française du « *global* » anglais. Cela évite la confusion du terme

« global » avec son synonyme « total », qui introduirait une autre approche, celle d'une histoire examinant son objet dans toutes ses dimensions. Cela restitue surtout à l'histoire mondiale son identité proprement spatiale. Toutefois, la perspective revendiquée par l'histoire mondiale ou globale, quelle que soit l'appellation privilégiée par l'auteur ou l'éditeur, est très similaire. Il conviendrait naturellement de comparer ces résultats avec ceux extraits de catalogues de bibliothèques d'autres pays.

Se démarquer de l'histoire universelle du XIXe siècle : l'histoire mondiale du XXIe siècle

L'histoire mondiale a fait l'objet d'une institutionnalisation importante passant par la création de chaires universitaires et d'une première association (*World History Association*) créée à Hawai en 1982, par la reconversion de centres et laboratoires de recherche, par la création de revues : *Journal of World History* (Hawaï, 1990) ; *Comparativ. Zeitschrift für Globalgeschichte und vergleichenden Gesellschaftsforschung* (Leipzig, 1991) ; le *Journal of Global History* (Londres, 2006) ; ou encore la revue francophone *Monde(s). Histoire, espaces, relations* (Paris 1 Panthéon-Sorbonne, 2012). L'*American Historical Review* a introduit en 2000 une nouvelle section « Comparative/World » dans sa rubrique de comptes rendus. Une liste de discussion en ligne, intitulée H-World, a été créée.

L'histoire mondiale est avant tout une perspective, une manière de faire de l'histoire, qui n'est propre ni aux historiens internationalistes, ni aux historiens contemporanéistes, ni aux historiens de la mondialisation même si ceux-ci ont pu entretenir l'ambiguïté[34]. Elle est, ou devrait être, une appréhension des phénomènes à l'échelle mondiale, et non plus nationale. Ses propositions épistémologiques ont marqué les sciences humaines et sociales depuis une vingtaine d'années. Toutefois, la préoccupation de penser les phénomènes historiques à l'échelle du monde n'est pas nouvelle. Ne nous y trompons pas : il a existé une histoire mondiale au XIXe siècle. Cela a été aussi une ambition de la géopolitique naissante au zénith de la « première mondialisation », lorsqu'en 1904 Harold MacKinder théorisait l'idée d'un « pivot géographique de l'histoire », considérant que les phénomènes historiques devaient nécessairement être interprétés à l'échelle mondiale.

L'histoire mondiale a donc dû se distinguer de l'histoire universelle du XIXe siècle et de son inscription dans le temps de la domination européenne sur le reste du monde. Selon un schéma à la fois impérialiste et émancipateur, les historiens européens avaient, de fait, déjà « pensé le monde » au XIXe siècle, élaborant de Hegel à Helmolt des projets d'histoire universelle, marqués à la fois par l'européocentrisme et la nécessité de lutter contre ce tropisme. Hans F. Helmolt, éditeur des *Vierteljahrshefte für Weltgeschichte* (*Cahiers trimestriels d'histoire universelle*) entre 1894 et 1919, déclarait ainsi :

> « Très répandue est l'erreur consistant à prendre la partie du monde que l'on embrasse dans son propre horizon intellectuel comme le monde dans son ensemble. Pour le vieux Caton, l'Empire romain était l'accomplissement de toute l'histoire, et le Chinois appelle son Empire, l'empire du Milieu[35]. »

Cette approche universelle, renouvelée après 1945, s'est poursuivie jusqu'aux années 1960, soutenue par l'Unesco et le projet universaliste d'une « Histoire du développement culturel et scientifique de l'humanité » (*Scientific and Cultural History of Mankind*, SCHM), qui paraît entre 1967 et 1969 en langue française, et par les propositions de nombreux chercheurs des États-Unis, en particulier d'Immanuel Wallerstein, auteur de *The Modern World-System*, qui commence à paraître en 1974. L'histoire économique a aussi beaucoup nourri l'essor de l'histoire mondiale autour d'une discussion sur les origines occidentales ou exogènes du capitalisme, sur les travaux de Karl Polanyi (*La Grande Transformation. Aux origines politiques et économiques de notre temps* (1983 [1944]), puis sur la « New Global History Initiative » (1989) de l'historien américain Bruce Mazlish, qui tend à réduire la *global history* à l'analyse de la naissance et de l'évolution du processus de la mondialisation contemporaine. La Nouvelle histoire impériale a constitué un autre terreau.

L'objectif de l'histoire mondiale au début du XXIe siècle a été de poursuivre l'effort de déconstruction des objets historiques, commencée par les précédents « tournants » épistémologiques du dernier tiers du XXe siècle. S'appliquant à l'histoire des techniques comme à celle des relations internationales, en passant par les religions, le climat, l'alimentation, l'énergie, les guerres, les migrations, les épidémies, les échanges culturels ou les conflits sociaux, elle s'est nourrie de la réflexion épistémologique conduite par les historiens dans de nombreuses directions (histoire comparée, histoire croisée, histoire connectée ou encore histoire portant sur les transferts culturels), des incitations venues d'autres domaines, de l'histoire économique en particulier, ou du domaine des études aréales. Elle a surtout attiré l'attention sur l'importance du choix des échelles d'analyse, que ce soit au niveau spatial ou temporel.

Elle se fonde sur le rejet du « grand récit » (*great narrative*), ce discours lisse, finalisé et totalisant qu'elle reproche à l'histoire universelle, historiquement située à l'ère des empires coloniaux européens du XIXe siècle. Elle rejette aussi la juxtaposition encyclopédique d'histoires nationales ou des civilisations et s'emploie à penser les liens internes pouvant exister entre les sociétés ou les objets considérés, empruntant ici à l'histoire croisée (*entangled history*). Elle remet en cause les visions centrées sur l'Occident et pose un regard critique sur les concepts des ouvrages universalistes et impérialistes du XIXe siècle (civilisation, modernisation, révolution). Mais comme l'histoire universelle, elle a, elle aussi, une dimension politique, voire idéologique, participant de l'éducation d'un citoyen du monde et d'une « urgence civique[36] ». Le projet de Patrick Boucheron d'histoire mondiale de la France a ainsi été un geste politique comme le fut en son temps le projet historique de la Troisième République naissante.

L'histoire des relations internationales à l'ère numérique

Comme d'autres domaines, l'histoire des relations internationales doit contribuer à la réflexion sur les sources de l'historien à l'ère numérique et sur la « mise en données » du monde (*datafication*), qui renouvelle celle sur l'histoire quantitative. Le nouvel élargissement de la sphère documentaire fait soupirer les historiens comme leurs prédécesseurs au lendemain de la Première Guerre mondiale – quand ils s'étaient employés à exploiter l'ensemble des documents du conflit, et pas les seuls papiers diplomatiques –, mais il les enthousiasme aussi au regard des défis technologiques, épistémologiques et méthodologiques qu'il entraîne. Ils ont désormais accès à des corpus d'informations, générés par la numérisation de matériaux anciens et l'explosion des documents électroniques « natifs ». La réflexion sur leur exploitation est conduite à la fois par les centres producteurs de ces données, par les historiens comme par les autres chercheurs en sciences humaines et sociales. Les grandes institutions scientifiques et techniques produisent des données depuis plus d'une quarantaine d'années, mais les administrations sont restées plus longtemps « très ancrées dans le monde du papier[37] ».

En France, la loi n° 2000-230 du 13 mars 2000, portant adaptation du droit de la preuve aux technologies de l'information et relative à la signature électronique, a été un moment important. Elle met fin, dans le domaine du droit civil, à la suprématie de l'écrit sur support papier valant preuve. Le besoin de transmissions de plus en plus rapides d'informations provenant des citoyens, des entreprises, des administrations à des fins d'efficience, la pression issue d'économies à réaliser ont favorisé une généralisation des télétransmissions et, par conséquent, la dématérialisation de la production à sa source. Il n'est pas indifférent que le mouvement ait d'ailleurs été initié en France par les ministères en charge de l'Économie, des Finances et de l'Industrie. En 2013, trois ministères – Europe et Affaires étrangères (MEAE), Culture (MC) et Armées (MinArm) – ont mutualisé leurs efforts pour répondre ensemble à l'enjeu de l'archivage numérique des documents et données, tout au long de leur cycle de vie, tout en respectant les missions archivistiques fondamentales : préserver et rendre la mémoire accessible. En 2015 a eu lieu le lancement du programme interministériel VITAM (Valeurs immatérielles transmises aux archives pour mémoire), réalisé conjointement avec les Archives diplomatiques. Ce logiciel d'archivage numérique a permis de débuter la prise en charge, la conservation et la consultation sécurisée de très gros volumes d'archives numériques définitives, intermédiaires, voire courantes. Trois plates-formes d'archivage propres à chaque ministère ont recouru au logiciel VITAM dans chacun des trois ministères, via les projets ministériels : Saphir (MEAE), Adamant (MC/Archives nationales) et Archipel (MinArm). L'année 2017 a été marquée par l'ouverture du portail France Archives, qui symbolise leur collaboration.

Pour s'en tenir aux premiers lieux étatiques producteurs d'archives sur le monde extérieur – les ministères des Affaires étrangères –, des questions spécifiques se posent, comme celle liée à l'introduction de ce nouvel outil de transmission de l'information : le courriel. Archiver les courriels diplomatiques implique de reconstituer, à partir de différents fils de discussion et d'informations morcelées, ce qui aurait parfois constitué une note ou une dépêche hier. Faut-il organiser en dossier les courriels recueillis avec un plan de classement selon un traitement unitaire, ou passer de l'unitaire au global en conservant la boîte complète d'un individu donné quand elle représente une valeur jugée suffisante ?

Ne va-t-on pas privilégier le sommet de la hiérarchie administrative, celles du niveau des sous-directeurs semblant regorger du maximum d'informations ? Comment faire le tri entre les messages à caractères public et privé ?

En ce qui concerne les mouvements sociaux transnationaux et les pratiques individuelles, les réseaux sociaux fournissent, aux côtés des médias des siècles antérieurs, une collection de données exponentielles dont l'accès, la pérennité, la représentativité, l'utilisation doivent encore faire l'objet de réflexions approfondies. Comme l'ensemble des domaines historiques, l'histoire des relations internationales ne peut échapper à ces questionnements, elle dont l'échelle d'analyse s'étend au monde.

L'émergence des humanités numériques (*digital humanities*), qui exploitent de larges bases de données (*big data*), accélère la mise en réseau de sources (imprimées, iconographiques, audiovisuelles ou vidéos) transcendant les cloisonnements géographiques. Il importe de réfléchir aux possibilités de collecter et de rendre accessible une documentation issue de pays ou de régions du monde, économiquement et administrativement moins équipés que d'autres. L'installation au Luxembourg, du *Luxembourg Centre for Contemporary and Digital History* (C^2DH), adossé à l'université, héritier en partie en 2015 du Centre virtuel de connaissance de l'Europe (CVCE), est soutenue par la prospérité et la stabilité de ce petit État.

> « Toute entreprise de numérisation implique [...] un débours initial important, plus du fait d'ailleurs de la nécessité d'un travail humain que des dépenses liées à l'achat de matériel et génère des coûts de maintenance. L'une des questions qui se pose alors, et les enjeux en sont importants, est de savoir qui paiera et dans quelles proportions[38]. »

En Europe même, la question se pose, aussi et encore, dans de nombreux États, qui ne peuvent construire des programmes de numérisation, y compris des livres de leurs bibliothèques. Numériser, produire des archives numériques natives et être capable d'assurer leur pérennité, alors même que la durée de vie des formats informatiques est, généralement, assez brève, est aujourd'hui un marqueur de la puissance des États. Ceux qui ont cette capacité technologique et financière ont la maîtrise de la collecte et du traitement des données et, peut-être, celle du récit historique dominant de demain. L'historien Matthew Connelly témoignait en 2015 de la situation contrastée des États-Unis où « l'ampleur du défi a[vait] conduit les archivistes à adopter un logiciel qui sépar[ait] automatiquement les documents susceptibles de contenir des informations personnelles ou classifiées » aux résultats contestés, et où « les directives préconis[ai]ent de conserver les documents liés aux préoccupations traditionnelles des ressortissants en matière de sécurité et de jeter tout le reste ». Il estimait que, dans la mesure où l'histoire des relations internationales recourait beaucoup aux données publiques, les efforts massifs de numérisation, engagés par le Département d'État ou par le programme « Remote Archival Capture », lancé en 1995 par la *Central Intelligence Agency* (CIA), les Archives nationales et les bibliothèques présidentielles, avaient permis de numériser tous les documents présidentiels classifiés et de les mettre à la disposition des chercheurs une fois déclassifiés. En revanche, il constatait que près de six millions de documents relatifs aux passeports et aux visas ainsi que des documents du département d'État sur la diplomatie culturelle et le sport international avaient été « jetés dans les oubliettes de l'histoire ». Il redoutait que ceux qui souhaiteront travailler sur les migrations, le *soft power*, etc. découvrent que « des décennies plus tôt, les archivistes ont détruit les collections pertinentes[39] ».

En second lieu, il s'agit de comprendre comment les infrastructures, les outils et les données numériques façonnent les nouvelles pratiques de recherche des historiens. Tout centre d'archives a toujours reposé sur la sélection et l'élimination (accidentelles ou volontaires) de certains documents du passé, mais les sources numériques engendrent des modes opératoires et des questionnements spécifiques, également liés à la qualité du support et à sa faible pérennisation actuelle. La numérisation permet la production de dispositifs savants d'écriture, complexes et distincts de l'article et du livre (dispositifs multimédias, système de gestion d'information, écriture logicielle) dont rend bien compte le *Journal of Digital History* du C²DH, qui s'appuie sur l'appel de l'historien américain, pionnier en la matière, Edward Ayers, à « l'expérimentation créative de nouvelles formes et de nouveaux formats de narration historique en ligne[40] ».

La consultation de livres numérisés a déjà commencé à transformer les pratiques. De grands portails de recherche existent, comme le site Gallica - BnF, le portail Europeana, financé par l'Union européenne, la Bibliothèque francophone numérique – qui rassemble les collections patrimoniales de onze bibliothèques de Belgique, Canada, Côte d'Ivoire, Égypte, France, Haïti, Luxembourg, Madagascar, Maroc, Sénégal et Suisse –, les sites Project Gutenberg, Internet Archive et World Digital Library de la Librairie du Congrès soutenu par l'Unesco, la Deutsche Digitale Bibliothek, etc., sans compter les bibliothèques des organisations internationales. Comme les États, ces dernières mettent aussi en ligne une partie de leurs archives historiques, préalablement sélectionnées selon des processus confidentiels.

L'expérience que chacun a pu faire durant les deux années d'interdiction puis de restriction des déplacements, engendrée par la pandémie de Covid-19, apparue en novembre 2019, est celle de la satisfaction apportée par l'accélération de la mise en ligne des ressources, mais aussi du malaise éprouvé à ne plus être le maître de la constitution d'un corpus où cohabitent des sources aux statuts différents. L'accès à Gallica ne remplacera jamais complètement le vagabondage dans les rayons que permettent certaines bibliothèques, favorisant le rapprochement inattendu de livres et le surgissement de questions de traverse. L'un des défis sera de continuer à penser hors du numérique et de ses cadres préconstruits.

Enfin, les historiens des relations internationales à l'heure numérique sont, plus que d'autres, confrontés à un défi abyssal : l'impossibilité de lire toutes les langues, de maîtriser toutes les sources de documentation possibles et de contrôler les décisions prises dans chaque État pour conserver et pour divulguer les documents. La sélection des données et la traduction, de plus en plus confiées à des logiciels, vont engendrer des révolutions dans la pratique historique dont les conséquences sont encore insuffisamment évaluées. L'association conjointe des archivistes, informaticiens, historiens et citoyens-utilisateurs des archives est une nécessité pour les saisir dans toutes leurs dimensions. La constitution d'équipes internationales de chercheurs est, en revanche, bien en marche.

Autour des itinéraires emblématiques d'un historien japonais et d'un historien allemand : le tournant mondial de l'histoire des relations internationales

La genèse de l'histoire mondiale a été amplement débattue. Comme d'autres domaines, elle a ses précurseurs et ses « pères fondateurs ». En France, on peut lui attacher le nom de Fernand Braudel et la notion d'« économie-monde », utilisée en 1949 dans sa thèse sur la Méditerranée à l'époque de Philippe II et développée dans le tome III de *Civilisation matérielle, économie et capitalisme, xve-xviiie siècle* (1979), mais aussi celui de Denys Lombard, mentionné plus haut. Si de nombreuses filiations ont été établies, on s'est encore peu interrogé sur la nature de sa relation avec l'histoire des relations internationales.

Dans les années 2010, celle-ci a vécu son « tournant » mondial. Les chartes de ses nouvelles institutions en révèlent les tensions fécondes inhérentes. En France, la revue *Monde(s). Histoire, Espaces, Relations* est ainsi née en 2012 de la rencontre autour de Robert Frank et de Pierre Boilley, d'historiens des relations internationales, membres de l'UMR SIRICE (laboratoire adossé à l'université Paris 1 Panthéon-Sorbonne), et d'historiens africanistes, membres de l'Institut des mondes africains (IMAF) :

> « Déconstruire, décentrer, décloisonner, ces "3 D", sont des opérations spécifiques de l'histoire globale que la revue tentera de mettre en œuvre. [...] Le décloisonnement, cher à l'histoire connectée et à l'histoire transnationale, indispensable pour abandonner des visions qui ont été trop longtemps statocentrées, ne doit pas nous priver de regarder ces niches cloisonnées et cloisonnantes que sont les pouvoirs politiques de toutes sortes – y compris les États –, d'étudier les relations entre eux à travers les frontières. En effet, parce qu'ils ont toujours su sortir de leur niche pour faire la guerre, faire la paix, protéger, secourir et intervenir par-dessus leurs limites territoriales dans la vie des "autres" sociétés, ils ont contribué à transformer les relations intersociétales elles-mêmes : ils ne sont pas entièrement étrangers à certains phénomènes transnationaux[41]. »

Aux États-Unis, la collection *Global and International History* est lancée en 2015 par les Presses de l'université de Cambridge, confiée à Erez Manela et Heather Streets-Salter.

> « La collection *Global and International History* [*Histoire globale et internationale*] cherche à mettre en lumière et à explorer les convergences entre la nouvelle histoire internationale et la nouvelle histoire mondiale. Ses éditeurs s'intéressent aux approches qui mélangent les unités d'analyse traditionnelles telles que les civilisations, les nations et les États avec d'autres concepts tels que le transnationalisme, les diasporas et les institutions internationales. Les éditeurs de la

série encouragent les propositions qui apportent une perspective historique sur des sujets tels que : l'empire et ses héritages, la guerre et la société, la mondialisation et la gouvernance internationale et la diffusion et l'échange culturels transnationaux. »[42]

Le faisceau d'exigences en apparence contradictoires et la volonté de ne pas rompre complètement avec les unités analytiques traditionnelles illustrent, dans les deux cas, les mutations d'une sous-discipline que l'analyse inédite de deux parcours d'historiens permet de préciser. Le premier est celui de l'historien japonais Akira Iriye, le second celui de l'historien allemand Jürgen Osterhammel[43]. Tous deux sont issus d'États, jadis grandes puissances, partenaires (avec l'Italie) dans l'Axe pendant la Seconde Guerre mondiale, sortis vaincus et anéantis, « rééduqués » par les États-Unis et reconstruits sur un socle conjuguant démilitarisation, puissance économique et influence culturelle. Leur parcours personnel est néanmoins très différent. L'un, Akira Iriye, a vécu la guerre, l'autre, Jürgen Osterhammel, a fait partie de la « génération dorée » de l'après-guerre. Si le parcours d'Iriye attire l'attention sur la capacité des historiens nés dans un pays différent de celui où ils vont effectuer leur carrière professionnelle, ou ayant vécu dans leur jeunesse dans un autre pays, à penser l'altérité des sociétés, de leur culture comme de leur cadre analytique, celui d'Osterhammel, formé dans le cadre érudit des universités allemandes et ouvert à l'historiographie anglo-saxonne, atteste une même capacité d'évolution intellectuelle. Dix-huit années les séparent. Ils se sont croisés fortuitement en 1977, quand A. Iriye est entré dans le bureau de Ian Nish, historien diplomatique britannique et spécialiste du Japon à la LSE à Londres, dont J. Osterhammel suivait les cours. Mais c'est une initiative éditoriale qui les a réunis de nouveau en 2002. Le rédacteur en chef de la maison d'édition C.H. Beck à Munich, Detlef Felken, et le directeur des presses universitaires de Harvard, William Sisler, avaient décidé la programmation d'une histoire mondiale en six volumes (*Geschichte der Welt/A History of the World*). Les presses d'Harvard sollicitèrent A. Iriye, professeur à Harvard, et Beck se tourna vers J. Osterhammel, un auteur maison[44].

Né à Tokyo en 1934, dans un Japon en guerre avec la Chine, diplômé du lycée Seikei, titulaire d'une licence obtenue au Haverford College (Pennsylvanie) en 1957, puis d'un doctorat en histoire à Harvard en 1961, Akira Iriye témoigne du choc fondateur que fut le jour où son instituteur intima l'ordre à sa classe « de prendre un stylo et de l'encre afin d'effacer les passages [des manuels scolaires] considérés comme inacceptables par les autorités d'occupation », parce qu'ils renvoyaient à l'origine divine du pays ou au mythe que la nation japonaise n'avait jamais perdu une guerre[45]. Il bénéficia ensuite d'une bourse d'études de quatre ans aux États-Unis, accordée par la Grew Foundation, tout juste créée en l'honneur de Joseph C. Grew. Le diplomate américain avait servi au Japon comme ambassadeur de 1932 à 1941, puis avait tenu le poste de sous-secrétaire d'État avec pour tâche de préparer l'occupation de l'Allemagne et du Japon. Iriye entra à Haverford College en septembre 1953 et bénéficia des enseignements de Wallace T. MacCaffrey, spécialiste d'histoire européenne. S'il est alors orienté vers un programme de doctorat de ce qu'on appelait encore les « relations entre l'Amérique et l'Extrême-Orient » (*American-Far Eastern Relations*), organisé par Oscar Handlin en histoire américaine et John K. Fairbank en histoire chinoise, il dit avoir été très marqué par les enseignements d'un jeune historien spécialiste des relations étrangères des États-Unis, Ernest R. May, qui dispensait un cours allant de la guerre hispano-américaine de 1898 aux origines de la guerre froide. Iriye prépara alors une thèse, *After Imperialism: The Search for a New Order in the Far East, 1921-1931*, publiée en 1965, qui rompit avec l'approche d'histoire diplomatique alors pratiquée aux États-Unis. Dans la constitution de son vaste corpus, il bénéficia du travail de copie, fait par son épouse à Taipei, des archives officielles chinoises jusqu'en 1927, expédiées à Taïwan.

Pour l'historien japonais, William Langer et Samuel Flagg Bemis ont été les grandes références de l'histoire diplomatique, une histoire définie comme celle des « affaires politiques, stratégiques ou économiques d'État à État[46] ». Il explique avoir été interpellé par le déplacement de sens, impliqué par l'appellation nouvelle donnée par la génération suivante, celle d'Ernest May, à l'histoire de la diplomatie américaine : les « relations étrangères américaines » (*American Foreign Relations*), afin de tenir compte des interactions « informelles » entre les pays, notamment des échanges économiques, sociaux et culturels. Une autre lecture importante pour lui a été le livre, déjà mentionné, de Felix Gilbert intitulé *To the Farewell Address: Ideas of Early American Foreign Policy* (1961), qui examine les références intellectuelles des dirigeants américains en charge des affaires extérieures à la fin du XVIIIe siècle.

Évoquant la tentation du repli sur une seule documentation nationale, Iriye a défendu la nécessité d'un nouveau cadre conceptuel pour rendre compte d'une approche des relations internationales par d'autres catégories que la nation. « Histoire internationale », « histoire transnationale », « histoire globale » sont ainsi venues encadrer des recherches fondées sur le présupposé que :

> « La nation n'est qu'une des nombreuses identités que possède un individu, et que les habitants de différents pays interagissent les uns avec les autres à travers de nombreuses identités. Parmi ces identités figurent la race, la sexualité et le handicap. Les personnes de races, d'orientations sexuelles et de handicaps différents se reconnaissent non seulement à l'intérieur d'un pays mais aussi au-delà des frontières nationales. Les interrelations entre les races sont un phénomène historique qui remonte à plusieurs siècles, tout comme les problèmes d'adaptation des personnes souffrant d'un handicap physique ou intellectuel. Un cadre national serait inadéquat pour comprendre leur vie. Tout comme l'érudition ne connaît pas de frontières nationales – il n'existe pas d'histoire des États-Unis qui ne puisse être comprise que par des historiens vivant dans ce pays – toutes les catégories d'êtres humains existent partout et doivent être considérées comme des êtres mondiaux[47]. »

Une génération plus tard, né en 1952, formé à Marburg en science politique et en histoire, Jürgen Osterhammel a été appelé pour enseigner les Relations internationales à l'université de Fribourg-en-Brisgau (1986-1990). En 1976-1978, il suivit des études de troisième cycle au département d'histoire internationale de la LSE où il rencontra Ian Nish, à la fois incarnation de cette histoire diplomatique jugée très conservatrice, si peu en vogue en Allemagne dans les années 1970, et figure professorale très marquante. Il entreprit la préparation d'une thèse de doctorat sur l'impérialisme britannique en Extrême-Orient de 1932 à 1937, soutenue en 1980. Souhaitant comprendre comment la République populaire de Chine avait pu se libérer très rapidement de la mainmise occidentale, il entendait conduire « une micro-étude sur la présence britannique en Chine » et « l'empire informel » britannique, théorie développée par Ronald Robinson à Oxford.

Préparée à la fin des années 1970, sa thèse s'est donc inscrite dans les débats qui marquaient la décennie autour du concept d'« impérialisme » et de la place à accorder aux investissements étrangers dans le développement économique de la Chine. Elle se fonde principalement sur l'analyse des fonds du département Extrême-Orient-Chine du *Foreign Office* et du Trésor, ainsi que sur ceux de la société John Swire & Sons Ltd, déposés à la *School of Oriental and African Studies* (SOAS) de l'université de Londres, et de la société *Imperical Chemical Industries*. Pour une historienne française, la terminologie de la thèse relève de celle de l'histoire des relations internationales renouvinienne (« rivalités des grandes puissances », « intérêts économiques », « système d'intérêts », « pénétration économique ») et renvoie aux thèses préparées par les élèves de Renouvin sur cette thématique dans la décennie. Pour l'historien allemand, « à l'époque, un historien de la diplomatie en Allemagne ne se serait jamais préoccupé des intérêts économiques », signe de la discordance historiographique franco-allemande dans les années 1970 et du contenu différent prêté encore aujourd'hui à la notion d'« histoire des relations internationales ». Mais Osterhammel souligne que les travaux de l'historien britannique Christopher Thorne (1934-1992) et des auteurs comme « Raymond Aron et Pierre Renouvin avaient une approche plus large et plus historique que les Américains dominants » de l'époque, si l'on excepte le livre *After imperialism: The Search for a New Order in the Far East, 1921-1931* (1965) d'Akira Iriye, justement.

Dans cette décennie 1970, l'histoire diplomatique fait encore de la Chine une cible passive pour les ambitions des grandes puissances. Osterhammel rappelle toutefois que, dès 1966, Jean Chesneaux avait demandé que l'on écrivît une « histoire asiatique de l'Asie moderne[48] ». On sait que, disciple de Pierre Renouvin, auteur de *La Question d'Extrême-Orient* (1946), Jean Chesneaux avait pris au sérieux son appel à un « nouvel orientalisme », qui favoriserait l'« indigénisation » de l'histoire contemporaine du continent asiatique, et avait consacré sa thèse au mouvement ouvrier chinois de 1919 à 1927. Il avait aussi institué les premiers enseignements sur la Chine contemporaine au sein de l'université française[49]. Le livre *China und die Weltgesellschaft* d'Osterhammel – qui sera ultérieurement soutenu comme thèse d'habilitation à Fribourg et publiée en 1989 – amorce le renversement des perspectives qui vont guider ses travaux ultérieurs jusqu'à *La transformation du monde. Une histoire globale du XIXe siècle* (2017). L'acteur principal n'est plus le Royaume-Uni, mais la Chine, dont il étudie sur la longue durée la place dans le monde et la manière dont cette place est perçue et évaluée par les non-Chinois[50]. L'ambition est d'écrire une « histoire de la relation à double sens » (*doppelseitige Beziehungsgeschichte*) de la Chine et de l'Europe inscrite dans le contexte de l'occidentalisation du monde. Comment écrire un récit qui ne soit pas seulement celui de « l'entrée de la Chine dans la société des nations » ?

> « La Chine dans le monde : cela ne signifie pas seulement le contact et la collision entre des visions du monde, des formes de conscientisation et des systèmes de mode de vie, entre la culture occidentale et une expression caractéristique de la culture orientale. Cela signifie également l'intégration de l'une des communautés les plus complexes de la Terre dans des ordres mondiaux d'échange et de domination en évolution, dans des interrelations intercontinentales concrètes. »

Parti de la théorie de « l'empire informel », principalement développée par Robinson, il propose d'écrire « deux "histoires" ». La première est celle de l'insertion de la Chine dans le système interétatique mondial et de la manière dont elle se transforme en un espace d'affrontement des puissances à partir des années 1880. La seconde est celle de son intégration dans l'économie mondiale. Mais le premier récit est subverti dans la mesure où ce ne sont pas les événements diplomatico-militaires qui priment, mais « les formes et les étapes de l'intégration d'un "système international régional", centré sur l'empereur de Chine, dans une "société internationale universelle", ou "société mondiale", fondées sur les principes du droit international et les conventions diplomatiques, incarnées dans des organisations internationales, et reposant sur des structures de pouvoir transcontinentales à caractère impérial ou hégémonique ». L'analyse d'Osterhammel combine la reprise du concept braudélien d'« économie-monde » et celle des propositions des politologues de l'École anglaise d'Hedley Bull et Adam Watson relatives au système international. L'enjeu a été de parvenir à une « imbrication polyphonique étroite » (*polyphone Engführung*) de ces deux histoires. Le livre, fondé sur la littérature secondaire, anticipe des évolutions fondamentales : l'adoption d'une perspective de longue durée, la prise en compte des représentations qui pèsent sur les politiques, la mise au premier plan d'un acteur non-occidental appréhendé à partir de ses propres visions du monde. Il est symptomatique que, des années plus tard, l'auteur le présente comme une histoire internationale très « complète », « qui ne traite pas seulement des relations, mais aussi des systèmes et des structures ».

Il ressort de la comparaison de ces deux parcours d'historiens, qui pourrait être étendue à d'autres itinéraires, que l'histoire des relations internationales, dans la multiplicité de ses pratiques et des représentations qui lui étaient alors attachées, a été un point de référence central pour leur évolution vers l'histoire mondiale. Ni l'un ni l'autre n'ont renié l'importance de ce domaine abordé via l'histoire diplomatique pour l'un, via la science politique pour l'autre. Ils ont su expliquer les ressorts d'une évolution personnelle qui a favorisé les conditions d'un dépassement.

Au demeurant, l'histoire mondiale a des effets importants sur les historiens des relations internationales en les obligeant à remettre en cause les normes épistémologiques européennes, à s'interroger sur la réversibilité des concepts européens, à accéder à des sources extra-occidentales inédites, à relire les événements au cœur du récit occidental et à mettre en lumière des acteurs méconnus.

Elle est loin, néanmoins, d'épuiser la réflexion sur les échelles de l'histoire des relations internationales. Le sens de l'historiographie n'est pas de passer de manière linéaire de l'échelle bilatérale de l'histoire diplomatique à l'échelle mondiale sans plus ample réflexion. L'approche mondiale est une des possibilités d'approfondissement de ce domaine de recherche, comme l'avait été l'approche des transferts, appliquée à l'origine par des germanistes, à l'échelle bilatérale franco-allemande. Si, initialement, la proposition avait touché les historiens culturels, elle avait ensuite été reçue par une partie des historiens internationalistes, qui l'ont mobilisée pour développer des travaux sur les jumelages, les mémoires historiques, mais aussi sur les transferts économiques et technologiques. L'histoire atlantique, définie comme histoire des échanges et de l'intégration progressive de cet espace, est un autre exemple d'exploration de relations internationales à l'échelle frontalière des sociétés bordant cet océan. La vague de l'histoire mondiale ne doit enfin pas dissimuler le fait qu'elle s'est déroulée parallèlement à l'essor d'une « nouvelle » histoire de l'Europe, qui a donné lieu à la publication de nombreux livres collectifs ou individuels. En ce sens, l'histoire « régionale » demeure une échelle d'analyse tout aussi pertinente y compris pour des historiens de régions « extra-européennes ». On peut dès lors présumer que l'histoire des relations internationales continuera à préserver sa capacité d'articulation de diverses échelles avec une perspective mondiale.

Chapitre 3

Les catégories de l'international

Comme celles d'autres domaines, l'historiographie des relations internationales repose sur des catégories temporelles, géographiques, administratives et analytiques. Comme telles, elles permettent aux historiens de construire leur objet de recherche, l'analyse ou la synthèse qui restituera leurs acquis, et le commentaire qui les intègrera à une réflexion de portée plus générale. Pourtant, elles ont rarement fait l'objet d'une investigation systématique de la part des historiens des relations internationales contemporaines, alors même que leurs collègues modernistes et médiévistes se sont employés à la déconstruction de certaines d'entre elles. Or, à l'heure où le domaine doit faire face à un certain nombre de défis, il importe de préciser ses prémisses et ses cadres d'analyse dans une vue d'ensemble.

Nous traiterons d'abord du découpage du temps de l'international et de son « encapsulage » dans le passé à partir de l'essor de l'historicisme, pour reprendre la métaphore de Jürgen Osterhammel[1]. Les temporalités historiques suscitent de nombreuses réflexions, illustrées en France par des études, qui vont de Jacques Le Goff à l'ouvrage collectif sur « les noms d'époque », coordonné par Dominique Kalifa, fortement inspiré par les travaux conduits par les linguistes. Livres et articles traitent de la façon dont les historiens organisent le passé en strates temporelles, et plus précisément le découpent en « âge », « siècle », « époque », « ère », « période », « génération », « tournant » ou « moment ». La notion de « césure » est apparue dans le langage des historiens au tournant des XVIIIe et XIXe siècles pour signifier la « coupure d'époque, le seuil d'époque ou le tournant d'époque »[2]. Ces découpages et ruptures expriment l'interprétation contemporaine du passé ou du présent qu'en font les historiens. Nous présenterons ici la manière dont ils ont pensé le temps des relations internationales.

Nous nous intéresserons ensuite aux dénominations géographiques de l'espace international. Les espaces contribuent, de manière générale, à façonner les relations internationales à différents niveaux d'échelle, qu'elles soient transfrontalières, nationales, régionales ou interrégionales. Parmi eux, les espaces géographiques sont au cœur du discours historique. Leur conceptualisation est à la fois l'expression de visions stratégiques et le fruit de compartimentages administratifs. Les approches constructivistes appliquées à la politique étrangère à partir des années 1960 ont, en effet, mis l'accent sur la recréation du monde par le regard des décideurs et frayé la voie à des études montrant que les découpages géographiques relevaient de constructions abstraites qualifiées de « cartes mentales » (Alan K. Henrikson). Nous soutiendrons ici que la priorisation des objectifs de recherche des historiens internationalistes a été en partie déterminée, de manière implicite, par les hiérarchies induites par les taxinomies administratives.

Enfin, nous porterons une attention particulière à certains des concepts analytiques originels du domaine et à des concepts plus récents qu'elle a faits siens. Ils sont parfois repris par les étudiants sans qu'ils s'interrogent nécessairement sur leur origine, le contenu qu'ils recouvrent, les représentations qu'ils véhiculent et l'adéquation de leur usage à la spécificité de leur recherche. Certes, étudiants, voire chercheurs plus expérimentés, y sont encouragés par les conditions de la recherche. Les appels à propositions, la publication dans les revues scientifiques, les allocations de recherche tendent à privilégier les projets contenant ces nouveaux maîtres-mots que sont les « réseaux », « circulations » et autres « objets-monde ». Il n'en demeure pas moins que l'élargissement des perspectives et le renouvellement attendu des approches historiques des relations internationales ne peuvent reposer sur la reprise un peu trop rapide de ces notions.

S'interroger sur les spécificités du temps international, réfléchir aux découpages géographiques de l'espace mondial, attirer l'attention sur les compartimentages mentaux et les hiérarchies implicites issus des classements des sources administratives, présenter les concepts-clefs de ce domaine, tel est l'objet de ce troisième chapitre.

Temporalités

Comment l'histoire des relations internationales contemporaines découpe-t-elle le temps ? Repose-t-elle sur des temporalités spécifiques ? La question semble d'autant plus pertinente que certains « grands » événements internationaux, définis à l'aune du paradigme juridique ayant régi l'essor de la discipline, à commencer par les entrées en guerre et la signature des traités de paix, ont servi et servent encore souvent de scansions pour les découpages des histoires générales.

Quels sont ses « XIXe » et « XXe » siècles ? Quand commence le XXIe siècle ? Ces questions très générales, qui s'adressent à toutes les sous-disciplines historiques, prennent un tour particulier pour une discipline à la prétention « totalisante » (René Girault), qui fait interagir des domaines historiques (économique, social, culturel, technologique, politique, etc.), qui ont, chacun, leurs temporalités, leurs césures sectorielles et leurs logiques propres. Enfin, quelle distance établir avec ces « césures d'expérience » (Martin Sabrow) proclamées par les sources et les contemporains ? Dans notre histoire récente, les Allemands se sont montrés friands de la proclamation de tournants historiques, depuis « le tournant » (*die Wende*) de 1989 au « changement d'époque » (*die Zeitenwende*) proclamé par le chancelier Olaf Scholz au lendemain de l'invasion de l'Ukraine par la Russie en 2022. Si l'on admet qu'une périodisation ne peut être définitive et dépend toujours de la perspective que l'on adopte, de la territorialisation et de la sectorialisation des regards, il importe de mettre en lumière les angles de vue qui ont longtemps régi l'histoire des relations internationales.

Périodiser à l'heure mondiale

Le caractère relatif des découpages temporels autour d'événements-phares eurocentrés a été souligné de longue date. « Ouvrez nos historiens de la Révolution et de l'Empire : vous serez tenté d'admettre avec eux que le monde, ébranlé jusque dans ses fondements, fut alors bouleversé de fond en comble par de furieuses convulsions », écrivait Louis Bourdeau en 1888. « Il n'en est rien. Pendant que la crise sévissait sur quelques points de l'Europe, le calme régnait ailleurs. Pour quatre cents millions de Chinois, la Révolution française a été non avenue[3] ».

L'histoire des relations internationales contemporaines a longtemps été périodisée en fonction d'une chronologie européenne, juridique et politique. La scansion des révolutions, des guerres, des armistices, des capitulations, des congrès et des traités de paix a régi cette chronologie. Au XXe siècle, des événements au retentissement mondial dans les domaines économique (crise économique de 1929, chocs pétroliers de 1973 et 1979), et plus rarement social et culturel (1968) ont été admis comme césures sans que cela fasse disparaître l'importance des événements politiques. Les manuels de référence, régulièrement mis à jour, continuent ainsi à proposer un découpage assez traditionnel en fonction des événements politiques, de la guerre et de la paix, ainsi que des acteurs étatiques, et en dissociant souvent l'Europe du reste du monde. C'est le cas de l'*Histoire des relations internationales* (2009), de Jean-Baptiste Duroselle et André Kaspi, de la *Storia delle relazioni internazionali* (2015) d'Ennio Di Nolfo, prolongée par Antonio Varsori (*Le relazioni internazionali dopo la guerra fredda. 1989-2022* (2022)), de la *Storia delle relazioni internazionali (1492-1918). Dall'ascesa dell'Europa alla prima guerra mondiale* (2022), coordonnée par Luciano Monzali, Federico Imperato, et Giuseppe Spagnulo, de l'*Historia de las relaciones internacionales contemporáneas* (2001), éditée par Juan Carlos Pereira, ou encore de l'ouvrage de référence dans le monde anglo-saxon, rédigé par Antony Best, Jussi Hanhimäki, Joseph A. Maiolo et Kirsten E. Schulze, *International History of the Twentieth Century and Beyond* (2003).

Le renouveau des études coloniales, sous une forme « impériale », l'essor des études post-coloniales et de l'histoire mondiale, une meilleure connaissance et la prise en compte des temporalités historiques extra-européennes ont, depuis lors, conduit à réfléchir à d'autres découpages qu'à ceux imprimés par les Occidentaux. La dénonciation par les historiens africains et par les africanistes de périodisations « très peu afro-centrées », et d'un temps organisé autour de la seule colonisation européenne, est devenue un élément important du débat. Au-delà, la question des temporalités a été largement reformulée à la lumière des questions à l'échelle du monde, soulevées par des historiens indiens, chinois, coréens ou japonais ou d'États africains. Les dates

« occidentales » des deux guerres mondiales, qui ont longtemps structuré le récit historique, sont dorénavant contestées par des regards tenant compte de la perspective asiatique ou africaine. La chronologie traditionnelle de la Première Guerre mondiale – les années 1914-1918 – cède le pas à une décennie guerrière, qui débute en 1912 avec les conflits balkaniques et s'achève en 1923 avec le traité de Lausanne et le retrait ottoman d'Europe (3 % de la superficie de la nouvelle Turquie, Istanbul et son arrière-pays, demeurent sur le continent européen). L'« entre-deux-guerres » européen doit être apprécié au regard de l'« entre-deux-guerres » japonais (1905-1931). De la même manière, la chronologie classique de la Seconde Guerre mondiale – les années 1939-1945 – a été remise en cause en 1988 par René Girault et Robert Frank dans *Turbulente Europe et nouveaux mondes (1914-1941).* Le livre collectif français, coordonné par Robert Frank et Alya Aglan, *1937-1947. La guerre-monde* (2015), a proposé une analyse s'étendant depuis la guerre sino-japonaise jusqu'aux traités de paix de février 1947. Au demeurant, si la périodisation traditionnelle est bousculée, les césures demeurent régies par un paradigme juridique. En Europe même, les essais d'histoire croisée ou transfrontalière ont obligé à remettre en cause les chronologies nationales. La réalisation d'une collection *Histoire franco-allemande* en onze volumes, lancée en 2005, sous l'égide de l'Institut historique allemand de Paris en est une bonne illustration.

Écrire une histoire intégrée des relations internationales contemporaines implique de tenir compte à la fois des perceptions occidentales et de celles d'États d'autres continents. Dans quelle mesure l'internationalisation de phénomènes culturels et sociaux peut-elle induire une manière autre de penser les temporalités de relations internationales non territorialisées ? À l'encontre du langage des sources, qui tend à privilégier l'événement, les historiens des relations internationales ont eu tendance, depuis les années 2000, à se placer progressivement du côté d'une conception mobile et ouverte du temps[4], et à renoncer à fixer des bornes chronologiques fixes.

Relire l'événement

Si les guerres ont longtemps ordonné et ordonnent encore le temps de l'histoire des relations internationales en un « avant », un « après » et un « entre-deux », la remise en cause d'une chronologie de nature politique, structurée par un paradigme juridique, a conduit, depuis les années 2000, à se concentrer sur les périodes de transitions qui permettent de saisir la continuité dans la discontinuité et, selon le point de vue adopté, d'y lire la fin d'une ère ou, et c'est le tropisme d'un XXIe siècle présentiste, d'y rechercher les prémices de notre présent. L'expression de « sortie de guerre » – construite en France en réaction à ce formalisme juridique, par les historiens de la Première Guerre mondiale formés par un élève de Renouvin, Jean-Jacques Becker, mais ayant adopté pour leur part une approche culturelle des relations internationales – a ainsi fait florès. Elle désigne la période de transition au lendemain de l'arrêt des combats, marquée tant par la démobilisation militaire et la reconversion de l'économie de guerre que par la très lente démobilisation des esprits et la survivance de comportements belligènes, visibles et invisibles, au sein des sociétés. Aussi, à la question « faut-il marquer les césures ? », la prolifération des termes inscrits dans le domaine lexical de la transition conduit à répondre que cela semble moins pertinent qu'on ne l'estimait jadis.

Parmi les notions analytiques offertes à l'historien, celle de « tournant » a connu et connaît toujours une grande faveur. Si l'on écarte ici ses usages épistémologiques (tournants culturel, linguistique, spatial, transnational, pratique, mondial, etc.), la notion de « tournant » apparaît comme un synonyme de la charnière, permettant de résoudre de manière dialectique et souple la tension entre la « rupture » et la « continuité », en suggérant des inflexions et des passages de relais, qui ont lieu de manière non exclusive et permettent la cohabitation des processus. Mais la notion, à l'emploi un peu générique, peut se charger d'un contenu politique précis quand elle prend un nouveau sens dans le lexique international. C'est ce qui s'est passé à trois reprises en Allemagne, d'abord lors de l'arrivée au pouvoir d'Helmut Kohl en 1982 : le nouveau chancelier avait proclamé un tournant politique, économique, social, voire moral, une sorte de révolution culturelle conservatrice. On avait même fini par le surnommer le « chancelier du tournant » (*Wendekanzler*). Puis le mot a acquis une autre signification en désignant la phase historique qui a conduit, entre octobre 1989 et mars 1990, à la chute du régime communiste en RDA avec une première occurrence dans la Une du numéro du 16 octobre 1989 du *Spiegel*. L'utilisation de l'article défini « la » (die *Wende*) a consacré la signification spécifique du terme. Enfin, la notion a connu un nouvel avatar avec le « changement d'époque » du chancelier Scholz, puisque ce qui a été traduit en français par « changement » est bien le « tournant » (*Zeitenwende*). On pourrait conduire une réflexion similaire sur la métaphore transitionnelle du « pivot », appliquée au tournant vers l'Asie de la politique extérieure de Barack Obama et popularisée par sa secrétaire d'État Hillary Clinton dans l'article « America's Pacific Century », paru dans *Foreign Policy* en novembre 2011. La métaphore est explicitée par ses exégèses par une autre figure métaphorique, celle du rééquilibrage (*re-balancing*) vers la Chine, puis vers l'Asie du Sud-Est dans son ensemble, qui actualise la vieille image de la balance (voir *infra*). Le « tournant » allemand comme le « pivot » étatsunien sont ainsi devenus deux nouvelles catégories analytiques des historiens.

Depuis deux décennies, une autre notion, celle de « moment », suscite l'engouement, si l'on en juge par le titre de très nombreux livres. Son étymologie nous guide vers deux acceptions, porteuses d'un sens technique (mécanique) et d'un sens temporel[5]. L'allemand a d'ailleurs différencié par le genre le premier (*das Moment*) du second (*der Moment*). Issu du latin *momentum* (contraction de m*ovimentum*, dérivé de *movere*, verbe « mouvoir »), le terme signifie « impulsion, mouvement, changement » et le « poids », qui détermine le mouvement et l'inclinaison de la balance. On parle ainsi du moment d'une force. Dans son acception temporelle, il marque « l'irruption de temps dans l'espace » et désigne un espace de temps, plus ou moins long, déterminant un avant et un après. Toutefois, les philosophes ont fait observer que le lexique philosophique allemand à partir de Kant a produit une signification supplémentaire pour *das Moment* : celle de « cause, facteur, composante d'un tout considéré ou non dans son déroulement temporel ». L'historien français se souvient aussi que le moment était l'une des trois catégories d'Hippolyte Taine qui permettait d'expliquer les faits du passé selon un principe de causalité. Pour Taine, « après la "race" et le "milieu", le "moment" est une cause en tant qu'une phase qui détermine la suivante, ou plutôt encore, l'ensemble du développement accompli en tant qu'il détermine le développement futur ». Il le définissait comme « "vitesse acquise", résultante de l'interaction des deux forces que constituaient la race et le milieu », confirmant ainsi le rapport entre le sens mécanique et le sens spéculatif[6]. Aujourd'hui, le terme est souvent assimilé à ce que nous désignons comme la « fenêtre d'opportunité ». Les historiens quant à eux, reconnaissons-le, ne rendent pas toujours compte avec précision de la définition de la notion quand ils l'emploient. Si *Le moment Guizot* de Pierre Rosanvallon (1985) a désigné ainsi l'espace de temps entre « l'apogée révolutionnaire du rousseauisme » et « les commencements de la tradition socialiste », *Le moment Gorbatchev* de Françoise Thom (1991) reste en revanche elliptique. Depuis les années 2000, l'expression a fait florès. Au demeurant, la vertu heuristique du « moment » est triple.

Le moment favorise aujourd'hui la relecture d'événements classiques de l'histoire des relations internationales, comme la conférence de la paix de Paris de 1919, la révolution chinoise de 1911 ou la révolution soviétique de 1917, en les traitant à l'aune de l'approfondissement des connaissances sur les guerres, les États et les sociétés impériales du premier XXe siècle. Il permet de revisiter une histoire orientée sur la faculté des grands hommes à changer le cours de l'histoire, en écartant la démarche biographique trop attachée à l'individu et en se concentrant sur les dynamiques qu'il impulse et qui lui échappent en partie, redéfinies et transformées. Le « moment wilsonien » (*The Wilsonian Moment*) d'Erez Manela (2007), consacré au discours du président des États-Unis lors de la Première Guerre mondiale et à sa diffusion dans des régions non occidentales, est un parfait exemple.

La notion de moment permet enfin une autre appréciation de la force des idéologies (internationalisme, impérialisme, anticolonialisme) sur le cours des relations internationales. L'étude du « moment internationaliste » à la fin du XIXe siècle a mis en évidence que « l'emprise nationaliste » croissante n'avait pas pour autant entraîné de « déprise internationaliste[7] ». Ces trois types de relecture s'effectuent selon une approche mondiale, décentrée et comparée, et en fonction d'une temporalité qui n'est plus régie par la stabilité du duo symétrique de l'avant et de l'après, mais par un principe d'inachèvement du processus en cours, qui peut être porteur de perspectives futures ou virtuelles. Pour l'illustrer, considérons les expressions établies, appliquées à la périodisation du XIXe siècle, qui font aujourd'hui à la fois autorité et l'objet de discussions inachevées.

La nouvelle périodisation du XIXe siècle

Le découpage en quatre périodes, effectué par Jürgen Osterhammel dans *La transformation du monde. Une histoire globale du XIXe siècle* (2017 [2009]), concentre ces expressions parfois métaphoriques : l'« époque-charnière », l'« ère victorienne », la « décennie-seuil » et la « fin de siècle ». Le syntagme koselleckien – l'« époque de la selle », l'« époque-charnière », ou *Sattelzeit* –, devenu lui-même une forme de chrononyme, désigne, pour les historiens modernistes et contemporanéistes, l'archétype de la période transitionnelle, les années 1770-1830. Le livre d'Osterhammel entérine la pertinence de cette première période pour l'histoire des relations internationales contemporaines, déjà explorée par les historiens économistes (de Karl Polanyi à Kenneth Pommeranz, en passant par Patrick Verley), et identifiée dans des livres aussi différents dans leurs objets et leur approche que ceux de Paul Schroeder (1994), de Christian Windler (2002) et de Christopher A. Bayly (2004). Le livre de Bayly sur *La naissance du monde moderne (1780-1914)* identifiait notamment ce « premier âge de l'impérialisme global » entre les années 1760 et 1830, quand le rapport des forces entre les Européens et le reste du monde s'était inversé, favorisé par la bureaucratisation de l'État en France, au Royaume-Uni et en Russie, et par la crise des grands Empires asiatiques (chinois, moghol, ottoman). Cette inversion était concomitante du renversement du rapport des forces, au sein même du monde atlantique, entre les anciennes puissances coloniales (Espagne, France, Portugal) et les jeunes États-Unis d'Amérique. De son côté, à l'appui de cette vision d'une phase de transition fondamentale, Schroeder avait promu dix ans plus tôt, dans la préface de *The Transformation of European Politics, 1763-1848*, la notion de « transformation » – et non celle de « révolution », « sur-utilisée et exploitée jusqu'à la corde », avec son « bagage excessif d'émotions » – pour étudier les mutations des règles, normes et pratiques de gouvernement sur lesquelles reposent les politiques internationales[8]. La notion de transformation a été reprise par Osterhammel, qui défend une approche des siècles sous l'angle des « transitions et des transformations » qui les traversent. L'ouvrage de Patrick O'Cohrs, *The New Atlantic Order: The Transformation of International Politics, 1860-1933* (2022), reprend, lui aussi, le concept de transformation. Cassant le « moment Versailles », il l'inscrit dans le continuum de la gestation d'un « ordre atlantique moderne » entre 1860 et 1933. De son côté, Christian Windler avait démontré dans *La diplomatie comme expérience de l'Autre. Consuls français au Maghreb (1700-1840)* (2002) la pertinence de l'enjambement du dix-neuvième siècle, qui correspond au règne de Selim III (1789-1807), pour étudier la période de la pénétration des régences maghrébines et de l'Empire ottoman par les puissances européennes (France, Royaume-Uni, Russie) et l'imposition de premières normes diplomatiques occidentales.

La seconde période-clef reprise par Osterhammel, l'« ère victorienne » (*victorianism*), qui est celle de l'hégémonie mondiale du Royaume-Uni des années 1830 aux années 1880, est une appellation classique peu remise en cause. Nombre d'historiens demeurent adossés à la périodisation imprimée par G. H. Young dans *Victorian England* (1936). C'est encore le cas du livre de référence de Winfried

Baumgart, *Europäisches Konzert und nationale Bewegung 1830-1878* (1999). L'année 1830 y est définie comme une *Epochenjahr* – « année d'époque », que l'on peut définir comme une césure dans la mémoire collective – , qui infléchit non le cours de l'histoire, mais les images que l'on en avait et le sens qu'on lui donnait. C'est celle, en l'occurrence, de la révolution de Juillet en France, qui a déferlé comme une « mer de flammes » sur l'Europe et qui marque la fin des « jours halkyoniques » consécutifs au congrès de Vienne, celle de l'essor de la révolution industrielle et de la colonisation[9]. L'année 1878 semble moins déterminante pour Baumgart, même si la conférence de Berlin constitue à ses yeux la fin du Concert européen et ouvre la décennie du *Hochimperialismus* et de l'« ère des masses ». Ajoutons néanmoins que, depuis une vingtaine d'années, l'attention conjuguée portée tant aux mécanismes de gestion de la paix et de régulation des conflits propres au Concert européen qu'à la première génération d'organisations internationales conduit à faire de la décennie 1860 un *terminus ad quem*, mais aussi *a quo.*

La « décennie-seuil » est le troisième concept. Celle identifiée pour le XIXᵉ siècle par Osterhammel est la décennie 1880, « temps charnière qui relie le victorianisme et la fin de siècle ». Elle est définie comme la période de la première mondialisation environnementale, industrielle, financière et migratoire contemporaine, et celle de la naissance d'un discours critique remettant en cause les valeurs et les principes politiques de l'Occident. S'ouvre enfin une quatrième « période-charnière », caractérisée par un chrononyme, la « fin de siècle »[10]. Même si elle a été en réalité utilisée dès la fin des années 1850 en France, cette notion a connu une grande faveur au tournant des décennies 1970 et 1980 avec la parution de deux livres d'histoire culturelle dus à Carl E. Schorske, *Fin-de-siècle Vienna: Politics and Culture* (1979) et à Eugen Weber, *Fin de siècle. La France à la fin du XIXᵉ siècle* (1986), qui identifient la période des deux dernières décennies du XIXᵉ siècle essentiellement par des critères civilisationnels.

Quelle périodisation pour le XXᵉ siècle ?

Au regard de la réflexion sur le XIXᵉ siècle, celle sur le siècle suivant n'a fait l'objet que de très rares propositions. En France, l'*Histoire mondiale du XXᵉ siècle*, dirigée par Nicolas Beaupré et Florian Louis (2022), articule onze dates-clefs et trois périodes relevant d'un découpage traditionnel (1904-1945 ; 1945-1979 ; 1979-2001), en prenant position contre l'idée d'un court XXᵉ siècle (1914-1991) incarnée par le livre d'Eric Hobsbawm. Dans l'*Histoire mondiale des relations internationales* déjà citée, tout en ne s'interdisant pas de combiner les diverses échelles d'analyse, Pierre Grosser a fait le choix d'un découpage décennal du XXᵉ siècle assumant une approche centrée en grande partie sur la chronologie guerrière et les rapports de puissance. Les livres *Turbulente Europe et nouveaux mondes, 1914-1941* (1988) et *La loi des géants* (1993), rédigés par René Girault et Robert Frank, avaient proposé un découpage original autour de 1941 et 1964, comme autant de césures d'un XXᵉ siècle encore ouvert à la parution du second livre, mais la série est demeurée inachevée. Il n'y a pas encore eu de véritable débat ouvert autour de la date finale du XXᵉ siècle. L'année 2001 (avec les attentats du 11 septembre) peut apparaître comme l'« événement-monde » – au sens défini par Jean-François Sirinelli, qui souligne la concomitance entre l'événement et son onde de choc immédiate sur l'ensemble de la planète, favorisée par l'association de « l'instantanéité permise par le progrès technique à la dilatation géographique également induite par lui » – clôturant le siècle[11]. Comment identifier, mais aussi désigner, ces événements-monde si l'on veut écrire une histoire qui fasse sens pour l'ensemble des lecteurs de la planète ? Peut-on imaginer une sélection d'héméronymes – néologisme forgé par Laura Calabrese Steimberg sur le grec *héméra* (jour), et renvoyant à des mots qui désignent des événements à partir d'une date – tels le « 11 septembre » ou, un jour, peut-être, le « 24 février »[12] ? La même question concerne aussi l'identification des principaux toponymes événementiels que l'on pourrait retenir tels « Hiroshima », « Điện Biên Phủ », « Tchernobyl », ou encore « Tiananmen ».

Un long XXe siècle sera-t-il forgé un jour, courant jusqu'à l'éclatement de la crise sanitaire mondiale du coronavirus (2019) ou le début de la guerre en Ukraine (2022) ? Une nouvelle fois, tout dépendra de la perspective adoptée selon que l'on voudra insister sur l'affirmation des acteurs transnationaux (Al Quaïda *versus* la superpuissance américaine), sur les défis sanitaires et environnementaux auxquels l'humanité est confrontée, ou sur la résistance des nationalismes.

Au XXe siècle, seule la crise de 1929, événement de nature économique, a eu un effet mondial et perturbateur de l'ordre international ; la crise sanitaire de 2020-2021 a eu les mêmes conséquences au début du XXIe siècle. Mais tous les « événements-monde » ont-ils nécessairement un effet sur les relations internationales ? Un événement local et régional tel le tsunami au Japon de 2011 a-t-il lui aussi un impact planétaire ? Le véritable défi pour l'historien n'est-il pas de tenir compte des temporalités internationales propres à chaque espace et des interactions de chacun, non seulement avec une Europe, longtemps prédominante dans le récit, mais aussi avec d'autres espaces avec lesquels il entretenait des relations d'intensités différentes, en marge parfois de la mondialisation en cours ? En d'autres termes, comment construire une périodisation qui articule les spécificités de chaque espace, sans faire de l'échelle mondiale l'alpha et l'oméga de l'analyse ?

Dans *Zeitenwende 1979: als die Welt von heute began* (2019), Frank Bösch, spécialiste d'histoire allemande et européenne, renonce à toute perspective homogénéisante. Il choisit de faire de 1979 l'année qui a « poussé les portes de notre présent », tout en modifiant « aussi le regard sur le passé ». L'ouvrage ne s'inscrit pas dans le cadre épistémologique de l'histoire des relations internationales, mais il appréhende un certain nombre d'événements internationaux par les perceptions de la société. Par son approche transnationale et sa volonté d'examiner l'impact mondial de cette année singularisée, il offre des perspectives stimulantes en s'intéressant non à la fin d'une époque, mais à « des configurations d'événements qui renvoient à l'époque présente ». Il identifie dix événements-clefs aux quatre coins de la planète (en Afghanistan, en Chine, aux États-Unis, en Grande-Bretagne, en Inde, en Iran, au Nicaragua, en Pologne, au Vietnam). Il les analyse non comme des événements en soi, mais comme des événements construits par le discours public et médiatique, et les relie entre eux par une grille de lecture qui est celle de la crise de la modernité, définie comme crise des récits de la « modernité » et des grands récits légitimateurs. Ce faisant, il examine leur onde de choc non seulement à l'échelle nationale, mais aussi de manière transfrontalière. Toutefois, F. Bösch prend aussi de la distance avec les témoignages contemporains qui font de 1979 « une super-césure qui explique tout » et ne prétend pas inscrire son analyse dans une perspective d'histoire mondiale, dans la mesure où sa perspective assumée est celle d'un historien allemand et européen, qui raisonne à partir d'une documentation issue, majoritairement, des archives allemandes.

Les périodisations propres aux organisations internationales, à commencer par les usages particuliers des Nations unies, donnent aussi à réfléchir sur l'organisation du temps politique et public depuis 1945. Il existe en effet des journées, plus rarement des semaines, des années et des décennies des Nations unies. Le découpage du temps participe certes de l'action de communication de l'ONU, mais la priorité donnée à certains thèmes conduit à réfléchir aux critères de leur désignation et de leur hiérarchisation. Soulignons que l'existence de journées internationales est antérieure à la création des Nations unies. La Société des Nations avait par exemple organisé des Journées internationales de la santé publique à Paris en juillet 1937. S'inscrivant dans cette tradition, l'ONU a choisi en juillet 1980 de les développer comme « outil de sensibilisation » et de « mobilisation de ressources »[13]. Puis, en 1987, elle en a fait autant pour les décennies internationales[14]. Les justifications apportées pour les choix thématiques sont la « coopération internationale » et le « renforcement de la paix universelle » dans la droite ligne du préambule de la Charte de 1945. Ces Journées témoignent d'un postulat universaliste puisque le point commun est d'identifier des préoccupations communes à « l'humanité dans son ensemble ». Comme les semaines et les décennies, elles sont établies par des résolutions de l'Assemblée générale ou à la demande des institutions spécialisées de l'ONU (Unesco, Unicef, FAO, etc.). La première décennie des Nations unies, proclamée le 19 décembre 1961, a été consacrée au développement. Certaines journées peuvent être promues au rang de décennie. Depuis 1993, la Journée nationale des langues autochtones était célébrée le 31 mars et l'année 2022 a marqué le début d'un changement de statut avec l'instauration de la Décennie des langues autochtones à la suite d'une résolution adoptée le 18 décembre 2019. Enfin, certaines décennies ont pu être renouvelées quatre fois comme celle du développement, ou trois fois comme celles de l'élimination de la pauvreté, du développement industriel de l'Afrique ou de l'élimination du colonialisme.

Espaces géographiques

De même qu'elle doit faire face à l'instabilité engendrée par la remise en cause de ses catégories temporelles, l'histoire des relations internationales doit affronter celle issue de la remise en cause de ses catégories géographiques fluctuantes dont le débat public s'est fait l'écho. L'historienne Holly Case a pris au sérieux les « questions », qui le jalonnent depuis deux siècles. Comme la sociologie avait fait émerger, au sein de l'espace national, la notion de « problème public »[15], de nombreuses « questions » ont émergé au sein de l'espace international, engendrant cet « âge des questions » qui avait suscité la remarque exaspérée de Tolstoï :

« Je n'arrête pas de recevoir de toutes sortes d'auteurs toutes sortes de pamphlets, et souvent des livres. [L'un] d'eux a résolu définitivement la question de la gnoséologie chrétienne. [...] Un troisième a réglé la question sociale, un quatrième la question politique, un cinquième la question d'Orient[16]. »

Parmi elles, le nombre important d'États, ou de régions du monde, constitués en autant de « questions » est révélateur à la fois de la fragilité de certaines appellations géographiques, de l'ambivalence des représentations, qui leur sont attachées, et de l'instabilité politique fondamentale ou potentielle que présentent certains espaces. La « question d'Orient » est devenue depuis le XIXe siècle un *topos* dominant du discours international et un concept analytique des historiens, même si l'histoire de l'Empire ottoman a fait l'objet d'une révision considérable. Engendrée, selon l'historien français Édouard Driault, par la « retraite de l'Islam en Europe et en Asie », l'expression renvoyait pour son préfacier Gabriel Monod aux « relations de l'islamisme avec le monde chrétien[17] ». En 1898, Albert Sorel affirmait dans l'incipit de son livre éponyme que, « dès qu'il y eut des Turcs en Europe, il y eut une question d'Orient [...] ». Dans un livre paru en 1877, le juriste Georges Bousquet avait déjà pronostiqué l'émergence d'une « question de l'Extrême-Orient comme on a vu une question d'Orient[18] ». Pierre Renouvin a consacré, de fait, cette expression dans le livre éponyme paru en 1946.

Avec d'autres (les questions allemande, italienne, hongroise, croate, roumaine, européenne, etc.), la question d'Orient nous rappelle que, du XIXe siècle aux années 1950, les historiens occidentaux ont conçu des livres, dont les tables des matières autonomisaient certains (grands) États et, aussi, des régions du monde : « Amérique latine », « Proche-Orient », « Extrême-Orient ». Pour en parler, ils ont utilisé des expressions, fruits des représentations culturelles du temps, mais qui reflétaient aussi une approche stratégique des relations internationales visant à protéger les intérêts des grandes puissances dans le monde. L'étude de ces grands découpages spatiaux – de l'« Amérique latine » à l'« Extrême-Orient » –, fondés sur des représentations, relève de ce que l'on appelle, depuis la fin des années 1990, la métagéographie. Si les premiers noms continentaux (Europe, Asie, Afrique) ont été donnés dans l'Antiquité, celui d'« Amérique », d'après le nom d'Amerigo Vespucci, a été ajouté par Martin Waldseemüller au XVIe siècle. À la fin du XIXe siècle, dans le contexte de l'apogée de la colonisation, de nouvelles expressions sont introduites, qui affinent les représentations déjà anciennes de l'« Orient ». Une première métagéographie mondiale est achevée qui n'a, à ce moment-là, aucun autre équivalent, même si le Japon, bien plus que la Chine, a commencé une investigation systématique du monde extérieur.

Nous rappellerons succinctement ici la genèse de ces catégories extra-européennes, qui ont été particulièrement étudiées depuis deux décennies sous l'effet des injonctions à la « déseuropéanisation du monde ». Il faut néanmoins souligner que la notion d'« Europe » elle-même, tout comme la notion d' « Occident », a été replacée en perspective critique par la réflexion des historiens médiévistes et modernistes. Outre l'hétérogénéité de son contenu, ils ont démontré qu'aucune vision de supériorité sur d'autres parties du monde, ni aucun projet de construction politique avant la fin du XVIIIe siècle ne lui était alors attaché. Au sein de l'Europe même, d'autres recherches ont mis en lumière le caractère problématique des représentations et des usages qui étaient attachés à certaines parties du continent comme la « Scandinavie », l'Europe « centrale » ou « médiane » ou encore les « Balkans ». Le caractère eurasiatique transfrontalier et « tri-impérial » de la région du Caucase, longtemps intégrée au sein des études russes et soviétiques, a aussi été mis en valeur.

Découper l'espace géographique : le regard occidental

Comment nommer les espaces géographiques où se développent les relations internationales ? Le récit historique contemporain s'est organisé en fonction d'appellations imposées par le regard occidental durant l'époque impériale. Depuis les années 2000, ces appellations ont fait l'objet d'une critique systématique visant à rappeler les conditions de leur élaboration et les usages stratégiques qui en ont été faits. Nous en présentons ici une sélection selon l'ordre alphabétique.

« Afrique »

Longtemps perçue comme l'« Afrique-dans-son-ensemble », au prisme de la colonisation, elle fait aujourd'hui l'objet d'une approche plus fine reposant sur la prise en compte de ses propres temporalités, de la spécificité de ses unités politiques et de ses courants d'échange, de ses propres pratiques et interactions interrégionales ou internationales. Comme le concept d'« Europe », celui d'« Afrique » a commencé par faire l'objet d'une analyse critique, qui commence par le rappel que le mot a d'abord désigné une société africaine de l'actuelle Tunisie, puis une province romaine, puis l'*Ifriqiya* arabe, l'actuelle Tunisie augmentée de l'Algérie orientale et d'une partie de la Tripolitaine.

Appréhender géographiquement l'Afrique dans les relations internationales, c'est d'abord tenir compte, dans des perspectives pré- et post-coloniale, des découpages géomorphologiques et géographiques (notion d'Afrique subsaharienne ou d'Afrique des grands lacs, de Corne de l'Afrique par exemple) et de leurs usages, qui ont été chargés ultérieurement d'un contenu stratégique. Le regard critique a aussi conduit à réfléchir aux découpages imposés par le partage colonial – Afrique occidentale française, Afrique équatoriale française, *Deutsch-Südwestafrika, Deutsch-Ostafrika, British West Africa, British East Africa, British South Africa*, etc. – comme à la manière dont l'Afrique s'est construite comme « groupe » institutionnalisé au sein de l'ONU dans le cadre de l'expansion de la diplomatie multilatérale, reconnu comme tel par une résolution de l'Assemblée générale en 1965. Les processus de regroupement politique (OUA) ou de régionalisation économique, qui redessinent et reformulent les espaces géographiques depuis les années 1960 – la Communauté économique des États de l'Afrique de l'Ouest (CEDEAO), l'Union monétaire ouest-africaine (UMOA) , etc. – recomposent une « géographie africaine » qui oriente l'historiographie des relations internationales. Si le droit et la science politique se sont emparés de longue date de la réflexion sur ce thème, les travaux proprement historiques sur les logiques et représentations ayant présidé à ces regroupements régionaux sont encore trop peu nombreux.

« Amérique latine »

On a longtemps prêté à Michel Chevalier, le conseiller de Napoléon III, l'invention de l'expression d'« Amérique latine ». De fait, il participe à l'élaboration du concept de latinité, à la suite d'un voyage fait aux États-Unis, au Mexique et sur l'île de Cuba en 1833-1835, en établissant en 1836 que :

> « L'Amérique du Sud est, comme l'Europe méridionale, catholique et latine. L'Amérique du Nord appartient à une population protestante et anglo-saxonne[19]. »

S'il qualifie cette partie du sous-continent de l'attribut de « latine », il ne forge pas la dénomination collective en tant que telle. On parle encore à cette date d'« Amérique espagnole », d'« Amérique du Sud », d'« Amérique ibérique » ou des « républiques hispano-américaines ». L'expression apparaît, en langue française, sous la plume de Louis-Marie Tisserand dans un article de janvier 1861 :

> « En inaugurant, il y a cinq mois, cette chronique mensuelle du monde latin, nous en avons nettement indiqué le but et les tendances. Révéler, d'une part, l'Amérique latine aux nations européennes de qui elle tient ses idées, maintenir les jeunes nationalités qui s'épanouissent du golfe du Mexique aux rives de la Plata, sous la protection désintéressée des vieux peuples qui les ont civilisées [...][20]. »

Son usage permet de justifier l'expédition du Mexique de 1861 par la construction de liens « naturels » entre la France et les peuples de langue romane d'Amérique. En tant que telle, elle est un motif de la propagande du Second Empire. L'historien des idées uruguayen Arturo Ardao a néanmoins souligné qu'elle avait déjà été utilisée dans les années 1850 par des intellectuels latino-américains, en particulier le chilien Francisco Bilbao et le colombien José María Torres Caicedo dans un contexte autre : celui de l'expansion des États-Unis vers l'Amérique centrale et l'isthme de Panama. La nouvelle terminologie s'est diffusée rapidement par la suite. On la trouve ainsi employée par le juriste Carlos Calvo dans le monumental *Recueil complet des traités, conventions, capitulations, armistices et autres actes diplomatiques de tous les États de l'Amérique...*, publié à Paris et à Madrid en 1862. On peut expliquer en partie le succès de l'expression par son caractère générique, le fait qu'elle permettait d'inclure des pays et des régions qui avaient été colonisés par des « Européens latins » non espagnols, comme l'Amérique portugaise ou l'Amérique française.

« Proche- », « Moyen- » et « Extrême-Orient »

Reflet du caractère européocentrique de l'historiographie, longtemps centrée sur l'Empire ottoman, l'Orient est sans doute le concept régional le plus débattu. Parmi ses déclinaisons, la notion de « Proche-Orient » est la plus ancienne. Sa définition est imprécise et variable. Les Italiens parlaient du *vicino Oriente* au XVIIIe siècle, sans en donner toutefois une définition géographique claire, les Allemands du *Vorderer Orient*, du *Naher Orient* ou *Naher Osten* pour désigner la Méditerranée orientale, les pays de la Bible. Il s'identifie au « Levant » des Italiens, hérité du vocabulaire commercial et diplomatique du début du XIIIe siècle. En 1902, l'archéologue D. G. Hogarth est le premier à proposer dans *The Nearer East* une définition cohérente du Proche-Orient, reposant sur des critères physiques, politiques, économiques, culturels, et désignant les territoires autour de la Méditerranée orientale. En France, les années 1920 voient la résurgence de la notion de Levant, avec les mandats français sur le Liban et la Syrie. Le « Levant » renvoie désormais à un Proche-Orient arabe, et non plus ottoman, et qu'il faut distinguer de ce qui est resté de l'Empire ottoman, à savoir un État-nation de prédominance ethnique turque.

À la fin du XIXe siècle, les Britanniques ont achevé de structurer le monde en fonction de leurs entreprises coloniales et commerciales autour de trois points nodaux : Suez en Égypte, l'Inde et la Chine. L'expression de *Far East* (Extrême-Orient) apparaît dans les témoignages de deux Britanniques, G. F. Davidson en 1846, et D. H. Mackinnon en 1849 ; en France, sa diffusion débute aussi au milieu du XIXe siècle. La région s'étend à partir de l'est de la Perse et désigne progressivement le monde indien et sinisé (Inde, Chine, péninsule indochinoise, Japon, Corée). En juin 1902, l'officier de marine américain Alfred Thayer Mahan impose l'expression de *Middle East* (Moyen-Orient) dans un article paru dans la *National Review* pour parler d'une région sans limites précises, celle comprise entre la Méditerranée et l'océan Indien :

> « Le Moyen-Orient, si je peux me permettre d'adopter un terme que je n'ai pas vu, aura un jour besoin de son Malte, ainsi que de son Gibraltar ; il ne s'ensuit pas que l'un ou l'autre se trouvera dans le Golfe[21]. »

L'objectif de l'article était d'attirer les lecteurs britanniques, de plus en plus inquiets de l'emprise croissante de la Russie sur la Perse. Le correspondant du *Times* à Téhéran, Sir Ignatius Valentine Chirol, qui a lu Mahan, commence, un mois plus tard, à populariser le terme dans une vingtaine d'articles intitulés « The Middle Eastern Question ». En 1976, Clayton R. Koppes signale une utilisation du terme antérieure à celle de Mahan par un officier britannique, le général Sir Thomas E. Gordon, dans un article intitulé « The Problem of the Middle East », paru en 1900 :

> « On peut supposer que la partie la plus névralgique de notre politique extérieure au Moyen-Orient est la préservation de l'indépendance et de l'intégrité de la Perse et de l'Afghanistan[22]. »

La notion s'impose au Royaume-Uni et est intégrée dans la culture géopolitique et militaire des États-Unis lors de la Seconde Guerre mondiale. La tripartition de l'Orient entre un « Proche- », un « Moyen- » et un « Extrême- » Orient, centrés respectivement sur l'Empire ottoman, l'Inde et la Chine, entérine l'affirmation de l'« Asie » comme pôle majeur des relations internationales.

La naissance des organisations internationales a contribué à redessiner les contours de certaines de ces appellations. À titre d'exemple, l'étude de l'acronyme MENA (*Middle-East and North Africa*)/ANMO (Afrique du Nord et Moyen-Orient), employée aujourd'hui couramment par les organisations (Banque mondiale, Fonds monétaire international, OCDE) comme par les États, a révélé qu'il s'agissait d'une construction politico-administrative, née en 1967 de l'initiative de George Woods, le quatrième président de la Banque mondiale. Il est le résultat d'un éclatement du département Europe et Moyen-Orient d'une part, et de celui du département Afrique, duquel on a séparé l'Afrique du Nord[23]. Deux ans plus tard, le département Europe a été démantelé et certains États (Chypre, Finlande, Irlande, Turquie, Yougoslavie), encore bénéficiaires de l'aide de la BIRD (Banque internationale pour la reconstruction et le développement), ont intégré la division MENA, créant le département EMENA (*Europe, Middle-East, North Africa*), confirmé par le président de la Banque mondiale, Robert McNamara. En 1991, le département MENA est redevenu autonome à la suite de la création d'un département Europe et Union soviétique, ce qui souligne la relativité de ces appellations.

Au demeurant, ces catégories géostratégiques ne cessent d'évoluer, comme l'atteste l'importance prise dans les années 2010 par deux nouvelles d'entre elles, celle d'« Indopacifique » et celle de « Sud global ». La première a été lancée en 2007 par Shinzō Abe lors d'un discours au Parlement indien en 2007, intitulé « La confluence des deux mers ». Elle signe la représentation d'un nouvel espace stratégique prioritaire, s'étendant des rivages de l'Afrique orientale aux États insulaires du Pacifique et organisé autour de la Chine et de l'Inde. Elle rappelle qu'aux côtés des découpages continentaux, les découpages océaniques sont porteurs des mêmes enjeux culturels et stratégiques.

> « Ce n'est qu'à la fin du XIXe siècle que la trilogie Atlantique-Pacifique-Indien s'est définitivement imposée dans les atlas, les planisphères, les formulaires administratifs et les prospectus d'agences de voyages[24]. »

L'identification d'un « Atlantique Nord » a sous-tendu en 1949 l'extension aux États-Unis et au Canada du dispositif de sécurité de l'Europe occidentale, embryonnaire depuis 1947. Depuis les années 2010, les quatre États disposant des principales flottes engagées dans la zone « Indopacifique » (Australie, Chine, États-Unis et France) ont élaboré une stratégie spécifique pour cet espace, suivis par de nombreux États et par l'Union européenne.

L'appellation du « Sud global » est l'autre grande appellation en vogue dans l'historiographie des années 2010. Elle est censée rompre avec la vision francocentrée et hiérarchique du « tiers-monde », appellation forgée par Alfred Sauvy en 1952. Le rapport coordonné par l'ancien chancelier ouest-allemand Willy Brandt, *North-South: A Programme for Survival; Report of the Independent Commission on International Development Issues* (1980) est généralement cité comme le texte ayant contribué à structurer cette nouvelle représentation. La question de la définition de ses limites géographiques et de son contenu économique et social, l'accent mis sur l'épithète « global » suscitent le débat et témoignent de la fragilité épistémologique de ce nouveau maître-mot. Tobias Schwarz a ainsi fait observer que la division de la population au sein du département des affaires économiques et sociales de l'ONU structurait les informations autour de la distinction entre le

« Nord » et le « Sud » mondiaux sans explication particulière. Il a suggéré que les termes Nord/Sud ne faisaient que reproduire les anciennes classifications entre États développés et États sous-développés et il a questionné la pertinence de leur application aux données sur la migration mondiale[25].

Catégories administratives

L'écriture de l'histoire des relations internationales a également été tributaire d'une vision compartimentée de l'action internationale que l'on peut en partie imputer à l'imprégnation issue de la fréquentation des dépôts d'archives des ministères des Affaires étrangères. Au fur et à mesure de leur développement, la classification des archives diplomatiques a en effet reposé sur un découpage fondé sur de grandes catégories géographiques et méthodiques. Nous développerons cette hypothèse en prenant l'exemple français.

À la suite de la naissance du dépôt des Archives en 1709-1710, dans les dernières années du règne de Louis XIV, fruit de l'affectation du Vieux Louvre à l'accueil des papiers du secrétariat d'État aux Affaires étrangères, le plan de classement des archives a reflété la situation des relations internationales de l'État et la priorité donnée aux affaires politiques. Les dépêches, transmises ou reçues, ont d'abord été classées par pays et par ordre chronologique au sein de la série Correspondance politique. L'organisation des archives s'est ensuite calquée en grande partie sur l'organigramme de l'administration. Au XVIIIe siècle, le ministère reposait sur deux ou trois bureaux politiques, fondés sur une répartition géographique des affaires. Parallèlement, un classement méthodique s'esquissa avec la création de trois services spécialisés (Archives en 1710, Chiffre en 1749 et Fonds vers 1755). Le XIXe siècle naissant hérita du partage administratif du monde entre bureau du Nord et bureau du Midi, effectué à la fin du règne de Louis XIV. Il vit la première spécialisation des bureaux et l'émergence du département politique.

La question de fond, invariable, a dès lors été celle du critère de répartition des affaires traitées : géographie ou nature des dossiers. La répartition géographique correspondait à la situation politique de l'Ancien Régime – d'un côté, l'« étranger » traditionnel (de la France) et de l'autre les pays du « Pacte de famille » et des Capitulations. En 1814, aux côtés de la division des chancelleries et de la division commerciale, la division des affaires politiques continua à reposer sur une division du Nord et une autre du Midi. En 1829, une réforme introduisit le « principe de géographisation ». Les trois directions furent remplacées par deux directions géographiques, chacune divisée en trois sous-directions, politique, commerciale et des affaires particulières.

Le ministère va dès lors être marqué par des restructurations fondées soit sur la géographisation, soit sur les matières traitées. Quelles qu'aient été ces restructurations, le classement des archives de la Correspondance politique a donc reposé sur un principe géographique, et non étatique. Jusqu'en 1896, le classement a été chronologique à l'intérieur de ce cadre, puis fondé sur les affaires traitées. Au début du XXe siècle, une organisation méthodique s'impose. Un décret de 1907 consacre en effet la disparition définitive des deux anciennes directions du Nord et du Midi en concentrant les affaires européennes et celles de l'Afrique et de l'Océanie dans une seule direction aux côtés de celles du Levant, de l'Asie et de l'Amérique. Le décret du 14 juin 1918 constitue les quatre sous-directions géographiques qui ont structuré l'organisation des Archives depuis lors : Europe, Asie-Océanie, Afrique (devenue Afrique-Levant en 1925) et Amérique. Un siècle plus tard, l'organigramme du Quai d'Orsay d'août 2022 fait apparaître que la direction générale des affaires politiques et de sécurité comprenait, entre autres, la direction de l'Union européenne et cinq directions géographiques : Europe continentale, Afrique et Océan Indien, Afrique du Nord et Moyen-Orient, Amériques et Caraïbes, et Asie et Océanie.

En ce qui concerne la répartition par matière, le débat s'est concentré au début du XXe siècle sur la subordination/autonomisation du département commercial par rapport au département politique. En 1793, la gestion des consulats était passée de la Marine aux Relations extérieures, ce qui avait fait entrer les affaires commerciales dans la compétence des Affaires étrangères, dans le cadre d'un Bureau (puis d'une division, et enfin d'une direction) des Affaires commerciales et consulaires. Une critique incisive contre ce cloisonnement fut portée par le diplomate Philippe Berthelot dans un rapport célèbre paru en 1907 :

> « En tout pays, commerce et politique vont aujourd'hui de pair et réagissent l'un sur l'autre. [...] Le départ entre affaires politiques et affaires commerciales est le plus souvent artificiel et nuit à la pleine compréhension d'une question par l'agent qui la traite concurremment avec un autre service sans la voir dans son ensemble [...]. »

Elle engendra la création d'une direction des Affaires politiques et commerciales, au sein de laquelle on trouvait les divisions géographiques traditionnelles (décret du 29 avril 1907). Une sous-direction des relations commerciales s'autonomisa après la Première Guerre mondiale. Le second conflit mondial acheva de démanteler la réforme de 1907 en instituant une direction générale des Affaires économiques financières et techniques, indépendante des Affaires politiques : le principe de la répartition méthodique l'emportait sur celui de la répartition géographique. Cette répartition des affaires a ainsi varié pendant deux siècles jusqu'aux grandes restructurations des années 2000 qui ont fait émerger des directions de nature transversale : la direction générale de la mondialisation, du développement et des partenariats (2009), qui englobe les secteurs de l'économie, du développement et de la culture, en constitue l'archétype.

Quelles conclusions tirer de ce survol bref ? Le remaniement constant des structures ministérielles exprime la difficulté à enserrer une réalité internationale, par essence complexe et fluide, dans un compartiment singulier. Nous soutenons que le travail effectué dans les seules archives diplomatiques a favorisé l'intériorisation de ces découpages et des représentations qui leur étaient attachées par les diplomates, et aussi par les historiens diplomatiques. Elle a entraîné une hiérarchisation implicite des enjeux internationaux. René Girault avait souligné en 1985 que la « dédaigneuse attitude des diplomates » pour l'épicerie avait influencé l'histoire diplomatique au point que celle-ci « au moment de son apogée (fin du XIXe siècle-années 1930) ignore superbement l'intendance[26] ». De fait, cette taxinomie a, en grande partie, structuré la vision du monde des historiens des relations internationales : les grandes thèses de doctorat en histoire des relations internationales, centrées sur les relations interétatiques bilatérales, ont ouvert, comme autant de tiroirs empilés les uns sur les autres, le volet des relations politiques et stratégiques, celui des relations économiques et celui des relations culturelles semblant postuler l'autonomie des champs d'action, alors même que les résultats des recherches soulignaient l'imbrication des enjeux. Il a fallu attendre les années 1990-2000 pour que les historiens mettent en lumière les perspectives transversales ouvertes par le travail des unions administratives du XIXe siècle ou qui se cachaient, inclassables, dans les mystérieuses « miscellanées ».

Concepts analytiques

L'une des caractéristiques négatives appliquées à l'histoire des relations internationales a été sa prétendue « retenue ascétique » (*asketische Zurückhaltung*) vis-à-vis de l'exposé de ses prémisses épistémologiques et conceptuelles, reprochée par Hans-Ulrich Wehler à Klaus Hildebrand en 1996[27], en marge de la querelle sur le primat de la politique étrangère, ou par le sociologue Marcel Merle à Jean-Baptiste Duroselle. Elle a pourtant ses concepts fondateurs et a toujours entretenu une relation forte avec les sciences sociales, en particulier la science politique. Donald Watt rappelait dans sa leçon inaugurale à la LSE en 1983 les notions empruntées à cette dernière : prise de décision, information et renseignement, carte mentale, dissuasion, gestion de crise, confrontation, marchandage, etc. Il n'en demeure pas moins que le reproche doit être pris au sérieux. À l'instar de ce que recommandait Ann Laura Stoler aux historiens des Empires dans l'épilogue de *La Chair de l'Empire* (2013 [2002]) – lutter contre la « fixité des catégories coloniales » –, une histoire critique du vocabulaire analytique des historiens internationalistes peut être entreprise.

Or, il faut le reconnaître, à la différence de leurs collègues modernistes, les historiens des relations internationales contemporaines ont été relativement peu intéressés par une réflexion sur leurs catégories d'analyse ou par les débats engagés par l'histoire des idées et celle des concepts. Certains d'entre eux se sont pourtant adonnés à la première, comme Federico Chabod, très marqué par les enseignements de Friedrich Meinecke, ou Jean-Baptiste Duroselle, qui publièrent tous deux sur l'idée européenne. Sans doute ces domaines bénéficient-ils d'une reconnaissance institutionnelle plus importante dans certains États – comme l'Allemagne, les États-Unis, l'Italie, la Finlande ou le Royaume-Uni – qu'en France. Mais même dans ces États, elle a rarement été au cœur des réflexions d'historiens des relations internationales, à l'exception de quelques ouvrages. Cela peut surprendre, dans la mesure où les premiers grands travaux d'histoire conceptuelle ont porté sur le langage politique et où l'histoire des relations internationales s'est longtemps développée comme une histoire purement politique. Penser l'interrelation de ces deux domaines de recherche reste pourtant un domaine à labourer pour lequel on dispose aujourd'hui d'outils amplement développés.

L'histoire des concepts a été popularisée par l'historien moderniste Reinhart Koselleck (*Begriffsgeschichte*) et rendue accessible aux chercheurs français non germanistes par la traduction en 1990 du livre *Le Futur passé. Contribution à la sémantique des temps historiques*, paru en 1979. Fondée sur la sémantique historique, elle retrace le changement de sens des mots individuels en essayant de l'articuler avec l'histoire sociale. L'histoire intellectuelle a été nourrie au même moment par les travaux de l'École de Cambridge, structurée par J. G. A. Pocock et Quentin Skinner. Ils étudient l'histoire des concepts dans le contexte des « actes de langage », définis par John L. Austin dans *Quand dire c'est faire* (1962) et développés par John R. Searle, en les considérant dans leur force illocutoire. La réflexion s'est aussi enrichie de ceux de Willibald Steinmetz, professeur d'histoire contemporaine à l'université de Bielefeld où il fut l'élève de Reinhart Koselleck. Ce qu'il écrit, en particulier, de la différenciation sémantique opérée par les traductions de mots importés de langues étrangères ne peut laisser indifférente une histoire des relations internationales dont l'objet porte aussi sur les interrelations au sein de différents espaces linguistiques.

Nous avons repris ici la distinction opérée par Reinhart Koselleck entre les concepts hérités du passé et ceux élaborés *ex post* pour étudier les concepts analytiques qui sont au cœur du discours des historiens des relations internationales. Ils ont été tant cités, affadis et rebattus que l'on en a perdu l'origine. Ils ont été figés dans un contenu statique au mépris de l'évolution de leur contenu comme des débats qu'ils ont engendrés, à rebours, en définitive, de cette exigence au fondement de la démarche historique : la prise en compte de leur profondeur diachronique, de l'instabilité de leur contenu et de la variabilité de leurs usages. Par concepts du passé, Koselleck désignait les concepts hérités des sources (*Begriffe der Quellensprache*) – et que l'on peut utiliser comme « approche heuristique pour saisir la réalité passée » –, et par concepts *ex post* (*ex post gebildeter und definierter Begriffe*), il définissait les catégories scientifiques, non contenues dans les sources utilisées, mais forgées par les historiens du présent pour analyser les faits du passé[28]. Il distinguait ainsi le langage des sources du langage scientifique.

Mais en réalité, cette distinction, justifiée d'un point de vue didactique, est discutable en soi. Koselleck avait d'ailleurs remarqué leur recouvrement fréquent, qui justifiait que l'on différenciât leur emploi. Dans notre domaine aussi, il n'existe pas de cloison étanche entre les concepts du discours international (tel que nous le définissons au sixième chapitre comme discours produit par les acteurs des processus historiques) et ceux du discours historien *sur* l'international (sur lequel nous nous concentrons dans ce troisième chapitre), dans la mesure où, nous l'avons souligné, l'historien se fait souvent praticien, et où le praticien se fait souvent commentateur de sa propre pratique, voire historien ou sociologue. En outre, cette porosité est favorisée par le fait que, dans les deux discours, on observe l'importance des métaphores qui véhiculent les idées. Rappelons que la métaphore (issue du grec *metaphorá* qui veut dire « transport ») est ce que les linguistes appellent un trope, c'est-à-dire une figure par laquelle on fait prendre à un mot une signification qui n'est pas la signification propre de ce mot. En d'autres termes, la métaphore est le vecteur de ce transfert de sens.

Aux côtés de leurs fonctions esthétique et persuasive, reconnues de longue date, c'est leur dimension cognitive qui retient aujourd'hui les spécialistes de divers domaines. De manière ironiquement métaphorique, le philosophe allemand Hans Blumenberg présente les métaphores comme « des fossiles conducteurs », l'« antichambre de la formation des concepts ». Il distingue deux types de métaphores. Certaines sont des formulations ; d'autres, des métaphores absolues, « éléments constitutifs fondamentaux du discours philosophique », qui :

> « [...] donnent une structure à un monde, elles représentent la totalité de la réalité dont on ne peut jamais faire l'expérience et que l'on ne peut jamais entièrement appréhender. Elles indiquent donc au regard historique les certitudes, les conjectures, les jugements de valeur fondamentaux et porteurs à partir desquels se sont régulés les attitudes, les attentes, les actions et les omissions, les espérances et les déceptions, les intérêts et l'indifférence d'une époque[29]. »

Or, le discours sur l'international est un discours où s'opèrent ces transferts de sens, un discours très imagé, qui emprunte de manière privilégiée aux champs lexicaux de la guerre, du théâtre et du jeu, en reprenant souvent les métaphores employées par les « acteurs » eux-mêmes, métaphores qui ont même parfois la qualité de « métaphores justificatrices » (Heinz Duchhardt)[30]. Cette reprise métaphorique favorise la confusion entre langage des sources et langage de l'historien. Elle a pu entretenir le sentiment d'une connivence des historiens des relations internationales avec le pouvoir politique. Nous ne pouvons dès lors qu'appeler de nos vœux la poursuite d'études, bien plus approfondies que celle que nous esquissons ici, sur les concepts analytiques du passé de l'histoire des relations internationales, à commencer par l'identification du moment où des concepts déjà anciens entrent dans ce domaine. De même, on souhaiterait disposer d'études sur les trajectoires métaphoriques et conceptuelles de l'international qui, du domaine du praticien à celui du commentateur, font acquérir aux figures et concepts du discours politique courant le statut de concept analytique, ou qui, inversement, font d'un concept analytique le nouveau *topos* du discours politique. Que nous dit cette porosité entre deux ordres du discours et la transposition des concepts du passé dans le présent de l'historien internationaliste ?

En prenant cinq notions, ou expressions, traditionnellement associées à l'histoire diplomatique, et en nous fondant sur les études déjà réalisées sur leurs usages passés, nous souhaitons inciter à une relecture historique et critique plus générale des concepts analytiques de la discipline. Après avoir présenté ces notions fondatrices, fondées sur un paradigme étatique, nous mettrons en évidence les relectures déjà effectuées, puis nous analyserons trois notions plus récentes fondées sur un paradigme culturel, au cœur de l'inflexion transnationale de la discipline, et devenues, à leur tour, de véritables maîtres-mots.

Le paradigme étatique

Les concepts analytiques de l'histoire des relations internationales sont issus d'un corpus lexical politique, constitué, entre la Renaissance et le XVIIIe siècle, autour de l'État. Ils reposent sur deux métaphores (le système et l'ordre) et sur deux concepts (la puissance et l'intérêt national). À partir de la fin du XVIIIe siècle, les relations internationales sont pensées dans le cadre d'une double représentation mécanique et organique (le système et l'ordre). L'histoire diplomatique du XIXe siècle hérite de cette représentation, qui identifie l'histoire des relations internationales à une histoire des relations entre des États évoluant dans un cadre d'échanges, un « système », auquel on attache, ou identifie parfois, une autre notion, celle d'« ordre ». La relation de l'ordre au système n'est toutefois pas toujours clairement établie par les historiens, les deux termes pouvant être utilisés de manière interchangeable, quasiment comme des synonymes. Il importe donc de commencer par établir leur différenciation avant de réfléchir aux usages qui en ont été faits.

Le système

Issue du lexique philosophique et scientifique, la notion de « système » (du grec *systema* : « réunion en un corps de plusieurs choses ou parties » ; « ensemble ») connaît un premier usage politique chez Platon et Aristote. Elle entre dans le lexique politique « international » au XVIe siècle avec le *De jure belli ac Pacis Libri Tres* (1625) de Grotius (*foedus arctissimum inter civitates*) et le *Léviathan* (1651) de Hobbes (*De systematibus civium*), qui le définit de manière plus générale comme « tout ensemble d'hommes réunis dans un même intérêt ou une même entreprise ». Dans la *Dissertatio de Republica irregulari* (1668), tentant de décrire la spécificité de la forme politique du Saint-Empire, dont les fonctions de l'autorité sont réparties entre différentes institutions, Samuel von Pufendorf la qualifie, selon une tournure métaphorique organique, de « corps sans règles et quasi monstrueux » (*irregulare aliquod corpus et monstro simile*). C'est dans ce contexte qu'il emploie la notion de système :

> « Il n'est plus un royaume même délimité [...] et pas davantage exactement un corps ou système de plusieurs cités liées par traité (*systema plurium civitatum foedere nexarum*), mais quelque chose de plutôt flottant entre ces deux états. »

La notion de système devient d'un usage courant dans le domaine des relations internationales au cours du XVIIIe siècle, moment où « le terme machine peut devenir le mot-programme prégnant d'une interprétation du monde, une métaphore qui vient contester à l'organique son autonomie déterminée par l'âme[31] ». La notion de « machine » désignait dans l'Antiquité des outils de théâtre et de guerre (voir le *deus ex machina* des comédies de Molière), mais elle acquiert une dimension cosmologique à la fin du Moyen Âge et, parmi toutes les machines possibles, l'horloge va être employée, à partir de la deuxième moitié du XIVe siècle, comme une métaphore du monde à laquelle est attachée l'idée du mouvement perpétuel. La machine acquiert une dimension anthropologique chez Descartes.

La transposition dans le domaine politique s'effectue au XVIIe siècle, Hobbes décrivant ainsi l'État-Léviathan à la fois comme machine, homme artificiel et animal artificiel. Le concept d'État garde au siècle suivant cette dimension mécanique de la machine « composée » d'éléments, « réglée » et fonctionnant grâce à un « mécanisme ». La représentation du système international peut dès lors être métaphorisée avec des images de machines et d'autres objets mécaniques ou astrologiques.

Relevant de cette vision mécaniciste, une autre métaphore, la plus célèbre sans doute, illustre un premier mode de fonctionnement du système : la métaphore de la balance, de l'équilibre des pouvoirs (*balance of power*). Elle est ancienne, mais c'est à l'époque moderne que son usage politique se développe. Le Vénitien Francesco Barbaro l'utilise en 1439 pour nommer le mécanisme permettant de compenser et d'équilibrer les forces des cités-États rivales. Dans le contexte de l'abandon de la Ligue italique vers 1471 – qui avait été conçue par le pape Martin V comme une « ceinture de protection » pour la Papauté et conclue vers 1455 – Florence est alors présentée dans une lettre de Gentile Becchi à Laurent le Magnifique comme « courtisée » par ses alliés Milan et Naples en tant qu'« aiguille de la balance[32] ». La métaphore s'impose dans le langage diplomatique et se diffuse hors d'Italie, avec ses variations (« jeu de poids et de contrepoids[33] »). En 1579, la première traduction anglaise de la *Storia d'Italia* de Francesco Guicciardini popularise la théorie italienne de l'équilibre des pouvoirs en Angleterre. Cette traduction, dédiée à Élisabeth Ire d'Angleterre, affirmait que « Dieu a mis entre vos mains la balance du pouvoir et de la justice, pour équilibrer et contrebalancer à votre gré les actions et les conseils de tous les rois chrétiens de votre temps ». Le premier usage dans la langue anglaise a lieu en 1677 dans le livre *England's Improvement by Sea and Land.* Son auteur, Andrew Yarranton, y parle de la « *balance of Europe* », selon le *Oxford English Dictionary.* Aux XVIIe-XVIIIe siècle, elle est devenue un principe directeur du système des État et est entrée dans le lexique international. Le préambule du traité de paix et d'amitié, conclu à Utrecht le 13 juillet 1713, par l'Angleterre triomphante sur l'Espagne impose la recherche du « juste équilibre de la puissance » (« *an equal balance of power* »).

Toutefois, si le concept de système désigne un ensemble fondé sur l'interaction d'États, il est irrigué par un principe, un « ordre », qui procède à l'arrangement entre les membres du système et qui relève d'un autre domaine métaphorique, celui du corps.

L'ordre

La notion d'« ordre » est également ancienne (du latin *ordo, ordinis*). Elle renvoie au rapport entre les parties d'un tout, que ce soit un être individuel, une armée, un État ou un ordre religieux. Notion juridique, elle a acquis une double acception sociologique (en désignant le regroupement de la société en corporations, guildes, associations), et rhétorique (*pulchritudo, constantia, ordo*). Au XVIIe siècle, avec l'orientation croissante des sciences vers les procédures rigoureuses des mathématiques, elle prend une autre signification : l'ordre est pensé comme méthode. Pour Descartes, il s'agit de « penser par ordre mes pensées ».

L'ordre fait aussi partie du lexique architectural et des sciences naturelles. Il désigne une relation des choses entre elles. Dans cette continuité, la première édition du *Dictionnaire de l'Académie française* (1694) le définit comme un « arrangement, [une] disposition des choses mises en leur rang ». À la fin du XVIIIe siècle, son caractère hiérarchique, prédéfini et pérenne est de plus en plus questionné : il est « d'abord à créer ou à restaurer » au regard des bouleversements de la période révolutionnaire euratlantique[34]. En s'« idéologisant », il entre dans le vocabulaire des relations internationales.

Avec la guerre de succession d'Espagne, les relations internationales ont profondément changé : l'antagonisme entre la France et l'Espagne, l'un des principaux motifs d'affrontement au XVIIe siècle, prend fin avec l'accession au trône d'un Bourbon à Madrid. Les relations internationales deviennent plus multipolaires, avec un nouvel ensemble de puissances constitué par l'Angleterre, l'Autriche, la France, la Prusse et la Russie. Appliquer la métaphore de la balance à cette nouvelle configuration semble dorénavant inadéquat. Initiateur de cette mutation, l'abbé de Saint-Pierre rend public son *Projet pour rendre la paix perpétuelle en Europe* à Utrecht en 1713. Au lieu du système de l'équilibre des forces, il propose un « système de la société européenne ». Dans l'*Extrait du Projet de Paix perpétuelle de M. l'abbé de Saint-Pierre* (1761), Jean-Jacques Rousseau commente :

> « C'est ainsi que toutes les puissances de l'Europe forment entre elles une sorte de système qui les unit par une même religion, par un même droit des gens, par les mœurs, par les lettres, par le commerce et par une sorte d'équilibre qui est l'effet nécessaire de tout cela [...][35]. »

En réalité, si Rousseau continue à employer le mot de « système », c'est en réalité l'ordre irriguant ce système qu'il décrit. Le même type de définition est produit en 1809 par l'historien allemand Arnold Heeren, issu de l'école de Göttingen (voir chapitre 1) :

> « Quiconque s'engage à traiter l'histoire d'un système d'États (par lequel on entend une association d'États limités les uns aux autres, similaires en termes de coutumes, de religion et de culture, et imbriqués les uns dans les autres en raison d'un intérêt mutuel) devra tout d'abord en comprendre correctement le caractère général. Dans le cas de l'Europe, il est facile de voir qu'il faut rechercher cela dans sa liberté interne, ou dans l'indépendance mutuelle de ses membres, aussi inégaux qu'ils soient au pouvoir[36]. »

Dans ce contexte s'installe la « perception d'une patrie culturelle commune », d'un « équilibre organique reposant sur une civilisation commune et un minimum de valeurs partagées », opposé à la vision mécaniciste. Le siècle suivant l'approfondira[37]. Dans un monde d'États, dorénavant régis par la recherche d'un compromis appuyée par de nouvelles pratiques diplomatiques, la métaphore de la machine construite selon un plan clair et rationnel, et infaillible en principe, leur convient davantage plutôt qu'au système qu'ils forment entre eux, qui est le produit de la nature et d'un rapport de force variable et souvent contradictoire.

C'est le cas du système des États de l'Empire allemand ou du système international régi, dorénavant, par la négociation permanente.

Au début du XIXe siècle, la notion d'ordre est utilisée pour définir une relation intelligible entre les États fondée sur des principes et des institutions. En d'autres termes, il est un arrangement politique et institutionnel qui régule les interactions entre les acteurs du système. Les ordres sont donc des « marqueurs de stabilité, c'est-à-dire qu'ils visent un état « d'équilibre dynamique » dans lequel le comportement des acteurs reproduit les caractéristiques fondamentales de l'ordre en question[38] ». Comme tels, ils ont un caractère axiologique et prescriptif : ils représentent un bien qualitatif en créant la sécurité d'attente nécessaire à la poursuite d'objectifs plus larges ou secondaires. Le concept d'ordre s'impose, que ce soit sous une forme métaphorique ou pas, pour décrire les principes qui régissent un système international à un moment donné (Concert européen de 1815 ou *Pax Britannica* au XIXe siècle, par exemple), tout en tolérant la coexistence d'ordres alternatifs ou de contre-ordres. Pendant la guerre froide, l'ordre soviétique et la *Pax Americana* sont les deux composantes du système bipolaire. Des épithètes viennent ainsi préciser sa qualité selon les contextes. La notion d'« ordre européen » s'épanouit dans la première partie du XIXe siècle sous la plume d'hommes politiques comme Metternich, de diplomates et aussi d'écrivains. En 1812, Victor Hugo écrit :

> « À de certains moments, les peuples mal situés dérangent l'ordre européen, les classes mal partagées dérangent l'ordre social[39]. »

Dans un discours devant la Chambre des députés, le 20 janvier 1844, où il affirme à plusieurs reprises l'entente cordiale existant avec le gouvernement anglais en dépit des tensions autour des affaires d'Espagne et d'Orient, François Guizot, le ministre des Affaires étrangères, en donne une définition archétypale :

> « L'ordre européen, Messieurs, c'est la bonne intelligence de toutes les grandes puissances et le respect de l'indépendance et des droits de toutes les puissances, petites et grandes ; voilà l'ordre européen[40]. »

Le 27 mai 1916, devant la première assemblée annuelle de la *League to Enforce Peace*, le président américain Wilson conclut sur le besoin de mettre la force au service de « l'ordre universel » et, pendant la guerre, il définit ce nouvel ordre par son caractère pacifique, juste et durable. Dans les années 1930 et 1940, les dictatures prétendent établir un « ordre nouveau » ; dans les années 1970, les États du tiers-monde réclament un « nouvel ordre économique international ». Dans le lexique historique, la notion d'ordre présente ainsi la qualité d'être un « marqueur d'époque », utilisé pour identifier un arrangement historiquement stable[41]. Elle prend souvent le pas sur le système.

Afin d'achever de mettre les choses en perspective, ajoutons que la traduction en anglais du « manuel » d'Arnold Heeren en 1834 a fait entrer l'expression *states-system* dans la langue anglaise[42]. Elle devient ainsi un *topos* non seulement de l'histoire diplomatique, mais aussi des Relations internationales.

Cela nous permet de mieux comprendre l'importance qu'ont eue les penseurs politiques et les historiens de la seconde partie du XVIIIe siècle pour les premiers théoriciens, puis pour les historiens des relations internationales. Ces auteurs des Lumières imprègnent les tout premiers chercheurs de l'École anglaise des relations internationales, comme l'a rappelé avec force en 2005 l'historien italien Brunello Vigezzi, qui parle de leur « redécouverte de l'histoire ». C'est le cas en particulier de Martin Wight (1913-1972), formé par l'histoire moderne à Oxford, et qui enseigna à la LSE (1949-1962), puis à l'université du Sussex (1960-1972). Les références de Wight dans ses écrits témoignent explicitement de son enracinement intellectuel dans la pensée de l'Europe moderne : il a lu les fameuses *Dissertationes academicae selectiores* de Pufendorf, mais aussi Gentz, Heeren et Rousseau. L'histoire des relations internationales doit ainsi être redécouverte à l'aune de ces rencontres interdisciplinaires et de ces dialogues souterrains, qui refont régulièrement surface.

La puissance et la grandeur

Concept central de l'histoire diplomatique, la puissance est une notion polysémique, qui se confond parfois avec d'autres notions comme le pouvoir ou l'autorité. Le *Dictionnaire universel* de Johann Heinrich Zedler (1739) reflète encore cette polysémie, proposant d'y voir « une force ou [une] capacité à rendre effectif le possible. Ou la puissance n'est rien d'autre que la capacité d'exécuter ou de mener à son terme ce qu'on a décidé ». La puissance de l'autorité réside dans « chaque fois que c'est possible, à faire ce qu'elle veut ». La puissance est encore « la capacité, la possibilité pour l'autorité [supérieure] d'une action correspondant à ses propres fins[43] ». Le dictionnaire parle de la « puissance de l'autorité » sans opérer de claire distinction entre celle du Prince ou celle de l'État. Ce n'est plus le cas après 1740. La localisation de la puissance dans l'État va favoriser son incursion dans le domaine de la politique étrangère et la définition du système interétatique comme système marqué par l'interrelation des puissances. En France, au XVIIIe siècle, la puissance, le pouvoir et la force peuvent être utilisés de manière encore synonyme, même si la notion de « force » se distingue de plus en plus clairement en désignant le *moyen* de la puissance. En ce sens, l'utilisation du concept au pluriel (les forces) renvoie aux ressources de la puissance.

Attribut par essence de la puissance étatique, la notion de grandeur s'impose aussi à l'histoire diplomatique naissante. Le système interétatique décrit par ses premiers commentateurs est fondé sur l'égalité juridique des États établie au moment des négociations de Westphalie. Il n'en repose pas moins sur leur inégalité politique. Comme tel, il favorise une lecture hiérarchique de la scène internationale, une analyse « par le haut », et conduit à minorer l'importance des acteurs au bas de l'échelle politique et sociale. La vision du fonctionnement hiérarchisé du système international aux XIXe-XXe siècles s'enracine dans les débats de la Renaissance sur la « grandeur » (*Grandezza*) des cités-États, alimentés par Giovanni Botero, dont les *Relazioni universali* (1591) a été le livre le plus diffusé en Europe au XVIIe siècle par le biais des traductions. Il y divise les États en trois classes (petits, moyens et grands) et associe la définition de leur puissance à l'évaluation de leurs forces matérielles.

La grandeur des États est au cœur des représentations que les hommes du XIXe siècle se font de leur puissance. La culture politique de l'Europe du XIXe siècle est marquée par la conviction que le statut d'un État se manifeste par son rang de grande puissance, ainsi que par le prestige retiré de sa capacité à mobiliser des ressources matérielles et à s'imposer comme puissance militaire. Dans cette perspective, l'histoire diplomatique a assimilé et reproduit le discours des acteurs dominants, les « grandes puissances » du Concert européen. Elle peut donc être définie, dans la tradition rankéenne, comme l'histoire de la compétition des États européens pour obtenir le statut de grande puissance[44]. Cette approche verticale de la scène internationale a déteint sur l'ensemble des objets soumis à la réflexion historique : les acteurs au sommet de la hiérarchie (chefs d'État et de gouvernement, ministres, ambassadeurs, amiraux, généraux) se sont retrouvés au centre de l'attention des historiens. Durable, cette lecture hiérarchique marque les travaux de l'entre-deux-guerres. C'est dans ce cadre que les puissances moyennes sont prises en compte : Renouvin consacre ainsi une analyse aux États européens « secondaires » dans *La crise européenne* (1934), reprenant à son compte la partition politique qui imprègne la vision des responsables politiques depuis le congrès de Vienne. Après 1945, malgré la croissance du nombre des États, les grandes puissances continuent à être au centre de la majorité des études historiques ou politiques, à commencer par les États-Unis et l'Union soviétique. On définit ces « super-puissances » par leur « taille continentale » (espace, territoire), le « gigantisme de leurs ressources », leur maîtrise de l'arme nucléaire et leur capacité à être le « leader incontesté » d'un réseau d'alliances[45]. Cette lecture imprègne encore nombre de travaux au début des années 1980, ainsi que les interprétations de la guerre froide, d'Andreas Hillgruber à Georges-Henri Soutou, en passant par Paul Kennedy et Paul Schroeder.

Intérêt national, indépendance de l'État et « primat de la politique étrangère »

L'« intérêt national » est le concept-clef qui régit la politique extérieure des États depuis le XVIIe siècle. L'historien Charles Beard avait établi sa filiation avec les notions antérieures de « volonté du prince », d'« intérêt dynastique » ou de « raison d'État ». Aux côtés de la « dynastie », de la « religion/confession » et de la « tradition », l'« intérêt de l'État » est, en effet, devenu la catégorie principale des relations extérieures au début de l'époque moderne. On parle d'intérêts dynastiques, confessionnels ou territoriaux. Ce n'est pas un hasard si, dans le manuel allemand de référence d'histoire des relations internationales paru en 2007, Heinz Schilling les inscrit dans le titre de son volume (*Konfessionalisierung und Staatsinteressen. Internationale Beziehungen 1559-1660*). Si, jusqu'au XVIe siècle, le mot est utilisé dans le domaine économique dans le sens de dommages et intérêts, la notion d'« intérêt de l'État » est devenue le principe directeur du discours politique, en lien étroit avec le concept de raison d'État ou, pour l'Empire, avec la métaphore des secrets du pouvoir ou *Arcana Imperii* (issue du latin *arcanus*, lui-même tiré de *arx*, « forteresse » ou de *arca*, « coffre ») de Tacite. Francesco Guicciardini a été le premier à faire la distinction entre les intérêts propres, les intérêts particuliers et les intérêts de l'État. Pour Giovanni Botero, la poursuite de la raison d'État signifiait gouverner en fonction des intérêts de l'État, qu'il distinguait de la religion ou d'autres maximes d'action. La première formalisation de l'« intérêt national » a été faite dans l'essai du duc Henri de Rohan, *De l'intérêt des Princes et États de la Chrétienté* en 1639, diffusé dans toute l'Europe de son temps, par-delà les frontières confessionnelles, et traduit en anglais et en allemand en 1640. Selon lui, les intérêts doivent guider l'action politique, et non les passions ou les « faux » intérêts.

L'intérêt national se retrouve ainsi au cœur d'une histoire diplomatique dans laquelle les « grands hommes » représentent des « intérêts étatiques » ou « nationaux », objectivables et immanents. C'est la volonté d'assurer leur sauvegarde qui définit l'homme d'État. Pour Albert Sorel, en dépit de ses erreurs, Metternich a toujours recherché « le but essentiel pour tout homme d'État : le bien de l'État[46] ». De même, Talleyrand est l'homme d'État défini par son « instinct des intérêts permanents de la France en Europe ». Jean Meyriat, qui co-fonda avec Jean-Baptiste Duroselle le Centre d'études des relations internationales (CERI) en 1952, exprime la continuité de cette vision en définissant la politique extérieure comme « l'ensemble des activités tendant à assurer la cohésion de la nation dans le cadre plus large constitué par un monde extérieur à elle [...]. La politique extérieure se propose toujours comme fin ultime l'intérêt national[47] ». Maître-mot du discours politique, l'intérêt national demeure omniprésent dans les analyses « réalistes » de science politique comme une catégorie objective à laquelle les États doivent se référer pour orienter leurs actions.

Les travaux historiques sur les relations internationales ont été durablement marqués par la prise de position de Leopold von Ranke dans *Conversation politique* (*Politisches Gespräch*) en 1836. Dans ce texte écrit par celui qui occupa la fonction d'historiographe officiel de la cour, créée par Frédéric-Guillaume IV de Prusse, le primat de la politique étrangère est affirmé :

> « Le degré d'indépendance détermine la position de l'État dans le monde ; en même temps il lui imprime la nécessité de se doter de tous les moyens internes pour se perpétuer. C'est sa loi suprême[48]. »

Ce faisant, il dessine les contours d'une activité politique spécifique, « soustraite aux lois qui régissent communément l'activité politique, et érigée en un domaine particulier dont l'intelligibilité et le contrôle ne seraient accessibles qu'à une élite privilégiée[49] ». Membre conservateur de l'élite prussienne au pouvoir, Leopold von Ranke légitime par ses écrits le système en vigueur, mais sans souscrire à la vision étroitement nationaliste incarnée par Heinrich von Treitschke, son successeur à la cour. Après 1871, les écrits de celui-ci mettent l'accent sur la nécessité de renforcer la puissance militaire et politique de l'Allemagne. Pour ces historiens, la politique étrangère est fondée sur le paradigme de l'indépendance et de l'intérêt national. Émancipées de toute considération idéologique ou sociale, les relations internationales sont guidées par le seul intérêt national : assurer la sécurité extérieure, c'est-à-dire la sécurité des frontières étatiques. Cela permet au gouvernement d'ignorer les oppositions domestiques, mais aussi de ratifier des accords avec des adversaires idéologiques à l'étranger. Pour Hermann Oncken (1869-1945), ce primat relève du « déterminisme biologique » (*biologische Feststellung*)[50], pour Wilhelm Mommsen (1892-1966), du dogme. C'est un devoir de l'historien que de « marteler dans chaque cerveau allemand la phrase de la "primauté de la politique étrangère" [51] ». Le second postulat de cette école historique est le caractère irréversible de la décision en matière de politique étrangère : « Aucun recours n'est possible contre le dur arbitrage de la partition, de l'annexion et de la guerre[52]. »

Cette vision a eu des effets sur le travail des historiens, qui ont longtemps étudié la politique étrangère pour elle-même, déliée de la question de ses conséquences possibles sur les problèmes domestiques. Elle a engendré une histoire réduite à celle de politiques extérieures, conçues comme la projection internationale de la puissance étatique, une histoire axée sur la recherche de causalités, sur le lien entre un événement et une décision prise par des acteurs individuels. Elle a donné à l'individu une place déterminante dans le processus en postulant qu'une situation historique est toujours ouverte, jamais prédéterminée. Ce dernier postulat est encore partagé en 1954 par Jean-Baptiste Duroselle :

> « Toute politique étrangère repose sur un postulat fondamental : la liberté de décision et de choix des hommes d'État dans certaines limites[53]. »

La lecture rankéenne a été remise en cause par Fritz Fischer en 1961 dans *Les Buts de guerre de l'Allemagne impériale* [*Griff nach der Weltmacht. Die Kriegszielpolitik des kaiserlichen Deutschland 1914-1918*], qui a soutenu que la décision allemande d'entrer en guerre en 1914 était le fruit de la volonté de faire oublier les crises politiques et sociales domestiques. Les historiens de l'école de Bielefeld ont accentué la démarche, à l'instar de Hans-Ulrich Wehler, cofondateur de la revue *Geschichte und Gesellschaft* en 1975. En 1973, dans *Das deutsche Kaiserreich 1871-1918*, il impose l'idée d'un « primat de la politique intérieure » en soutenant, lui aussi, que la politique extérieure allemande était subordonnée aux objectifs domestiques et aux problèmes rencontrés par les élites allemandes. Il critique vertement l'histoire diplomatique :

> « La mécanique instable de la politique étrangère, la physique exsangue de l'action et de la réaction, la procédure diplomatique d'apaisement ou d'aggravation des conflits ne sont délibérément pas abordées ici. Un flot de littérature attend celui qui souhaite connaître de plus près le système d'alliances de Bismarck ou la diplomatie wilhelmienne, par exemple. Les constellations à l'origine de chacune d'entre elles nous ramènent toutefois aux conditions primaires, "permanentes", à la "primauté de la politique intérieure" [54]. »

Toutefois, de la controverse Fischer aux travaux des historiens de Bielefeld, le cadre de référence des décennies 1960-1970 demeure la nation. L'horizon d'analyse des historiens allemands, bien qu'en rupture avec le cadre rankéen, est encore, à cette date, la société nationale allemande.

Les forces profondes

Dernier venu dans le corpus analytique des historiens internationalistes, la métaphore tellurique des « forces profondes » a été forgée et développée par Pierre Renouvin entre 1931 et 1964. Elle donne sa spécificité à une approche française qui s'impose dans les années 1960 et 1970, décennies mêmes où l'histoire diplomatique se prolonge en Allemagne en ne connaissant pas un renouvellement comparable. Loin d'être le fruit d'une génération spontanée, loin de se réduire à la double inspiration suggérée par Renouvin lui-même en 1953 (l'histoire structurale de Braudel et l'histoire des idées de Chabod), elle résulte de la décantation de lectures pluridisciplinaires et s'enracine dans les débats des années 1920.

La réflexion de Renouvin est d'abord imprégnée de la vision comptable des sciences de l'État, héritée de la Renaissance, fondée sur l'évaluation des ressources de la puissance, ces « forces de l'État », qui lui donnent la capacité de s'imposer face à d'autres. Elle s'est aussi inscrite dans les débats franco-français de l'immédiat après-guerre. La métaphore des « forces » se charge d'un autre contenu, emprunté à un champ tellurique, celui des mouvements qui travaillent les profondeurs de la terre comme celles des sociétés. En 1924, Charles Seignobos donne une nouvelle préface à la réédition de son *Histoire politique de l'Europe contemporaine*. Répliquant aux sociologues, il insiste sur le caractère décisif des « phénomènes superficiels de la vie politique » au regard des « phénomènes profonds », ceux de la vie économique, sociale et intellectuelle[55]. En 1932, Jules Isaac parle des « grands courants de fond », des « forces collectives »[56]. Un an après, il précise :

> « Les faits diplomatiques ne sont le plus souvent que l'expression superficielle de forces opposées dont le choc est la cause profonde de l'explosion. Il faut donc déterminer d'abord quelles sont ces causes profondes, ces forces sous-jacentes, avant d'en venir aux jeux de surface que représente l'histoire diplomatique. »

Renouvin connaît aussi les expressions utilisées par ses collègues étrangers. En 1930, William Langer écrit que :

> « L'étude de la diplomatie, si elle doit aboutir à quelque chose de valable, doit aller au-delà du simple résumé ou de l'analyse des documents et des négociations. Elle doit étudier les forces fondamentales et les grands courants qui ont influencé les relations des États entre eux. Je me suis efforcé, avec un succès qui reste à voir, de tenir pleinement compte des changements économiques, de l'évolution des considérations militaires et des liens étroits avec les sentiments nationaux, ainsi que de la capacité d'entraînement de chaque individu[57]. »

Enfin, il est un lecteur attentif de la science politique de son temps, faisant fond sur la taxinomie d'un Parker Moon, comme nous l'avons déjà souligné, mais aussi sur les analyses d'un Alfred Zimmern ou d'un James Bryce[58]. En 1931, il estime pour sa part que les documents diplomatiques donnent trop peu « le reflet des forces qui agitent le monde[59] ».

Sur cette base, Renouvin propose en 1964 une grille analytique plurifactorielle faisant interagir des données structurelles et des données immatérielles. Il établit la classification appelée à faire date. Les « forces matérielles » font l'objet de cinq chapitres : les facteurs géographiques (ressources, position, « espace » et réflexions sur la géopolitique) ; les conditions démographiques, migrations comprises ; les forces économiques qui divisent et suscitent des antagonismes (« les concurrences et les conflits », l'expansion, les guerres douanières, etc.) ; les forces économiques qui, au contraire, unissent (unions douanières, partages d'influence, ententes internationales) ; les questions financières (investissements et impérialisme financier). Les « forces spirituelles » sont traitées à travers trois chapitres : le sentiment national ; les nationalismes (qui sont l'exaltation du sentiment national) ; le sentiment pacifiste. Cette méthodologie précise demeure sans égale en tant que telle, même si ses prémisses sont insuffisantes pour appréhender les processus d'internationalisation et de transnationalisation à l'œuvre dans les relations internationales (voir chapitre 2).

Relectures

Les concepts-clefs de l'histoire diplomatique ont fait l'objet au XXe siècle d'une réflexion renouvelée. L'emploi des métaphores du système et de l'ordre a perduré, enrichi par les théoriciens des relations internationales. Du XVIIIe au XXe siècle, ils ont continué à exercer une force d'attraction remarquable comme marqueurs d'époque (ordre colonial, ordre nouveau nazi, système bipolaire de la Guerre froide, système unilatéral des années 1990 marquée par l'hyperpuissance des États-Unis, etc.). On observe toutefois des usages nouveaux, qui témoignent de l'inflexion des recherches conduites à partir des années 1980 vers un décentrement de l'État et l'horizontalisation croissante des perspectives.

Boules de billard et train en marche

Le système a suscité de nouvelles définitions et s'est s'enrichi de métaphores inédites. Pour Raymond Aron, le système international est « l'ensemble constitué des unités politiques qui entretiennent entre elles des relations régulières et qui sont toutes susceptibles d'être impliquées dans une guerre générale[60] ». Pour l'Australien Hedley Bull (1932-1985), qui a occupé la *Montague Burton Professorship of International Relations* à Oxford de 1977 à 1985 :

> « Un système d'États (ou système international) est formé lorsque deux ou plusieurs États ont suffisamment de contacts entre eux et ont suffisamment d'influence sur leurs décisions respectives pour les amener à se comporter – au moins dans une certaine mesure – comme des parties d'un tout[61]. »

Il précise :

> « Lorsqu'il existe en outre entre eux une interaction suffisante pour faire du comportement de chacun un facteur nécessaire dans les calculs de l'autre, on peut alors parler de formation d'un système. »

Pour le décrire et le discuter, les politologues ont introduit de nouvelles métaphores inscrites dans le lexique ludique. En 1962, Arnold Wolfers crée celle des « boules de billard » (*billiard balls*) :

> « Le modèle de "boules de billard" du système multiétatique, qui constitue la base de la théorie des États-acteurs, ne laisse de place à aucun acteur constitué autre que l'État-nation. Par définition, la scène est préemptée par un ensemble d'États, chacun ayant le contrôle total de tous les territoires, hommes et ressources à l'intérieur de ses frontières. Chaque État représente une unité fermée, imperméable et souveraine, complètement séparée de tous les autres États. Comme il ne s'agit évidemment pas d'un portrait exact du monde réel de la politique internationale, on peut dire que la réalité "dévie" de diverses manières du modèle, car des personnes morales autres que les États-nations jouent un rôle sur la scène internationale en tant que co-acteurs avec les États-nations. Dans la mesure où ces acteurs constitués exercent une influence sur le cours de la politique internationale, il devient indispensable de les connaître et de connaître les écarts qui leur permettent d'agir pour élaborer une théorie bien équilibrée[62]. »

La métaphore a été diffusée en France par Duroselle et, plus récemment, remobilisée dans l'introduction des *Somnambules* (*The Sleepwalkers*, 2013) par l'historien australien et professeur à Cambridge Christopher Clark. Pour le théoricien Patrick M. Morgan :

> « [Nous] considérons le système international comme une table de jeu. [...] Imaginez maintenant le système international comme une série de tables de jeu avec différents jeux pour des enjeux variables. Chaque joueur participe à un ou deux jeux, mais certains jouent simultanément à un grand nombre d'entre eux. De nombreux jeux sont interdépendants, de sorte que jouer dans un jeu influence souvent le jeu dans un autre[63]. »

La métaphore de la balance a été contrebalancée par une autre métaphore, celle du train en marche (*bandwagon*), forgée par Quincy Wright dans *A Study of War* (1942), signe d'un déplacement de l'intérêt des chercheurs vers la politique étrangère d'États qui ne sont pas de grandes puissances. Elle fait référence au fait pour des États faibles de rejoindre un État plus fort ou une coalition :

> « Un gouvernement neutre est généralement tiraillé entre les exhortations à suivre la voie facile qui consiste à éviter les difficultés de la guerre et à s'isoler du conflit ; la voie prudente qui consiste à prendre le train en marche [*the prudent course of jumping onto the bandwagon*] et à s'attirer les faveurs du vainqueur probable ; la voie juridique qui consiste à aider le camp qui a une cause juste, donnant ainsi son poids à la loi qui peut s'avérer une défense utile à l'avenir ; et la voie, à la fois sentimentale et sophistiquée, qui consiste à aider le perdant afin de maintenir l'équilibre des forces [*to maintain the balance of power*][64]. »

Ordre et désordre

Selon Lukas Zidella, la valeur axiologique de l'ordre, son caractère fondamentalement normatif et idéologique ont dissuadé, pendant la guerre froide, la majorité des politologues de l'employer. Ils lui préfèrent alors les « concepts prétendument neutres de "système" et de "structure"[65] ». Le concept d'ordre est ainsi peu présent chez Kenneth Waltz, Robert Gilpin ou Alexander Wendt. S'il est utilisé, ce n'est pas comme une catégorie à part entière, mais comme synonyme de structure ou de système. Pour Richard Ned Lebow : « Les ordres décrivent tout type de structure ou de modèle[66]. » Ce constat est valable pour de nombreux livres d'histoire qui emploient les deux notions de manière interchangeable. La définition traditionnelle de l'ordre s'est néanmoins maintenue dans le cercle de l'École anglaise. Hedley Bull définit l'ordre comme « un modèle d'activité qui soutient les objectifs fondamentaux ou primordiaux de la société des États, ou de la société internationale[67] ».

La société internationale, précise-t-il, est constituée par un groupe d'États conscients d'un certain nombre de leurs intérêts et valeurs communs, liés entre eux par un ensemble de règles et coopérant pour assurer le bon fonctionnement d'institutions communes. L'ordre est donc « l'ensemble des principes d'organisation intelligibles qui régissent ou doivent régir les rapports entre nations[68] ». Il est assuré par un ensemble de normes, pratiques et processus. Il désigne l'état de stabilité internationale entre deux guerres.

À l'instar de la science politique, qui a produit de nombreuses publications sur la genèse des ordres internationaux, la production historique est un bon marqueur du regain d'intérêt dont bénéficie le concept d'ordre à partir des années 1990 et jusqu'aux années 2020. On peut y voir un effet de la porosité entre discours international et discours *sur* l'international dont nous parlions en introduction. Au lendemain de la chute du mur de Berlin, George Bush comme Mikhaïl Gorbatchev multiplient les proclamations sur le « nouvel ordre mondial ». La formule est utilisée par le président américain lors d'un discours prononcé au Congrès des États-Unis le 11 septembre 1990. Devant l'Assemblée générale des Nations unies à New York le 7 décembre 1988, Mikhaïl Gorbatchev a déjà évoqué un avenir plus radieux lié à « l'émergence d'un monde mutuellement connecté et intégré ». Cet avenir nécessite une « nouvelle pensée » (*novoe myslenie*), « un consensus de toute l'humanité » et « un nouvel ordre mondial ». Les livres arborant la notion d'ordre dans leur titre se multiplient à l'orée du bicentenaire du congrès de Vienne de 1815 et du centenaire du congrès de la paix de Paris de 1919. En réfléchissant à ces périodes fondamentales de transformation des ordres internationaux, aux facteurs de leur dépérissement, les historiens alimentent le débat plus général sur l'ordre mondial alors en voie de recomposition au lendemain de la disparition de l'Union soviétique.

Parmi tous les travaux sur l'ordre européen, celui de Paul W. Schroeder, déjà évoqué, *The Transformation of European Politics, 1763-1848*, paru en 1994, a fait date tant chez les historiens modernistes et contemporanéistes des relations internationales que chez les politologues, car il conceptualise cette notion de « transformation » au cœur des processus transitionnels. Ses idées, qui s'inscrivent dans le « tournant culturel » – Robert Jervis est l'une des grandes références citées dans le livre –, ont été développées en France par Lucien Bély et Georges-Henri Soutou. Né en 1927, l'historien américain d'origine allemande, professeur à l'université de l'Illinois, excellent spécialiste de l'histoire autrichienne, s'était fait connaître par un article vigoureux dans lequel il insistait sur la responsabilité du Royaume-Uni dans le déclenchement de la Première Guerre mondiale[69]. C'est néanmoins ce livre, publié à soixante-sept ans, qui lui donne une renommée mondiale, en bousculant le découpage chronologique classique de l'histoire et en défendant la thèse d'une transformation des politiques internationales portée par celle des règles, normes et pratiques de gouvernement. Contre une interprétation centrée sur le renversement violent de l'ordre politique et social et l'imposition par la force de nouveaux principes politiques, il soutient l'idée que la transformation s'est faite avant tout dans le domaine des idées, des mentalités collectives, des représentations. Intervenant dans le débat en cours sur l'histoire internationale, il réaffirme la supériorité des explications à l'échelle systémique, mais, en réalité, Schroeder s'intéresse moins au système lui-même qu'à l'ordre qui le sous-tend. Lecteur attentif du livre de Michael Oakeshott, *On Human Conduct* (1972), il entend étudier :

> « [...] les conceptions, les hypothèses, les compétences et les réponses acquises, les règles, les normes, les procédures, etc. que les agents acquièrent et utilisent pour poursuivre leurs objectifs individuels divergents dans le cadre d'une pratique partagée. [...] Aucune analyse de l'élaboration de la politique étrangère interne ou du processus de prise de décision dans des États particuliers, aussi essentielle soit-elle, ne peut remplacer ce type d'analyse systémique, car elle ne peut prendre en compte, ni même voir, les contraintes et les possibilités que seul le « système » dominant impose...[70] »

Cette proposition d'une lecture systémique réaffirmée a considérablement marqué les approches ultérieures, à commencer, en France, celle de Georges-Henri Soutou, qui l'a utilisée pour penser les (dis)continuités de l'architecture paneuropéenne de sécurité de 1815 à 1991, et en particulier « l'ordre de Locarno[71] ». Mais le débat que Schroeder a suscité a aussi conduit au constat qu'il analysait de manière peu approfondie l'institutionnalisation du processus nouveau de gestion des conflits dans le premier XIXe siècle, en particulier la « diplomatie de conférence », pièce centrale de la pratique étatique après 1815. Selon son analyse, le nouveau système, fixé en 1815, ne se transformait plus et demeurait statique. Les travaux des historiens allemands Johannes Paulmann et Matthias Schulz sont venus combler cette lacune, examinant le passage d'un système compétitif à un système coopératif. Pour Paulmann, ouvert aux lectures anthropologiques, ce dernier est appréhendé comme un nouvel ensemble de représentations fondant l'ordre collectif sur la morale et le droit, ainsi que sur une communication politique, qui rompt avec l'extrême ritualisation de l'époque moderne où la sensibilité aux formes extérieures de la représentation politique était très forte[72]. De son côté, Matthias Schulz, marqué par la sociologie, s'est employé à préciser les principes et procédures de la diplomatie multilatérale du premier XIXe siècle[73]. Il a innové en détaillant les pratiques plus informelles relevant du *gentleman's agreement*, règles de « bonne conduite » avant la lettre : les communiqués joints ou les représentations communes, par exemple.

Affublé au fil des siècles et décennies de toutes les épithètes (européen, international, régional, mondial, impérial, nazi) ou remplacé par ses antonymes (contre-ordre, désordre, dérèglement), l'usage renouvelé du concept d'ordre sanctionne la conscience d'une « transformation du monde » comparable à celle de la charnière des XVIIIe-XIXe siècle : celles des années 2000 où l'ordre international, établi depuis de longs siècles par les Occidentaux, semble en train de céder le pas à un principe non encore intelligible. De fait, les contestations de cet ordre, avivées par les attentats du 11 septembre aux États-Unis et par l'affirmation des BRICS, comme la redéfinition des débats et de l'action politique, engendrée par l'essor des réseaux sociaux, ont pesé sur sa réévaluation critique. Les historiens se sont intéressés dès lors aux tentatives antérieures de remise en cause d'un ordre international prétendument universel, mais dorénavant identifié aux principes, aux normes et aux pratiques qui régissaient le seul monde occidental. Ils ont recherché les grilles de lecture alternatives visant à le remodeler en fonction d'un paradigme social, racial ou religieux. Ils ont donc exploré ses antonymes promus par les États qui contestaient l'« ordre de Versailles » établi en 1919, à savoir l'Allemagne, l'Italie, le Japon et l'Union soviétique. Ils ont souligné la variété de ces contre-ordres : le contre-ordre radical, promu par les bolcheviks, qui s'en prenaient aux fondements du système (l'État, la souveraineté étatique, la représentation et les normes diplomatiques), l'aménagement de l'ordre à son profit (*Nuovo ordine*) souhaité par l'Italie fasciste, le contre-ordre hégémonique (*Neuordnung*) de l'Allemagne nazie, le Nouvel ordre japonais en Asie de l'Est. Des travaux ultérieurs ont travaillé sur les ressorts de ces États révolutionnaires, qui rendent l'ordre international « hétérogène », au sens défini par Raymond Aron pour lequel « les États sont organisés selon des principes autres et se réclament de valeurs contradictoires[74] ». Les ambitions du nouvel ordre économique international exprimé à Alger en 1973 ont aussi été explorées.

Puissances médiatrices versus *grandes puissances : les nouvelles déclinaisons de la puissance*

Les travaux privilégiant les grandes puissances et une conception verticale des relations internationales ont perduré, mais les années 1980-1990 ont renouvelé la réflexion par des études perceptionnistes de la puissance des États européens entre les deux « Super-Grands », et des « puissances moyennes » dans le monde. La sociologie des relations internationales s'est horizontalisée en partie. La notion de « puissance moyenne », cette « réalité fuyante de la vie internationale » (Jean-Claude Allain) a été abordée autrement que comme un déficit de puissance. La fin de la guerre froide a également favorisé la redécouverte de la place tenue par les puissances neutres européennes. Du caractère passif de la neutralité, engendré par le syndrome belge, l'on est passé à sa valorisation. L'Autriche, la Finlande, l'Irlande, la Suisse et la Suède ont fait l'objet de travaux approfondis fondés sur la reprise de la métaphore du « courtier » (*broker*), médiateur dans les relations internationales, jadis revendiquée par Bismarck. Privilégiant une approche coopérative, ces États avaient joué, durant la guerre froide, le jeu du multilatéralisme, particulièrement actifs entre l'Est et l'Ouest, engagés dans le lancement du processus d'Helsinki, soucieux de tirer profit des avantages de leur neutralité. Le rôle tenu à l'époque a conduit à revisiter dans son ensemble l'histoire des puissances médiatrices des XIXe-XXe siècles. À leurs côtés, des puissances moyennes extra-européennes, devenues de grands acteurs régionaux et dont la trajectoire illustre l'exploration de voies alternatives à la puissance militaire, ont suscité de nombreuses recherches. Dans l'historiographie anglo-saxonne, l'Australie ou le Canada, deux anciens *dominions*, font figure de puissances moyennes archétypales, définies par le goût du compromis, leur engagement multilatéral et leur volonté de se comporter en « bon citoyen du monde » par des politiques d'aide au développement ou environnementalistes. Signes de cette nouvelle définition de la puissance, des épithètes euphémiques lui ont été accolées. La « puissance civile » (François Duchêne, 1973) et la « puissance tranquille » (Tzvetan Todorov, 2003) ont désigné l'Union européenne ; l'expression de « puissance douce » (*soft power*) (Joseph S. Nye, 1990) est devenue une expression rebattue des récits historiques, souvent appliquée de manière mécanique et impropre.

Politique extérieure et intérêt national sous le signe de l'interdépendance

Au tournant des années 1990-2000, l'étude historique des politiques étrangères a également été relancée sur la base du rejet de leur exceptionnalité. Comme l'écrit alors Eckart Conze, « le système international n'est pas une zone extraterritoriale entre les États », mais bien l'espace constitué par l'interaction d'acteurs et par le jeu d'institutions, qui ont aussi de l'importance à l'échelle nationale[75]. Si certains ont maintenu une définition étroite de la politique extérieure, d'autres ont soutenu qu'elle pouvait être définie comme l'instrument d'entités politiques autres que les États, voire d'acteurs sociaux. Ce nouveau regard s'est orienté selon cinq axes de recherche principaux. Le premier a discuté le postulat qui avait régi l'histoire diplomatique et prolongé le débat sur la politique intérieure *versus* la politique extérieure. En France, les historiens économistes ont travaillé sur la part de la contrainte extérieure dans la modernisation économique de la France après 1945 et son ouverture internationale via la décolonisation et son entrée dans le processus d'intégration européenne. Rejetant eux aussi une historiographie qui faisait de la politique extérieure une politique à part, William Mulligan et Brendan Simms ont lié le développement intérieur des Îles britanniques aux considérations relevant de la « grande stratégie », se demandant dans quelle mesure la quête de sécurité et le désir d'expansion avaient été les préoccupations dominantes et si la politique extérieure avait eu des conséquences, notamment sur l'architecture constitutionnelle reliant l'Angleterre, l'Écosse et l'Irlande.

En second lieu, l'étude des politiques étrangères a été renouvelée par l'approche culturelle des administrations et de l'ensemble des institutions et procédures qui incarnent, définissent et mettent en œuvre la politique étrangère (voir chapitre 5). Les recherches ont porté sur les cultures diplomatiques nationales. En s'appuyant sur le concept de James Joll des « postulats implicites » et sur Karl Mannheim, l'historien britannique Thomas Otte a proposé de dresser une « carte cognitive » de la politique étrangère de Eyre Crowe en recherchant les « présupposés généraux », « le « monde de la pensée » et les coordonnées intellectuelles des décideurs politiques et de leurs conseillers[76] ». Ces travaux ont ainsi pu travailler un matériau, les représentations mentales des diplomates et hommes politiques, que l'emploi antérieur du concept de « tradition nationale », au cœur du discours d'un Albert Sorel par exemple, avait enraciné dans une vision réductrice en l'identifiant à « une pensée immanente et pérenne de concevoir la politique étrangère[77] ». En 1954, remettant déjà en cause son usage dont il soulignait assez justement « l'obligatoire fluidité », Raoul Girardet préférait que l'on parlât du « style », des « attitudes », du « comportement », des « modes d'expression », ce que Pierre Bourdieu devait concentrer dans la notion d'« *habitus* », et ce qui, dans le cadre de milieux professionnels, est exprimé par la métaphore de l'esprit de corps.

Troisièmement, la réflexion traditionnelle sur l'image nationale et le rayonnement de l'État à l'étranger a été renouvelée par un déplacement de l'intérêt vers l'amont du processus étudié et par l'accent mis sur la « fabrication » de cette image, conçue comme une « image de marque » (*nation branding*) à des fins d'« influence ». De nombreux livres et articles sur la diplomatie culturelle et d'influence ont valorisé la place des acteurs paradiplomatiques dans ces processus (partis politiques, officines parallèles dans les dictatures, fondations, associations, musées, etc.). Ils ont étudié non seulement les acteurs, mais aussi les vecteurs matériels, iconographiques ou filmiques notamment, de la construction et transmission de cette image.

Quatrième point, la transnationalisation des approches a révélé la multiplicité des espaces et des lieux où se concevait la politique étrangère, ainsi que la diversité des entités politiques à même de la concevoir. Les travaux ont montré que l'élaboration des politiques étrangères n'était pas le fruit de l'interaction des seules forces politiques de l'espace national (ministères des Affaires étrangères, Parlement, partis politiques, etc.), mais qu'elles naissaient aussi des demandes explicites ou des pressions d'autres acteurs publics institutionnels (organisations internationales, municipalités ou régions par exemple) et de celles d'acteurs sociaux, économiques, religieux ou scientifiques, nationaux ou étrangers, interagissant soit dans une forme de complémentarité grâce à leur participation institutionnalisée aux débats, soit de manière autonome avec leur propre agenda.

Le cinquième axe porte sur l'analyse de l'ambition des grandes municipalités, des partis politiques et autres acteurs parapublics de développer une action internationale autonome de celle des États. Après avoir employé l'expression de « politique étrangère secondaire », Birte Wassenberg a forgé la notion de « "petite" politique étrangère » pour désigner les pratiques des collectivités locales et régionales, faisant observer que :

> « Les acteurs locaux et régionaux doivent [...] tous procéder à une "ingénierie transfrontalière" et inventer des outils spécifiques, car les cadres juridiques nationaux n'ont pas prévu cette forme de "petite" politique étrangère : il n'existe pas de droit transfrontalier, ni d'usages et de règles pour structurer les relations

transfrontalières, et celles-ci sont rythmées par l'existence de deux ou de plusieurs systèmes administratifs et politiques nationaux[78]. »

Dans la foulée, on a aussi commencé à étudier la politique étrangère des acteurs non étatiques, avec leurs agendas et actions autonomes : multinationales, organisations non gouvernementales (ONG), acteurs religieux, groupes de défense des droits de l'homme, syndicats et groupes d'intérêt, telle l'*American Federation of Labor and Congress of Industrial Organizations* (AFLO-CIO) qui a établi sa propre agence de relations internationales avec des sièges à Paris et à Washington.

Dans ce cadre, la notion d'intérêt national a aussi été révisée en insistant sur sa dimension de marqueur relationnel. Si les anciennes recherches considéraient l'intérêt comme une catégorie objective à laquelle les États devaient se référer pour orienter leurs actions, les travaux récents mettent l'accent sur les normes et les valeurs culturelles et sociales entrant dans sa définition. Aux côtés des États, les acteurs individuels s'affirment comme porteurs d'intérêts, et l'on tient compte de la part d'irrationnel et d'émotion entrant dans la définition de ces intérêts. Le concept est mobilisé comme un « concept relationnel » qui permet de définir la nature et l'état de la relation entre les acteurs (collectifs et individuels) et la société. Au regard de l'intérêt national, on s'intéresse encore aux modalités de l'affirmation des intérêts de l'humanité (*interests of mankind*), consacré dans le lexique international par Woodrow Wilson, le 2 avril 1917, et de celle des « biens communs ».

Le paradigme culturel

On s'accorde aujourd'hui pour faire des années 1990 la décennie où les perspectives culturelles ont commencé à être intégrées dans l'histoire des relations internationales. Cette appréhension des phénomènes historiques comme fruit de perceptions et de représentations, identifiée comme un « tournant culturel » (*Cultural Turn*), reflète les réflexions issues du mouvement postmoderniste apparu dans les années 1970, dans la foulée des propositions de nombreux penseurs français – tels Jacques Derrida, Michel Foucault ou Claude Lévi-Strauss –, et de leur dialogue avec leurs homologues américains (*French Theory*). Elles ont remis en cause les certitudes attachées à la « modernité » occidentale et à ses concepts-clefs (progrès, réalité, vérité, etc.). Irriguant les arts et la littérature, le postmodernisme a aussi touché les sciences humaines et sociales. Il a conduit à réviser à la fois la manière d'écrire l'histoire en général et les certitudes attachées au récit, et a incité les historiens internationalistes à se livrer à une analyse critique des discours et comportements des acteurs qu'ils étudiaient.

Aux États-Unis, une série de tables rondes sous les auspices du *Journal of American History* et de la revue *Diplomatic History* se tiennent ; elles donnent lieu à des publications en 1990. Certains textes sont repris dans la première version de l'ouvrage dirigé par Michael J. Hogan et Thomas G. Paterson, *Explaining the History of American Foreign Relations* (1991), qui a fait date. C'est le cas de l'article décisif d'Akira Iriye, « Culture and International History ». *Diplomatic History* se fait l'écho de ces débats qui ont mis sur la table les questions liées au genre, à la race, aux empires ou à la religion. Dans ce contexte, l'histoire des relations culturelles internationales prend son essor avec un intérêt nouveau pour les voies non seulement officielles, mais aussi officieuses de la diplomatie culturelle. En particulier, l'action culturelle extérieure des États-Unis, aux antipodes du modèle français encore étatisé et centralisé en cette fin de XXe siècle, fait l'objet de nombreux travaux. Ils montrent que cette action repose sur un éventail large d'acteurs et de manifestations privés (fondations, cinéma, musées, revues, compétitions sportives, festivals, etc.).

Mais le tournant culturel exprime plus fondamentalement le fait que la culture devient aussi un concept analytique déterminant qui irrigue les autres objets d'étude, à commencer par la puissance politique, militaire et économique. Pour Iriye, « dans l'étude des relations internationales, la culture peut être définie comme le partage et la transmission de la conscience à l'intérieur et au-delà des frontières nationales[79] ». Comme telle, elle n'est plus un facteur extérieur à la prise de décision et qui pèse éventuellement sur elle, mais un facteur imbriqué dans la prise de décision. Elle participe aussi de ce que j'appelle l'intimisation des politiques extérieures, comprise comme l'incorporation dans leur fabrication de données subjectives, ressortissant parfois à l'intimité des acteurs. Les travaux de Frank Costigliola, originellement un spécialiste de la Seconde Guerre mondiale et de la guerre froide, qui portent sur la personnalité d'un certain nombre de dirigeants américains (Averell Harriman, George Kennan, Franklin Roosevelt) ont été des propositions stimulantes en la matière. Le paradigme culturel permet aussi de reformuler la question de l'intérêt national, en ne faisant plus de l'identité à défendre une donnée fixe et objectivable, mais une donnée fabriquée à des fins de construction et d'unification de la nation. Une nouvelle version du livre de Hogan et Paterson parue en 2004 permet de mesurer le chemin parcouru et la diffusion de cette approche en Europe. Patrick Finney, au Royaume-Uni, ou l'historienne allemande Jessica Gienow-Hecht, qui a multiplié les séjours à Harvard de 1999 à 2003, font partie des chercheurs, qui ont joué un rôle-clef pour assurer cette diffusion. En France, l'introduction de ces perspectives a connu un détour. Robert Frank, élu à la Sorbonne en 1994, est à l'origine un spécialiste d'histoire financière, puisqu'il a d'abord travaillé sur le financement du réarmement français dans les années 1930 sous la direction de Jean Bouvier. Comme assistant de René Girault – qui, lui, était un ancien doctorant de Pierre Renouvin et qui a occupé la toute première chaire d'histoire des relations internationales créée en France en 1973 à l'université de Paris X-Nanterre –, R. Frank passe de l'histoire économique et financière à l'histoire des relations internationales, appréhendée par le prisme de l'étude de la politique étrangère de la France et de la relation franco-britannique. Participant aux enquêtes lancées par René Girault, devenu professeur à la Sorbonne en 1983, sur la « perception de la puissance en Europe », puis sur les « identités européennes », R. Frank a d'abord approfondi les réflexions de Duroselle sur les mentalités collectives, puis a développé les siennes sur les représentations et imaginaires sociaux à partir du livre de Pierre

Laborie sur *L'opinion française sous Vichy* (1990) et d'échanges avec l'historien culturel Pascal Ory.

Dans les années 2000, les débats se sont parfois radicalisés en opposant de manière tranchée les « culturalistes » à certains historiens inquiets du risque de disparition de recherches sur la puissance et les processus décisionnels. L'historien canadien Peter Jackson a tenté une synthèse apaisée entre la prise en compte du poids des représentations et celle des structures informant les processus :

> « Trop souvent, les croyances et perceptions subjectives des décideurs sont considérées comme presque indépendantes des autres éléments du processus politique[80]. »

Aux États-Unis, Marc Trachtenberg a adopté une position beaucoup plus conflictuelle, dénonçant les choix faits par les universités de recruter des chercheurs se consacrant à « des domaines considérés comme plus politiquement corrects », c'est-à-dire qui travaillent sur des « sujets ayant trait à la "sainte trinité" de la race, de la classe et du genre, en particulier du genre[81] ». Le concept de culture n'apparaît pas dans l'index de son *Guide to Method* publié en 2006. De son côté, revenant sur son parcours placé sous le sceau de l'histoire sociale, ainsi que sur les attaques portées à l'histoire diplomatique, Charles Maier affirme avoir « toujours essayé d'éviter toute attitude défensive à l'égard des approches traditionnelles », quand bien même il a participé à l'ouvrage collectif, qui a été l'un des grands manifestes de l'histoire mondiale, *The Shock of the Global* (2010). Dix années plus tard, dans une sorte de *mea culpa*, il valorise la capacité de l'histoire des relations internationales de lier les approches :

> « Les meilleures histoires internationales, comme celles de Paul Schroeder et de Paul Kennedy ou celles de feu Zara Steiner et d'Ernest May, pour n'en citer que quelques-unes, tiennent compte non seulement de la prise de décision, mais aussi des contraintes et des réverbérations systémiques qui enchevêtrent de multiples acteurs. Je me suis aventuré dans l'histoire internationale américaine, en étudiant les controverses de la guerre froide en 1970, en aidant Averell Harriman à rédiger ses mémoires, et plus tard en froissant quelques plumes lorsqu'en 1980 j'ai souligné, et peut-être exagéré, la stagnation de la discipline dans l'essai "Marking Time", pour l'enquête de l'AHA [*American Historical Association*] sur l'écriture de l'histoire américaine[82]. »

Le tournant culturel a eu des effets sur la méthodologie des historiens, qui se sont reflétés dans leur lexique. Ils ont souvent évité les tournures de la puissance (« cela conduit », « cela détermine ») et privilégié des formulations plus indirectes (« cela influence », cela « infléchit ») pour éviter d'établir, de manière trop explicite, des liens de causalité. La notion même de « cause » a semblé disparaître un temps, marquée du sceau infâmant du déterminisme. Professeur d'histoire internationale à Cambridge, David Reynolds a souligné le « récent déplacement du lieu de l'activité historique de l'explication à la représentation, des causes aux significations, parfois même du dynamique au statique[83] ». L'explication en tant que telle, avec ce qu'elle présuppose en termes de causalité et de reconstitution des faits, est devenue un exercice délaissé au profit de tableaux, qui exposent plutôt qu'ils n'expliquent. Il ne s'agissait alors pas tant d'expliquer le changement que de comprendre le contexte ou le sens de ce qui se jouait. Ce rejet a été accentué par l'histoire mondiale.

Enfin, au cœur des lectures culturelles, trois notions marquantes de l'histoire transnationale et mondiale ont été particulièrement travaillées depuis trente ans : l'identité, le réseau et la circulation. Dans les années 1990, marquées par la résurgence d'interrogations sur les effets homogénéisateurs de la mondialisation et par les conflits nationalistes et ethniques, la notion d'identité est passée au premier plan des travaux.

Identité

Thème majeur des discours politiques, l'identité devient aussi outil analytique. D'une vision essentialiste, on passe à la vision d'une construction variable à travers le temps en fonction de l'échelle d'analyse privilégiée (la nation, l'État, la région, la communauté, etc.). Les livres de Benedict Anderson, d'Ernest Gellner et d'Anne-Marie Thiesse alimentent alors la réflexion des historiens internationalistes. L'expression de « communauté imaginée » de Benedict Anderson, appliquée initialement par l'historien à la nation – « une communauté politique imaginée – et imaginée comme étant à la fois intrinsèquement limitée et souveraine[84] » –, a, depuis lors, été utilisée pour réfléchir à ce qui peut souder un groupe, une diaspora ou toute autre association humaine par-delà les frontières, autour d'un imaginaire collectif. Constatant l'attraction de plus en plus limitée de la Communauté européenne sur les opinions publiques, des historiens européens ont mis sur pied entre 1989 et 1999, à l'initiative de René Girault, un programme de recherche intitulé « Identité et consciences européennes au XXe siècle », qui a témoigné de l'intégration des perspectives constructivistes. Il a permis de problématiser la relation de l'identité européenne, définie comme « le sentiment d'appartenance à l'Europe ou la conscience d'être européen » au regard des identités nationales et régionales et de faire valoir la « pluralité identitaire » (Robert Frank) des identités individuelles et collectives.

Au cœur de l'histoire transnationale, deux autres notions-clefs sont devenues, dans les années 2000, de nouveaux maîtres-mots. La définition de l'historien allemand d'origine indienne Kiran Patel les concentre, lui pour qui l'histoire transnationale cherche à « examiner les interconnexions et les transferts par-delà les frontières, ainsi que les régimes circulatoires qui pourraient en résulter[85] ». La première notion, celle d'« interconnexion », nous introduit dans le domaine métaphorique du réseau.

Réseau

La métaphore du réseau connaît depuis une vingtaine d'années une grande faveur. On en oublie presque que son « exaltation positive » (Sebastian Gießmann) est récente et que son origine matérielle, comme l'indique son étymologie latine (*retis*), renvoie au filet qui sert à capturer les poissons ou les insectes. Au

XIXe siècle, elle est utilisée pour rendre compte de l'essor des communications (chemins de fer, canaux) et des télécommunications (télégraphe, électricité) dans un mouvement d'expansion en rupture avec la connotation d'enfermement des siècles précédents. Au tournant des XIXe-XXe siècles, elle acquiert deux dimensions nouvelles, sociologique et symbolique[86]. Utilisée depuis les années 1950 par les anthropologues et sociologues américains, la métaphore du « réseau » (*network*) – avec ses métaphores dérivées (« toile d'araignée », « grille ») – est devenue centrale dans les années 1960 à l'heure de la Troisième Révolution industrielle, celle de l'électronique et de l'Internet. En 1976, le psychologue Charles Kadushin en parle déjà comme d'un « des derniers mots à la mode dans les sciences sociales[87] ». Métaphore devenue catégorie analytique, elle est aussi une technique : on parle d'« analyse des réseaux » reposant sur des techniques formelles spécifiques, fondées sur des logiciels et des représentations graphiques.

Traiter du système international en recourant à la métaphore du réseau, c'est discuter, par exemple, les six caractéristiques proposées par Kadushin, et réfléchir à un monde fondé sur l'absence de limites claires des contours du système, valorisant les interactions indirectes entre ses acteurs, l'absence de *leadership* formel, un manque relatif de structures et de normes instituées et leur caractère « accroché » (*pegged to*) ou « drapé » (*draped around*) autour d'autres structures. C'est, en somme, remettre en cause les frontières strictes et les hiérarchies verticales attachées au système interétatique traditionnel. John W. Burton décrit le monde en 1968 « comme des millions de toiles d'araignée superposées les unes aux autres, couvrant l'ensemble du globe », pour exprimer une nouvelle perception de l'interdépendance des parties[88].

La métaphore du réseau permet aussi de s'émanciper du paradigme déterministe des « forces profondes » et de sortir de l'impasse du débat sur la place que l'individu tient dans le système, cher aux Relations internationales (voir chapitre 4). Contrant la tentation d'accorder une « priorité ontologique », soit aux acteurs, soit aux structures, le recours à l'image du réseau déplace la recherche vers l'évaluation de la dimension relationnelle, d'aucuns diront transactionnelle, entre eux. Pour les historiens des transferts culturels, la notion de réseau est comprise comme « un système d'élaboration collective d'une idéologie et plus particulièrement d'une référence interculturelle » et « n'implique ni clôture ni même la prééminence d'un centre [89] ». Elle renvoie à « un ensemble spécifique de relations informelles et relativement stables entre des acteurs sociaux, ces acteurs pouvant être – selon la discipline et les questions – des unités sociales très différentes, par exemple des organisations gouvernementales et économiques privées, des associations, des ménages, des familles ou des individus. Les réseaux sont caractérisés par un intérieur et un extérieur et sont toujours en relation d'échange avec d'autres réseaux, cette interdépendance étant plutôt de nature horizontale que verticale[90] ». Si la métaphore aide à problématiser de manière privilégiée les acteurs transnationaux (multinationales, réseaux terroristes ou trafiquants de drogues, etc.), elle permet aussi de repenser les interrelations des États et des organisations intergouvernementales. Partant du principe que les mouvements, les organisations et les réseaux organisés au niveau international jouent un rôle dans presque tous les domaines de la vie politique et sociale des sociétés civiles et des États, l'historienne suisse Madeleine Herren a recouru à « une approche constructiviste visant à tester et à étoffer une compréhension des organisations internationales en tant que réseaux[91] ». L'un des objectifs était d'étudier le « développement d'une structure en réseau parallèlement à l'examen de traités multilatéraux officiellement établis » et de démontrer que « les plateformes institutionnelles et les réseaux personnels créés par les organisations internationales [avaie]nt produit leur propre historicité ». De son côté, Martin Grandjean a utilisé la technique de l'analyse de réseaux en exploitant les dizaines de milliers de documents des archives de la « Coopération intellectuelle » de la Société des Nations dans les années 1920 afin de « contextualiser l'activité individuelle dans la structure globale[92] ».

La métaphore s'est révélée opératoire pour travailler tant sur les milieux diplomatiques et consulaires, où sévissent des pratiques clientélaires ou de patronage, que sur les milieux économiques, culturels et religieux, dont on étudie les circulations et migrations, ou encore sur les mouvements sociaux et autres mobilisations et formes d'action collective. En s'écartant clairement d'une vision complotiste assimilant le réseau à une organisation occulte, on y recourt aussi via des approches d'histoire sociale et politique (réseaux de pouvoir ou d'influence, réseaux institutionnels, familiaux, religieux), d'histoire économique (réseaux financiers et marchands, légaux ou non), ou d'histoire culturelle et intellectuelle (réseaux d'information, transferts idéologiques et artistiques, circulations savantes, réseaux académiques). Une métaphore dérivée récente du réseau est celle de la « plate-forme » (ou du « *hub* »), que l'on retrouve depuis les années 2020 dans de nombreux travaux.

Circulation

La notion de « circulation » est tout aussi prégnante dans le discours historiographique. Elle est inscrite dans un domaine métaphorique organique et anatomique qui renvoie à la circulation sanguine et perpétue ainsi l'image de la solidarité qui lie l'ensemble des membres du corps social international. L'historienne allemande Stefanie Gänger s'est livrée à une étude statistique dans trois revues (*Journal of World History*, *Journal of Global History* et *Isis*) et a montré que le terme « circulation » et le verbe « circuler » apparaissaient respectivement dans 42 %, 52 % et 37 % des articles publiés entre 2009 et 2016, ce qui en fait l'un des mots les plus utilisés dans le langage de l'histoire mondiale et de l'histoire de la mondialisation[93]. Or, rappelle-t-elle, la notion de circulation comporte – si l'on se reporte à son étymologie *circulatio*, dérivée de *circulare* (« former un cercle ») –, certes l'idée d'un mouvement, mais d'un mouvement continu et circulaire, avec, *stricto sensu*, un retour au point de départ. Certains de ses emplois, qui en font un synonyme de l'idée de transmission, de transfert, de diffusion, de propagation, de dissémination s'avèrent donc impropres. Tandis que Philipp Sarasin et Andreas B. Kilcher ont dénoncé son caractère de « mot-valise pour toutes sortes de processualités[94] », Gänger estime que « l'impartialité et l'innocuité apparentes de ce mot » voilent son remplacement de « termes plus partiaux et moins innocents ». Une critique incisive similaire avait été portée par l'africaniste Frederick Cooper qui se demandait « à quoi servait le concept de mondialisation » et si l'on n'avait pas remplacé les terminologies, mais perpétué les significations[95]. En ce sens, la notion de circulation est employée dans certains contextes en lieu et place de la notion de « diffusion » aux relents unilatéralistes, voire impérialistes. Voilant sa dimension unilatérale, sa vertu euphémique permet à certains de ses utilisateurs d'habiller d'habits neufs des analyses relevant, somme toute, d'une histoire des relations internationales « classique », décriée par ailleurs.

D'autre part, pourquoi parler de « circulation » là où l'on analyse ce qui ressort *stricto sensu* d'un transfert ? En effet, si la notion de « transfert » renvoie aussi à l'idée d'un déplacement, du transport de personnes, d'idées, d'objets ou de pratiques, d'un lieu à un autre selon des modalités précises, elle introduit l'idée de transformations subies tout au long du déplacement que n'apporte pas la notion de circulation. Apparu dans un milieu d'historiens de la culture, le « transfert » a fait l'objet de débats méthodologiques considérables. Très centrée initialement sur l'espace germanophone et francophone, la notion spécifique de « transferts culturels », proposée par Michel Espagne et Michael Werner, aide à bien comprendre ces mécanismes. L'analyse se concentre sur les modifications, adaptations, « traductions », au sens propre comme au sens figuré, par la société réceptrice de l'idée, du produit, de la pratique transférés. Le transfert culturel est un phénomène d'acculturation, donc d'imprégnation – ce qui suppose une installation dans la durée –, mais il implique aussi une forme de réciprocité. À cette notion s'en rattachent d'autres qui sont devenues courantes aujourd'hui : celle d'« émission » et de « réception » d'un bien culturel, celle de son « appropriation » et de son « acculturation ». Le transfert implique ainsi une forme de réciprocité entre les sociétés au cœur du processus.

Utiliser des concepts et des métaphores chargés d'histoire et de sens n'est pas une démarche neutre. Elle engage à la fois une vision des relations internationales et une pratique d'historien. Cela implique donc, aujourd'hui comme hier, de réfléchir avec précision aux conditions et à la pertinence de leur emploi. Ils sont en tant que tels des marqueurs historiographiques qui, dans cinquante ans, diront notre époque et notre pratique.

Chapitre 4

Individus et figures

Traiter de l'individu dans l'histoire des relations internationales, c'est participer à un débat d'ordre général dont les fondements ont été établis au XIXe siècle. Si l'on s'en tient à la France, de Gabriel Monod à Lucien Febvre, on a promu une histoire dans laquelle I'individu n'était plus pris en compte comme singularité, mais comme partie d'un ensemble collectif : communauté, groupe social ou institution. De son affirmation par Marx comme « être social avant tout » au « kaléidoscope de saisies » prônée par Alain Corbin, en passant par l'« histoire des mentalités » promue par Georges Duby, l'individu a fait l'objet, en France et ailleurs, tant d'une réflexion heuristique intense que d'un débat philosophique remettant en cause son identification au sujet. Amplifié par le structuralisme depuis la fin des années 1950, questionnant l'autonomie de l'individu au sein de la société ou de la structure où il évolue, de la « mort du sujet » à son « retour », le débat a été rouvert depuis les années 1980 à la faveur du tournant culturel.

« Sujet », « agent », « acteur », l'individu n'est pas désigné de la même manière par la philosophie, le droit, la sociologie, ou la science politique. Pour le philosophe cartésien, le sujet désigne la conscience de soi. En droit, il est appréhendé essentiellement sous l'angle de la personnalité juridique : aux côtés des États et des organisations internationales l'individu possède-t-il ou ne possède-t-il pas la qualité de « sujet » sur le plan international, doté de l'aptitude à être titulaire de droits et d'obligations (voir chapitre 5) ? Au sein d'une même discipline, comme la sociologie ou la science politique, l'individu peut être désigné de plusieurs façons à la fois. La littérature sociologique a oscillé ainsi entre l'« agent », immergé dans l'action, qu'il convient d'objectiver pour l'étudier de manière scientifique, et l'« acteur », défini par sa situation dans un système et dont on discute l'autonomie[1]. Relevons également que la notion d'acteur, chère à la science politique comme aux historiens, renvoie aussi, dans sa dimension métaphorique, à l'univers théâtral, très présent dans le récit des relations internationales.

L'historien diplomatique a longtemps été comparable à un peintre de la Renaissance, qui plaçait l'homme au centre de son monde. Il a accordé à l'individu une place prééminente dans son récit. Mais, à partir de la seconde partie du XIXe siècle, cette place a été progressivement remise en cause par la vague de fond née du marxisme, de la sociologie et de la psychanalyse. Dans ce contexte général, l'historien des relations internationales maintient une position originale. Il n'a jamais exclu l'individu de son cadre analytique. Selon les périodes et avec des perspectives renouvelées, il a valorisé sa capacité d'action (l'individu « agissant » de Taine), son *habitus* (l'être culturel « muni d'habitudes ») ou sa qualité d'être sensible (l'individu « doué de passions »)[2].

Ni « type » balzacien, constitué par « la réunion des traits de plusieurs caractères homogènes », comme l'exprime l'avant-propos de *La Comédie humaine*, ni « idéal-type » wébérien, cet individu objectivé, construction de la pensée, la notion de « figure », initialement empruntée à l'histoire de l'art – *fingere*, c'est façonner, modeler, donner forme à la matière –, nous semble un outil pertinent pour comprendre le statut accordé à l'individu dans le récit historique et pour rendre compte des transformations des pratiques internationales. La « figure sociale » est très présente dans la littérature sociologique depuis les années 1960 (Ralf Dahrendorf, Richard Hoggart, etc.). Notre propre usage la distingue des *Vies* de Plutarque, qui s'emploie à tracer le portrait moral de l'homme d'État, et des recueils de *Vies d'hommes illustres* du XVIe siècle[3], mais il présente des traits communs avec le projet de Balzac ou de La Bruyère qui conjugue le portrait proprement « littéraire » d'un personnage saisi par son allure physique et ses mœurs, tout en l'ancrant aussi dans un certain contexte social. Comme le soulignent Sebastian Moser et Tobias Schlechtriemen, ces figures sociales dépendent de la reconnaissance de leurs contemporains qui s'en servent pour problématiser et discuter le changement[4]. Pour notre part, nous avons procédé de manière empirique en identifiant les figures marquantes de l'historiographie des relations internationales depuis plus de deux siècles, qui remplissent à la fois une fonction axiologique et une fonction politique. Dans un premier temps, nous rendrons compte de la longue centralité d'un premier type de figure, l'homme d'État, avant de mettre en évidence les figures de terrain de l'international, telles qu'elles se sont affirmées depuis les années 1980, comme autant de marqueurs du nouvel intérêt porté aux dynamiques transnationales. « Figures sociales » et non plus héroïques, elles peuvent, elles aussi, être considérées comme des « phénomènes d'émergence », c'est-à-dire les symptômes des changements survenus à l'échelle internationale. Selon cette perspective, l'individu est saisi dans une situation donnée, dans son contexte, et il ne peut agir que dans le cadre d'une fonction : celle de médiateur, d'expert, de militant, ou d'itinérant. Ces figures humaines, dont l'itinéraire dans le temps peut être retracé, incarnent de manière emblématique, l'évolution des pratiques internationales.

Dans un second temps, nous examinerons la manière dont les historiens des relations internationales ont pris part au débat ancien concernant le rapport de l'individu à la structure dans laquelle il est inséré.

Enfin, nous montrerons que, s'il était saisi jadis comme une « personnalité » dont il convenait d'étudier le tempérament en recourant, éventuellement, à la psychohistoire, l'individu est aujourd'hui approché dans son individualité. En effet, depuis les vingt dernières années, la redécouverte généralisée de l'acteur non plus comme une entité abstraite, mais comme un individu possédant une subjectivité, donne lieu à des lectures émotionnelles appliquées, de manière très inégale, à l'histoire des relations internationales. En France, le lien entre histoire des relations internationales et histoire des sensibilités est quasi inexistant, peut-être parce que les « relations internationales » sont encore identifiées au « domaine de la sobriété de la politique des intérêts[5] ». Nous présenterons donc une réflexion centrée sur cette difficile articulation.

Les figures de l'international

L'histoire diplomatique a longtemps identifié l'individu à une figure héroïsée, l'« homme d'État ». À partir des années 1960, le centre d'intérêt s'est déplacé vers son entourage à la lumière des études sur la prise de décision, tandis que d'autres perspectives ont favorisé « l'éclipse de l'acteur » derrière une figure anonyme. Dans les années 1980, se rapprochant de l'histoire sociale, l'histoire des relations internationales a redécouvert l'individu grâce à une perspective transnationale fondée sur la notion de « milieu ». Une nouvelle étape est franchie dans les années 2000, avec l'affirmation de nouvelles « figures » de l'international. La décennie est aussi celle qui intronise, aux côtés des acteurs masculins des relations internationales, l'individu au féminin. Dans ce contexte, l'un des effets de la nouvelle dimension genrée de l'histoire des relations internationales, qui a accompagné cette affirmation, a été la naissance du néologisme de la « personne d'État[6] ».

La centralité de l'homme d'État (XIXe siècle-années 1980)

Parmi tous les individus, l'histoire diplomatique a longtemps isolé une figure, celle de l'homme d'État (*statista*, *stateman*). Celui-ci était conçu comme un « conducteur d'homme » (T. Carlyle)[7]. Infléchissant le cours de l'histoire tel Napoléon, il personnifiait l'État comme acteur international. Cet homme avait en l'occurrence une dimension héroïque, c'est-à-dire qu'il se comportait, sinon comme un demi-dieu (c'est l'étymologie du mot grec *herôs*), du moins de manière exceptionnelle. Ce héros particulier, l'homme d'État, avait deux avatars : le soldat et le diplomate. Le récit des historiens diplomatiques contemporanéistes a ainsi reposé sur la valorisation de :

> « [...] personnalités, chefs de l'exécutif ou ministres, à condition qu'ils fussent auréolés d'une notoriété analogue à celle des princes des anciens régimes monarchiques, auxquels revenait de droit la gloire de toute action. [...] On passait là d'une métonymie géographique ou institutionnelle, en tout cas abstraite, à une métonymie humanisée, héritière directe de l'historiographie princière[8]. »

Dans ce cadre, la figure de style privilégiée était l'antonomase – synecdoque où le nom commun est remplacé par un nom propre, du type : « Foch attaqua avec intrépidité. » Comme l'a écrit Olivier Reboul, « grâce à elle, les nations s'identifient à leur chef, les généraux gagnent les guerres, les individus font et sont l'histoire[9] ».

La figure de l'homme d'État a été l'expression d'une lecture hiérarchique et verticale, « par le haut » (*top-down*), des relations internationales, dans laquelle les peuples n'interfèrent que comme une entité anonyme. Dans ce cadre, sa biographie a constitué un genre très prisé par les diplomates-historiens du XIXe siècle. Le Britannique Henry Bulwer-Lytton, qui termina sa carrière comme ambassadeur à Constantinople en 1865, contribua à asseoir le genre avec ses *Historical Characters* (1867), classant les hommes d'État en différentes catégories, à commencer par Talleyrand, archétype du « politique[10] ». Albert Sorel s'essaya à la biographie en livrant en 1883 une étude sur Metternich et une autre sur Talleyrand. Recourant à la littérature, il compara Metternich au comte Mosca, « ce type exquis de l'homme d'État selon l'idéal de Vienne[11] ». Carlo Sforza, homme politique italien qui avait débuté en diplomatie en 1896, sacrifia lui aussi au genre dans *Makers of Modern Europe* en 1930. En 1932, Duff Cooper, futur ambassadeur britannique dans le Paris libéré de l'été 1944, est l'auteur d'un *Talleyrand.* Quant à Henry Kissinger, il a condensé dans les années 1950 l'un des plus beaux portraits de Metternich dans la formule :

> « C'était une figure rococo, complexe, finement sculptée, toute en surface, comme une prison aux formes complexes. [...] Il était le *beau-idéal* de l'aristocratie du XVIIIe siècle, qui se justifiait non pas par sa vérité mais par son existence[12]. »

Les historiens universitaires souscrivent aussi à l'exercice et se concentrent sur les dirigeants politiques. Dans *Before the War. Studies in Diplomacy*, qui commence à paraître en 1936, George P. Gooch se livre à une étude systématique des dirigeants aux commandes à la fin du XIXe siècle : Lansdowne, Delcassé, Bülow, Isvolsky et Aerenthal, etc. Ses études se fondent sur la lecture de leurs papiers personnels et de leurs témoignages. Il assume son goût pour « observer ceux qui font l'histoire au travail, pour retrouver les *arcana imperii* [secrets des empires], pour reconstruire le parcours des idées[13] ». Pierre Renouvin se révèle sensible à la manière dont Gooch insiste sur une action individuelle « toujours, dans les circonstances décisives, orientées par les aspirations traditionnelles, qui sont elles-mêmes dominées par les conditions géographiques ». Lui-même se plie à l'exercice des petits portraits dans le cinquième tome de l'histoire des relations internationales, paru en 1954. Il y présente les hommes d'État du XIXe siècle, expédiant Nicolas Ier en deux lignes (« son allure est celle d'un maître : stature vigoureuse, visage énergique, regard aigu »), à peine plus généreux avec Metternich ou Castlereagh, et bien plus fasciné par Bismarck à la nature « nerveuse, passionnée, insatisfaite, méfiante, haineuse... ». Dans *Les politiques d'expansion impérialiste* (1949), véritable ode méconnue à la « grandeur » coloniale, il explique que l'« étude biographique est toujours essentielle » pour comprendre les processus à l'œuvre. Face aux interprétations idéologiques, stratégiques, économiques ou faisant appel à la sauvegarde du prestige national, que les dirigeants ont eux-mêmes mises en avant, il défend la thèse du « tempérament » et de la « passion du pouvoir ». Aux côtés de Jules Ferry, Léopold II, Francesco Crispi et Joseph Chamberlain, il s'est réservé la cinquième biographie, celle de Theodore Roosevelt. Il y évoque l'énergie, le désir d'action et le dynamisme du secrétaire adjoint à la Marine et spécule notamment sur les « mobiles » qui ont conduit à l'intervention armée à Cuba, relevant :

« À vrai dire, la correspondance de Theodore Roosevelt ne contient aucune allusion qui permette d'entrevoir ce calcul. Mais il a dit lui-même qu'un homme n'analyse pas toujours exactement les mobiles de ses propres actes ![14] »

Les nouvelles figures de l'international (années 1980-2020)

Si l'intérêt pour l'homme d'État ne s'est, en réalité, jamais démenti, les trente dernières années ont connu la valorisation spectaculaire de figures de terrain, témoins au plus près des réalités locales et incarnations des changements survenus dans les pratiques internationales. Ce déplacement a accompagné l'essor de l'histoire transnationale et accompli l'exigence exprimée d'une écriture de l'histoire « par le bas » (*bottom-up*), une histoire faite par les sociétés. Il a reposé sur des partis pris narratifs qui seront présentés plus loin. Dans ce panorama, l'affirmation conjointe des femmes comme actrices et du genre comme approche tient une place à part.

L'histoire des relations internationales du début du troisième millénaire a, elle aussi, ses « héros », propres à ses nouvelles perspectives. Il est toujours risqué de proposer une taxinomie, qui repose sur un choix personnel de lectures. Si nous présentons ces figures comme des archétypes des « nouvelles figures de l'international », nous ne les essentialisons pas et gardons bien à l'esprit la variété de comportements que recouvre chaque catégorie. En outre, les quatre figures identifiées ne doivent pas être appréhendées de manière exclusive : un individu peut relever de plusieurs d'entre elles et être, par exemple, à la fois un médiateur *et* un expert.

La figure du « médiateur » valorise l'importance des échanges privés infra- et transnationaux, animés en particulier par les acteurs culturels ou économiques. Celle de l'« expert » permet d'interroger le rapport, qui s'est établi depuis le XIXe siècle, au sein même de la sphère publique entre les responsables gouvernementaux et ces « hommes spéciaux », comme on l'écrivait alors, issus de la sphère privée, qui viennent leur apporter leurs compétences sectorielles spécifiques. Si le médiateur et l'expert sont des figures à l'intersection des sphères étatiques et privées, intégrées dans le système international et contribuant à son fonctionnement, les deux autres l'attaquent de manière frontale. Le « militant » le remet en cause par la promotion de « causes » et le recours à des pratiques novatrices, indépendantes des pratiques étatiques, l'« itinérant », par sa capacité à défier principalement l'un des attributs de la souveraineté, à savoir la frontière.

Le médiateur

Le médiateur est la figure principale qui a accompagné la transnationalisation de l'historiographie des relations internationales à partir des années 1980-1990. Elle a été mise en place par les historiens des transferts culturels, à commencer par Michel Espagne et Michaël Werner, pour désigner une personne-relais entre deux cultures (voyageurs, traducteurs, hommes de lettres, enseignants, consuls et diplomates, etc.), dont le « comportement social – comportement de groupe ou stratégies individuelles, formes d'intégration ou de réclusion culturelle – et les formes d'organisation et de diffusion de la culture qu'ils ont mises en place – associations, réseaux privés, presse d'émigration, publications, ou encore activités individuelles au sein d'institutions françaises – déterminent largement la réalité du transfert[15] ». De son côté, Bruno Latour a défini les médiateurs comme des « acteurs dotés de la capacité de traduire ce qu'ils transportent, de le redéfinir, de le redéployer, de le trahir aussi », en les distinguant des intermédiaires[16]. En français, on a substitué parfois à la notion de médiateur celle de « passeur ». En allemand, les termes de *Mittler* ou de *Vermittler* ont été utilisés. En anglais, on utilise la métaphore du courtier (*broker*), jadis appliquée à Bismarck dans son acception arbitrale. Aujourd'hui, très présente dans le lexique sociologique, elle désigne des individus qui favorisent la création de liens non officiels dans des espaces vacants, ou en tous cas non quadrillés par des structures institutionnelles. Il ne s'agit pas d'experts de la médiation internationale au sens juridique du terme, ni d'intermédiaires au sens qu'a la notion dans le domaine paradiplomatique – favoriser discrètement l'établissement de liens officiels entre deux entités en conflit ou dont les relations officielles sont rompues –, mais d'individus qui jouent un rôle de transmission d'idées et de pratiques ainsi que d'intermédiation entre des individus et des groupes qui appartiennent à des domaines d'activité différents. Cette médiation peut passer par des canaux officiels ou officieux ; elle peut aussi se déployer de manière informelle et non intentionnelle au gré de rencontres et d'échanges dans la sphère publique ou privée.

À l'origine, l'histoire des médiateurs s'est confondue avec celle des intellectuels et des acteurs du monde culturel (écrivains, artistes, poètes, philosophes, historiens, mais aussi journalistes, éditeurs, libraires, etc.), dans la mesure où l'histoire des intellectuels était alors en renouvellement dans les années 1980. L'apport des historiens internationalistes a été de démontrer que, d'une part, le domaine d'action des médiateurs culturels n'était pas uniquement tourné vers le domaine intellectuel ou culturel et pouvait s'étendre à d'autres domaines, au domaine économique notamment, et que, d'autre part, des domaines autres que le domaine culturel avaient présenté des figures médiatrices marquantes. Industriels, banquiers, négociants, mais aussi permanents patronaux constituent, dans cette première génération de travaux, autant de figures au cœur d'une histoire renouvelée du rapprochement franco-allemand des années 1920, de la réconciliation franco-allemande des années 1950-1960, de l'unification européenne des années 1920 aux années 1950, ou encore du dialogue entretenu entre les sociétés des « Deux Europe » pendant la guerre froide. Ces travaux ont favorisé une modification du regard porté sur l'homme d'affaires, agent économique au cœur des processus de cartellisation de l'entre-deux-guerres ou de la reconstruction de l'après-1945, mais qui se fait aussi agent d'influence. Pour s'en tenir aux figures médiatrices du processus de l'unification européenne, celles de l'industriel allemand Robert Bosch, du banquier Horace Finaly, du représentant patronal des grands magasins Jacques Lacour-Gayet et de l'industriel luxembourgeois Émile Mayrisch ont animé une histoire transnationale de la construction européenne qui a rompu avec le récit politique, institutionnel et linéaire antérieur, et qui en a fait valoir les détours et projets alternatifs en mettant au jour les logiques professionnelles et sectorielles, tributaires de l'environnement national et international[17]. Dans la sphère anglo-saxonne, la figure de l'industriel-philanthrope a été mise en valeur pour souligner son engagement nouveau dans le traitement préventif des conflits internationaux à l'orée du XXe siècle, puis en faveur du développement des sciences sociales à partir des années 1920 et du combat anticommuniste à partir de la fin des années 1940. L'émergence de grandes fortunes aux États-Unis dans la seconde partie du XIXe siècle et la naissance de fondations au rayonnement international (Russel Sage, Carnegie, Rockefeller, Ford), qui tiennent un rôle central dans la diplomatie culturelle et d'influence des États-Unis, expliquent la concentration des recherches dans ce domaine[18].

Autre grande figure de médiateur, longtemps laissée aux historiens des religions et redécouverte, celle du missionnaire protestant ou catholique. Une partie des travaux a été portée par la nouvelle histoire impériale et l'histoire du droit international. Aux côtés de leur rôle premier d'agents de la colonisation, on a mis en valeur leur *ethos* capitaliste et leur rôle de traducteur, et, partant, souligné leur fonction d'agent économique et d'intermédiaire culturel[19].

L'expert

S'il est une figure qui occupe aujourd'hui une place privilégiée dans l'historiographie des relations internationales, c'est bien celle de l'expert, quelle que soit sa spécialité. Se distinguant du savant par sa capacité à mobiliser ses connaissances pour éclairer une décision de nature politique, il est celui dont les savoirs, les techniques et les compétences sont convoqués en fonction de leur efficacité supposée dans le traitement d'un problème. Aux côtés de l'expert juridique, intégré de longue date dans l'appareil d'État comme conseiller du Prince et jurisconsulte, les profils experts ont connu une importante diversification depuis le XIXe siècle[20]. Celle-ci est liée à la mondialisation et à la multiplication progressive des questions débattues à l'échelle internationale. Le besoin croissant d'informations et d'expertises sur une multitude d'objets « globaux », identifiés comme autant de « biens communs » (la santé, les télécommunications, la sécurité fluviale et maritime, le respect de la propriété intellectuelle, l'environnement, etc.) a conduit l'État à s'étoffer de réseaux parallèles d'information sur l'extérieur et à intégrer ces professionnels à la sphère décisionnelle. Dans cette perspective, leur mise en lumière a alimenté les études sur l'évolution des entourages des dirigeants et sur la participation de certains individus privés à la prise de décision, en particulier lors de négociations internationales. Les nouvelles orientations de recherche ont mis l'accent sur la formation de « communautés épistémiques ». Cette expression a été introduite dans la littérature des Relations internationales, notamment par Peter Haas dans plusieurs articles publiés en 1992. Pour ce dernier, une communauté épistémique désigne « un réseau de professionnels ayant une expertise et une compétence reconnue dans un domaine particulier et une revendication d'autorité en ce qui concerne les connaissances pertinentes pour les politiques[21] ». Le fait que la revue *International Organisations* ait contribué à la diffusion de la notion souligne que la figure de l'expert a nourri la redécouverte des organisations internationales en les analysant comme des lieux de mondialisation relative des savoirs. Issus des sociétés, ces experts ont été à la source d'interrogations sur leur autonomisation vis-à-vis des États et sur leur capacité à mobiliser, au service d'une cause, des réseaux construits ou fortifiés en partie dans le cadre d'une éphémère mission gouvernementale.

Parmi eux, la figure du *juriste internationaliste* occupe depuis les années 2010 une place très importante dans l'historiographie des relations internationales, comme dans celle du droit international[22]. Sa prééminence nouvelle est attachée à l'intérêt porté aux phénomènes transnationaux et aux organisations internationales, mais elle fait aussi l'objet de réflexions relatives aux évolutions de la pratique étatique et à la continuité de la figure duale du juriste-diplomate venant apporter son expertise, comme homme de l'art, ou/et entrant en diplomatie. Elle est encore liée à la redécouverte des conférences de La Haye de 1899 et 1907 comme matrices de l'évolution du droit de la guerre[23]. Au-delà, elle nous parle de l'importance attachée à la judiciarisation des relations internationales propre au XXe siècle, que ce soit dans les domaines pénal, commercial ou climatique. Les livres *Crimes against Humanity. Eine Ideengeschichte der Zivilisierung von Kriegsgewalt 1864-1945* (2018) de Kerstin von Lingen et *Le moment Nuremberg. Le procès international, les* lawyers *et la question raciale* (2019) de Guillaume Mouralis, ou celui à paraître d'Ann-Sophie Schoepfel, *The Imperial Fracture. The Saigon Trials in International Law*, ont ainsi contribué au développement des travaux sur l'histoire de la justice transitionnelle.

L'histoire de l'institutionnalisation de la diplomatie multilatérale au XIXe siècle a permis de mettre en lumière d'autres figures d'experts (financiers, statisticiens, météorologues, médecins, ingénieurs, etc.[24]). La figure de l'ingénieur a été mise en valeur par le croisement de l'histoire des techniques et de celle des relations internationales. D'une histoire des savoirs et des méthodes de l'ingénieur, qui traitait souvent de l'ingénierie sans parler des individus, on est passé à une analyse socioculturelle de ces acteurs. Une attention particulière a été portée à la mobilité internationale des ingénieurs européens, aux réseaux générés par la « diaspora » des ingénieurs britanniques à l'occasion de la *railway mania* à la fin du XIXe siècle, ou au parcours de ceux issus de l'Empire ottoman et de l'Amérique latine et ayant étudié en France au XIXe siècle. Attachés à ces mobilités, leur rôle crucial dans les transferts de technologies a été étudié. À la suite des travaux pionniers de Daniel R. Headrick, l'histoire impériale les a traités à la fois comme des agents de l'expansion et de la domination coloniale[25]. Un autre domaine a renouvelé notre vision, celui de l'histoire de l'intégration européenne : les travaux coordonnés par Johan Schot et Vincent Lagendijk ont analysé l'internationalisme technocratique au XXe siècle, au prisme de l'action de coordination des travaux techniques et économiques internationaux (réseaux autoroutier, électrique, ferroviaire, etc.) réalisée par ces ingénieurs et de leur rôle normatif[26]. Cette approche transnationale s'est aussi conjuguée à une approche décisionnelle pour permettre d'évaluer leur place dans la structuration de la politique étrangère et sécuritaire des États-Unis au début de la guerre froide.

Le militant

Les représentants de la société civile, militant pour une cause transnationale, ont suscité de très nombreuses études. Abolitionnistes, philhellènes, militants au cœur de l'« Internationale libérale » (Maurizio Isabella), pacifistes, féministes animent une histoire des circulations des idées, des pratiques et des hommes au XIXe siècle, dont de nombreux combats se prolongent au siècle suivant ou s'enrichissent de nouvelles causes, comme les combats environnemental ou anti-nucléaire[27]. Les activistes, qui manifestent à Fessenheim ou à Wyhl au début des années 1970, puis à Creys-Malville ou à Kalkar en juillet et septembre 1977, témoignent du renouvellement des profils militants, de la ménagère de moins de cinquante ans à l'anarchiste radical, en passant par le fermier sur son tracteur et par les communistes agitant leurs bannières[28]. Cette histoire de la militance internationale est ancrée dans celle de nouvelles pratiques, que nous détaillerons au chapitre suivant.

L'itinérant

L'itinérant se décline en plusieurs figures qui se jouent des frontières : le migrant, l'exilé, le réfugié et le volontaire international. Croisant l'histoire du droit, l'histoire sociale et l'histoire culturelle, celle des relations internationales a été attentive à la définition, encadrée par les institutions étatiques ou intergouvernementales, de ces catégories longtemps marquées par les « incertitudes conceptuelles du XIXe siècle[29] ». Les travaux se sont d'abord appuyés sur l'histoire sociale pour renverser les perspectives. En France, une table ronde réunit dès 1972 deux historiens internationalistes, Pierre Milza et Janine Ponty, autour de la question des migrations de travail. Le premier travaille sur l'émigration italienne en France. La seconde publie un livre pionnier, *Polonais méconnus, histoire des travailleurs immigrés en France dans l'entre-deux-guerres* (1988), interrogeant le statut de « travailleur immigré » accordé aux ouvriers agricoles et industriels polonais à partir d'un choix de sources spécifiques (corpus législatif, documents administratifs standardisés produits par l'État et les organismes publics). Du discours étatique et institutionnel sur les populations étrangères autour de la notion-clef d'assimilation, on passe à une analyse issue des sources produites par les migrants eux-mêmes. Les archives étatiques sont aussi relues dans la perspective de rendre visibles les individus, acteurs des migrations. Les travaux sur les diasporas, qui se sont multipliés depuis les années 1990, interrogent le rapport de l'individu à sa communauté ainsi que les cultures d'exil[30].

L'histoire culturelle des relations internationales a mis en évidence la figure de l'exilé[31]. À l'origine, il s'agit d'un « banni », contraint à un éloignement forcé hors des frontières de la cité ou de l'empire. Le terme, auquel on accorde une connotation plus politique, tend à se confondre au XXe siècle avec la notion de « réfugié », forgée pour désigner les protestants ayant fui la France au XVIIe siècle pour échapper aux persécutions. Il demeure moins utilisé que ceux d'« exilé » et d'« émigré » jusqu'à la fin du XIXe siècle. La distinction entre les réfugiés et les autres groupes de migrants, déjà controversée au XIXe siècle, l'est toujours aujourd'hui. Les synthèses récentes de Philipp Ther, *The Outsiders: Refugees in Europe since 1492* (2019 [2017]), et de Delphine Diaz, *En exil. Les réfugiés en Europe, de la fin du XVIIIe siècle à nos jours* (2021), signent, parmi d'autres, la vitalité de ce domaine de recherche. En lien avec ces figures, la question des

« minorités » et de leur protection internationale a été redécouverte à l'occasion de travaux sur les congrès de Paris de 1856 et de Berlin de 1878.

Dernière déclinaison de l'itinérant : le volontaire international. L'engagement volontaire d'individus, qui partent se battre à l'étranger pour défendre leurs idées, est une autre manifestation de l'attention prêtée par les historiens aux contestations du modèle de l'État-nation en construction au XIXe siècle, à l'heure où les États cherchaient à faire primer la nationalité sur les choix politiques dans la hiérarchisation des appartenances. Depuis l'époque des révolutions américaine et française et de la guerre d'indépendance grecque, le volontariat armé a été un trait caractéristique des sociétés occidentales. Par exemple, entre le congrès de Vienne et la veille de l'unification italienne, des ressortissants des nombreux États italiens partent prendre les armes à l'étranger, au nom de l'amitié et de la solidarité internationale des peuples, principalement dans les Balkans pendant la révolution grecque et dans la péninsule Ibérique pendant les révolutions libérales des années 1820. Le caractère « bidirectionnel » de ces flux de mobilité et de migration a été mis en valeur : si l'Italie est une terre d'où partent les volontaires pour combattre à l'étranger, elle est aussi le lieu où les volontaires d'autres pays cherchent asile. D'autres exemples sont fournis par les volontaires italiens, russes, polonais ou danois, qui se battent avec la France parfois contre un ennemi commun – la Prusse –, parfois pour soutenir la République, ou ceux partis se battre en faveur des légitimistes espagnols pendant la deuxième guerre carliste de 1872 à 1876[32].

On ne saurait enfin oublier de mentionner une contre-figure de l'itinérance, que constitue le garde-frontière, dont Sabine Dullin a mis en valeur la déclinaison soviétique. Tout à la fois révélateur de la frontière, « relais des lumières soviétiques », « grand-frère » et héros de la jeunesse, cet « acteur central de la construction de l'État, du territoire et de la nation », gagne ses galons de combattant dans l'affrontement contre les Japonais[33].

Au regard de la diversité de ces « nouvelles » figures, celle de l'ambassadeur, avatar de l'homme d'État, peut paraître occuper une place aujourd'hui bien décentrée dans le tableau. C'est pourtant un effet d'optique : la nouvelle histoire diplomatique (ou histoire des pratiques diplomatiques) constitue l'un des champs de renouvellement les plus intenses de l'histoire des relations internationales tant à l'époque moderne que contemporaine. Redéfinir l'échange diplomatique et ses acteurs itinérants (diplomate, consul, interprète), repenser ses fondements juridiques et culturels, sa langue sont au cœur de ses ambitions[34]. Un fil ne s'est jamais rompu entre les historiens, préoccupés moins par l'établissement des faits traités par le diplomate que par une réflexion sur la polyvalence de ses fonctions (à commencer par celle de médiateur) et les spécificités de leur métier. Se retournant sur ses années de formation, Gordon A. Craig raconte ainsi le conseil que lui donna en 1936 Benedict H. Sumner au Balliol College : lire le livre de David P. Heatley, *Diplomacy and the Study of International Relations* (1919)[35]. Sumner, qui avait enseigné l'histoire à l'université d'Édimbourg, recommandait la lecture des auteurs spécialisés depuis l'époque moderne dans l'analyse des techniques de négociation. Or, comme le soulignait Craig, l'oubli de cette littérature avait contribué au « caractère étriqué et unidimensionnel d'une grande partie de l'histoire diplomatique récente[36] ». Largement redécouverte sous l'impulsion des historiens internationalistes de l'époque moderne, cette histoire est aujourd'hui conduite de manière beaucoup plus horizontale et donne à voir, en particulier, les interactions entre l'ensemble des personnels méconnus peuplant les ambassades et consulats (attaché, chancelier, interprète, consul) et leurs sociétés d'accueil. L'histoire consulaire, illustrée en France par Silvia Marzagalli, Mathieu Grenet, Fabrice Jesné, Marion Aballéa, a particulièrement bénéficié de cette décentralisation du regard.

L'individu au féminin

Il convient enfin d'accorder une place à part à l'individu au féminin dans l'écriture des relations internationales. Dans la réédition de 2001 de l'*Histoire des relations internationales de 1919 à 1945*, Jean-Baptiste Duroselle et André Kaspi présentent plus de huit cents figures historiques, parmi lesquelles se trouvent seulement sept femmes. Aux côtés de la militante spartakiste assassinée à Berlin le 15 janvier 1919 Rosa Luxemburg, symbole d'un mouvement révolutionnaire, et de trois femmes nobles (Marie de Roumanie, l'impératrice Zita et la reine Wilhelmine des Pays-Bas), trois femmes sont citées en fonction de leur mari (Lady Astor, « Mme » Dollfuss et « Mrs » Edith Wilson). Cette constatation conduit à une interrogation sur la place des femmes au sein de l'histoire des relations internationales, tant conçue comme *res gestae* que comme récit : les femmes sont-elles doublement absentes de ce domaine, à la fois inactives dans le domaine international et effacées de l'histoire ? La réalité est naturellement plus complexe.

De fait, l'exclusion des femmes de la vie civique a été le socle sur lequel la place des femmes a été construite dans les relations internationales contemporaines au sein d'une société internationale, masculine, militarisée et aux valeurs viriles, « fondée sur une division genrée du travail diplomatique[37] ». L'histoire diplomatique naissante, produite par des hommes, ne fait pas, ou très peu, de place aux femmes, ou bien elle la cantonne dans une histoire irréelle, tel Albert Sorel réduisant la fille de Pierre le Grand, la future tsarine Elisabeth, à sa condition de grande amoureuse, évoquant « ce pays de France qui semblait pour elle le pays des contes de fées[38] » ! Les choses ont considérablement changé.

La nouvelle histoire des relations internationales restitue aux femmes leur place en questionnant les grilles de lecture forgées par le regard masculin. Cette réécriture ne va pas sans poser un certain nombre de problèmes heuristiques. Il est encore difficile de sortir du récit de l'exceptionnalité, propre à l'histoire diplomatique, construit autour de femmes exceptionnelles (*exceptional individual women*[39]). Cela entraîne le risque d'extrapoler les conclusions tirées d'un parcours personnel à tout un groupe. Aux États-Unis, Emily Rosenberg avait souligné dès la fin des années 1980 le danger de cette approche tout comme celle d'une lecture culturelle reposant sur l'identification de tâches internationales dans lesquelles les femmes seraient spécialisées[40]. De fait, seules certaines d'entre elles, comme Jeannette Rankin, Eleanor Roosevelt et Clare Boothe Luce surnageaient alors dans la littérature historique encore très centrée sur la politique extérieure des États-Unis. Un ouvrage collectif coordonné par Edward P. Crapol, *Women and American Foreign Policy: Lobbyists, Critics, and Insiders* (1987) devait frayer la voie à des travaux sur des « inconnues » qui s'affirmaient dans des domaines spécifiques : le militantisme abolitionniste (Lydia Maria Child), pacifiste (Lucia True Ames Mead) ou impérialiste (Jane M. Cazneau). En France, en 2004, Yves Denéchère et Jean-Marc Delaunay ont joué un rôle précurseur en encadrant des études montrant la variété des profils féminins dans les relations internationales[41]. Ailleurs, la réflexion a été stimulée par les articles et ouvrages de Karin Aggestam et Ann Towns, de Glenda Sluga et Carolyn James, plus récemment de Mona Siegel.

Reines, égéries, infirmières, espionnes, les figures traditionnelles des récits historiques ont bénéficié pleinement des perspectives propres aux études de genre. L'historien Johannes Paulmann a offert une relecture du rôle de la reine Victoria en conjuguant l'approche anthropologique et l'approche de genre au service d'une meilleure compréhension du fonctionnement de la scène politique internationale au XIXe siècle[42]. L'action de femmes, identifiées à des égéries ou à des intrigantes, est aujourd'hui interprétée comme celle de « diplomates d'influence », agissant par le biais de leurs propres réseaux et dans le cadre des salons, telles Germaine de Staël (1766-1817) et Dorothea Lieven (1785-1857), incarnations de l'importance des canaux informels de la diplomatie, au moment même où celle-ci se professionnalise selon des normes administratives et procédurales de plus en plus précises. Longtemps cantonnée à un rôle de faire-valoir de son époux, l'ambassadrice, dont le rôle se définit comme l'épouse de l'ambassadeur, fait aujourd'hui l'objet d'une réévaluation alors que les travaux sur l'accession des femmes aux dossiers politiques internationaux restent encore rares[43]. L'« espionne » est une autre catégorie traditionnelle revisitée[44].

Au début des années 2020, les études sur les infirmières, les femmes missionnaires et les militantes pacifistes et féministes demeurent les plus nombreuses. La figure de l'infirmière illustre l'élargissement des perspectives à l'œuvre. De l'image maternelle, voire mariale, associée au zouave blessé pendant la guerre de Crimée, photographié en 1854 par Robert Fenton, à l'éveilleuse de conscience, son traitement reflète le déplacement de l'intérêt pour le fait guerrier en lui-même. Accompagnant la volonté d'appréhender les réalités internationales de manière beaucoup plus transfrontalière, ces études nouvelles font de l'infirmière non plus une figure conventionnelle de la charité s'exerçant à l'échelle nationale, mais un nouvel archétype de la militance transnationale. À l'instar de ce qui se produit dans d'autres secteurs, on met en avant un engagement international qui se fonde sur la récolte systématique et mondialisée de statistiques et l'interpellation des pouvoirs publics par la pétition ou la campagne de presse. Envoyée avec l'autorisation du gouvernement britannique en Turquie, à Scutari où se trouvait le camp des blessés britanniques pendant la guerre de Crimée, Florence Nightingale est ainsi devenue la figure emblématique de ces nouvelles approches par son polymorphisme. Elle passe de l'image sulpicienne de la « Dame à la lampe », qui lui avait été accolée par un article du *Times* et l'iconographie du temps, à l'incarnation du rejet féministe d'une vie bordée par le mariage, à celle de la professionnalisation d'une activité médicale et de la naissance de l'*advocacy* avant la lettre, première femme enfin élue *fellow* de la Société royale de statistique en 1858. Dans cette voie, d'autres figures d'infirmières comme celle d'Emily Hobhouse, active pendant la guerre des Boers de la fin du XIXe siècle, ont aussi été mises en exergue aux côtés des premières responsables humanitaires telle Renée-Marguerite Cramer, première élue, en novembre 1918, au sein des instances gouvernantes du Comité international de la Croix-Rouge. La présence importante des femmes dans les missions est imputée au contexte culturel, qui leur attribuait des responsabilités particulières pour améliorer la condition morale de la société.

Inscrite dans une historiographie des mouvements sociaux préexistante, l'histoire du militantisme pacifiste des femmes a étudié les associations où elles s'engagent (*London Peace Society, International Council of Women, International Alliance of Women, Women's International Democratic Federation*). Au cœur de ces travaux, de nombreuses figures pacifistes émergent, dont celle de l'autrichienne Bertha von Suttner, première lauréate du prix Nobel de la paix en 1905, de la journaliste française Louise Weiss, engagée dans les réseaux briandistes, de l'écrivaine franco-allemande Annette Kolb, ou encore, plus contemporaines, celles de ces militantes hostiles à la « double décision de l'OTAN » du 12 décembre 1979, qui autorisait le déploiement de *Pershing II* et de missiles de croisière en Allemagne de l'Ouest et dans d'autres États européens, les Allemandes Dorothee Sölle, Eva Quistorp et Petra Quelly[45].

Les recherches se sont orientées vers l'espace international, identifié comme un lieu stratégique pour asseoir les revendications des femmes, du fait de la reconnaissance de l'engagement des organisations internationales, intergouvernementales ou non gouvernementales, en faveur de leur intégration professionnelle. L'individu au féminin s'est progressivement transformé en une figure militante à double facette, œuvrant tant dans le cadre de mobilisations féminines au service d'une cause plus générale que les mobilisations spécifiquement féministes. L'accent a été mis sur certains métiers féminins exercés pendant la Première Guerre mondiale (ouvrières dans les usines de munitions, infirmières de la Croix-Rouge, auxiliaires des armées), sur les combats nationalistes des femmes en Chine, en Hongrie ou en Lituanie[46], sur leur demande d'une renégociation du rapport entre les sexes et du changement du regard porté sur l'exercice de métiers qui leur étaient défendus, ou encore sur la lutte pour la reconnaissance des droits civiques et politiques et sur leur engagement pacifiste[47]. La figure de la militante relève aussi d'une historiographie spécifique du militantisme féministe, qui se concentre sur le moment de son institutionnalisation et explore la relation entretenue par deux « nouveaux acteurs » de l'histoire contemporaine : l'ONG et l'organisation internationale. Les conférences onusiennes, telle la conférence mondiale pour l'année internationale de la femme, tenue à Mexico en 1975, ont fait l'objet de premiers travaux, permettant aussi de mettre en valeur l'action des femmes diplomates de carrière ou travaillant dans les organisations internationales.

L'individu et la structure : outils analytiques

L'individu est-il autonome par rapport à la structure dans laquelle il est inséré ? Exerce-t-il, par ses décisions et ses actions, une influence sur les institutions sociales dans lesquelles il vit ? Ou bien est-ce la structure qui détermine le comportement de l'individu, et au-delà son identité et ses intérêts ? Le débat est ancien. Jean-Baptiste Duroselle avait pris position frontalement dans le livre copublié avec Pierre Renouvin en 1964. « Quelle est l'influence respective des hommes politiques et des mouvements profonds "infrastructurels" ? », questionnait-il, se référant au postulat marxiste[48]. Le sociologue Alexander Wendt avait relevé un peu ironiquement la résurgence du débat, à la fin des années 1980, « sorte de petite industrie artisanale dans le domaine des sciences sociales[49] ».

Malgré l'éclipse, « les individus comptent » (Paul G. Lauren) : regards croisés franco-britanniques

Dans les années 1950 et 1960, l'histoire économique comme l'histoire des mentalités font disparaître l'individu de leurs schémas explicatifs. Il s'efface derrière un « chef d'orchestre » (Ernest Labrousse) : les masses, les classes, « le rythme anonyme de la production capitaliste[50] ». Cette éclipse marque aussi, en France, les travaux d'une partie des disciples de Pierre Renouvin, qui préparent ou achèvent des thèses de doctorat dans les années 1960, très marquées par les débats sur l'impérialisme et les théories marxistes-léninistes. Centrés sur la question des causes du déclenchement de la Première Guerre mondiale, qu'ils abordent en interrogeant l'interrelation des questions économiques, des opérations financières et des décisions politiques, ils contribuent à cet effacement des individus. La thèse de Raymond Poidevin, publiée en 1969, est représentative de cette anonymisation, qu'elle soit celle des acteurs diplomatiques (la *Wilhelmstraße*), politiques (« l'Empire, les États, les Villes »), financiers (« la finance germanique », « la haute finance internationale ») ou économiques (« les sidérurgistes », « les métallurgistes »). Publiée en 1984, l'étude de l'historien économiste Jacques Marseille, consacrée au capitalisme colonial français, constitue la queue de comète de cette approche. Se fondant sur la thèse de Lénine (*L'impérialisme, stade suprême du capitalisme*, 1917), il se livre à une réfutation des théories marxistes et démontre que la domination politique directe de l'État colonisateur va plutôt à l'encontre des intérêts des milieux d'affaires. Pour expliquer le processus qui a conduit à la décolonisation, il met au jour la contradiction intrinsèque de deux temporalités à partir des années 1930 : la désaffection d'une partie des hommes d'affaires et la place croissante de l'Empire dans les représentations des Français ; le « divorce entre l'"économique" et le "politique" ». L'acteur individuel est au second plan. Il s'efface derrière le secteur d'activité économique auquel il appartient, ramené à une entité collective (« l'industrie cotonnière », « les branches exportatrices », les « coloniaux », etc.). Pourtant, et de manière remarquable pour notre propos, une personnalité surnage, celle d'Edmond Giscard d'Estaing, inspecteur des finances et administrateur de nombreuses sociétés coloniales dans l'entre-deux-guerres.

Il est le seul à faire l'objet d'une biographie professionnelle relativement poussée. Jacques Marseille le ramène néanmoins à la qualité de « porte-parole de la stratégie libérale » – c'est-à-dire des intérêts d'une partie du patronat français hostile au repli autarcique sur l'Empire et désireux d'ouvrir l'économie française à la concurrence internationale pour favoriser sa modernisation –, ou encore à une entité marxiste, « l'oligarchie financière ». Marseille se défend toutefois *a priori* du reproche d'hétérodoxie qui pourrait lui être adressée.

> « Assimiler [...] la stratégie d'une structure aux prises de position d'un homme peut apparaître comme un anthropomorphisme un peu simple[51]. »

Et il formule tout aussi clairement l'enjeu majeur de la recherche historique propre aux historiens internationalistes de sa génération :

> « Savoir si les hommes imposent ou subissent la logique d'un système dont ils perçoivent plus ou moins l'évolution. »

Cette grille de lecture, alors très en vogue, n'a pas fait disparaître d'autres approches. Au Royaume-Uni, contre vents et marées, Alan J. P. Taylor se fait, dans les années 1960, une spécialité des biographies d'hommes d'État et consacre de nombreux livres aux dirigeants des XIXe et XXe siècles : *From Napoleon to Stalin* (1950), *Bismarck* (1955), *Lloyd George* (1961), *From Napoleon to Lenin* (1966), *Churchill Revised: A Critical Assessment* (1969), etc. Cet historien très populaire, connu depuis 1942 par ses émissions de radio, éclate sur la scène médiatique grâce à la télévision et à l'émission *In The News*, où il apparaît quarante-neuf fois entre août 1950 et décembre 1954[52]. Amateur de romans historiques, il se disait redevable à Thomas Macaulay et Sir Lewis Namier pour leur sens littéraire, et pour lui, « l'histoire la plus haute combin[ait] l'érudition et l'art ». En France, la thèse de René Girault sur les emprunts russes en 1973 a ramené l'homme avec sa raison, sa volonté, sa capacité de choix au cœur de l'explication ; le livre de Jean-Claude Allain en 1976 sur la crise d'Agadir de 1911 pose la question de la « liberté décisionnelle » de Caillaux et souligne que « le coefficient personnel joue naturellement aussi dans l'analyse des données qui structurent le problème et dans la perception de leur acuité dans l'ensemble de la crise[53] ». « Ils peuvent être sages, fous, compatissants, vindicatifs, bons ou mauvais, mais que ce soit à dessein ou par hasard, de par leur fonction ou leur caractère, les individus comptent » : cette affirmation de l'historien américain Paul Gordon Lauren en 1979 illustre la permanence, tout au long du XXe siècle, d'une tradition vivace centrée sur l'individu[54].

La leçon inaugurale vigoureuse de Donald C. Watt, placé à la tête de la *Stevenson Chair of International History* de la LSE en 1983, « What about the people », a été un moment important dans la reconquête de positions perdues face à ceux qu'il appelle les « annalistes ». Il dénonçait le fait que les personnalités historiques fussent devenues de « simples cintres ou des portemanteaux auxquels on accroche des attributs, bons ou mauvais, agréables ou désagréables, jusqu'à ce que la personne réelle, vivante ou autrefois vivante, soit complètement perdue de vue[55] ». Au Royaume-Uni, le genre biographique reste pratiqué par les historiens universitaires jusqu'à aujourd'hui. David Reynolds fait paraître *In Command of History: Churchill Fighting and Writing the Second World War* (2005), Gaynor Johnson, *Lord Robert Cecil: Politician and Internationalist* (2013), N. Piers Ludlow, *Roy Jenkins and the European Commission Presidency, 1976-1980: At the Heart of Europe* (2016), Thomas Otte, *Statesman of Europe: A Life of Sir Edward Grey* (2020), Richard Toye, *Churchill: A Life in the News* (2020). De même, en France, Maurice Baumont, Jean-Baptiste Duroselle, plus récemment Yves Denéchère, Stanislas Jeannesson et Antoine Marès entretiennent un genre centré sur l'élite politique et diplomatique. Revisitant, dans *Les Somnambules* (2013 [2012]), l'été 1914 et le processus qui a conduit à l'éclatement de la Première Guerre mondiale, l'historien australien Christopher Clark assume clairement l'idée que, dans cette histoire, « l'initiative personnelle est prépondérante. Les principaux décideurs – rois, empereurs, ministres des Affaires étrangères, ambassadeurs, commandants militaires ainsi qu'une foule de fonctionnaires subalternes – marchèrent vers le danger à pas calculés [...] ». Il n'est pas jusqu'au livre *Histoire mondiale de la guerre froide, 1890-1991* (2019 [2017]) d'Odd Arne Westad, qui n'en revienne à de petits portraits des « grands » dirigeants : Brejnev, Castro, Deng, Nasser, etc., alors qu'il s'en tenait à distance dans l'ouvrage précédent, *La guerre froide globale* (2007 [2006]). Les études sur les sommets internationaux, qui se sont multipliés durant et à la fin de la guerre froide, testent « la croyance en la capacité d'agir » proclamés par les hommes politiques. Kristina Spohr et David Reynolds, éditeurs d'un livre collectif, anticipent le reproche susceptible de leur être fait, d'« être influencé[s] par des notions dépassées de l'histoire des grands hommes ». Ils affirment néanmoins que la clef de la fin de la guerre froide réside dans les « hommes d'État, [les] sommets et [...] l'art de gouverner[56] ».

Saisir l'individu agissant sur la structure

En 1925, Charles Webster avait insisté, de manière précoce, sur la nécessité d'identifier le petit groupe d'hommes en charge de la décision[57], frayant la voie aux études de l'entourage de l'homme d'État, qui se multiplient dans les années 1960 et se renouvellent dans les années 1980 avec la saisie transnationale de milieux. Entretemps, l'adoption d'une perspective culturelle a mis en lumière l'importance des représentations et des préjugés qui pèsent sur les responsables politiques et internationaux. Les années 2000 sont celles de la (re)découverte d'individus, jadis absents de l'historiographie, et dont il importe d'évaluer la capacité d'action.

L'homme d'État et son entourage : l'approche décisionnelle des années 1960

Au cœur des analyses sur les élites gouvernementales et diplomatiques, l'entourage fait l'objet de réflexions conduites en France par Jean-Baptiste Duroselle et Jean-Claude Allain. Pour Duroselle, la notion renvoie aux « collaborateurs immédiats » de l'homme d'État, à la fois conseillers et « filtreurs » de l'information. De l'étude de l'éminence grise solitaire à celle des petits groupes de conseillers, il s'est agi de comprendre la part prise dans l'élaboration des décisions et de mesurer leur influence sur l'homme d'État. Pour Allain, le débat sur les responsabilités du déclenchement de la Première Guerre mondiale en a été la cause :

> « Le récit métonymique, même combiné à une personnalisation privilégiée [...] ne suffit plus à la compréhension de conjonctures internationales complexes et dramatiques. »

Il travaille alors la notion de « groupe » et s'intéresse aux comités et groupes parlementaires, etc., qui participent à l'élaboration des politiques étrangères[58]. En 1964, Duroselle avait en effet rattaché la question du rôle de l'entourage à celle, plus générale, de la « pression sociale » s'exerçant sur l'homme d'État au même titre que trois autres types de forces (pression directe des groupes d'intérêt, pression indirecte de l'opinion publique, poids des représentations ou « ambiance »)[59]. Si Duroselle manifestait un certain goût pour le type de l'éminence grise (le colonel House pour Wilson, Harry Hopkins pour Roosevelt, Philippe Berthelot pour Briand), il n'en notait pas moins que les études les plus intéressantes étaient celles de ce qu'il appelait les « petits groupes ».

Marqué par les analyses de Richard Snyder, H. W. Bruck, Burton Sapin (*Foreign Policy Decision-Making. An Approach to the Study of International Politics*, 1954) et de Karl Deutsch (*The Nerves of Government*, 1963) sur la prise de décision en politique étrangère, Duroselle substitua en 1974 à la notion d'entourage la notion d'« experts choisis », le choix étant guidé soit par la fonction exercée, soit par la confiance accordée de manière discrétionnaire par le décideur. Au demeurant, le centre d'intérêt se déplaçait de l'homme d'État vers ce que Duroselle nommait l'« équipe décisionnelle », c'est-à-dire « l'ensemble décideur + experts choisis ». À leur côté, il identifiait les « experts accessibles » qui se manifestent « par des démarches, par la presse, par des pétitions, etc.[60] » et qui sont susceptibles d'être pris en compte par le groupe dirigeant.

À sa suite, Jean-Claude Allain a approfondi la réflexion sur le groupe dirigeant, en se concentrant non plus sur l'entourage ou les « groupes formels » (partis politiques, groupements patronaux, chambres de commerce, etc.), de nature péri-décisionnelle, mais sur le « petit groupe » informel qui se constitue de manière *ad hoc* autour de la défense de positions, soit à l'intérieur de l'appareil d'État – il donne l'exemple des partisans du nucléaire militaire, auprès de Félix Gaillard à la fin de la IVᵉ République –, ou à sa lisière – il donne celui des partisans de l'établissement d'un protectorat sur le Maroc au début du XXᵉ siècle, qu'il a personnellement étudié, ou encore du groupe constitué autour du sidérurgiste luxembourgeois Émile Mayrisch pour soutenir les efforts de rapprochement entre la France et l'Allemagne, mis en lumière par Jacques Bariéty.

Relevons enfin que le mot français « entourage » (comme celui de « milieu ») a été repris par les historiens non francophones, même si certains usent du terme *teamwork*. Isabel V. Hull utilise la notion française en 1982 pour étudier l'entourage civil, militaire et naval de Guillaume II, défendant l'idée que : « [...] l'entourage n'est qu'une pièce, certes importante, d'une mosaïque mal appréhendée et fragmentée », soulignant aussi que l'on ne peut l'étudier de manière abstraite des forces externes et internes s'exerçant sur lui[61]. Attentive à mettre en lumière « les systèmes de valeurs et de normes sociales propres à une catégorie, les processus de socialisation politique, les jeux de mots stéréotypés, dans les codes desquels sont inscrits les convictions et les présupposés inconscients du groupe », elle estime que l'étroitesse de la cohorte, consubstantielle à la notion d'entourage, permet de l'appréhender par une double étude psychologique et sociologique. Elle distingue enfin l'entourage de la notion de « milieu », ce que ne permet pas, selon elle, la notion allemande d'*Umgebung*, qui recouvre à la fois l'entourage et le milieu. Elle rejette cette notion d'*Umgebung*, issue du langage des sources, car elle porte avec elle la connotation péjorative de « forces obscures et incontrôlables » et était, en l'occurrence, le terme fourre-tout utilisé par les détracteurs du fonctionnement du pouvoir sous Guillaume II.

L'individu et ses préjugés : l'affirmation de perspectives culturelles dans les années 1970

Zara Steiner le rappelait en 1981 :

> « Nous examinons la structure de l'État dans lequel vit l'acteur, son cadre et son environnement politiques, ses croyances dominantes [*dominant beliefs*] et la mesure dans laquelle nos acteurs les partagent, y contribuent ou même les créent. Il est essentiel de situer nos acteurs, de connaître leurs présupposés, exprimés ou non (la leçon inaugurale de James Joll à la LSE en 1968 a été d'une grande importance dans la littérature récente), et leurs croyances sur le passé et le présent. Quelles sont les mœurs sociales, raciales et religieuses dominantes de la société dans laquelle chaque acteur est né, et comment celles-ci affectent-elles ses perceptions ou ses perceptions erronées de l'"étranger" ?[62] »

Elle inscrivait explicitement son propos dans la continuité de l'intuition décisive de James Joll quant aux « présupposés implicites » (*unspoken assumptions*) des dirigeants. Cet historien britannique, né en 1918 et décédé en 1994, appartenait à la génération d'intellectuels dont la carrière avait été interrompue et largement remodelée par leur service pendant la Seconde Guerre mondiale. Parlant couramment l'allemand, il avait enseigné à Oxford (St Antony's College), puis avait été nommé à la chaire d'histoire internationale de la LSE, en remplacement de l'historien William N. Medlicott. Spécialiste de la Première Guerre mondiale, il expliquait dans sa leçon inaugurale de 1968 que les modes de représentation (et ce que l'on ne qualifiait pas encore, avec R. Koselleck, de « champ d'expérience ») propres aux décideurs européens avaient joué un rôle de premier plan dans le déroulement de la crise de juillet 1914 :

> « Lorsque les dirigeants politiques sont confrontés à la nécessité de prendre des décisions dont ils ne peuvent prévoir l'issue, dans des crises qu'ils ne comprennent pas pleinement, ils se rabattent sur leurs propres réactions instinctives, traditions et modes de comportement. Chacun d'entre eux a certaines croyances, règles ou objectifs qui sont tenus pour acquis[63]. »

Cette approche a été au cœur des livres du politologue Robert Jervis, *The Logic of Images in International Relations* (1970), *Perception and Misperception in International Relations* (1976), qui ont marqué considérablement les historiens en démontrant que les processus cognitifs et la manière dont les informations sont perçues par les responsables internationaux peuvent biaiser une appréciation rationnelle au moment de la prise de décision. On a toutefois insuffisamment souligné ce que la pensée de Jervis devait réciproquement à d'autres historiens diplomatiques (Gordon Craig, Felix Gilbert, Martin Gilbert, William Langer, Francis Loewenheim)[64].

En France, dans le même esprit, des études perceptionnistes sur la puissance des États sont engagées dans la décennie 1980 grâce à l'impulsion de René Girault, professeur à Paris 1 Panthéon-Sorbonne de 1983 à 1994. « Aujourd'hui », écrivait-il en 1986, « étudier le jeu des agents diplomatiques, c'est prendre en considération non seulement les hommes ou les groupes, mais c'est aussi s'intéresser à l'environnement intellectuel et culturel de ces hommes[65] ». Les travaux de Robert Jervis marquent aussi les études sur le renseignement, centrées sur les représentations et l'interprétation de la menace, analyse appelée « à rester une préoccupation centrale dans l'étude du renseignement », selon Len Scott et Peter Jackson[66]. Le livre de Jackson paru en 2000 sur la perception de la menace nazie par les agents de renseignement français est représentatif de cette approche perceptionniste, alimentée par l'examen des sources issues du deuxième bureau de l'État-Major général, de la Marine et de l'Air, confrontées aux informations « ouvertes » fournies par les Affaires étrangères.

L'étude de milieux : l'affirmation d'une perspective transnationale dans les années 1980

À partir des années 1980, la notion de « milieu » est adoptée pour rendre compte de l'action d'individus issus de secteurs d'activité différents et interagissant dans les relations internationales. Pendant longtemps, elle a désigné l'environnement, l'état d'esprit de l'opinion, le *Zeitgeist*, comme l'écrivait encore Louis Gottschalk au sortir de la Seconde Guerre mondiale[67]. Avec la « race » et le « moment », elle constituait au XIXe siècle l'un des trois grands types de « causes » s'exerçant sur le « mécanisme de l'histoire humaine », identifiés par Hippolyte Taine dans l'introduction à l'*Histoire de la littérature anglaise* (1866). Sa signification d'alors dérive de sa définition scientifique comme ensemble des éléments matériels et des circonstances physiques (géographie, climat) qui entourent, influencent ou conditionnent les êtres vivants. Pour Taine, le « milieu » désigne les « circonstances politiques » et les « conditions sociales » dans lesquelles les acteurs individuels ou les groupes sont plongés[68]. La notion est encore employée en ce sens au début des années 1980 par l'historien Gordon Craig, qui recommande aux politologues de recourir un peu plus aux concepts du « milieu » et du « moment » auxquels les historiens seraient restés fidèles[69].

En réalité, la notion de milieu a pris une dimension nouvelle, s'identifiant dorénavant au groupe social ou professionnel, ou au cercle. Elle a une dimension informelle qui la distingue du réseau et une connotation explicite qui en fait un espace intermédiaire, « au milieu » entre plusieurs espaces. Certains chercheurs ont pu emprunter au sociologue Christian Topalov la métaphore de la « nébuleuse ». Celle-ci définit aussi bien des personnalités que des lieux de rencontres, des réseaux de sociabilité que des institutions officielles, unis non par une idéologie, mais par des initiatives et des espaces où se définit un projet commun. Sa connotation diffuse – la métaphore renvoie à un nuage interstellaire de gaz et de poussières – nous semble néanmoins moins opératoire que celle de « milieu », qui est ancrée dans une réalité sociale.

En France, dans les années 1990, l'usage du « milieu » est promu par des historiens qui traitent des milieux intellectuels par le biais des « sociabilités », notion installée par Georg Simmel et Maurice Agulhon. En 1968, ce dernier avait inscrit dans le domaine de l'histoire sociale celle des associations, jusque-là plutôt l'apanage des juristes[70]. L'histoire politique s'en est aussi emparée. Mais ce sont surtout les travaux conduits par des historiens de la relation franco-allemande, autour de Hans-Manfred Bock et Gilbert Krebs, qui marquent l'approche des historiens français des relations internationales au début des années 1990. Le parcours professionnel de Bock l'a enraciné dans le domaine associatif, dont il fera son objet d'études : docteur en sciences politiques, il a été nommé lecteur à la Sorbonne à Paris en 1968 par le DAAD (*Deutscher Akademischer Austauschdienst*), l'Office allemand d'échanges universitaires. Sous la direction du germaniste et homme politique Pierre Bertaux, il y participe à partir de 1969 à la mise en place de l'Institut d'allemand d'Asnières (IAA) avant d'être élu professeur à Cassel (Hesse) en 1972. Il est un excellent connaisseur des personnalités au cœur des relations franco-allemandes tels André François-Poncet, Pierre Bertaux et Pierre Viénot, Ernst Robert Curtius et Paul Distelbarth. Conceptualisant les trois dimensions qui déterminent le domaine de recherche que sont les « relations culturelles transnationales » (la transaction, la perception et la réception), sa réflexion encourage l'essor de travaux sur l'étude des institutions, des organisations et des personnalités médiatrices (*Mittler-Institutionen, -Organisationen und -Persönlichkeiten*). L'ouvrage *Entre Locarno et Vichy : les relations culturelles franco-allemandes dans les années 1930*, édité en 1993 avec Reinhart Meyer-Kalkus et Michel Trebitsch, a été l'un des livres marquants du tournant transnational de la discipline en France, conduisant à travailler sur des acteurs quasi gouvernementaux (ou officieux) et privés au cœur des interactions culturelles transfrontalières[71]. Les recherches de Corine Defrance sont représentatives de celles conduites par une génération d'historiens français formés par la lecture des chercheurs allemands et recourant aux concepts de « *Mittler* » (médiateur, voir *supra*) et de « milieu ».

Si les premiers travaux portent sur des figures et des groupes d'intellectuels, sur leurs lieux de rencontre spécifiques – cafés, colloques, comités de rédaction, cercles (*Zirkel* et *Kreise*), écoles, groupes, associations, etc. –, les études suivantes concernent des figures du monde économique ou religieux. Philippe Chesnaux travaille ainsi sur les intellectuels catholiques de l'entre-deux-guerres, à commencer par ce qu'il appelle le « milieu Maritain »[72]. La notion de milieu a été utilisée par les historiens des relations internationales pour souligner la convergence d'un certain nombre d'individus issus de la société civile et d'autres travaillant dans la sphère étatique vers un espace informel, au service d'un projet politique reposant sur des modalités d'action concrètes. Recourir au « milieu » permet de mettre l'accent sur l'environnement des individus, mais aussi de travailler sur la nature des liens les unissant.

Nous l'avions employée pour analyser les relations entretenues dans l'entre-deux-guerres par des associations européistes transnationales – Comité d'action économique et douanière (CAED), Ligue européenne de coopération économique (LECE), Union douanière européenne, Comité franco-allemand d'information et de documentation, etc. –, par les associations patronales françaises de la grande distribution et par de hauts fonctionnaires. Travaillant à partir d'un corpus constitué par la correspondance passive de Jacques Lacour-Gayet, le représentant patronal cimentant ce milieu, nous avions aussi recouru à l'expression, non de réseau, mais de « cercles de cordialité », employée par J.-C. Allain. Cela permettait de les distinguer des cercles de sociabilité et de désigner le rapprochement d'individus, liés par des solidarités de nature aussi affective que professionnelle autour d'une personnalité tierce, rapprochement fondé, chez les correspondants de Lacour-Gayet, sur la déférence et la fidélité.

> « Cette approche particulière, autant éloignée des structures que des arcanes de la psychologie, insère le personnage dans un milieu, affectivement hiérarchisé, et, croyons-nous, prioritairement plus réel que celui, tout aussi nécessaire à déterminer, du milieu institutionnel et professionnel, des membres de ce *groupe* pouvant fort bien figurer dans les cercles de la cordialité la plus proche[73]. »

La notion de milieu permet enfin de réfléchir à la capacité d'action d'individus, membres d'institutions ou de réseaux structurés, mais susceptibles d'agir parallèlement en dehors d'eux. Ainsi, si l'action de l'entourage a longtemps été rapportée à l'État, dans une perspective d'influence, le recours à la notion de milieu qui lui est liée, mais qui la dépasse, a introduit la possibilité d'une action indépendante de l'État dans une perspective interactive.

L'agency, *ou la capacité d'action des individus dominés, mise en lumière depuis les années 2000*

On attache l'essor du concept d'*agency* à l'historien Edward P. Thompson et à son projet d'écriture d'une « histoire par en bas » (*La Formation de la classe ouvrière anglaise*, 2012[1963]) pour replacer le sujet au centre. Utilisée en sociologie et en Relations internationales, diffusée par les *subaltern studies* initiées par l'historiographie post-coloniale indienne, ainsi que par les études de genre développées par Judith Butler, la notion d'*agency* renvoie à la conscience de soi et à la capacité indépendante d'agir selon sa propre volonté, par-delà les déterminismes. Elle est aujourd'hui majoritairement mobilisée pour parler des individus en situation de domination, issus de minorités raciales ou sociales, et non d'un monde élitaire, ce qui constitue une différence de fond avec les approches antérieures[74]. Cette notion jouit aussi d'une faveur particulière auprès des historiens modernistes, spécialistes de l'institution consulaire.

Saisir l'individu révélant la structure

Comme d'autres domaines, l'individu a fait l'objet d'approches méthodologiques diversifiées. Aux côtés de la biographie, portraits de groupe et prosopographies, biographies transnationales et « vies mondiales » ont pris leur essor.

La méthode prosopographique

Elle permet de révéler la culture d'un groupe ou d'une structure qui dépasse l'individu.

Travailler sur des individus, des petits groupes ou des cohortes plus larges peut conduire à recourir à la prosopographie et à sa méthode. La terminologie désignant une enquête systématique sur un corpus ample d'individus est variée : prosopographie, biographies collectives, etc. Rappelons que le premier usage du mot remonte à 1743. Selon son étymologie, la prosopographie désigne la description des traits du visage humain. Le *Grand Larousse du XIXe siècle* en fait « l'art de dresser des portraits ». Par extension, elle recouvre une enquête sur les caractéristiques « externes » de l'individu : son bagage social et éducatif, sa religion, son lieu de naissance, son appartenance politique, son lieu de travail, etc. Les premières études de ce type remontent à la seconde partie du XIXe siècle.

À l'origine, ses premiers utilisateurs ont été, majoritairement, des spécialistes de l'Antiquité, comme Theodor Mommsen en Allemagne et Claude Nicolet, en France, deux grands noms historiquement attachés à cette méthode. Mais, quelles que soient les périodes envisagées, on constate un lien originel de la prosopographie avec l'étude des élites. Les historiens des relations internationales n'ont pas fait exception. La prosopographie leur est aujourd'hui très utile pour analyser une direction ou un service administratif (municipal, ministériel ou relevant d'une organisation internationale), ou un corps structuré par un statut (diplomatique, consulaire, inspection des finances et corps de l'expansion économique en France). Elle peut être mise en œuvre pour étudier n'importe quel groupe d'individus, du moment que les paramètres sont clairement définis.

En recourant à une collecte de données biographiques selon des rubriques standardisées, définies en fonction de la spécificité de chaque groupe considéré, en procédant à leur croisement et leur comparaison, l'objectif est d'établir un portrait de groupe pour caractériser les singularités des individus qui le composent et les grandes tendances de la « cohorte » globale. En France, à partir d'un corpus de quatre cent cinq individus, sélectionnés entre 1871 et 1914 selon un critère de grade (ministres plénipotentiaires et ambassadeurs), Isabelle Dasque a livré une histoire sociale des diplomates des débuts de la Troisième République, qui met aussi en valeur des métiers moins connus (consuls, drogmans et interprètes) et la pluralité des profils promus, quoique marginalement (reporters, publicistes, archéologues et explorateurs, quelques représentants de maisons de commerce), dans un système qui achève de se professionnaliser. Au Royaume-Uni, Gaynor Johnson a recouru à la prosopographie pour examiner la place des femmes employées de bureau et dactylographes au sein du *Foreign Office* dans la première partie du XXe siècle, à partir des informations données dans le *Foreign Office List* – l'équivalent de l'*Annuaire diplomatique et consulaire* français –, publié annuellement depuis les années 1960. Katja Seidel a travaillé sur un corpus de cent neuf fonctionnaires de la première Commission européenne, cinquante-sept issus de la DG IV (Concurrence) et cinquante-deux de la DG VI (Agriculture). On peut imaginer que cette méthode soit appliquée à d'autres groupes sociaux actifs comme les journalistes, photographes et reporters de guerre, ou encore aux militants associatifs.

Biographies transnationales, vies mondiales et cosmobilités

Certaines propositions de l'histoire mondiale et de la sociologie des migrations s'avèrent aujourd'hui intéressantes pour écrire l'histoire des individus dans les relations internationales. Dans la foulée de la *microstoria*, telle qu'elle avait été développée par Carlo Ginzburg et Giovanni Levi dès les années 1970, la notion de « vie mondiale » (*global life*) peut être mobilisée pour saisir ces figures de l'international, transfrontalières dans leur pratique, pour mettre en lumière les relations qui peuvent se nouer via ces individus, entre les sociétés, à différentes échelles ainsi que pour montrer, en retour, comment les liens établis entre différents espaces d'un monde en cours de globalisation peuvent affecter la vie d'un individu[75]. Les historiens modernistes et l'histoire impériale y ont déjà eu recours. Les historiens des relations internationales pourraient également s'en emparer, eux qui aiment à faire dialoguer tel individu occidental avec tel individu d'un autre continent, mettre, par exemple, en regard du parcours du médecin polonais Ludwik Rajchman, directeur de la Section d'hygiène de la SDN, celui du vice-président du Conseil de la République de Chine, Tsu Wen Soong, engagé dans la coopération sanitaire durant la décennie de Nankin[76]. La notion corollaire de *transnational biography* a été utilisée par Kerstin von Lingen pour défendre la place prise par les juristes juifs allemands et autrichiens dans les commissions alliées, qui ont travaillé à la définition du concept de « crime contre l'humanité » après 1945[77].

Le concept de *cosmobility* permet de développer une autre approche[78]. L'attention ne se porte plus tant sur les sociétés de départ et d'accueil, mais sur l'individu en mouvement, et sur les lieux par lesquels il passe, s'arrête ou s'enracine. La réflexion se concentre sur les identités et les différents types d'appartenances (nationale, familiale, professionnelle), sur les identités assignées de l'extérieur et sur celles que l'on s'attribue. Cette approche peut aussi nourrir l'étude des pratiques autobiographiques des migrants et de la manière dont ils se situent spatialement et socialement à différentes étapes de leur vie. Elle permet encore de revisiter la vie des vieilles figures de l'histoire diplomatique du XIXe siècle (diplomates, fonctionnaires, marchands, marins, missionnaires, soldats) en rompant avec le prisme étatique et en s'intéressant à ces « non-lieux » (voir chapitre 5), à ces espaces de transit et de transition dans lesquels les appartenances se redéfinissent.

Individualités et émotions

Depuis le début des années 2000, le « retour » de l'individu passe par l'essor de réflexions approfondies sur ses émotions au sein de nombreuses disciplines, à commencer par la psychologie, la neuropsychologie, l'anthropologie, la philosophie, la sociologie et, aussi, l'histoire. Aux côtés du sociologue allemand Norbert Elias, les historiens médiévistes (Marc Bloch, Johan Huizinga) avaient été pionniers en la matière, un siècle plus tôt. Il faut attendre les années 1980 pour que des historiens contemporanéistes, Peter Stearns et Carole Zisowitz-Stearns (historienne et psychiatre), commencent à théoriser les normes émotionnelles en vigueur dans une société. Depuis lors, de nombreux concepts ont été proposés et affinés. Le livre de Barbara H. Rosenwein et Riccardo Cristiani, *What is the History of Emotions?* (2018) constitue un petit précis donnant un accès facile à ces divers concepts (« émotionologie », « régimes émotionnels » et « émotifs », « communautés émotionnelles », etc.) et approches.

De manière frappante, les travaux déjà conduits par les historiens des relations internationales ne sont pas cités dans les premiers bilans effectués ; inversement, est absente à ce jour toute proposition d'historien internationaliste dans les premiers numéros de la revue française *Sensibilités*, qui est née en 2016, portée par des historiens culturels. De fait, l'histoire des sensibilités s'est développée en France dans les années 1990-2000 autour de l'œuvre d'Alain Corbin et de ses épigones, en affirmant son articulation avec l'histoire sociale. Tout s'est passé comme si l'histoire émotionnelle était davantage du côté des historiens culturels, prédisposés à une meilleure appréhension des sensibilités, que des internationalistes, placés du côté de la raison. Cette situation ne doit pourtant pas laisser ignorer qu'aux États-Unis, en Allemagne et même en France, depuis une vingtaine d'années, des propositions stimulantes ont été faites dans le domaine des relations internationales. Si le débat majoritaire s'attache aujourd'hui à une réflexion sur l'ancrage culturel et collectif des émotions, nous nous concentrerons d'abord sur le traitement des émotions individuelles avant de réfléchir à leur articulation avec les émotions collectives.

Le lien consubstantiel de l'histoire diplomatique et des passions

L'émotion est-elle décidément étrangère à la sobriété requise d'une *Realpolitik* ? Le croire serait continuer à ignorer la relation consubstantielle qui a lié, dès sa genèse, le domaine de l'histoire diplomatique à celui des passions.

Commençons par rappeler que, du XVIIe au XXIe siècle, les mots de l'émotion comme leur contenu ont changé. Au milieu du XVIe siècle, les émotions désignent l'agitation sociale, et un siècle plus tard, l'agitation de l'esprit. On privilégie les notions de « passions », « affections » ou « sentiments » pour la désigner. De fait, si les notions cohabitent longtemps, « l'histoire sociale d'*émotion* [...] s'arrête à la répression des barricades de juin 1848[79] ». Quant à la notion de passion, elle s'enracine, on le sait, dans la philosophie antique et renvoie alors à ce qui est subi. Pour

Aristote, « les passions (*pathè*) sont les causes qui font varier les hommes dans leurs jugements et ont pour consécution la peine et le plaisir[...][80] » ; l'enjeu est de les exciter pour obtenir l'adhésion de l'auditoire. La passion est omniprésente dans le vocabulaire philosophique des XVIe-XVIIIe siècle : elle devient objet de science, étudiée pour elle-même et non en fonction d'une finalité qui lui est extérieure[81].

Les passions sont également au cœur des traités sur l'art de négocier, comme en témoigne l'ouvrage de François de Callières, *De la manière de négocier avec les souverains* (1716). Proche du discours de ses acteurs, qui lient la formation du futur négociateur à la connaissance des passions dominantes des princes ou de leurs ministres, et à la capacité d'en user de façon stratégique pour recueillir de l'information, l'histoire diplomatique naissante a donc placé au cœur de ses réflexions la question des passions individuelles et collectives, y reconnaissant l'un des moteurs de l'homme d'État.

Impasses et redécouverte de la psychohistoire

L'histoire diplomatique a d'abord abordé la question des émotions individuelles sous l'angle psychologique, au risque de l'y enfermer. Faisant écho à l'affirmation de Taine pour qui « l'histoire au fond est un problème de psychologie[82] », Albert Sorel entendait mêler « méthode critique » et « étude objective des faits psychologiques[83] ». Pour beaucoup, l'émotion est d'abord et encore un ressort du récit. Il existe même une esthétique de la passion, plus ou moins assumée. Elle permet de saisir le lecteur, de favoriser une certaine immersion, à défaut d'une identification. Elle offre une pause dans le raisonnement méticuleux qui guide l'historien diplomatique. Renouvin y cède au cœur de ses reconstitutions implacables, recourant à une écriture psychologisante. Dans l'introduction de *L'Armistice de Rethondes* (1968), il a d'abord égrené la diversité des sentiments éprouvés par les individus qui sortent de la guerre – la « joie exaltante », la « fierté », la « consolation », le « soulagement », la « douleur », l'« amertume », l'« angoisse », le « désarroi », la « fureur impuissante », l'« attente » – ; il en imagine le tableau — « ce serait une œuvre attachante. Les recherches de psychologie sociale y trouveraient bénéfice ». Mais il ne les conduit pas. D'une part, ce n'est pas le cahier des charges de la collection « Les Trente Journées qui ont fait la France » dans laquelle le livre s'insère. D'autre part, l'armistice est un objet d'application exemplaire de sa théorie des forces profondes, « l'expression d'un rapport de force – forces militaires avant tout ; forces morales ; forces économiques ». Surtout, on a établi qu'il s'est refusé à broder sur les horreurs d'une guerre qu'il avait faite et à céder à tout *pathos*, peut-être en raison de « l'incommunicabilité de l'expérience extrême[84] », mais aussi d'une manière d'être qui lui commande la pudeur, y compris dans la correspondance intime avec ses parents, au lendemain de l'assaut qui le laissa mutilé[85]. L'émotion est là pourtant dans la mise en scène de l'aveu de la défaite d'Erich Ludendorff au chancelier Hindenburg les 28 et 29 septembre 1918. Renouvin se concentre sur les errements psychologiques du quartier-maître général, parlant à plusieurs reprises de son « anxiété[86] », évaluant la possibilité que « l'homme "aux nerfs d'acier" [ait] cédé ces jours-là à un moment de panique, à la suite du surmenage peut-être [...] », en proie à une « défaillance nerveuse ».

L'histoire diplomatique prend rapidement le tournant de la psychohistoire, entendue comme intégration des méthodes de la psychanalyse par la science historique. On peine à imaginer aujourd'hui l'engouement qu'elle suscita dans les décennies 1940-1970, donnant lieu à d'innombrables explorations de la psyché des hommes d'État et des dictateurs. En 1945, Louis Gottschalk soulignait que le premier vingtième siècle avait correspondu à l'essor de travaux historiques fortement marqués par la psychanalyse freudienne. « L'inconscient, les complexes, les psychoses, la frustration, la compensation, la sublimation, l'identification, et d'autres termes psychologiques similaires » lui semblaient, déjà, galvaudés[87]. Commentant en 1950, lors du congrès international des sciences historiques, le rapport de Pierre Renouvin et la place faite aux « racines psychologiques » des problèmes, Charles Webster remarquait que l'historien français avait ainsi reconnu « l'énorme influence exercée par Freud sur les historiens contemporains[88] ». La psychohistoire, appliquée essentiellement aux hommes d'État dans le cadre de la rédaction de biographies, a enfermé durablement les historiens diplomatiques dans une approche très restreinte des émotions puisqu'ils les concevaient comme un « facteur » inhibant ou exacerbant et, en tout cas, déterminant la prise de décision. Avec l'étude qu'il avait conduite avec le diplomate William Bullit sur Woodrow Wilson entre 1930 et 1938 – mais parue seulement en 1967 –, Freud avait lui-même frayé la voie[89].

C'est toutefois une autre étude publiée en 1972, à la suite de sa déclassification, et vieille de trente ans, qui reste à ce jour, avec le livre du psychanalyste Erik Erikson consacré à Luther, le modèle historique d'application de la théorie psychanalytique à la biographie. En effet, à la demande du colonel William J. Donovan, le chef des services secrets des États-Unis, le psychanalyste Walter C. Langer, qui avait rencontré Freud à Vienne, rédigea en 1943 une étude, *The Mind of Adolf Hitler. The Secret Wartime Report*[90]. Son équipe avait analysé *Mein Kampf*. Elle avait aussi recouru aux documents diplomatiques émanant des légations française, britannique et néerlandaise à Berlin et aux témoignages d'anciens nazis et opposants.

Or, le propre frère de Langer, l'historien diplomatique William Langer, qui servit comme chef de la branche Recherche et Analyse au sein de l'agence de renseignement du gouvernement des États-Unis, l'*Office of Strategic Services* (OSS) fondée en 1942, tint alors un rôle important pour installer la psychanalyse dans l'histoire des relations internationales[91]. Dans la préface qu'il donna à *The Mind of Adolf Hitler*, il raconta les conversations conduites avec son frère après l'*Anschluß* et le sentiment éprouvé alors que « le monde était menacé par des forces irrationnelles et démoniaques ».

> « Avec le temps, je me suis complètement converti à l'idée que les historiens devraient explorer et exploiter les découvertes de la psychologie moderne ».

« Pourquoi, après tout », concluait-il, « la dimension psychologique des personnalités et problèmes humains ne pourrait-elle pas être prise en compte tout comme le sont depuis longtemps les facteurs religieux, économiques ou géographiques ? » Dès décembre 1957, devant la prestigieuse *American Historical Association*, il avait plaidé pour que la « toute nouvelle histoire » (*newest history*) intégrât les concepts et découvertes de « la psychanalyse et ses développements et variations ultérieurs contenus dans les termes “dynamique” ou “psychologie des profondeurs” ». Lui, qui incarnait pourtant la filiation rankéenne, reprochait à ses collègues de s'être « tenus à l'approche et aux méthodes de l'historicisme, se limitant aux faits enregistrés et aux motivations strictement rationnelles ». Citant l'étude de Bernard Brodie sur *Woodrow Wilson and Colonel House* (1957), il donnait en exemple les politologues qui avaient commencé à « appliquer les principes psychanalytiques à l'étude des types de personnalité et de leur rôle social ».

En Allemagne, la psychohistoire a nourri les débats, même si l'intérêt des historiens se déplace vers l'examen des structures politiques, culturelles et sociales. Quand Hans-Ulrich Wehler étudie les campagnes de Bismarck contre les prétendus ennemis d'État (à savoir les socialistes, les jésuites, etc.), il propose d'interpréter le « commandement par le charisme » de Bismarck à travers les concepts wébériens, et non freudiens. Il édite néanmoins en 1971 l'ouvrage collectif *Geschichte und Psychoanalyse.*

En France, Jean-Baptiste Duroselle suit attentivement ce que l'on écrit à l'époque sur la psychophysiologie, la psychologie et la caractérologie. Sa méthodologie, relative à l'examen des interactions entre le « tempérament » de l'homme d'État et ses décisions, est encore empreinte des convictions universalistes du XIXe siècle. « L'intelligence humaine ne peut éviter les classifications, la découverte de “grands types” », écrit-il[92]. Il s'essaie à l'organisation rationnelle des types d'hommes d'État susceptibles d'être identifiés. La taxinomie caractérologique retient son attention. La caractérologie, dont la tradition remonte à Aristote et Hippocrate, a connu des strates de développement multiples. Duroselle a lu le livre du philosophe René Le Senne, *Traité de caractérologie* (1946), qui a diffusé en France la classification, dite de Groningue, du psychologue Gérard Heymans et du psychiatre Enno Wiersma, et qui a inspiré les travaux du philosophe Gaston Berger, auteur de *Caractère et personnalité* en 1954. Il en retient surtout la distinction entre le caractère, qui ressort de l'inné, et la personnalité composée du caractère mais, façonné par l'expérience, qui ressort de l'acquis, et qui intéresse prioritairement l'historien. On en saisit l'intérêt pour celui qui s'apprête, avec d'autres, à développer les travaux sur la période de l'éducation de l'individu, les historiens internationalistes privilégiant dans leur ensemble plutôt l'« acquis », ce qui relève de l'environnement (la culture, la famille, les interactions sociales, etc.) pour expliquer la vision du monde et les représentations de l'individu étudié. Duroselle en fait toutefois peu de chose en réalité, ce qui traduit l'impasse de cette lecture psychohistorique. S'il dresse une typologie des hommes d'État à l'époque contemporaine, organisée autour de trois caractéristiques (émotivité, activité, primarité) et, dans ce cadre, évalue leur capacité de « domination des émotions », sa réflexion donne lieu à très peu d'applications concrètes[93].

Au Royaume-Uni, dans *Bismarck: The Man and the Statesman* (1955), A. J. P. Taylor entre de plain-pied dans la psychologie bismarckienne dès les premiers paragraphes du livre :

> « C'est une banalité psychologique qu'un fils éprouve de l'affection pour sa mère et souhaite que son père s'en aille. [...] Il peut tout à fait se retrouver névrosé ou génial[94]. »

L'historien John C. G. Röhl applique une lecture psychanalytique célèbre à la vie de l'empereur Guillaume II. Né en 1938, formé à Cambridge, puis auprès de Sir (Francis) Harry Hinsley, l'un des premiers spécialistes de l'histoire du renseignement, il recourt aux ouvrages nombreux de psychologues et psychanalystes ayant paru depuis 1914 aux États-Unis, en Angleterre, en France, en Italie, en Russie et en Suisse sur la « psyché dérangée » de l'empereur Guillaume II. Il met en lumière six traits de caractère : un manque de maturité, une surestimation de ses propres capacités, une perte de contact avec la réalité, un esprit de vengeance ainsi qu'une tendance au sadisme et le goût enfantin du jeu[95]. Ce type d'approche survit de nos jours dans certaines biographies : dans celle du président des États-Unis Wilson parue en 2017, l'historien Manfred Berg évoque encore « l'image déformée d'un fils à maman faible et laid, sans amis, qui serait resté toute sa vie sous l'emprise de son hyper-père et l'aurait imité de manière obsessionnelle, parce qu'il aurait été pour lui comme le représentant de Dieu sur terre[96] ». Portant en 2016 un regard rétrospectif sur un parcours d'historien du nazisme et de la Shoah, qui l'a conduit à la consécration institutionnelle (Prix Pulitzer 2008 pour *The Years of Extermination: Nazi Germany and the Jews, 1939-1945*, Prix Balzan 2021 pour l'ensemble de son œuvre), Saul Friedländer relègue dans une impasse cette première voie explorée pour comprendre l'antisémitisme nazi[97].

Si les historiens ont balayé d'un revers de main la psychohistoire et ses excès, force est de constater également la faveur dont elle jouit toujours dans les médias et les biographies. La guerre en Ukraine a suscité d'innombrables débats et articles sur la santé mentale de Vladimir Poutine, comparables aux lectures qui avaient été appliquées à Adolf Hitler au sortir de la Seconde Guerre mondiale. Au regard de la place occupée aujourd'hui par les lectures émotionnelles de l'histoire des relations internationales comme par les lectures mémorielles, il semble étonnant que la nature de ses liens avec la psychologie et la psychanalyse n'ait pas été reposée frontalement. Cela s'explique en partie par une application abusive de termes et de grilles psychologiques et psychanalytiques dans la vie quotidienne, par un usage non scientifique qui en dilue la portée.

L'autre reproche pertinent fait à la première vogue de la psychohistoire est la surdétermination accordée aux facteurs psychologiques au détriment d'éléments socio-économiques, idéologiques ou fonctionnels. Le déplacement de l'intérêt que l'on observe aujourd'hui vers les neurosciences, soit une approche biologique et médicale des émotions, peut aussi susciter de nouvelles appréhensions chez les historiens. Pierre de Senarclens, professeur honoraire à l'université de Lausanne, qui fut haut fonctionnaire à l'Unesco et vice-président de la Croix-Rouge suisse, continue à incarner la conviction que la psychanalyse peut aider à rendre compte du rôle que les émotions jouent dans la politique internationale tant chez les décideurs classiques que chez d'autres types d'individus, comme les terroristes suicidaires. En Allemagne aussi, le livre coordonné par Jörn Rüsen et Jürgen Straub, *Die dunkle Spur der Vergangenheit* [*La sombre trace du passé*], a fait de nouvelles propositions à la fin des années 1990, et l'historien Christian Wipperfürth a appliqué cette approche à la politique étrangère « nerveuse » du Royaume-Uni entre 1882 et 1914[98].

Pour alimenter aujourd'hui la réflexion, il convient de résoudre un certain nombre de problèmes méthodologiques préalables, les uns communs à tous les historiens, les autres propres au domaine.

Trace émotionnelle et éthique de neutralité : quelle méthode ?

Comment repérer les traces du sensible quand on veut écrire l'histoire des relations internationales ? Cela soulève des questions méthodologiques partagées par l'ensemble des historiens quant à la collecte des traces, de leurs silences, de leurs non-dits, et quant à leur interprétation. Mémoire, empreintes, indices (Carlo Ginzburg), les « "traces" comme moyen de connaissance, voire de résurrection, du passé ne semblent devenir d'un usage courant qu'à partir du début du XIXe siècle en Allemagne, en France ou en Angleterre[99] ». Cette notion a fait l'objet, on le sait, de maintes réflexions depuis la déclaration inaugurale de Langlois et Seignobos selon laquelle :

> « [...] tout acte qui n'a pas laissé de traces, directes ou indirectes, ou dont les traces visibles ont disparu, est perdu pour l'histoire : c'est comme s'il n'avait jamais existé[100]. »

Leur recherche et leur sacralisation par l'école méthodique sont liées à la quête de la vérité « au plus près des faits », qui lui est propre. Dès lors, la question de la trace émotionnelle se pose avec une acuité particulière pour une discipline, dont le matériau premier a été le document diplomatique.

L'historien des relations internationales doit donc incorporer dans son corpus le riche matériau oral, sonore et visuel constitué par la presse, les reportages télévisés et documentaires, les émissions radiophoniques, mais aussi les publicités, les photographies et l'art contemporain, les publications sur les réseaux sociaux, qui expriment, mettent en scène, commentent les émotions contemporaines engendrées par les événements internationaux. Songeons au *Golf Sale* (2003), tableau de Bansky qui réinterprète l'émotion suscitée par la photographie de Jeff Widener lors de la répression du mouvement estudiantin par l'armée chinoise en juin 1989, à la *Porta di Lampedusa – Porta d'Europa* (2008), sculpture de Mimmo Paladino sur le sort tragique des migrants africains, ou à la photographie du corps noyé du petit Aylan Kurdi, retrouvé à plat ventre sur la plage de Bodrum, en Turquie, le 2 septembre 2015.

Mais l'historien doit aussi, paradoxalement, lutter contre la perception contre-intuitive du peu d'intérêt que présenterait le document diplomatique pour ce type de lecture émotionnelle. Les manuels professionnels ou protocolaires ne s'emploient-ils pas à réaffirmer la nécessité d'une langue sobre, claire et modérée, dénuée d'affects, et relevant d'une éthique de neutralité ? Dépêches, notes, ou télégrammes doivent toujours, en principe, être exprimés sous une forme atténuée, fondée sur l'*understatement* et l'euphémisme. Analysant les discours tenus par les fonctionnaires américains présents en France depuis la Libération, Frank Costigliola a pourtant souligné les limites de ce présupposé d'objectivité diplomatique en soulignant combien ils étaient empreints d'images et de jugements de valeur[101]. Examinant les télégrammes et notes des diplomates français au moment de la répression de Tiananmen en juin 1989, nous avions montré qu'ils étaient marqués par une émotion, subsumée par la tentative téléologique de donner un sens aux événements dramatiques en cours en les plaçant dans la droite ligne des combats pour la liberté conduits depuis la Révolution française.

Certains documents diplomatiques regorgent de traces émotionnelles explicites. Songeons aux archives consulaires et aux dossiers du personnel qui livrent des lettres ou des notes relatives aux maladies physiques, mais aussi aux états dépressifs de certains agents. Les dossiers militaires contiennent des données similaires sur l'état de détresse psychologique et la diversité des pathologies (des fièvres typhoïdes et paratyphoïdes, le paludisme et la dysenterie amibienne) qui ont atteint les soldats sur de nombreux terrains d'opération. En France, Jean-David Mizrahi a analysé les désordres psychiques qui affectent les agents du service des Renseignements français au Levant dans les années 1920 :

> « Fragilisé par le défi physique que lui imposent le climat et la maladie, isolé et soumis à de multiples pressions psychologiques et morales, en butte à l'hostilité plus ou moins contenue de ses administrés dont bien souvent il ne parle pas la langue, l'officier de renseignements n'est pas ce maître absolu dominant son caza dans la plénitude d'une autorité incontestée. L'abus de pouvoir, le dérapage autoritaire, c'est aussi l'expression d'une inquiétude sourde, d'une tension quasi paranoïaque [...]. Ce réservoir névrotique, qui dégénère si facilement en "soudanite", pour reprendre l'expression forgée par les vieux coloniaux eux-mêmes, entraîne parfois nos officiers dans de sanglantes chevauchées qui, sans prendre les proportions d'un nouveau "Voulet-Chanoine", les conduit néanmoins aux pires extrémités[102]. »

Dans sa biographie du diplomate Jacques Seydoux, Stanislas Jeannesson a des pages inspirantes sur les émotions d'un fonctionnaire malade et handicapé journellement par une forme extrême de polyarthrite rhumatoïde et sur les moments de « détresse psychologique » qui en découlent. Il fraie la voie à une approche intime de l'exercice diplomatique, restreint à une sédentarité entre les murs du Quai d'Orsay ou contraint à des formes d'isolement et de neurasthénie dans certains pays. Cette étude interroge la capacité de l'historien non seulement à rassembler des sources pertinentes, mais aussi à déconstruire l'image de soi donnée donné par le diplomate dans ses mémoires.

Le défi est également celui de la méthode, avec un préliminaire : la capacité à trouver le point d'équilibre entre la proximité ressentie face aux émotions décelées et leur nécessaire mise à distance. L'expression des sentiments peut ressortir à une variable culturelle ou être propre aux canons de l'époque. Ainsi des larmes, traces physiologiques de l'émotion. Celles de François-Joseph à Solférino, qui émaillent le récit pathétique d'Henry Dunant dans *Un souvenir de*

Solférino (1862), doivent-elles être analysées comme celles prêtées à Carl Enckell, le ministre finlandais des Affaires étrangères, quand Avra M. Warren, le représentant des États-Unis à Helsinki, promet le soutien de son pays à la Finlande face à l'URSS le 2 mars 1948, au lendemain du coup de Prague ?[103] Ou encore comme celles de Zhao Ziyang, le chef du Parti communiste chinois, devant les jeunes grévistes de la faim, le 19 mai 1989 à Pékin, rapportés par les diplomates français ?

Il importe enfin d'interpréter justement les mots de l'émotion (voir chapitre 6). Leur contenu peut avoir un sens différent du sens courant. L'historien allemand Bernhard Gnotto a démontré que les appels aux sentiments étaient omniprésents dans la communication politique de la République fédérale depuis 1949[104]. La « déception » ne relevait pas d'un sentiment, mais d'un message (*Enttäuschung ist kein Gefühl, Enttäuschung ist eine Botschaft*). La « confiance » signifiait, pour sa part, l'augmentation de la prévisibilité, de la densité de la communication et du savoir, et exprimait donc, en réalité, l'exact contraire de la confiance au sens d'une qualité de sentiment interpersonnel. Le langage diplomatique inclut les émotions comme autant de signaux pour exprimer le degré de proximité avec son interlocuteur, ou le niveau des tensions constatées. C'est ce que dit le juriste-diplomate Wilhelm Grewe dans le texte qu'il lui consacre, en reprenant une réflexion que le diplomate-écrivain Harold Nicolson avait consacrée à ce même thème :

> « "Lorsqu'un homme d'État ou un diplomate fait savoir à un autre gouvernement que son gouvernement ne peut rester indifférent dans un conflit international", cela indique clairement que ce conflit est d'une nature telle que son gouvernement interviendra certainement. Lorsque, dans sa communication ou son discours, il utilise des expressions telles que "le gouvernement de Sa Majesté regarde avec inquiétude" ou "regarde avec beaucoup d'inquiétude", il est clair pour tous que le gouvernement britannique prendra une position ferme en la matière[105]. »

Outils analytiques pour une histoire émotionnelle des relations internationales

Les nouvelles lectures se fondent, soulignons-le, sur un vocabulaire renouvelé. L'émotion se substitue à la passion, apportant une dimension dynamique essentielle de passage d'un état à un autre. Le champ lexical des émotions est si vaste qu'on tend, à l'invitation de neurologues comme Antonio Damasio, à les distinguer des sentiments. L'émotion est première. Résultat d'une altération chimique et organique, elle précède le sentiment, qui est la perception de cet état émotionnel, des bouleversements qui affectent le corps. Elle peut être suscitée par une cause externe : une catastrophe (tremblement de terre, explosion d'un réacteur nucléaire, invasion militaire, naufrage, etc.), un événement politique, économique ou social, que l'on subit personnellement ou dont on reçoit l'annonce, ou bien être due à une cause interne propre à l'individu (handicap de naissance, différents niveaux de sensibilité, etc.). Ces causes internes et externes peuvent d'ailleurs interagir. Ce sont les interactions entre le changement d'état de l'individu, des collectivités, et les phénomènes se produisant dans le domaine des relations internationales qui sont au cœur des recherches historiques.

Travailler sur les émotions, formulées de manière écrite ou orale, est porteur de renouvellement épistémologique pour l'histoire des relations internationales, parce que cela permet de réhabiliter un domaine, celui du discours, qui avait été délaissé au nom d'un « tournant pratique ». Réciproquement, travailler sur les mots pour mettre au jour normes et pratiques permet de réduire la frontière antonymique entre émotion et raison. Dans cette perspective, le sentiment continue à faire l'objet d'analyses politiques relatives à son instrumentalisation et à être intégré aux analyses décisionnelles comme consubstantiel de la prise de décision (voir chapitre 5). On lui reconnaît sa propre rationalité comme on reconnaît l'interdépendance des opérations émotionnelles et cognitives. Un accent nouveau est mis sur la somatisation croissante des sentiments, sur leur déplacement vers l'intérieur de l'individu. Aux États-Unis, dans *Roosevelt's Lost Alliances: How Personal Politics Helped Start the Cold War* (2012), Frank Costigliola se consacre aux conséquences politiques des dispositions émotionnelles et des présupposés culturels (*cultural assumptions*) des trois négociateurs de la Grande Alliance, Roosevelt, Churchill et Staline, ainsi que de Truman, Harriman et Kennan. Il utilise l'expression de « croyance émotionnelle » (*emotional belief*), définie par Jonathan Mercer, pour explorer « comment chacune de ces six personnalités a extrapolé – c'est-à-dire franchi le pas logique – de ce qu'elle savait à ce qu'elle voulait croire ». Pour étayer sa démonstration, Costigliola n'hésite pas à retracer les prédispositions personnelles de ses figures, à replonger dans leur enfance, à en tracer le portrait psychologique, ainsi que leur rapport à la sexualité et à la masculinité.

L'approche normative (*emotionology*), développée par Peter et Carol Stearns, conduit à la distinction entre les « normes émotionnelles collectives d'une société » et « l'expérience émotionnelle des individus et des groupes »[106]. L'accent est mis sur la construction des subjectivités et la manière dont elles s'expriment et interagissent à l'échelle internationale. Dans cette perspective, l'émotion est vue comme une pratique sociale et une construction culturelle. Son expression relève de l'apprentissage préalable d'un certain nombre de règles sociales intériorisées qui en prescrivent les modalités à travers le langage du corps et la verbalisation. L'historienne et anthropologue américaine Ann Stoler a frayé la voie par des travaux portant sur l'intimité racialisée et la colonisation des corps et des esprits façonnées par l'ordre colonial. Elle a aussi développé une réflexion élargie sur les « états affectifs » des archives coloniales. Ce qu'elle écrit des idées reçues sur la rationalité des États coloniaux ressort, en réalité, à un constat plus général des stéréotypes portant sur la rationalité de l'État tout court, et de l'État dans les relations internationales en particulier, ce « monstre froid » dont témoignent avec ironie de nombreux diplomates et hauts-fonctionnaires. C'est bien plutôt un discours colonial saturé de sentiments que l'historienne met en valeur, en étant attentive au vocabulaire et aux images, et en estimant que leur place importante traduit leur instrumentalisation dans les procédures de contrôle des populations dominées, mais aussi la volonté de façonner des « normes émotionnelles » pour permettre aux agents coloniaux de mettre en œuvre cette domination[107]. En France, Yves Denéchère a entrepris de réfléchir à la redéfinition identitaire de cinq mille enfants métis eurasiens, indovietnamiens et africasiens (selon les termes employés dans les sources coloniales), nés en Indochine de père inconnu, mais présumés français, et envoyés en France des années 1940 aux années 1970. Confiés par leur mère à une association, la FOEFI, Fédération des œuvres françaises en Indochine, qui leur enseignait le français, ils partaient se former en France puis revenaient tenir des postes de responsabilité dans leur pays[108]. Le prisme de l'acculturation linguistique (francisation du nom, interdiction de parler le vietnamien, le lao ou le khmer) dans un contexte international marqué par la phase la plus intense de la décolonisation est ainsi une voie d'entrée dans une étude des subjectivités et des conflits de mémoire intimes, qui intègre aussi les données de la neuropsycholinguistique. Cela permet à l'historien d'évaluer « les impacts des traumatismes du déracinement et d'une biopolitique postcoloniale sur la construction subjective des Eurasiennes au-delà de l'expérience collective d'assimilation ». Plus largement, ses travaux participent d'une réflexion sur la difficile construction à la fois de l'identité féminine et de l'intimité chez des enfants et adolescentes alors placées dans des institutions religieuses en France.

En se fondant sur les actes de parole de John Austin (voir chapitre 6), William Reddy tend à relativiser les approches constructivistes, qui réduisent les sentiments à leur dimension linguistique ou à des expressions purement culturelles. Il insiste sur les interactions entre les états émotionnels « internes » et les expressions linguistiques, qui s'y rapportent et qui peuvent avoir un effet sur ces états[109]. Il qualifie d'*emotives* ces expressions émotionnelles, qui ont la capacité d'attirer l'attention de manière subtile sur telle position et d'avoir, de ce fait, des conséquences sur l'action de ceux auxquels ils s'adressent. Elles peuvent, en ce sens, « faciliter, compliquer ou inhiber la politique étrangère ou l'action collective[110] ». Son approche est utile pour interroger le caractère perlocutoire de la parole individuelle dans l'espace international, qu'elle soit celle d'un responsable gouvernemental ou d'une ONG.

Dans quelle mesure l'expression de « communautés émotionnelles », concurrentes et coexistantes, de Barbara Rosenwein est-elle également applicable à l'analyse des relations internationales ? La médiéviste désigne ainsi des « groupes à l'intérieur desquels les gens adhèrent aux mêmes normes d'expression et valorisent – ou dévalorisent – les mêmes émotions ou des émotions connexes[111] ». L'expression peut permettre de caractériser le style émotionnel des États, des classes sociales, d'une profession ; elle peut aussi s'appliquer à des groupes sociaux différents, mais unis, face à un événement ou une épreuve, et qui développent des modes de pensée et de sentiment communs. Nous avions démontré comment le lexique des émotions négatives, déclinées par le responsable de Médecins sans frontières (MSF), Rony Brauman – la consternation, l'indignation, l'effroi, le « chaos et l'horreur » et la « sidération » – lors de la répression de Tiananmen permettait de tracer les contours d'une « communauté émotionnelle » à laquelle appartenaient aussi les diplomates français en poste à Pékin et en France[112]. L'expression de ces émotions ne relevait toutefois pas du même registre que celui du discours diplomatique. Elle visait à justifier l'action entreprise pour venir en aide aux manifestants dans les jours ayant suivi la répression en dépit des réticences de l'ambassade. Coupler une approche émotionnelle avec une approche conceptuelle et discursive permet de réévaluer la place des mots de l'émotion dans le discours selon qu'il s'inscrit dans un registre militant ou diplomatique, par exemple. Si un diplomate peut se laisser aller à coucher dans une note l'expression d'un sentiment personnel de dégoût, tel Claude Martin lors des événements de Tiananmen, il en va tout autrement quand il doit prendre position publiquement. Dans ce dernier contexte, les concepts émotionnels peuvent avoir une fonction de « codes » et, dans le cadre de négociations, donner aux émotions une fonction différente (voir chapitre 6). Certains historiens, comme Philipp Gassert, réfléchissent ainsi au « style émotif » des États telle la République fédérale d'Allemagne, qui a reconstruit son image sur l'usage rhétorique de la notion de « confiance » après 1945.

Au demeurant, si, pour des raisons didactiques, nous avons distingué les émotions individuelles des émotions collectives, il convient de souligner que beaucoup de travaux examinent leur relation, en repérant les décalages qui existent parfois entre l'émotion ressentie par l'individu et le style émotionnel de l'institution ou du groupe social auxquels il appartient. Nombre de pistes doivent encore être labourées, à commencer par celles qui relèvent de l'anthropologie historique. Depuis les années 1970, le rehaussement du statut de l'émotion dans les sociétés occidentales a accompagné ce que j'appelle la sociétalisation et l'intimisation des politiques extérieures et internationales, le fait que celles-ci prennent en charge non plus seulement des dossiers sociaux, mais aussi des dossiers sociétaux, qui comportent une forte dimension axiologique et dont certains thèmes peuvent aller jusqu'à traiter une dimension intime de la vie des individus.

Ce point encore très peu exploré implique que l'on approfondisse la réflexion sur la définition des questions sociétales. Pour la Commission nationale consultative des droits de l'homme, par exemple, elles relèvent du respect et de l'effectivité de tous les droits de l'homme (éducation, logement, santé, environnement, lutte contre la pauvreté et pour le développement durable). Pour d'autres instances, elles intègrent le racisme, le sexisme, l'homo- ou la transphobie. La sociétalisation des relations internationales désigne ainsi l'intégration dans le débat de questions qui ont une composante morale et qui ne peuvent être traitées de manière individuelle. L'un des exemples les plus étudiés est celui de l'activisme féministe séculaire en faveur de la reconnaissance des « droits des femmes ». Il a mis au jour la diversité du contenu attaché à cette expression et montré comment le débat sur les actes systématiques de violence sexuelle à l'encontre des femmes et des filles avait fait évoluer la juridiction internationale. Le viol a été ainsi été reconnu comme crime de guerre et crime contre l'humanité dans les articles 7 et 8 du Statut de Rome, qui a institué la Cour pénale internationale en 1998[113].

Travailler sur la sociétalisation des politiques internationales implique aussi qu'à l'invitation de sociologues, on approfondisse la discussion déjà bien engagée sur les contours de la « société civile » (et sa part de « civilité[114] »), à la fois « force sociale réelle » mais ductile, dotée d'institutions, et « communauté idéalisée », parée de vertus positives[115]. Si les quarante dernières années ont questionné les configurations qui ont favorisé la participation, plus ou moins institutionnalisée, des acteurs sociaux aux processus dits « décisionnels », elles se sont moins intéressées aux mutations des sensibilités, qui conduisent à déplacer un objet cantonné dans la sphère intime vers la sphère publique et à en faire un « problème public » international[116], plus ou moins accepté comme tel selon les sensibilités culturelles ou religieuses. On peut postuler qu'un sentiment comme l'indignation participe de la sociétalisation de ces politiques, en déclenchant ou en alimentant un mouvement issu de parties organisées de la société, qui en appellent à la régulation multilatérale de certaines pratiques.

Chapitre 5

Lieux et espaces de l'international

Le lieu est-il une catégorie d'analyse pertinente pour l'historien des relations internationales ? « Qu'il soit site ou monument, lieu d'assemblée ou de rencontre, a fortiori siège d'un pouvoir », le lieu, « spatialisation du temps » (Alphonse Dupront) a fait l'objet de longue date de réflexions entretenues par des philosophes, des géographes, des ethnologues et des anthropologues[1]. On lui reconnaît sa centralité comme « point qui, dans l'espace, impose sa différence avec son entour[2] », mais si tout ou presque peut faire lieu, cela implique une redéfinition permanente du centre et de ses périphéries.

Alors que les lieux de la mondialisation ont déjà fait l'objet d'explorations, en France par exemple, dans la foulée des livres de Marc Augé et de Michel Lussault, et que les lieux du politique commencent à faire l'objet d'une réflexion critique, ce n'est pas encore le cas des lieux de l'international[3]. Dans la continuité de réflexions, engagées il y a une dizaine d'années, sur les lieux diplomatiques, nous postulons que l'usage métaphorique de la notion de « lieu » permet de proposer une définition et une typologie des espaces propres aux relations internationales, et qu'elle fournit à l'historien une pierre de touche pour organiser sa réflexion tant sur ses sources que sur les objets de sa recherche. La définition du lieu est liée à son degré d'institutionnalisation et à sa fonction, mais elle tient également compte d'enjeux spécifiquement spatiaux. Nous utiliserons les notions topologiques du lieu et de l'espace pour dire ce qu'il y a de proprement international et de transnational dans les dynamiques qui les traversent, tant en termes de pratiques que des représentations qui leur sont attachées.

Les lieux de l'international ont, de fait, longtemps été identifiés, de manière implicite, aux lieux diplomatiques, « officiels ou non, publics ou privés, permanents ou temporaires, physiques ou dématérialisés : ministères, ambassades et consulats, sièges des organisations internationales, mais aussi tous les lieux de conférences, de rencontres ou d'échanges, aussi incongrus soient-ils, diplomatie de corridor ou de hall d'hôtel, avec ses hauts lieux (New York, Bruxelles...), ses lieux saints (que l'on songe à Genève et à la mystique forgée dans l'entre-deux-guerres autour de la SDN), ses lieux de mémoire (par exemple Münster, Utrecht, Vienne ou Bandung et, dans le registre négatif, Munich)[4] ». Cette confusion a été entretenue en grande partie par le discours du diplomate, qui a tendu à faire de ce type d'espace son territoire, sur lequel il ne fait pas toujours bon pour un étranger à la Carrière (métaphore territoriale) de s'aventurer. Or, la définition beaucoup plus large des relations internationales, qui s'est imposée, conduit à distinguer nettement les lieux de l'international des lieux diplomatiques, qui en sont une des déclinaisons possibles, et qui peuvent, dans le cas des ambassades, consulats et organisations internationales, être circonscrits juridiquement par un régime d'immunités et séparés du reste de l'espace urbain.

En nous fondant plus particulièrement sur les réflexions en miroir conduites par le philosophe Michel de Certeau et l'anthropologue Marc Augé, nous définirons le « lieu de l'international » comme un espace institutionnalisé, structurant et relationnel, qui constitue le cadre de l'expression, de la contestation, de l'élaboration, de la négociation ou de la mise en œuvre d'une pensée, d'une revendication ou d'une politique sur les questions internationales[5]. Ces actions s'expriment sur le mode de l'expansion, de l'influence, de la coopération ou du conflit. Traversé de dynamiques inter- et transnationales, ce lieu est marqué par la cohabitation d'individus, saisis par leur identité socioprofessionnelle d'acteurs de l'international : c'est dans cette coexistence, dans cette cohabitation, dans cette mise en commun de conceptions, de projets, de stratégies et de pratiques tournés vers la cogestion des affaires internationales que se saisit le lieu de l'international. Espace structurant, il décline la gamme qui va de l'organisation, définie par un statut juridique, à l'institution la plus lâche. Aux côtés des États (et de leurs composantes), les organisations intergouvernementales et non gouvernementales, les entreprises, mais aussi des lieux sociaux et religieux sont autant de lieux de l'international. Il existe encore des lieux mémoriels, matériels ou imaginaires, auxquels s'attachent les stigmates des relations internationales. Ils sont le réceptacle de la mémoire individuelle et/ou collective d'un événement, d'une manifestation, d'un geste ou d'un discours. Il existe enfin des lieux virtuels, qui ont pris une importance croissante depuis les années 2010, et qui seront, à n'en pas douter, les prochains domaines de recherche des historiens.

D'autre part, la catégorie de « non-lieu », forgée par Marc Augé, nous a été utile pour constituer en objets heuristiques des espaces informels, traversés par des dynamiques inter- et transnationales, où s'établissent, s'interrompent ou se recomposent des relations internationales : camps de réfugiés ou de transit, sites archéologiques, « routes des Balkans » ou « de la soie », trains, bateaux, aéroports internationaux, frontières et murs, etc. Dès lors, nous adopterons une autre catégorie, celle d'« espace de l'international » pour parler de ces non-lieux où se nouent, en réalité, des relations temporaires entre des acteurs de passage, dont la diversité des appartenances nationales, la rencontre, les tensions qu'ils suscitent ou le débat qu'ils animent, créent, de manière éphémère, de « l'international » en soi. Certes, l'un des trois critères donnés pour définir le « non-lieu » – son caractère « non-relationnel » – paraît en contradiction avec notre définition de l'international, mais l'anthropologue pressentait la faiblesse de ce critère et il précisait que lieu et non-lieu n'existaient jamais sous une forme pure :

> « Des lieux s'y recomposent [dans les non-lieux], des relations s'y reconstituent[6]. »

L'exemple des places urbaines, espaces de manifestations, témoigne de ce changement d'état, de cette transformation d'un espace informel en lieu de l'international, par la répétition des rencontres qui s'y déroulent, le caractère ritualisé des pratiques ou le positionnement spécifique des corps – dans une chaîne humaine, par exemple – et par une « stratégie spatiale délibérée[7] ».

À côté du lieu de l'international existe donc l'« espace de l'international », ouvert, transitionnel, sous-tendu par une dynamique autonome, échappant aux logiques étatiques, mais comportant la possibilité d'une institutionnalisation, s'émancipant, mais pas toujours, des logiques nationales. Ce sont aussi des espaces dématérialisés tels l'espace public, des espaces visuels s'exprimant dans des productions artistiques tels les graffitis de Bansky portant sur des événements internationaux, voire des espaces virtuels en reconfiguration permanente.

Certains espaces, telles les places évoquées plus haut, ont même fini par acquérir un statut de « haut-lieu » dans les années 2010, « lieu de condensation des valeurs, de convergence des pratiques et d'expérience des émotions[8] ». Elles se sont inscrites, en effet dans notre imaginaire, telle la Puerta del Sol à Madrid, la place Tahrir à Tunis, Maïdan à Kiev ou la place Tiananmen à Pékin. C'est encore le cas de parcs comme le parc Gezi à Istanbul ou, de longue date, le Tiergarten à Berlin. Marqués par des manifestations aux objectifs variables, mais reposant tous sur l'idée de renouer avec une forme de démocratie directe, ces places et parcs ont été des espaces de circulation d'émotions collectives, de slogans et de pratiques, commentés ou repris d'un pays à l'autre. L'interjection, lancée par Stéphane Hessel et devenue mot d'ordre, « Indignez-vous ! », a été source d'inspiration pour des mouvements qui se sont propagés, à partir de l'Espagne, en Europe et aux États-Unis. Leurs objectifs ont dépassé ou transformé celui de l'opuscule éponyme, publié en 2010 par l'ancien diplomate pour dénoncer la situation imposée par l'État d'Israël à la bande de Gaza. Enfin, si les géographes nous mettent en garde contre « ces métaphores qu'il vaut mieux n'employer qu'avec prudence[9] », la notion d'« esprit des lieux » exprime la dimension internationale symbolique acquise par certains lieux urbains : on parlera d'« esprit de Genève » ou d'« esprit de Davos » en leur imprimant un sens que ces lieux n'ont pas en eux-mêmes.

Les lieux de l'international

« Organisation » et « institution » sont les deux notions couramment employées, souvent de manière assez indifférente ou métonymique par les historiens des relations internationales, pour parler des lieux de l'international en leur appliquant des grilles de lecture variées. Pourtant, elles ne se recouvrent pas, même si elles interagissent. Pour le comprendre, on peut renvoyer à cette remarque du diplomate Pierre Vimont qui, pour expliquer l'échec relatif du Service européen d'action extérieure (SEAE) à créer un esprit de corps dans sa première décennie d'existence, disait : « Le SEAE est un service, ce n'est pas une institution[10]. » Il expliquait qu'en tant que tel, bras armé de la diplomatie bicéphale de l'Union travaillant avec la Commission ou le Conseil, le Service devait « se conformer aux règles et règlements de l'une ou l'autre des deux institutions ». Il souscrivait implicitement *ipso facto* à une vision selon laquelle les institutions sont les procédures, les protocoles, les normes et toutes ces règles officielles et officieuses inhérentes à une organisation, ici administrative.

L'organisation est une notion venue de la sociologie qui désigne les « dispositifs cognitifs collectifs permettant à un groupe, par voie d'apprentissage collectif, d'atteindre des objectifs globaux d'efficacité minimale[11] ». Comme telle, elle peut s'appliquer à des organisations non marchandes, comme les administrations publiques, ou à des organisations marchandes, comme les entreprises, et à des organisations internationales, publiques ou privées. Si les sciences de l'organisation dans leur ensemble ont pris leur essor après 1945, les historiens internationalistes ont été particulièrement attentifs aux réflexions issues tant de la sociologie des organisations que des sciences de gestion via leur proximité avec les historiens économistes. En France, ciblant les organisations publiques à finalité économique, l'historien Patrick Fridenson a plaidé « pour une histoire de l'État contemporain comme organisation ».

La notion d'institution est une autre notion centrale des sciences sociales. Elle est, au sens étymologique du terme, ce qui est stable, ce qui tient et qui fait tenir dans la société. Paul Fauconnet et Marcel Mauss, repris par Émile Durkheim dans la préface à la deuxième édition des *Règles de la méthode sociologique*, faisaient de leur discipline « la science des institutions ». L'institution est ainsi définie au début du XXe siècle comme « un ensemble d'actes ou d'idées tout institué que les individus trouvent devant eux et qui s'impose plus ou moins à eux[12] ». Elle préexiste à l'individu. Cette définition a évolué, en partie sous l'influence de Talcott Parsons, et donné au concept « un contenu fonctionnel d'intégration à une structure et d'adaptation à des normes ». En ce sens, l'institution repose sur des organisations qui mettent en œuvre telle ou telle de ses fonctions. Si elle peut donc s'identifier à une « organisation », qui peut être une « administration », il faut garder en mémoire que l'institution peut exister, en dehors de toute formalisation – le corps diplomatique est un bon exemple d'institution informelle, mais structurante. Elle ne s'incarne pas uniquement dans une structure formelle (comme un parlement, une université ou un musée), mais elle s'épanouit également dans un cadre informel, un système de règles, d'incitations et de contraintes (comme un cercle religieux). En d'autres termes, elle ne relève pas, dans son essence, de cadres organisationnels officiels. Pour le politologue Jacques Lagroye, elle est un « corps objectivé de règles, de rapports de pouvoir, de savoirs et de savoir-faire[13] ».

Nous présenterons cinq types de lieux : les lieux-sujets, les lieux économiques, les lieux sociaux, les lieux religieux et les lieux mémoriels. Si la première catégorie, constituée de deux lieux uniques, occupe une place à part dans l'historiographie, les quatre autres catégories comprennent une grande variété de lieux inégalement étudiés par les historiens des relations internationales. Nous avons retenu ceux dont l'histoire illustre le renouvellement profond des perspectives.

Lieux-sujets : États et organisations internationales publiques

D'un point de vue sociologique, l'État et l'organisation internationale de type intergouvernemental relèvent à la fois de l'organisation et de l'institution et partagent cette qualité avec de nombreux autres dispositifs ayant des buts déterminés. En revanche, d'un point de vue juridique, ils constituent une catégorie particulière. Ils sont les seuls sujets des relations internationales unanimement reconnus.

La centralité de l'État comme objet de l'histoire des relations internationales s'explique, en effet, non seulement par sa qualité de producteur d'archives publiques – qui ont été, pendant des siècles, la source principale de l'histoire, nous l'avons rappelé –, mais aussi par son règne durable comme sujet unique du droit international. Le « sujet » en droit international désigne la personne morale disposant de l'aptitude à être titulaire de droits et d'obligations, qui trouvent leur source dans l'ordre international. À ce titre, l'État est le sujet originaire, primaire, du droit international et il jouit d'une personnalité juridique qui ne procède de l'acte de volonté d'aucun autre sujet. Les États demeurent aujourd'hui les seuls sujets dotés de la plénitude de la personnalité internationale, mais on a assisté depuis 1945 au renforcement de sujets dérivés – les organisations internationales – et à la reconnaissance de droits et obligations internationaux aux individus. À partir de 1949, l'ONU, et à travers elle l'organisation internationale, a été reconnue comme « un sujet de droit international, [...] titulaire de droits et devoirs internationaux et [capable] de se prévaloir de ses droits par voie de réclamation internationale[14] ». La capacité à être productrice de droit lui a été attribuée : elle peut, elle aussi, conclure des accords internationaux. La multiplication des organisations internationales est ainsi venue défier le règne exclusif des États, mais ce sont bien ces derniers qui sont à l'origine de l'institutionnalisation de la coopération intergouvernementale. L'organisation internationale est une association conventionnelle d'États souverains. La *Convention de Vienne sur la représentation des États dans leurs relations avec les organisations internationales de caractère universel du 14 mars 1975* (art. 1er) précise : « 1. L'expression "organisation internationale" s'entend d'une organisation intergouvernementale [...]. »

Cette qualité juridique explique que ces « lieux-sujets » aient été les pierres de touche principales des perspectives épistémologiques qui se sont multipliées depuis un quart de siècle, en grande partie grâce aux travaux des historiens internationalistes. Pourtant, les bilans historiographiques des travaux sur les organisations et l'État passent étonnamment sous silence la part qu'ils ont prise dans leur étude – alors même que ces bilans convoquent l'histoire politique, économique, sociale, ou encore l'histoire des sciences. C'est à pallier cette méconnaissance que le début de cette partie s'emploie en montrant qu'à l'instar des autres disciplines, et souvent de manière précoce, l'histoire des relations internationales a participé du mouvement généralisé qui a conduit à explorer l'État dans toutes ses dimensions et, en particulier, dans sa vocation internationale.

L'étude des administrations traditionnellement en charge de dossiers internationaux (Diplomatie, Défense et Renseignement, Économie et Finances) ou dorénavant concernés par eux (Industrie, Intérieur, Environnement, Santé, etc.), ainsi que celle des organisations à vocation universelle (SDN et ONU) longtemps privilégiées par les historiens, ou des unions administratives et organisations sectorielles redécouvertes plus récemment, mobilisent aujourd'hui une grande variété de grilles de lectures (bureaucratique, constructiviste, sociologique). Longtemps saisis selon un paradigme national, ces lieux-sujets sont abordés maintenant, quoiqu'imparfaitement, dans une perspective transnationale. Le premier concerné par cette remise en cause a été l'État.

De la personnification au démontage de la « boîte noire »

L'histoire de l'État dans les relations internationales a longtemps oscillé entre la personnification extrême, l'associant à son chef, et l'anonymisation métonymique. En ce sens, elle l'a doté d'une personnalité ayant une vie propre et des sentiments : « la France veut », « l'Allemagne espère ». Comme l'exprima Jean-Claude Allain, l'« animation de l'histoire par le relais des "grands hommes" » fonctionnait comme « l'antidote théorique » de la métonymie, qui désignait l'État par le nom de sa capitale : « Paris », « Vienne », « Berlin »[15]. Charles Webster a été l'un des premiers à faire valoir en 1925 la manière dont une analyse fine des rouages de ces « machines hautement organisées[16] », à commencer par celle du Cabinet, serait importante pour l'étude de la politique étrangère britannique. Il frayait ainsi la voie à une étude de l'administration et de son personnel. Tel Asmodée, le diable boiteux du roman éponyme de Lesage, l'historien des relations internationales a entrepris de soulever le toit des administrations. Histoire administrative, histoire des représentations et histoire sociale ont été mises au service d'une étude du fonctionnement interne de ces « boîtes noires » et de la fabrication des politiques étrangères.

L'approche d'histoire administrative

La métaphore de la « boîte noire », empruntée au monde scientifique, définit un système qui peut être perçu en termes d'entrées (*inputs*) et de sorties (*outputs*). Son fonctionnement interne reste opaque. La métaphore a été utilisée par la science politique pour analyser les politiques et les pratiques gouvernementales nationales et internationales et pour permettre d'examiner le fonctionnement interne du système politique et ses relations avec le monde extérieur. Le politologue canadien David Easton a ainsi mis en place en 1953 un modèle d'analyse pour combattre l'opacité des procédures gouvernementales. La métaphore a été reprise par les historiens non seulement pour examiner les interactions entre le système étatique et son environnement, mais surtout pour pénétrer dans ce système, le décortiquer et scruter son fonctionnement interne, tant au niveau des structures bureaucratiques qu'au niveau de son personnel. Zara Steiner a ainsi ouvert la boîte du « vieux *Foreign Office* », allant jusqu'à analyser la matérialité du lieu et la hiérarchie inscrite dans l'occupation des bureaux[17]. Trente ans plus tard, dans un article où elle s'interrogeait sur la pertinence de considérer les États « comme des « boîtes noires » en interaction les unes avec les autres », elle notait, philosophe, que « les historiens continueront à parler de la

France et de l'Allemagne, des États-Unis et de la Chine ou du Quai d'Orsay et de la Wilhelmstrasse, ou de l'un des ministères nationaux des Affaires étrangères. Mais nous sommes tous conscients que ces termes, comme les boîtes noires, ne sont qu'une forme de raccourci[18] ». En France, les réflexions de Guy Thuillier, ancien haut fonctionnaire – et créateur du tout premier comité d'histoire ministériel au sein du ministère des Affaires sociales en 1973, puis du comité pour l'histoire économique et financière de la France (CHEFF) en 1987 au sein du ministère des Finances – ont été importantes pour entrer plus avant dans le démontage de l'organigramme de ces espaces bureaucratiques, conçus comme des « dispositifs », des « machines » avec leurs règles de fonctionnement, leurs savoirs, leurs techniques rédactionnelles et leurs pratiques (interministérialité).

Cette approche administrative, appliquée aux Affaires étrangères, économiques et financières extérieures, à la Défense, a aussi été au cœur de l'essor de l'histoire du renseignement, cette « dimension oubliée de l'histoire diplomatique » (Sir Alexander Cadogan). Dans son étude pionnière *Strategic Intelligence for American World Policy* (1949), Sherman Kent définissait le renseignement comme un processus de collecte, d'analyse et d'utilisation de l'information. Les études sur le renseignement (*Intelligence Studies*) se sont constituées sur un fondement interdisciplinaire dans les années 1980 aux États-Unis, mais, au Royaume-Uni, l'histoire du renseignement a été portée par des historiens des relations internationales, comme Francis H. Hinsley (1918-1998), professeur à Cambridge (St John's College), Christopher Andrew, né en 1941, également professeur à Cambridge (Corpus Christi College) et David Dilks, né en 1938, professeur à Leeds[19]. Avec le livre *Secret Service: The Making of the British Intelligence Community* (1985), C. Andrew installe le domaine comme champ d'études légitime pour l'historien, alimenté par un large éventail d'archives officielles et de documents privés. Il lance aussi en 1986 la revue *Intelligence and National Security* (INS), qui demeure la revue de référence, y compris pour les historiens internationalistes. Dans les années 2000, des historiens comme Peter Jackson, Joseph Maiolo et Holger Nehring perpétuent une tradition d'histoire militaire et stratégique centrée sur la guerre et la paix, tout en se montrant attentifs aux interactions avec la société.

Dans les États scandinaves, les ministères de la Défense ont financé, par le biais des études d'histoire militaire, les universités qui se consacrent aux études de renseignement depuis la fin de la guerre froide. En Allemagne, Wolfgang Krieger, né en 1947, enracine le domaine à l'université de Marburg à partir de 1995. En Espagne, c'est au début des années 2000 que ces études se sont développées autour de l'université Rey Carlos III. En France, l'impulsion a été donnée par Georges-Henri Soutou, né en 1943, et Maurice Vaïsse, né en 1942. Une nouvelle génération a pris le relais : Olivier Forcade et Sébastien-Yves Laurent ont établi une typologie des appareils de renseignement selon leur rapport avec le régime politique de l'État dans lequel ils s'inscrivent, distinguant les États démocratiques des États totalitaires et attirant l'attention sur la spécificité d'Israël dans lequel le renseignement préexiste à l'État – la Haganah faisait ainsi du renseignement dès les années 1920. Comme pour les administrations diplomatiques, le premier temps de la recherche a fait du renseignement un outil d'élaboration de la politique étrangère et de défense, dans une perspective d'aide à la décision. La compréhension de la structure organisationnelle du renseignement, des circuits et du traitement de l'information, avec leurs techniques spécifiques, comme la cryptologie, a été la priorité. L'objectif était d'expliquer les décisions spécifiques prises par les décideurs en temps de paix et de guerre. Les études ont aussi porté sur le renseignement économique. Sébastien-Yves Laurent a approfondi la connaissance de l'« État secret », cette « composante de l'État volontairement soustraite à la publicité », en conjuguant histoire du droit et des pratiques à l'histoire administrative, témoignant ainsi de l'élargissement en cours du cadre analytique[20].

En ce qui concerne l'étude des organisations internationales, le pas a été franchi assez tardivement pour une série de raisons exposées en son temps par René Girault :

> « Le problème des archives de ces institutions, l'impression de faiblesse politique donnée par ces organisations, à commencer par la SDN, une certaine incompréhension des réalités des relations internationales[21] ».

L'histoire des organisations internationales a été traitée par une première génération d'historiens, en dupliquant l'approche appliquée à l'échelle nationale : on l'a écrite en en faisant l'un des champs d'affrontement de l'intérêt national des États. Les historiens se sont d'abord concentrés sur les circonstances de la création et du développement diachronique des organisations, en mettant l'accent sur les dynamiques intergouvernementales et les rivalités interétatiques. D'abord centrées sur les crises politiques internationales et les échecs, les recherches se sont élargies dans deux directions principales. En premier lieu, celle de la diversification géographique et thématique. L'approche nationale n'a jamais été abandonnée, comme l'attestent les livres de Stefan Hell et de Thomas W. Burkman, respectivement sur le rôle tenu par le Siam et le Japon à la Société des Nations, mais l'examen de la stratégie de ces États a aussi permis de mettre en lumière des débats sur des thèmes peu traités encore par l'historiographie (trafic d'êtres humains et prostitution, santé publique) et de mieux comprendre la place prise par cette organisation dans le débat national. Dans une perspective systémique, on a également souligné qu'en dépit de ses appels à l'égalité des peuples et à la démocratisation des relations internationales, le fonctionnement de la SDN demeurait élitiste et avait favorisé la reconstruction de l'ordre international selon une logique hiérarchique et impériale. Les historiens des États-Unis et des États du Commonwealth ont soutenu que la SDN et l'ONU avaient été les instruments privilégiés de la domination occidentale via le système des mandats et le régime de tutelle[22].

L'approche d'histoire culturelle

L'approche administrative classique a été enrichie par l'étude des formes d'organisation et des principes, qui sous-tendent organisations et institutions, ainsi que par l'analyse des modèles de comportement, des procédures et des routines, des opinions, des valeurs et des représentations des agents, qui conçoivent et mettent en œuvre les politiques internationales[23]. Dans son dernier séminaire en 1994, René Girault a frayé la voie en France aux travaux portant sur les « "cultures" d'administration ou d'entreprises ». Travailler sur les préjugés politiques et institutionnels, qui caractérisent les organisations de renseignement et qui affectent leur performance dans le processus de prise de décision, a également permis d'enrichir les études sur l'évaluation de la menace militaire ou nucléaire, qui fonde la construction des systèmes de sécurité collective. Une étude récente s'est ainsi demandé « quelles valeurs ou croyances de principe les cyberspécialistes travaillant pour des agences de renseignement en Arabie saoudite partag[ai]ent avec les cyber-spécialistes en Suisse[24] ».

L'approche d'histoire sociale

La valorisation plus générale de l'initiative individuelle par les historiens des relations internationales comme l'importance fondamentale accordée à la dimension humaine du renseignement expliquent l'essor concomitant de recherches s'alimentant aussi à l'histoire sociale. Dans *The Foreign Office and Foreign Policy, 1898-1914* (1969), Zara Steiner a étudié le recrutement aristocratique étroit et la formation très élitiste, prodiguée aux apprentis diplomates dans un cercle restreint d'écoles et d'universités. Dix ans plus tard, Jean-Baptiste Duroselle mettait en œuvre dans *La Décadence. 1932-1939* (1979) une première analyse sociale et administrative de la « machine diplomatique » française des années trente pour comprendre ses dysfonctionnements et l'insuffisante communication avec l'armée, face aux coups de force hitlériens successifs. Répondant au vœu que Duroselle avait formulé en 1952, Isabelle Dasque a présenté un tableau complet des diplomates français de la Troisième République, ayant servi entre 1871 et 1914[25]. L'analyse d'autres corps de fonctionnaires, œuvrant dans le domaine des relations militaires, économiques, financières, culturelles ou de la Coopération, a été engagée. Nous avions souligné la singularité française constituée par la création d'un second corps de fonctionnaires dédié à l'action internationale après 1945 : le corps de l'expansion économique à l'étranger (1950-2004). À l'intersection de la diplomatie et du renseignement, l'histoire des attachés militaires et navals a suscité de nombreux travaux. Plus récemment, consuls et chanceliers des ambassades ont fait l'objet d'études approfondies dans le cadre d'une Nouvelle histoire consulaire[26]. Enfin, ces métiers publics de l'international sont aussi maintenant appréhendés dans le cadre analytique des études de genre. Elles soulignent le caractère handicapant de représentations qui ont retardé l'entrée des femmes dans les diverses carrières internationales, un retard à nuancer selon la législation sociale et la culture politique de chaque État.

L'histoire des professions, des groupes et des administrations publiques en charge de questions internationales est néanmoins encore loin d'avoir été conduite en profondeur pour tous les États dans le monde, mais aussi en Europe, en particulier celle des administrations venues disputer aux Affaires étrangères la conduite de certains dossiers internationaux. Les ministères de l'Intérieur, de l'Environnement ou de la Santé devront notamment faire l'objet de travaux en ce sens dans les années à venir, sous-tendus par une lecture interministérielle et transnationale. Précisons enfin que l'histoire sociale des agents du renseignement demeure, bien plus que celle des diplomates, très tributaire de l'accès aux sources d'archives militaires ou policières. Pourtant, l'ouverture partielle des dossiers de la Police fédérale du ministère public de la Confédération helvétique (rapports de surveillance, analyses de conversations téléphoniques) révèle la richesse de ce type de fonds pour mettre au jour une typologie socioprofessionnelle des agents du renseignement, en l'occurrence de ceux de la République populaire de Chine (RPC) en Suisse au début de la guerre froide, et pour sortir d'une approche encore trop mythifiée[27].

Perspectives transnationales

Depuis les années 2000, l'histoire des administrations (étatiques ou internationales) n'est plus faite selon un paradigme national ou clos sur lui-même. Le temps des monographies autocentrées est révolu.

L'histoire transnationale de l'État international

En premier lieu, l'écriture de l'histoire de la politique extérieure de l'État, au travers du seul prisme national, de l'expression unique d'intérêts immanents et de la projection d'une puissance fondée sur les seuls instruments publics nationaux, a vécu. C'est dorénavant à la fois l'action internationale de l'État et l'État international que l'on interroge. Il n'est plus tant celui qui réagit à la « contrainte extérieure », selon une approche qui faisait de celle-ci un instrument unilatéral de régulation ou de modernisation de la politique intérieure, que celui qui est traversé par des dynamiques inter- et transnationales, qui interagissent avec les *stimuli* nationaux ou locaux. Cet État peut encore être redéfini en partie par l'action de ses communautés expatriées et diasporas, voire être reconstruit à partir de ses frontières. Pour les États membres de l'Union européenne, le déplacement de leur souveraineté vers des autorités supranationales doit être pris en compte pour la période ouverte en 1951.

Que ce soit pour étudier l'action extérieure des États ou celle des organisations intergouvernementales, une vision transversale et horizontale est requise. Pour les États d'Europe occidentale, cette approche a été favorisée par le processus d'intégration européenne, qui a conduit à soulever de multiples questions relatives à la transformation de l'État national en un « État intégré[28] » dont certaines prérogatives sont exercées par l'Union européenne. À l'échelle du continent entier, elle a été encouragée par la circulation des pratiques entre les États membres et les États candidats à l'intégration. À l'échelle occidentale, la remise en cause de l'État-providence a suscité des travaux sur les processus d'importation et d'exportation des préceptes de bonne administration entre États et sur les circuits nationaux et internationaux des expertises (voir, en France, l'application des théories du *Public Management* à la politique économique extérieure[29]), ou encore sur les demandes nouvelles des citoyens à l'étranger, qui transforment partiellement la diplomatie en prestation de services. À l'échelle mondiale, l'examen des processus concomitants de la décolonisation et de la systématisation de l'aide au développement souligne la manière dont des États, au passé si différent que l'Indonésie ou la Syrie, se sont construits ou reconstruits en partie sous l'égide de « conseillers » canadiens ou allemands[30]. Ce sont, dès lors, ces réseaux d'acteurs étatiques et sociaux et ces pratiques interagissant dans des lieux circonscrits que ces nouvelles histoires de l'État international peuvent s'employer à mettre en lumière.

De l'« État secret » à la société du renseignement

Dans le domaine du renseignement, la figure du transfuge, transnationale par nature, favorise ce type de lecture. À titre d'exemple, « dans l'histoire des relations bilatérales franco-allemandes, l'histoire des réfugiés est [...] une clef d'analyse intéressante de l'histoire du renseignement[31] ». Par ailleurs, si les acteurs du renseignement utilisent le concept de « communauté » pour parler des coopérations entre les diverses agences de renseignement (services de renseignement policiers, militaires ou civils) des États, confrontées à des défis communs, comme les attentats et le terrorisme, et la mise en place d'actions de contre-insurrection et de contre-terrorisme, les historiens recourent plutôt, dans ce domaine aussi, à la notion de communauté épistémique pour parler de la minorité que constituent les analystes du renseignement qui partagent des connaissances en matière de savoir-faire, d'innovation technologique, de procédures et de normes de confidentialité. Elle leur permet notamment d'évaluer si les analystes de différents États pourraient être confrontés aux mêmes problèmes de présupposés biaisés lorsqu'il s'agit de produire des renseignements à partir d'informations brutes.

Depuis les années 2000, on a mis en valeur la mobilisation des services de renseignement pour affermir le contrôle de territoires dominés pendant la période impériale, comme ceux du Levant ou de l'Inde. Pour Martin Thomas, les Empires français et britannique en Afrique du Nord et au Moyen-Orient étaient, par essence, des États du renseignement (*intelligence states*) façonnés par le processus de collecte d'informations sur les populations qu'ils prétendaient contrôler[32]. Des études portent aussi sur l'intervention des services secrets à l'étranger dans le contexte de la guerre froide (la CIA a fait l'objet de livres et articles nombreux mettant en évidence le rôle de paravent tenu par certaines organisations culturelles, soutenues par les fondations philanthropiques américaines). D'autres encore analysent les transferts d'expériences internationaux entre services secrets ainsi que les interventions secrètes dans les affaires d'autres États. L'ouverture des archives du ministère de la Sécurité d'État (MfS ou Stasi) de l'ancienne République démocratique allemande (RDA) a permis de nombreuses études de ce type dans une perspective mondiale.

Relevons pour finir que l'on dénombre étonnamment encore peu de travaux de fond sur la relation pourtant très étroite entre diplomatie et renseignement[33]. D'un point de vue épistémologique et méthodologique, la réflexion pourrait être approfondie autour de la question de la « source » et du « témoin » puisque, comme pour l'histoire de la diplomatie, il existe une relation forte entre le praticien et l'historien dans l'écriture de l'histoire. On sait que, depuis la formation de l'OSS, les universitaires ont joué un rôle de premier plan dans l'évolution de la politique de renseignement américaine, et que la NSA (*National Security*

Agency) et la CIA (*Central Intelligence Agency*) emploient toujours chacune leur propre équipe d'historiens professionnels à plein temps. En Grande-Bretagne, une plus grande distance a généralement été maintenue entre les universitaires et les praticiens, mais il existe des exceptions notables, comme les collaborations de l'historien Christopher Andrew avec les transfuges du KGB Oleg Gordievsky et Vasili Mitrokhin, qui ont éclairé les activités des services soviétiques, ainsi que les succès britanniques dans la guerre d'espionnage. Le MI5 a par ailleurs demandé à Christopher Andrew d'écrire le livre de son centenaire, le transformant en historien institutionnel.

Les moments de crise liés aux dysfonctionnements de la cohabitation des services et des diplomates dans certains États sont cités de manière récurrente et trop souvent traités sur le mode du scandale ou de l'anecdote, mais on ne dispose encore d'aucune synthèse solide sur le fonctionnement quotidien de cette relation. Certes, l'article 3 de la convention de Vienne sur les relations diplomatiques de 1961 établit une différence nette entre l'information ouverte (diplomatie) et l'information obtenue de manière illicite (renseignement), que la coutume avait déjà mise en place au début du XIXe siècle à la suite du congrès de Vienne. Une des conventions de La Haye de 1907 encadre l'espionnage en temps de guerre. Toutefois, certaines négociations diplomatiques recourent à l'action secrète (Hugh Wilford parle de « crypto-diplomatie »), et les liens sont étroits au sein des ambassades établies dans des pays « sensibles » où la violence est endémique (Afghanistan, États du Sahel, Liban, Soudan, Syrie, etc.). En France, la nomination en 2000 à la tête de la DGSE (direction générale des services extérieurs) de Jean-Claude Cousseran, diplomate spécialiste du Moyen-Orient, suivie de celle de Pierre Brochand (2002-2008), de Bertrand Bajolet (2013-2017), et de Bertrand Emié (en 2017), est un signe de cette porosité. Des travaux sur l'insertion des ambassades et consulats dans l'écosystème du renseignement et, réciproquement, sur l'intégration des services dans l'écosystème diplomatique, national ou international, seraient donc bienvenus. Ils éclaireraient en particulier la culture institutionnelle des services du renseignement et des États, leurs règles et normes dans différents contextes nationaux et internationaux au-delà des visions stéréotypées et schématiques, qui sont reproduites[34].

Au niveau multilatéral, il n'existe pas de convention interdisant expressément l'espionnage entre États, y compris entre États alliés. Les lieux où se tiennent les débats juridiques et politiques autour de cette licéité devraient aussi faire l'objet d'une étude précise. Le rôle du renseignement dans les politiques onusiennes, et plus généralement internationales, reste encore très peu documenté. On sait que Dag Hammarskjöld s'était opposé en 1960 à la création d'une structure permanente de renseignement au sein de l'ONU, mais il n'en demeure pas moins que les organisations internationales collaborent avec les États[35]. Un cas récent, qui gagnera un jour à faire l'objet d'une recherche historique, est la collaboration des agences étatiques avec l'Agence internationale de l'énergie atomique pour obtenir des informations sur l'avancement du programme nucléaire civil et militaire iranien dans le cadre de la préparation de l'accord de Vienne de juin 2015. Enfin, parmi les approches novatrices, relevons les travaux, qui proposent une lecture discursive du renseignement. Sandra Pingel-Schliemann a travaillé sur le lexique du MfS, qui comprenait des termes spécifiques pour désigner les procédures utilisées lors des interrogatoires, comme le concept de « Zersetzung », qui se traduit littéralement par « désintégration », pour parvenir à la destruction psychologique du témoin[36].

L'élargissement du concept de sécurité entraînera certainement la diversification des recherches sur le renseignement, dans la mesure où l'enjeu est d'anticiper la menace dans d'autres domaines que le seul domaine militaire. De la sécurité économique au cyberespace, en passant par la santé, l'environnement et le crime organisé, ainsi que les domaines plus traditionnels des transferts d'armes, de la prolifération des armes de destruction massive, du maintien et de l'imposition de la paix par les Nations unies, le renseignement a étendu son domaine d'intervention, et les historiens s'en feront l'écho dans la limite des sources disponibles[37].

L'organisation internationale, creuset de l'international

Aux côtés de l'État, l'organisation internationale (intergouvernementale) est dorénavant envisagée comme un acteur à part entière, créatrice de « régimes internationaux », c'est-à-dire d'un ensemble de règles communes que l'on se donne pour l'action internationale au service d'une stratégie collective, par la définition de normes et de procédures[38]. Depuis les années 2000, des recherches beaucoup plus systématiques ont eu lieu, soutenues par des réseaux institutionnalisés comme le LONSEA, *League of Nations Search Engine* – créé par des historiens, membres des projets de recherche « Networking the International System » et « Subaltern Diplomacy 1930-1960 » établis à l'*Institute for European Global Studies* de l'université de Bâle, dirigé par Madeleine Herren – ou comme l'HION, *History of International Organizations Network*, créé en 2008 à l'université de Genève par Sandrine Kott. Ces initiatives ont renouvelé non seulement l'histoire de la SDN, mais aussi mis en lumière les autres organisations de cette génération (OIT, Organisation d'hygiène, etc.) et des générations antérieure et postérieure[39]. Leurs secrétariats ont été analysés comme des creusets où se constituent une fonction publique et, plus largement, une élite internationale, ainsi que des valeurs et des savoir-faire partagés propres à l'institution et favorisant l'émergence de normes susceptibles d'universalisation. Comme pour l'histoire des États, les historiens recourent à une approche fine qui croise histoire sociale, administrative et culturelle.

La fonction régulatrice des organisations internationales, dans un monde soumis à la rivalité interétatique, a été mise en valeur. On s'est appliqué à écrire l'histoire des activités négligées de la SDN, au cœur de l'article 23 du pacte, dans le domaine de la législation sociale, du contrôle de la traite des femmes et des enfants, du trafic de drogues et des armes, ou encore de la lutte contre les épidémies. Sa prise de conscience environnementale a aussi été soulignée. Enfin, en lien avec les interrogations suscitées par la reconstruction d'un nouvel ordre international à la suite de la chute du mur de Berlin, de la disparition de l'Union soviétique et de l'entrée dans une phase nouvelle de la mondialisation marquée par la dérégulation, un certain nombre de travaux se sont consacrés au rôle précurseur de la SDN en termes de « gouvernance mondiale ».

Quels qu'aient été les objets d'études et les approches, ils ont majoritairement reposé sur la valorisation des dynamiques transnationales à l'œuvre tant lors de la genèse de ces organisations que dans l'élaboration et l'application de leur politique. Contre l'« évidence institutionnelle » et téléologique de leur histoire, Sandrine Kott, venue de l'histoire sociale, a ainsi favorisé des recherches centrées sur la dimension extra-étatique de la genèse des organisations internationales, mettant en valeur le fait qu'elle avait été soutenue par des groupes sociaux qui avaient développé des réseaux associatifs, structurés autour de combats politiques. Elle a proposé de voir dans ces institutions des « terrains d'enquête et saisis comme des espaces sociaux ouverts, à partir desquels il est possible d'étudier diverses dynamiques d'internationalisation ». Elle a appliqué cette grille d'analyse pour enrichir notre connaissance de la guerre froide, en étudiant les organisations internationales comme des lieux d'échanges et de circulations, entre l'Est et l'Ouest[40]. À l'encontre de l'idée d'une « glaciation » des relations internationales durant cette période, les fonctionnaires et experts, économistes en particulier, des fondations américaines Ford ou Rockefeller, les représentants des confédérations syndicales internationales ou encore de la Chambre de commerce internationale et un certain nombre d'individus privés ou de représentants associatifs ont formé une galaxie d'acteurs interactifs par-delà le rideau de fer. Venu de l'histoire culturelle, Ludovic Tournès a entrepris pour sa part, dans *Les États-Unis et la Société des Nations 1914-1946* (2016), de revisiter la relation traditionnelle de l'acteur étatique au système international, en se concentrant sur un paradoxe apparent : la suractivité des États-Unis d'Amérique dans le multilatéralisme organisé de l'entre-deux-guerres, alors même qu'ils n'étaient pas membres de la SDN et qu'ils n'intégrèrent l'OIT qu'en 1934. Le rôle des fondations philanthropiques étatsuniennes (en particulier la *Rockefeller Foundation* et le *Carnegie Endowment for International Peace*) est aujourd'hui bien connu : leur influence se diffusa notamment par leur engagement dans les sections techniques de la SDN et des organisations afférentes comme l'OIT, ou dans les services liés à l'hygiène, à l'économie ou encore à la lutte contre le trafic de drogue.

Perspectives émotionnelles

Depuis quelques années, États et organisations internationales sont abordés, selon une approche cognitive, comme des lieux réceptacles d'émotions qui influencent l'élaboration des lois et des principes de gouvernance. S'ils n'ont pas de psyché, les hommes et femmes qui les animent, les discours qu'ils tiennent relèvent de réactions émotives, qui peuvent autoriser à parler des « sentiments des États » (Ute Frevert). Les personnifications de l'État auraient d'ailleurs contribué au processus de son identification à un organisme vivant et doté de sentiments. En plus de fournir des cadres cognitifs, les organisations et institutions présentent, plus généralement, des modes émotionnels partagés par leurs membres et alignés sur les objectifs de l'institution. Elles véhiculent des messages de nature diverse et variée. Elles fournissent à leurs membres des cadres pour ressentir et gérer leurs émotions, et elles leur apprennent lesquelles exprimer et lesquelles éviter. Les institutions ont donc, selon cette perspective « permis, invité, encouragé, canalisé, contrôlé, ou interdit les pratiques émotionnelles[41] ». L'expression de « modèle émotionnel » (*emotional template*), introduit par Ute Frevert et Kerstin Maria Pahl, permet d'« analyser la manière dont les institutions, à différents moments, ont invité et incité leurs membres à "se sentir politique"[42] ».

L'une des voies explorées a été celle de la « politique des sentiments » (*Gefühlspolitik*). Elle porte sur l'instrumentalisation des sentiments par l'acteur étatique, c'est-à-dire sur l'incorporation de l'émotion dans une stratégie gouvernementale. L'historienne allemande Ute Frevert a forgé le concept lors d'un examen général des politiques des rois de Prusse et du chancelier Bismarck, et non uniquement de leur politique internationale. Tenant compte de ce facteur aléatoire dans l'univers prétendument rationnel et maîtrisé des politiques publiques, l'historien peut aussi appliquer le concept de « politique des sentiments » à la sphère associative et militante et analyser l'émotion comme une ressource et un élément stratégique dans les relations internationales. Un exemple récent est fourni par la manière dont non seulement les dirigeants étatiques, mais aussi les militants, l'instrumentalisent pour transformer les politiques environnementales. Le président Jacques Chirac recourt à la métaphore de la maison en feu fondée sur l'effroi, en septembre 2002, au sommet de la Terre de Johannesburg ; la jeune Greta Thunberg prononce le *How dare you?* lors du sommet des Nations unies sur le climat fin septembre 2019 pour susciter un sentiment de honte chez les dirigeants internationaux (voir le chapitre 6). Les organisations internationales comme les acteurs sociaux ont intégré de longue date les réactions émotives comme autant de « formules justificatrices » (Heinz Duchhardt). Il n'est que de songer au préambule de la charte fondatrice des Nations unies mentionnant les « indicibles souffrances » infligées à l'humanité par deux guerres mondiales. Le lexique émotionnel des discours publics, mais aussi les images et le langage corporel, qui transmettent ces émotions constituent un champ d'études encore peu défriché dans le domaine des relations internationales. Le rôle tenu par les réseaux sociaux comme vecteurs nouveaux de ces émotions en est un autre.

Le renouvellement des perspectives appliquées à l'histoire de ces « lieux-sujets » a aussi concerné les quatre autres catégories de lieux présentés ci-après, même si ceux-ci présentent, par ailleurs, des caractères spécifiques. La classification suivante repose sur des critères que nous avons tenté de définir avec rigueur, mais qui seront débattus tant certains d'entre eux – à commencer par les ONG – continuent à faire l'objet de discussions incessantes.

Lieux économiques : entreprises, associations économiques privées, fondations philanthropiques

En 2017, plus de la moitié des cent plus grandes entités économiques au monde étaient des entreprises (les autres étant des États)[43]. La reconnaissance du fait que les relations internationales ne sauraient être réduites aux relations interétatiques a conduit de longue date leurs historiens à travailler sur les entreprises capitalistes et sur leurs associations patronales. Depuis une trentaine d'années, on constate aussi la multiplication de recherches sur les fondations philanthropiques américaines grâce à la large ouverture de leurs archives. Elles ont permis d'évaluer leur place dans l'action extérieure des États-Unis au XXe siècle et leur participation plus générale aux politiques internationales.

L'économie politique classique définit l'entreprise comme une unité organisationnelle de production de biens et de services. Les fondations sont définies comme des organismes de droit privé institués par des dons, des donations ou des legs pour financer une œuvre d'intérêt général. Cela nous autorise à en faire des « lieux économiques », même s'il est certain que la définition de l'une comme de l'autre n'est pas épuisée par le seul critère économique et financier. En outre, l'action sans but lucratif de la fondation la rapproche aussi d'une autre catégorie, qui est celle de l'organisation non gouvernementale (voir *infra*). Enfin, entreprises et fondations philanthropiques sont encore des actrices éminemment politiques, des lieux de pouvoir dont la capacité d'action est décuplée par la puissance économique et financière, et des actrices culturelles, qui agissent par divers truchements.

Une troisième catégorie d'actrices très étudiée est constituée par les associations économiques privées, émanation directe des entreprises. Le recours à des moyens financiers majoritairement privés justifie à nos yeux le traitement de ces trois lieux sous une même rubrique même si, nous le verrons, l'histoire renouvelée des relations internationales s'est employée à mettre en lumière leurs identités multiples et à tirer profit du décloisonnement des catégories d'action.

Stratégies entrepreneuriales et politiques

L'histoire des entreprises et celle des relations internationales entretiennent des relations étroites. Quelle que soit l'origine des historiens, ils les ont originellement problématisées dans le cadre analytique des forces profondes, centré sur les interactions des entreprises avec leur environnement politique, économique et social international. Pour Renouvin, « l'étude des mécanismes économiques n'est pas le principal centre d'intérêt. Ce qui importe, c'est d'établir la nature des liens qui ont existé entre les rivalités des intérêts matériels et les oppositions des intérêts politiques[44] ». Il s'agissait d'examiner les contraintes que l'économie pouvait faire peser sur la décision politique, les modalités de la guerre économique entre les États (guerres douanières, boycotts, embargos) ou au contraire leur partage de zones d'influence, ainsi que les politiques d'entente entre les entreprises (cartels) et les investissements de capitaux orientés par les États. En d'autres termes, les questions économiques et la vie des entreprises étaient analysées en fonction d'un prisme étatique et non en fonction d'une logique entrepreneuriale autonome. Si l'analyse de la relation du lien entre entreprises et États restait prédominante chez les historiens internationalistes des années 1970, elle demeurait minoritaire à l'époque chez les historiens des entreprises de la même génération. À l'instar d'Alfred Chandler (1918-2007), dont le nom est attaché à la *Business history*, et de ses émules, ils s'étaient concentrés sur le rôle des managers et sur la manière dont les multinationales avaient adapté leurs stratégies d'implantation et de développement, comme leurs structures, aux différents contextes historiques et aux différents marchés. En France, dans un éditorial paru en 1995, Albert Broder faisait remarquer que si l'international faisait dorénavant partie de l'univers des historiens français de l'entreprise, les études portaient prioritairement sur les firmes internationales et leur environnement extérieur ainsi que sur certaines branches (automobile, électronique, textile). On pouvait déplorer l'absence de travaux sur le « lien entre l'entreprise et les marchés extérieurs[45] ». Il estimait aussi que le rôle international des banques, et des sociétés de négoce en particulier, était sous-traité, à la différence de ce qui se faisait déjà en Allemagne et au Royaume-Uni. Cela venait d'un problème d'accès aux archives des entreprises, mais aussi d'un problème spécifique de l'historien français, « obnubilé tout comme l'entrepreneur par le rôle de l'État ».

Or, les archives d'entreprises, d'une grande richesse, sont devenues accessibles. Elles fournissent un large éventail de sources : des documents stratégiques internes, des documents préparatoires aux décisions du conseil d'administration, des communications internes, des communications entre la holding et la filiale, des rapports d'audit et de contrôle, et parfois des documents personnels tels que des journaux intimes ou des carnets de voyage. Elles pallient souvent les déficits des archives publiques et livrent des informations précieuses sur la vie des sociétés et des pays dans lesquels elles sont implantées. Il est important de rappeler que de nombreuses multinationales, aujourd'hui sur la sellette, ont été parmi les premières à avoir joué le jeu de l'ouverture de leurs fonds aux chercheurs depuis les années 1980. L'exemple le plus emblématique est celui de TotalEnergies, dont le service Archives institué en 1980 par le président-directeur général de la CFP de l'époque, René Granier de Lilliac, a été l'un des premiers grands services d'archives d'entreprise en France. La nomination de l'archiviste Hervé L'Huillier, en février 1982, avait permis son lancement. Ses fonds provenaient initialement de l'ancienne Compagnie française des pétroles devenue Total. Depuis 2008, ils se sont enrichis de ceux d'Elf Aquitaine.

Aux États-Unis, Mira Wilkins, née en 1931, première femme récipiendaire (et seconde lauréate après Alfred Chandler) en 2004 du BHC's Lifetime Achievement Award, a été l'une des premières à établir le lien entre les multinationales et leur environnement politique. Elle a publié notamment *The Maturing of Multinational Enterprise: American Business Abroad from 1914 to 1970* (1974) et *The History of Foreign Investment in the United States, 1914-1945*, trente ans plus tard. Ses travaux ont articulé les stratégies économiques des entreprises avec la question de leurs relations avec les États. En Europe, l'historienne belge Ginette Kurgan-van Hentenryk, née en 1938, qui a une double formation en économie et en histoire, a développé des travaux tout aussi pionniers sur les entreprises bancaires belges. Toutefois, du côté de la *Business history*, les recherches inscrivant l'histoire des entreprises dans le domaine des relations internationales demeuraient rares. Susan Strange (1923-1998), qui a porté haut l'économie politique internationale, tint alors un rôle important de médiatrice entre les deux domaines dans les années 1980, en proposant un certain nombre de clefs pour repenser la relation entre multinationales, États et marché, et en suggérant de considérer les « firmes comme des diplomates[46] ». Une nouvelle génération d'historiens, à l'intersection de l'histoire économique et de celle des relations internationales, s'est emparée de la question de la dimension politique de l'internationalisation des entreprises. Grâce à leurs recherches, l'entreprise s'affirme comme un lieu où l'espace international est appréhendé comme un domaine d'expansion économique et financière, mais où il est aussi discuté et « créé » par un certain nombre de réseaux entretenus par ses dirigeants. Le rôle international des financiers et banquiers d'affaires a fait ainsi l'objet de développements importants[47]. Les travaux sur les entreprises multinationales ont été développés, notamment par Geoffrey Jones et Harm G. Schröter dans les années 1990[48]. L'évolution des modèles d'internationalisation, la réversibilité de la mondialisation ont été mises en valeur. Les recherches se sont concentrées sur les décisions d'investir dans un pays étranger ou de s'en retirer, en examinant les attentes des acteurs qui sont influencées par leurs expériences passées, les motivations stratégiques, les intérêts personnels, les ressources et les capacités, et les opportunités de marché. L'accès aux archives a permis aux historiens d'étudier la perception du risque international et de reconstruire de manière critique la prise de décision managériale au moment même de la prise de décision politique[49].

L'action extérieure des firmes multinationales

Trois pistes de recherche s'avèrent particulièrement fécondes pour analyser la place tenue par ces acteurs économiques privés. En premier lieu, l'étude de leur inscription dans le cadre des politiques d'expansion économique et d'aide au développement a été approfondie grâce aux travaux dans trois grands domaines (l'histoire de la colonisation, celle de la guerre froide – et plus particulièrement celle de la guerre froide économique – et celle de l'intégration européenne). L'étude par l'historien suisse Antoine Acker de l'implantation de la firme multinationale allemande Volkswagen au Brésil est un bon exemple de l'attention nouvelle prêtée aux activités locales des multinationales. Forgeant la notion de « brésilianisation », il démontre comment les dirigeants de l'entreprise ont cherché à s'intégrer à la société brésilienne en utilisant ses codes, en se coulant dans le projet national de développement de l'industrie automobile élaboré par le président Kubitschek (1956-1961) et en concevant une voiture – la « Brasilia », de meilleure qualité que la « Fusca » (« Coccinelle ») –, créée pour circuler dans la ville et conçue intégralement sur place[50]. Reposant sur une approche sociologique et culturelle, un deuxième axe de recherche approfondit l'examen des pratiques d'influence des entreprises par l'entremise d'intermédiaires, ou « courtiers » (*brokers*), constitués par des associations économiques privées comme les associations patronales. Initiés dans les années 1980-1990, avec comme pierre de touche le processus d'intégration européenne, des travaux pionniers avaient mis en lumière la première génération d'associations patronales fondées dans les années 1920-1950 en vue d'obtenir l'unification du marché européen. Les recherches se sont ensuite concentrées sur leur action auprès des organisations internationales, soit par la participation des associations à la gouvernance internationale au sein de l'OIT, de l'OCDE ou dans l'Union européenne, soit par l'association directe des multinationales à cette gouvernance, soit encore par des pratiques de pression qui s'exercent sur des organismes régulateurs comme la Chambre de commerce internationale. Enfin, l'orientation des recherches apporte un nouveau regard sur le rôle pluriel des entreprises dans la gouvernance économique mondiale depuis 1919. La vitalité de ce domaine est aujourd'hui incarnée par une nouvelle génération d'historiens, à commencer par les historiens suisses Thomas David, Sabine Pitteloud et Janick Schaufelbühl[51].

La troisième voie, encore sous-exploitée, concerne la diplomatie d'entreprise (*business diplomacy, corporate diplomacy*). D'études centrées sur la diplomatie économique des États, qui mettaient en lumière la participation des fédérations patronales nationales, dédiées à l'international, on est passé à de premières recherches sur la diplomatie d'entreprise. Les compagnies se sont approprié, depuis les années 1950, les pratiques diplomatiques des États pour asseoir leur propre action internationale sur leur environnement. Collecter de l'information par leurs réseaux spécifiques et la traiter, négocier directement avec les responsables locaux, exercer une action culturelle dans la société d'implantation, autant de fonctions proprement diplomatiques qui conduisent les multinationales à mettre en place de manière précoce des structures internes de représentation. La forte augmentation des investissements directs à l'étranger (IDE) dans les années 1990 les incite à institutionnaliser la fonction de « diplomate d'entreprise », à la fois pour les aider à rassembler et à analyser les divers lois et règlements locaux, nationaux ou internationaux et, surtout, pour traiter avec les États ou les collectivités territoriales où elles souhaitent s'implanter et répondre à des ONG très incisives. Ces entreprises doivent en particulier riposter face aux mouvements transnationaux de réprobation que suscitent leurs activités comme celles du groupe TotalEnergies en Birmanie ou en Afrique, ou encore une affaire comme le *Volkswagengate* de 2015. Elles créent des services, directions ou départements aux intitulés variables (relations institutionnelles, relations publiques, etc.), qui sont en charge de la « diplomatie d'entreprise » et qui leur permettent d'intervenir aussi dans deux grands domaines : le social et l'environnemental, ainsi que dans la régulation sociale de leurs activités économiques (négociations sur les conditions de travail de leurs employés, responsabilité sociale et environnementale des entreprises, ou RSE). Inscrire ces pratiques sur le temps long est un chantier important[52]. Une quatrième voie de nature systémique sera de proposer, quand les archives seront accessibles, une lecture d'ensemble des dialogues interrégionaux qui se sont noués dans les années 1990 dans le cadre de la négociation d'accords-cadres entre les acteurs des échanges économiques mondiaux.

Fondations philanthropiques

Les fondations philanthropiques sont une sous-catégorie dans l'ensemble plus vaste des fondations. On les distingue des fondations politiques, issues de partis politiques. Dans la genèse des premières fondations philanthropiques états-uniennes, on trouve un grand chef d'entreprise, issu du secteur de l'acier (pour la Dotation Carnegie), du secteur automobile (pour la fondation Ford), du secteur pétrolier (pour la fondation Rockefeller). Avec elles, on entre dans une catégorie de lieux de l'international, émanant des entreprises, reposant sur un patrimoine financier privé, mais revendiquant une action comparable à celle des ONG. « Appareillages administratifs complexes », faisant un « appel massif à l'expertise des spécialistes », on conçoit que les historiens ont pu leur appliquer les différentes grilles de lecture déjà évoquées, mais aussi mettre l'accent sur leur fonction nodale au cœur de réseaux publics et privés[53].

À rebours d'une approche qui se concentrerait sur les seules grandes fondations américaines engagées dans la guerre froide, les travaux les plus récents soulignent la nécessité d'affiner les perspectives en tenant compte de la diversité de ces fondations et de leurs activités locales, sur des terrains lointains, où elles ne sont pas toujours soutenues par les autorités étatiques. Ce type de difficulté est partagé par la quasi-totalité des acteurs non gouvernementaux engagés dans une activité internationale.

Lieux sociaux

Par lieux sociaux internationaux, nous regroupons ici des lieux associatifs, nés la plupart du temps (mais pas toujours) de l'initiative d'individus privés, et dont l'objectif prioritaire est de rassembler des individus unis par l'engagement au service d'une cause de nature politique ou sociale ou par une même activité sportive, culturelle ou savante. Ils sont aussi des lieux de sociabilité. Lieux d'activité et de rencontres issus de la sphère non gouvernementale, on pourrait les assimiler à la catégorie des ONG. Or, disons-le tout net : la classification des ONG prête, aujourd'hui comme hier, à de nombreuses discussions.

Lieux associatifs : organisations à vocation sociale, humanitaire et de développement et associations culturelles

L'ONG a été définie par l'historien allemand Jürgen Kocka comme une association volontaire et bénévole privée, émergeant d'une « société civile », définie comme un « espace d'auto-organisation sociétale entre État, marché et sphère privée[54] ». Comme l'entreprise multinationale ou la fondation, elle a pour caractéristique sa plurilocalisation : elle est le lieu d'un international, qui n'est jamais figé, mais enraciné dans un terrain local spécifique, animé par des acteurs locaux et, en partie, en fonction d'objectifs locaux. Sous cette appellation, on regroupe donc des organisations en réalité très disparates. Avant d'affiner leur typologie, quelques remarques méthodologiques préliminaires s'imposent. Travailler sur une organisation non gouvernementale en ce début de XXIe siècle implique sans doute, pour les historiens débutants, de se déprendre d'une approche, potentiellement irénique, qui conduirait à considérer l'ONG comme une « bonne » institution, « neutre » par rapport à d'autres organisations oppressives ou oppressantes, qui seraient l'État et l'entreprise. Comme toute organisation, elle est un champ de forces où des êtres humains interagissent, soumis à des contraintes importantes, parmi lesquelles les contraintes juridiques et financières et les enjeux de pouvoir ne sont pas les moindres. En outre, les jeunes historiens constateront que la « transparence » souvent revendiquée par l'ONG pour les autres ne s'applique pas nécessairement à sa propre documentation : il faut parfois passer par le service juridique de celle-ci pour obtenir un accès partiel à ses archives. Une culture archivistique encore peu développée, le manque de moyens pour entretenir une cellule consacrée aux archives de l'organisation peuvent aussi expliquer qu'il est difficile de retrouver les traces des débuts de certaines d'entre elles. On rejoint là les difficultés inhérentes à la consultation de tout fonds d'archives privées pour laquelle le chercheur est tributaire de multiples aléas. Enfin, si, pour nombre d'observateurs, la place importante accordée par les médias aux ONG et l'épanouissement d'une société civile transnationale, grâce aux réseaux sociaux, représentent un phénomène nouveau, « le point de vue des historiens est bien plus nuancé[55] ».

Bien que le terme d'« organisation non gouvernementale » ne soit utilisé qu'à partir de la fin de la Seconde Guerre mondiale, les premières associations privées (telle l'*Anti-Slavery Society*), qui commencent à militer et à exercer des pressions sur les États, apparaissent dès la fin du XVIIIe siècle. La diversification rapide de leurs objectifs et domaines d'interventions explique le caractère très générique qu'aura ultérieurement la notion d'ONG. Le mouvement abolitionniste, les sociétés de paix, plus tard les comités de la Croix-Rouge, les associations ouvrières et féministes deviennent des lieux à part entière de l'international. Pendant la Première Guerre mondiale, leur rôle s'accroît, les causes dont ces organisations se saisissent, se diversifient et, surtout, elles commencent à bénéficier de la coopération intergouvernementale. Leur place dans un système international encore dominé par les États s'affirme. Après 1945, leur accréditation auprès des organisations internationales comme organismes consultatifs leur donne une autorité et une crédibilité accrues alors qu'elles ont connu un nouvel essor dans le dernier tiers du XXe siècle. Cette institutionnalisation a été renforcée par leur intégration dans certains processus décisionnels. L'étude historique des ONG s'effectue donc au sein d'un quadrilatère institutionnel où elles interagissent avec les États, les entreprises et les organisations internationales à diverses échelles. Certaines sont ainsi étroitement imbriquées dans les organisations internationales : l'Unesco a accru son efficacité en tissant des liens étroits avec un vaste réseau d'ONG culturelles ou en accueillant sur son site l'une d'elles, le Conseil international de la musique (1949), qu'elle installe dans le bâtiment même qui l'abrite depuis 1946, l'ancien hôtel Majestic, et auquel elle délègue la mise en œuvre de sa politique musicale à partir de 1951[56].

Ces lieux de l'international, qui se distinguent par leur capacité à intervenir de manière transfrontalière en échappant aux logiques étatiques, ont néanmoins un rapport à l'international différencié. Certaines ONG ne sont pas toujours internationales dans leur composition et leur fonctionnement. Elles ont même été longuement caractérisées par des cultures institutionnelles nationales fortes. Si l'on a longtemps réduit leur action au domaine pacifiste, humanitaire et à la défense des droits de l'homme, on met maintenant en lumière la multiplicité de leurs secteurs d'intervention (femmes, enfants, réfugiés et apatrides, santé et hygiène, recherche économique et développement, environnement, éducation). Nous proposons de distinguer les organisations à vocation sociale – comme les syndicats et associations professionnelles –, humanitaire et de développement – ces dernières étant parfois qualifiées en français d'OSI (organisations de solidarité internationale) –, et les associations culturelles.

Dans ce cadre, les recherches historiques ont particulièrement porté sur l'articulation des ONG avec les organisations intergouvernementales. L'histoire de certaines de ces dernières a même été revisitée à l'aune de leur capacité à intégrer des représentants de la société civile dans leurs débats et dans la définition de leurs programmes d'action, voire dans leurs processus décisionnels. C'est le cas emblématique et précoce de l'OIT (1920), dont la structure tripartite accorde, dès l'origine, un statut distinct avec droit de vote aux associations syndicales et patronales, associées à son action en faveur de la législation sociale internationale. La Société des Nations a également mis en place une structure institutionnalisant sa relation avec les ONG de l'époque (section du Secrétariat pour les associations internationales) et, plus largement, ces associations travaillent avec elle sur de nombreux sujets économiques et sociaux. Les orientations actuelles de la recherche insistent aussi sur la nécessité de tenir compte de l'expérience vécue des populations, destinataires des actions de ces organisations, et de leurs dirigeants locaux[57]. Appréhendée selon les différentes perspectives présentées pour les États, la redécouverte de l'ensemble de ces organisations a accompagné l'essor de l'histoire transnationale et globale. Elles ont été au cœur des réflexions développées par Akira Iriye dans *Global Community: The Role of International Organizations in the Making of the Contemporary World* (2004).

À leurs côtés, la catégorie des associations culturelles se distingue par leur qualité de lieux de sociabilités (cafés et revues littéraires, congrès scientifiques, associations et groupuscules, festivals, expositions internationales, etc.) qui favorisent les rencontres régulières d'individus et de représentants de divers pays et les débats transnationaux. L'existence d'une structure pérenne (comité de rédaction, comité scientifique, comité d'organisation, etc.), d'un support physique, imprimé ou électronique, pour soutenir la circulation des idées, d'une éventuelle charte fondatrice structurant l'esprit de corps, la périodicité des rencontres permettent de considérer ces espaces de réflexion intellectuelle ou culturelle comme institutionnalisés, et donc comme des lieux de l'international. La notion de « milieu » a été une catégorie privilégiée pour écrire leur histoire (voir chapitre 4). Celle des revues littéraires au cœur du dialogue franco-allemand, du débat européiste ou des combats idéologiques de la guerre froide s'est beaucoup développée. Celle des festivals de musique, de cinéma documentaire ou de fiction a également illustré le tournant transnational du domaine[58]. Une évolution importante est de ne plus restreindre l'approche de ces lieux à une lecture politico-culturelle, mais de mettre en lumière les dynamiques économiques, qui les sous-tendent. L'application de cette nouvelle approche aux expositions « internationales », techniques, sectorielles (et pas seulement « universelles ») le met en évidence, même si l'on continue à prêter attention aux formes d'organisation propres à ces événements, à leur architecture et à leur esthétique, et à ouvrir l'histoire des relations internationales à de nouveaux dialogues avec l'histoire de l'architecture, les *Exhibitions Studies* ou les *Visuals Studies*[59].

Lieux sportifs

Les lieux sportifs de l'international font partie, de longue date, des lieux sociaux intégrés à la réflexion des historiens internationalistes – en France, Pierre Milza a été un précurseur –, soit dans une perspective politique destinée à mesurer le poids qu'ils peuvent avoir dans les relations interétatiques, à tous les niveaux – les Jeux olympiques en sont l'exemple archétypal, tout comme les matchs de football ou de tennis, mais les concours d'athlétisme, de gymnastique, de natation ou de tennis de table sont également très étudiés –, soit dans une perspective transnationale visant à mesurer le degré, mais aussi les voies et les limites, de leur internationalisation[60]. La place que tiennent les villes d'États « neutres » au début de la guerre froide dans la relance des compétitions sportives a été soulignée. La nouvelle histoire impériale a mis en évidence les transferts de pratiques sportives d'un continent à l'autre et la naissance de nouveaux sports (base-ball, volley-ball et basket-ball). La diversification des recherches a conduit à s'intéresser non seulement aux manifestations d'envergure mondiale, mais aussi à la place tenue par les clubs sportifs locaux et les fédérations professionnelles, à leur grande diversité (y compris de statut), et à questionner l'intégration des femmes et des personnes handicapées dans un univers initialement construit autour de valeurs viriles. L'accès aux archives se révèle, là aussi, très inégal.

Lieux médiatiques

Autre catégorie, les lieux médiatiques, longtemps assimilés aux seuls médias imprimés, ont longuement été abordés en fonction de leur contenu comme espace métaphorique d'une opinion publique, et dans leur interaction avec les lieux de la politique internationale (voir *infra*). Cette dimension les réduisait, dans une certaine mesure, au statut de sources pour l'étude des relations internationales. Depuis deux décennies, la presse et les médias dans leur ensemble (livres, images, radio, cinéma, télévision, réseaux sociaux) sont devenus ou deviennent des objets de recherche à part entière. Ils ne sont plus cantonnés dans un statut d'« intermédiaires », mais ils font aujourd'hui l'objet d'une réflexion élargie à leur dimension matérielle, à la diversité des supports, à l'analyse de leur influence sur les perceptions et les pratiques sociales, à leurs acteurs (journalistes, reporters) et à leurs associations professionnelles internationales, et aux lieux physiques de leur élaboration (maisons d'édition, chaînes de télévision, etc.)[61]. La guerre froide a fourni un terrain de choix pour développer ces nouveaux axes de recherche. Enfin, cette histoire commence aussi à s'écrire en tenant compte du phénomène majeur que constitue l'avènement de la communication politique, dont l'étude englobe « aussi bien les médias que les sondages, le marketing politique et la publicité[62] ». Il n'en reste pas moins qu'il s'agit d'un domaine de recherche moins labouré que d'autres par les historiens internationalistes.

Lieux savants

Parmi tous les lieux savants qui se prêtent à l'étude des dynamiques internationales et des processus d'inter- et de transnationalisation (universités, académies, musées, mais aussi les lieux de coopération transnationale, tels le projet Manhattan ou le mouvement Pugwash), les campus constituent un exemple intéressant pour notre propos. Parmi eux, la Cité universitaire internationale, située sur une trentaine d'hectares à une porte de Paris, a fait l'objet d'une attention prêtée tant à la matérialité du lieu qu'au projet politique qui la sous-tend. Abritant une quarantaine de « Maisons » destinées au logement d'étudiants, mais aussi de chercheurs et d'artistes, son internationalité se décrypte de multiples façons : dans le recrutement de ses étudiants à l'échelle de la planète, dans l'internationalisme au fondement de son projet originel, représentatif de l'utopie pacifiste et éducative des années 1920, ou encore dans la reprise du modèle d'*International House* des États-Unis et dans l'inspiration de contre-modèle qu'elle fournit à la *città universitaria* de Rome inaugurée par Mussolini en 1935. Lieu de la « transnationalisation de l'espace intellectuel mondial » comme de la reconstruction de l'ordre international après la Première Guerre mondiale, son étude, coordonnée par Dzovinar Kévonian et Guillaume Tronchet, a été exemplaire des formes nouvelles prises par l'histoire des relations internationales[63].

Lieux religieux

Les lieux religieux de l'international constituent un domaine de recherche en pleine expansion depuis une quinzaine d'années. Aux côtés de l'État singulier du Vatican – entité temporelle qui sert de support territorial à l'entité supranationale que constitue le Saint-Siège –, les institutions ecclésiales ou para-ecclésiales, les organisations intergouvernementales – comme l'OCI (Organisation de coopération islamique), fondée à Rabat en 1969, ou le KAICIID (*King Abdullah bin Abdulaziz International Centre for Interreligious and Intercultural Dialogue*), institué à Vienne en 2011 et qui se situe depuis 2022 à Lisbonne – mais aussi les rassemblements – comme les congrès démocratiques internationaux pour la paix des années 1920 ou les Journées mondiales de la jeunesse, instituées en 1987 –, les associations caritatives, humanitaires ou culturelles, propres à chaque religion sont autant de lieux qui permettent de considérer la religion non plus tant comme un facteur qui détermine les relations internationales, à l'instar d'une « force profonde », mais comme autant d'espaces culturels et sociaux de rencontres, d'affrontements ou de cohabitations d'acteurs et de pratiques, institutionnalisés à des degrés divers. Le rapport à la transcendance et aux croyances est interrogé, en fonction de la diversité des pratiques locales, collectives ou individuelles, comme de leurs interactions sur les relations intersociétales et interétatiques, ainsi que sur les politiques nationales et locales.

Les lieux religieux permettent, là encore, de mettre à l'épreuve les perspectives transnationales et globales. À cet égard, mettant en garde contre la « forme d'évidence tautologique » de la transnationalité de l'Église catholique universelle, Florian Michel conseille de « se déprendre tout d'abord de l'argument qui consiste à croire que, puisque le catholicisme est par étymologie "universel", son histoire serait "transnationale"[64] ». *A contrario*, la perspective transnationale est au cœur des travaux sur l'histoire du judaïsme depuis les années 1980, et elle s'est étendue aux autres religions dans les décennies suivantes. Elle concerne l'histoire renouvelée de la Papauté comme des missions religieuses. Plus largement, pour reprendre la métaphore de Charles Mercier, « le verger de l'histoire religieuse contemporaine transnationale abrite aussi des arbustes qui sont comme des boutures de l'histoire des relations internationales plantées dans un terreau d'histoire religieuse ». Elle s'emploie enfin, dans une perspective mondiale, à relativiser les temporalités propres à l'histoire de chaque religion et à nuancer, dans chaque sphère culturelle, le récit majoritaire, « désarabisant » par exemple l'histoire de l'islam en y intégrant celle des musulmans d'Asie et d'Afrique[65].

Lieux mémoriels

L'approche mémorielle, qui a pris son essor à l'échelle nationale avec la collection des *Lieux de mémoire* lancée en 1984 par Pierre Nora, a marqué l'histoire des relations internationales tant dans sa dimension matérielle qu'immatérielle[66]. Cette démarche fondée sur le lieu de mémoire, défini en son temps comme « toute unité significative, d'ordre matériel ou idéel, dont la volonté des hommes ou le travail du temps a fait un élément symbolique du patrimoine mémoriel d'une quelconque communauté », s'est d'abord étendue, entre le milieu des années 1990 et le début des années 2010, à d'autres espaces nationaux, de l'Italie au Danemark, des Pays-Bas à la Russie, en passant par l'Autriche et l'Allemagne, avant d'être redéfinie sur le mode du « lieu de mémoire partagé », de manière souvent disputée et conflictuelle, à l'échelle transfrontalière ou européenne, comme l'ont illustré les travaux conduits sur les lieux de mémoire bilatéraux, notamment germano-polonais[67]. Deux tentatives notables ont essayé d'internationaliser l'approche à l'échelle européenne en identifiant des « lieux de mémoire européens », non pas pour remédier à l'identification insuffisante des citoyens avec l'Union européenne, mais pour participer à la construction d'une identité européenne.

Si la réflexion sur les lieux mémoriels de l'international n'est guère développée, cela ne signifie pas qu'elle n'a pas été entreprise. Il s'agit en l'occurrence d'identifier des lieux physiques ou imaginaires, cristallisant une expérience internationale commune à deux nations ou plus, dont le souvenir, en réinterprétation permanente, sert en partie de support à des initiatives présentes. L'histoire des lieux mémoriels de l'international peut concerner au premier chef l'histoire des lieux physiques de l'affrontement des peuples : lieux de bataille (Stalingrad), lieux martyrs, comme le camp d'Auschwitz ou la ville de Nankin, villages brûlés, tels ceux de Khatyn en Biélorussie ou d'Oradour-sur-Glane en France, lieux de désastres atomiques militaires et civils (comme Hiroshima, Nagasaki, Tchernobyl et Fukushima). Elle peut être celle de lieux de débats ou de négociations associés, sinon au retour à la paix, du moins à la redéfinition d'un ordre international ou régional (Vienne, Paris, Genève), ou à l'affirmation de visions alternatives de cet ordre (Accra, Bandung, Le Caire, New Dehli). Elle peut également être celle des lieux matériels, comme ces lieux de recueillement que sont les monuments aux morts. C'est aussi le cas des statues du Zouave du pont de l'Alma à Paris, ou plus récemment de celles du « héros pontique », « gardien des frontières et résistant contre les envahisseurs turcs », qui « relie la mémoire récente des réfugiés à celle de l'histoire plus glorieuse de l'empire byzantin[68] », en symbolisant la résistance acharnée menée par les Grecs pontiques entre 1916 et 1922. C'est encore celle de murs ou de places comme le mur de Berlin ou l'esplanade des Mosquées, de figures comme celle de Napoléon, ou encore de fleuves (Congo, Danube, Nil, Rhin) ou de ponts (comme celui de Mostar détruit par les forces armées croates, le 9 novembre 1993). L'histoire des lieux mémoriels de l'international peut enfin être celle des lieux immatériels : des dates comme le 8 mars, journée internationale des droits des femmes, ou le 9 mai, journée de l'Europe, pour les membres de l'Union européenne. Ce bref bilan l'atteste, cette histoire mémorielle se fonde encore majoritairement sur des expériences transfrontalières et de voisinage et peine à se déployer à l'échelle d'un continent entier ou du monde.

Les espaces de l'international

Considérons maintenant les espaces informels et éphémères, métaphoriques et matériels, où s'établissent, s'interrompent ou se recomposent des relations internationales. Dans ce cadre, la « rue », tant dans son acception métaphorique que physique, tient une place singulière dans la nouvelle historiographie des relations internationales. À ses côtés, des espaces frontaliers, mais aussi intimes (protocolaires ou virtuels) ont fait l'objet de travaux inédits ou attendent encore cette investigation.

Les relations internationales dans la rue

Le terme de « rue », qui désigne un espace urbain de circulation permettant de desservir différents quartiers et habitations[69], est employé ici de manière métaphorique et métonymique pour parler d'un espace public : espace d'expression d'opinions ou espace de mobilisations. L'analyse de l'opinion comme facteur des politiques extérieures a d'abord été privilégiée en fonction du paradigme étatique déjà présenté. Elle a cédé le pas à une histoire des représentations très vivace dans les années 1990-2000. Les perspectives transnationales ont ensuite favorisé l'essor d'une histoire sociale et culturelle des initiatives, mobilisations et pratiques informelles, ou en voie d'institutionnalisation autour des questions internationales. Privilégiant les contacts transnationaux, cette histoire n'a toutefois jamais été déliée de l'examen de leur implication systémique. C'est le maintien de ce lien qui permet d'établir la distinction entre une histoire internaliste ou transnationale des mobilisations sociales et une histoire des mobilisations sociales inscrite dans le domaine des relations internationales.

Stimulée par le tournant spatial, qui s'épanouit dans les années 1990, l'attention s'est déplacée vers la localisation de ces mobilisations, vers l'identification des espaces spécifiques, plus ou moins institutionnalisés ou demeurés informels, où elles se déploient. Ils ont été constitués par l'historien comme autant de marqueurs de ces processus transnationaux. Qu'il les ait baptisés « portails », « carrefours » ou « plateformes », ce sont pour nous autant de « lieux distributifs » éphémères où se font et se défont des rencontres entre des individus aux situations nationales et sociales très diverses, et qui en repartent, transformés (ou pas), vers d'autres espaces. Avec l'histoire de ces lieux, l'histoire des relations internationales s'ouvre à une forme nouvelle de matérialité.

De l'histoire de l'opinion à celle des représentations

Le concept d'opinion publique, comme celui de société civile, fait partie de ces notions au contenu, sinon instable, du moins fortement discuté. Après la question de sa définition, la question des sources pour écrire sur l'opinion publique internationale ou sur les interventions des opinions nationales dans l'espace public international est un second défi.

Opinions publiques et politiques extérieures

Commençons par rappeler que l'on date de la seconde moitié du XVIIIe siècle l'émergence de cette expression dans les principales langues européennes : « opinion publique », « *public opinion* », « *opinione pubblica* », etc. En Allemagne, le mot « *öffentlich* » s'oppose à celui de « secret », puis un changement de sens s'accomplit au XVIIe siècle : le terme est de plus en plus employé comme synonyme de ce qui procède de l'État. Le mot « public » ne désigne plus ce qui est accessible à tous, mais ce qui est sanctionné par l'État.

> « Le domaine public de l'État s'oppose à la sphère privée, ou familiale, de l'individu, l'opposé sémantique de public n'est plus maintenant secret mais privé[70]. »

Comme traduction du concept français d'« opinion publique », l'expression « *öffentliche Meinung* » s'impose en Allemagne autour de 1790. Pour le philosophe allemand Jürgen Habermas, qui emploie l'expression d'« espace public », son émergence s'explique par l'apparition d'un public éclairé, bourgeois, capable de discuter publiquement du pouvoir politique. Dans cet espace public, ce sont des personnes privées, égales entre elles, qui se rencontrent, discutent, entrent en relation. Les opinions sortent de l'espace privé et sont mises en circulation, alimentant un débat collectif. En France, l'expression apparaît en 1798 dans le *Dictionnaire de l'Académie française.* Elle reste cependant tout d'abord peu courante et sa signification imprécise. Ce n'est que vers 1800 qu'elle entre dans le langage usuel et devient commune.

L'opinion publique internationale se structure vers 1750 comme expression d'une « sensibilité aux réalités internationales, guerre ou paix », et mouvements d'opinion transfrontaliers « se moquant des frontières linguistiques, politiques ou culturels[71] ». Les historiens dix-neuviémistes ont travaillé sur les groupes sociaux qui, depuis le congrès de Vienne, animent le débat international – les journalistes, les salonnards, les pacifistes, les Cobdenites et les Mazzinistes, etc. Les rapportant à l'État, ils insistent sur les politiques de pression (exercées par les opinions) ou d'instrumentalisation (des opinions). Jusqu'à l'apparition des sondages dans la seconde moitié des années 1930 (*Bristish Institute of Opinion Polling* (BIPO) en 1937, *Mass Observation* en 1937, Centre d'études de l'opinion publique (CEOP) en 1938, Institut français d'opinion publique (IFOP) en 1938, etc.), on saisit rarement plus qu'une étroite élite sociale se mobilisant en faveur de principes communs. Il s'agit de ce que l'on appelle en Europe, depuis la Renaissance, la République des lettres, c'est-à-dire un espace immatériel et transfrontalier constitué par un petit groupe élitiste de lettrés, d'hommes et femmes de lettres européens, qui se reconnaissent comme des pairs. Il existe donc une périodisation implicite, organisée autour du pivot des années 1930 et de la massification de l'opinion, qui a pesé sur le type d'approche mise en œuvre pour l'étudier.

Les études de l'opinion publique font l'objet d'une première théorisation à la fin du XIXe siècle, puis connaissent un second grand essor au sortir de la Première Guerre mondiale. Stephen Wertheim a rappelé le moment central que fut le discours wilsonien, avec toute son ambiguïté, source de malentendus ou de mésusages ultérieurs :

> « En consacrant l'"opinion publique" comme le mot d'ordre de leur nouvelle diplomatie, les fondateurs de la Société [des Nations] n'avaient guère l'intention de consacrer les préférences populaires comme guide de la pratique diplomatique[72]. »

Toutefois, en raison d'une massification de la participation politique, entraînée par la diffusion du suffrage universel et son extension progressive aux femmes, l'« opinion publique internationale » a été reconnue dans l'entre-deux-guerres comme un nouvel acteur des politiques internationales. Le développement des diplomaties culturelles a aussi eu pour objectif de se la gagner. La propagande est devenue une ressource de la politique étrangère, y compris hors d'Europe. Les travaux historiques au lendemain de la Première Guerre mondiale ont été réalisés par les témoins directs de l'importance des rumeurs, de la censure des opinions par les gouvernements, comme de la force des propagandes nationales. La notion d'opinion publique fait partie intégrante des « forces spirituelles » s'exerçant sur l'élaboration des politiques extérieures, inventoriées ultérieurement par Pierre Renouvin. Il devait toutefois en minorer l'importance :

> « Certes, les manifestations de l'opinion exercent souvent une influence sur les décisions des hommes d'État. Mais ces manifestations ne sont que le reflet des conditions démographiques, des intérêts économiques ou financiers et des tendances de la psychologie collective » [comme des attitudes mentales durables, tels le nationalisme ou le pacifisme[73]].

La réflexion des historiens a aussi porté sur les sources permettant de saisir l'opinion selon les époques. Pour ceux qui travaillent sur des périodes antérieures aux années 1930, comment faire pour la saisir et pour évaluer sa portée politique ? Il faut recourir à des sources publiques et privées : sources diplomatiques, correspondances privées, journaux intimes, mémoires, presse, rapports préfectoraux ou policiers avec la lecture critique nécessaire, propre à l'exploitation de chacune d'entre elles. Étudier son expression sous les dictatures est une autre difficulté. Travaillant sur le Troisième Reich, Ian Kershaw a clairement énoncé le problème :

> « La tâche consistant à reconstruire les mouvements de l'opinion populaire dans toute société avant l'introduction et l'utilisation générale des sondages d'opinion (et parfois même après) est difficile, même si l'on peut travailler avec des expressions pluralistes de l'opinion à travers les partis politiques, les groupes d'intérêt, les syndicats et les médias de masse[74]. »

La difficulté a été redoublée car il avait affaire à une dictature qui, par essence, réprime la libre expression et toute expression dissidente. Il n'a pu avoir recours aux journaux, papiers et lettres d'individus privés, qui s'expriment beaucoup moins dans un climat de peur et de répression. Il s'est fondé sur les rapports confidentiels compilés par les administrations du régime (parti, police, justice, etc.), qui présentaient des séries quasi continues en Bavière, ou sur des rapports sortis clandestinement d'Allemagne par des groupes d'opposition, issus du parti social-démocrate ou de la SOPADE, nom pris par le parti en exil. Kershaw souligne que « les silences des rapports sont, en réalité, parfois plus évocateurs que ce qui est dit dedans : lire entre les lignes fait partie du travail critique[75] ».

Jean-Baptiste Duroselle, dans l'ouvrage de 1964, René Rémond, et plus tard Pierre Milza ont développé en France la réflexion sur la propagande, l'utilisation de la presse et des médias, les voyages, etc., ainsi que sur les conséquences que ces états d'esprit collectifs peuvent avoir, ou pas, sur la décision politique, soit par des « pressions directes » sur l'homme d'État (groupes de pression), soit par des « pressions indirectes » (larges fractions de l'opinion publique), soit par la création d'une « ambiance » susceptible de l'influencer. Ces deux générations d'historiens incarnent une approche classique de l'opinion, saisie en termes de « force » – on parle alors du « poids » de l'opinion, puis du « poids » des mentalités collectives sur l'élaboration, la conduite et les changements de cap de la politique étrangère.

L'objectif principal est d'affiner la définition des catégories internes des états de l'opinion. Si les appellations sont variables, l'accord se fait pour proposer à la fois une distinction d'ordre social entre une opinion élitaire, ou élitiste, et une opinion de masse, et une distinction d'ordre culturel entre une opinion passagère et une opinion durable, d'ordre sentimental et imaginaire. Travaillant sur l'opinion allemande durant la Seconde Guerre mondiale, l'historienne Marlis Steinert procède à ce sujet, en 1970, à la distinction la plus opératoire, à nos yeux, en recourant aux notions de *Stimmung* (humeur) et de *Haltung* (comportement), issues du répertoire national-socialiste, pour établir la distinction entre l'humeur, l'état d'âme (*das Gemüt*) de l'individu, expression d'une réaction immédiate, forgée sous le coup de l'émotion ressentie, et guidée davantage par les circonstances que par un jugement rationnellement élaboré, et la *Haltung*, sa position durable[76]. Cette typologie peut permettre de distinguer l'état d'esprit que représente le « défaitisme » (qui disparaît avec la guerre) de la « mentalité durable », où sont ancrées des représentations (celle de l'« d'ennemi héréditaire », ou encore de la « mentalité coloniale », etc.).

Mentalités collectives et représentations

Si un historien comme Donald C. Watt développait dès les années 1960 une étude fondatrice sur les perceptions croisées germano-britanniques[77], l'histoire des représentations a été la grande affaire de la décennie 1990. Elle incarne au premier chef le tournant culturel de l'histoire des relations internationales, stimulée par les propositions de la science politique et des historiens culturalistes des États-Unis emmenés par Robert Jervis, Michael J. Hogan et Thomas G. Paterson, et Akira Iriye. Pour Robert Frank, son introducteur dans le domaine en France, les représentations sociales sont « ces opérations mentales collectives très diversifiées qui vont des opinions exprimées aux sentiments conscients ou inconscients, des idées aux images, et des doctrines intellectuelles stables aux sensations les plus affectives, durables ou fugitives[78] ». L'historien britannique Daniel Hucker, qui a étudié les politiques d'apaisement française et britannique à la fin des années 1930, a fait valoir l'importance des « représentations résiduelles [qui] peuvent devenir si omniprésentes qu'elles conservent une influence non représentative, refusant obstinément de céder aux changements et aux fluctuations de l'opinion dans le temps[79] ». Les travaux sur les stéréotypes nationaux et les images de l'Autre se sont multipliés également en Allemagne.

Mobilisations transnationales et émotions collectives

L'histoire des mobilisations transnationales est le deuxième versant de cette intégration de la rue à l'histoire des relations internationales. Elle est l'un des domaines les plus innovants depuis les années 2000. Sous le vocable de « mobilisations », nous regroupons l'ensemble des mouvements activistes, qui peuvent s'incarner dans différents types d'actions allant de la pétition à la manifestation de rue. Ils ont donné lieu à deux grandes catégories d'études : la première centrée sur les formes de la mobilisation et sur les pratiques sociales transnationales ; la seconde sur les émotions collectives et leur impact sur l'agenda politique international.

Organisées autour de grands principes sociaux et politiques, comme l'abolitionnisme, le pacifisme, le communisme, le féminisme, l'européisme, l'environnementalisme, ou de combats nationaux (l'indépendance de la Grèce dans les années 1820, la démocratisation politique et socio-économique au Chili au début des années 1970), ces mobilisations, qui se déclinent en marches, protestations, mutineries, insurrections et rébellions contestant les principes régissant l'ordre international, ou en révolutions promouvant l'avènement d'un autre système, ont fait l'objet de nombreux travaux[80]. Les mouvements protestataires ou révolutionnaires, qui ont longtemps été saisis dans un cadre national ou par la juxtaposition d'exemples nationaux, sont maintenant appréhendés via un paradigme circulatoire, transnational ou transcontinental. On s'emploie à identifier les lieux de contacts, les associations et les individus au cœur des transferts et appropriations locales des pratiques politiques liées aux mobilisations sociales. L'un des enjeux est alors de comprendre comment la cartographie des mobilisations peut permettre de reconfigurer les notions de centres et de périphéries, et de transcender les frontières spatiales et idéologiques[81].

Longtemps centrées sur les mobilisations nord-occidentales à l'ère impériale, avec des coups de projecteur donnés sur certaines révoltes non occidentales (Cipayes en Inde en 1857, Boxeurs en Chine en 1900), les études historiques ont connu au XXe siècle un élargissement spatial vers l'Amérique latine, l'Afrique et l'Asie grâce à l'analyse des luttes de libération et l'identification de nouveaux « grands hommes » dans une version « tiers-mondiste » (Ben Barka, Cabral, Castro, Che Guevara, Hồ Chi Minh, Lumumba, Mao et Nasser)[82]. Enfin, en cherchant à comprendre les modalités de l'émergence et de la propagation d'un sentiment d'appartenance commune autour de la défense de principes ou d'intérêts partagés, l'étude des mobilisations transnationales permet de s'interroger sur la place que tiennent les émotions collectives dans ce processus, sur la manière dont s'articulent l'émotion individuelle et la constitution d'une communauté émotionnelle transcendant les frontières idéologiques, et d'évaluer, réciproquement, la façon dont les mouvements de solidarité transnationale ont contribué à forger de nouvelles cultures politiques. Ainsi le mouvement philhellène favorise-t-il le développement d'un espace démocratique sur le continent européen au début du XIXe siècle tandis que la prise de position d'Amnesty International, au nom d'une conception universelle des droits de l'homme face aux drames engendrés par le coup d'État au Chili le 11 septembre 1973, transcende la dénonciation communiste et gauchiste de la dictature chilienne.

Ces études participent du renouvellement de l'histoire des mouvements sociaux, mais ce qui intéresse l'historien des relations internationales de manière spécifique est l'évaluation conjointe de la transnationalisation des émotions et des actions collectives et de leur impact sur l'agenda et les décisions politiques. Il s'agit d'éprouver *in fine* la capacité d'initiatives extra-étatiques à faire évoluer le système international en engendrant de nouveaux processus d'internationalisation, voire d'institutionnalisation. Au-delà de la compréhension de la genèse, du développement ou du déclin de ces sentiments d'appartenance commune, temporaires ou durables, l'objectif est de comprendre ce que cela nous dit de l'évolution du cadre systémique des relations internationales et des ordres qui les régissent.

Travailler sur les mobilisations sociales implique un rapport aux sources particulier. Certes, les archives (organisationnelles, policières, diplomatiques, etc.) leur accordent toute leur place, soit qu'il se soit agi pour les autorités de prendre des informations sur des mouvements en gestation ou en plein essor ou d'anticiper les risques de conflit, soit encore que ces mouvements en voie d'institutionnalisation aient délibérément cherché à se constituer en groupes de pression. Mais pour comprendre leur logique interne, il faut accéder aux documents de toutes sortes qu'ils ont secrétés – pamphlets, notes, journaux personnels, lettres, photographies, qui font encore souvent partie de collections privées – ou multiplier les entretiens oraux si les témoins sont encore vivants. Le manque de cohérence de cette documentation peut refléter les faiblesses de leur capacité organisationnelle et communicationnelle. L'étude des mobilisations sociales se prête également à une approche iconographique, c'est-à-dire à une lecture des images figurant sur différents supports, voire à une approche iconologique, axée sur les images, leurs narrations et les représentations collectives qu'elles transportent. Les *Visual Studies*, qui se sont développées en parallèle à la révolution des technologies numériques et à la transformation de la sphère culturelle qui en résulte, ont remis en cause les fondements de la discipline universitaire de l'histoire de l'art en s'intéressant principalement à l'analyse de la prolifération des formes visuelles dans la société contemporaine[83]. Elles peuvent inspirer les historiens des relations internationales, qui souhaitent aller au-delà de l'analyse de la qualité esthétique d'une affiche, d'un timbre, etc., et questionner le choix du support, les dispositifs de vision et les modalités du regard.

Enfin, pour expliquer ce que ces mobilisations transnationales « font » aux relations internationales, les historiens peuvent encore recourir à une approche discursive, centrée sur le contenu des concepts mobilisés – en consultant les traités juridiques et politiques de l'époque pour les éclairer et en souligner les ambiguïtés (voir le chapitre 6) ou en s'intéressant aux changements sémantiques nés de la lutte politique. Ils peuvent là aussi reconstituer des réseaux pour comprendre comment des individus, issus de régions du monde très éloignées, partagent un même combat ou se rencontrent, et étudier la circulation des informations et des idées à l'échelle mondiale. La difficulté, que ne surmonte pas toujours l'approche « mondiale », est d'éviter l'analyse parfois trop littérale des discours produits par des élites militantes non-européennes, mais souvent éduquées dans les universités occidentales. Il importe de tenir compte des conditions de production de ces textes, de l'origine sociale et régionale de leurs auteurs et de mettre en lumière les références et modes de représentations autochtones. La réception de ces discours est souvent négligée faute de documentation vernaculaire. On retrouve ici le débat plus général propre aux internationalistes sur la difficulté de différencier différentes strates au sein de l'opinion publique. Enfin, les circulations établies à l'échelle mondiale doivent être nuancées par la prise en compte de celles s'effectuant à l'échelle nationale et locale. Comment restituer à ces mobilisations toute leur autonomie et postuler leur déliaison radicale du champ étatique ? Comment lutter contre le risque « de déformer la contestation en la présentant comme une réponse de masses anonymes à des "guides" intellectuels ou à la haute politique, inversant ainsi le flux de la capacité d'action : au lieu de se concentrer sur les personnes qui sont réellement descendues dans la rue, ces études font des grands hommes les véritables instigateurs de la contestation ? [84] ».

Pratiques sociales internationales

L'étude des manifestations met en lumière des formes nouvelles d'expressions et d'échanges. Parmi un certain nombre de pratiques internationales, la pétition dans les relations internationales – via la rédaction de manifestes, pamphlets, mémoires, mémorandums ou adresses – a fait l'objet de nombreuses analyses. En soi, elle est ancienne.

Elle était un acte politique déjà bien établi dans l'Europe médiévale (la « plainte »). Depuis le début du XIXe siècle, les pétitions sont l'une des modalités d'expression des émotions collectives sur les questions de politique internationale (indépendance de la Grèce, chrétiens d'Orient, Pologne, accueil des étrangers, batailles dévastatrices comme celle de Solférino en 1859, ou encore libre-échange[85]). Des individus prennent alors la parole (artistes, intellectuels, hommes politiques) et en appellent à l'opinion par-dessus la tête des États. À Tianjin, le gouvernement international provisoire installé au lendemain de la révolte des Boxeurs en juillet 1900 garantit le droit de pétition aux habitants chinois et étrangers afin de leur permettre de déposer leurs plaintes, critiques ou propositions d'amélioration de la gestion locale. Cette pratique pétitionnaire n'était pourtant pas une importation occidentale, mais elle s'inscrivait dans la tradition chinoise de la remontrance adressée à l'Empereur[86].

Autour de la tenue de la conférence de la paix de 1919, les représentants des Noirs d'Afrique, ceux d'États soumis à une domination de type colonial, les membres de partis nationalistes ou encore de simples particuliers eurent recours à ce type de pratique[87]. Le droit de pétition a été institutionnalisé par la SDN[88]. Les associations internationales furent informées, consultées et participèrent activement à la prise de décision dans certains domaines spécifiques. En janvier 1923, le Conseil de la Société des Nations mit en place une procédure destinée aux habitants des territoires sous mandat.

L'histoire des formes du militantisme pacifiste des deux derniers siècles a été alimentée de manière continue[89]. Un espace de mobilisation dans l'entre-deux-guerres bien étudié a été celui de la propagande européiste des années 1920-1930, conduite par Richard de Coudenhove-Kalergi, dont l'activisme reposait sur une association l'Union paneuropéenne et ses congrès, sur une diffusion des idées recourant à l'imprimé – un livre *Paneurope* (1923), une revue *Paneuropa* (1924), des *Correspondances paneuropéennes* –, à l'iconographie – emblème de la croix rouge sur soleil d'or qui évoque les deux fondements présupposés de la culture européenne, le christianisme et l'hellénisme –, à la musique – hymne paneuropéen – et sur des adresses à l'opinion publique. Les pratiques du mouvement paneuropéen ont aussi été celles des autres associations européistes de l'entre-deux-guerres[90].

Les travaux d'histoire sociale conduits sur l'année 1968 dans une perspective mondiale ont fait réfléchir les historiens traitant des contestations ultérieures, les conduisant à repérer ces « rencontres improbables » entre acteurs sociaux « habituellement séparés dans leurs espaces de vie et de travail[91] ». Ils ont aussi conduit les internationalistes à lire ou à relire les événements internationaux des années 1970-1980 en fonction de paramètres socio-culturels, mais en continuant à les lier aux attentes ou à la perception de la menace que pouvaient avoir les responsables politiques[92].

La « deuxième guerre froide » (1977-1985) a été un objet d'études particulièrement exemplaire, dans la mesure où elle a donné lieu à des interrogations qui se sont déplacées des intentions des chefs d'État et de gouvernement vers les mobilisations sociales. Le renouvellement des formes de la protestation internationale, nourrie par les mouvements contestataires anti-racistes, ouvriers et estudiantins des années 1960, a été mis en lumière. En même temps, la possibilité d'une action internationale autonome des États a été évaluée. Les formes physiques de la mobilisation puisèrent souvent, en l'occurrence, dans le souvenir de mobilisations passées : ainsi du militantisme anti-nucléaire des années 1970 ou du mouvement pacifiste en Allemagne de l'Ouest dans les années 1980 contre l'installation de fusées Pershing II et de missiles de croisière. Établissement de chaînes humaines, grandes marches et manifestations d'envergure avec des centaines de milliers de participants, actions de *sit-in* et de *sit-blocking*, courses, etc. ont fait l'objet d'analyses mettant en valeur le transfert des pratiques d'un pays ou d'un continent à l'autre[93].

Émotions collectives et relations internationales

L'étude des émotions collectives à l'échelle internationale a pris le pas ces dernières années sur celle des émotions individuelles (voir chapitre 4). Suscitées par des guerres lointaines ou un conflit avec un État voisin, par des crises internationales (Fachoda, coup de Tanger, Suez, par exemple) ou par des événements locaux, par des réactions en chaîne déclenchées par une catastrophe naturelle (tremblements de terre, tsunamis) ou par un attentat, par l'émoi causé par la mort d'une personnalité ou d'un dirigeant international, s'exprimant dans des mouvements de colère ou de compassion, les émotions collectives unissent ou opposent, traversent les frontières et se « re-nationalisent ». Elles permettent d'identifier le « camp » auquel on appartient lors de situations dramatiques et présentent l'avantage politique de « réduire la complexité » du monde (Niklas Luhmann). Ce fut notamment le cas pendant la guerre froide durant laquelle s'accomplit la « dichotomisation morale entre l'Est et l'Ouest[94] ».

Le slogan « plutôt rouge que mort » (*eher rot als tot*) proféré dans le cadre de cette « confrontation émotionnelle exacerbée » que fut le mouvement pour la paix formé en Europe occidentale et en Amérique du Nord au début des années 1980, tout comme le « pin » de Solidarność, symbole graphique de la résistance à l'état de siège décrété en Pologne en décembre 1981[95], ont soudé une génération. Les émotions sont aussi des marqueurs de la dimension proprement transnationale des relations établies entre les peuples, à partir du moment où « se mettent en place des processus d'identification avec les « autres » qui passent par des mécanismes de transferts et de réappropriation », qui transcendent les espaces nationaux de référence[97]. L'analyse des vecteurs émotionnels que sont les images, quel que soit leur support (un tableau, une photographie, un graffiti, la télévision, le cinéma, un réseau social, etc.) avec leurs codes visuels, mais aussi les chansons, quel que soit le lieu de leur écoute (lors d'un festival de musique ou à la radio), ont enrichi l'histoire des relations culturelles internationales.

Dans ce cadre, le concept de « communauté émotionnelle », déjà présenté (voir chapitre 4), a été intégré dans le lexique analytique des historiens internationalistes. Il permet en particulier de penser de manière dialectique émotion individuelle et émotion collective en montrant comment les émotions de l'individu s'insèrent dans des conventions émotionnelles qui le dépassent et qui peuvent être comprises comme des ensembles normatifs. Le « régime émotionnel » de William Reddy permet d'être attentif aux rituels et à l'ensemble des pratiques qui, à un moment donné, permettent de caractériser les modalités d'expression émotionnelle d'un groupe, mais aussi les attentes normatives en matière de sentiments à l'égard de l'État. Parmi les sentiments les plus présents dans l'historiographie des relations internationales contemporaines, la peur, l'indignation et la confiance ont fait l'objet de travaux approfondis.

« Portails », « carrefours », « plaques tournantes » et autres plateformes : les espaces distributifs de l'international

Forgée à l'origine pour comprendre les nouvelles spatialités prises par les formes contemporaines de la mondialisation et le « processus dialectique de déterritorialisation et de reterritorialisation », qui la caractérise, la métaphore du « portail » est devenue, avec ses déclinaisons multiples, l'incarnation de l'espace de la mondialisation, ce « non-lieu », dont parlait Marc Augé en 1992, qui « crée » de la « contractualité solitaire »[98]. Elle a été mise en place chez les historiens par Matthias Middell et Katja Naumann, qui ont proposé en 2010 de faire des « portails de la mondialisation » (*portals of globalization*), qu'ils soient des ports, des villes, des musées, des restaurants ou autres, une nouvelle catégorie d'analyse[99]. Ils les ont définis comme « des lieux où toute une série de formes sociales et de constructions culturelles symboliques (du "propre" et de "l'autre", du foyer et de la localité) remettent en question l'appartenance nationale dans les communautés de migrants, de marchands et de voyageurs venus de pays lointains ». L'intérêt épistémologique de ces portails a été de favoriser une perspective sur les mouvements transnationaux et sur leur contrôle « par le bas », mais aussi d'aider à comprendre comment « les élites tent[ai]ent de canaliser et donc de contrôler les effets de la connectivité mondiale ». Un des travaux pionniers en la matière a été le livre de Jonathan Schneer, *London 1900: The Imperial Metropolis* (1999). Dans le même esprit, l'historien allemand Michael Goebel a proposé un *Paris, capitale du tiers monde. Comment est née la révolution anticoloniale (1919-1939)* (2017[2016]) tout aussi stimulant et qui témoigne que ce sont, majoritairement, les historiens internationalistes travaillant sur les contestations des impérialismes depuis la fin de la Première Guerre mondiale qui se sont, jusqu'à présent, approprié la notion. Historien spécialiste de l'Afrique durant la guerre froide, Eric Burton a, de son côté, analysé les villes de Dar es Salaam (Tanzanie), du Caire (Égypte) et d'Accra (Ghana) comme autant de « plaques tournantes africaines de la décolonisation » (*African hubs of decolonisation*) ou encore de « carrefours de la décolonisation » (*Drehkreuze der Dekolonisierung*), c'est-à-dire comme « un certain type de portails de la mondialisation, caractérisés par le haut degré de connectivité transrégionale avec des références spécifiques aux institutions et acteurs anticoloniaux (ou, dans un sens plus large, anti-impérialistes) ».

« Politique du corps » : quand le corps fonde l'espace

Une autre approche spatiale, centrée sur la dimension locale des grandes manifestations pacifistes en Allemagne du début des années 1980, a mis l'accent sur l'instrumentalisation des corps humains :

> « Les acteurs du mouvement pacifiste [...] ont utilisé des formes d'action qui formaient elles-mêmes des espaces, par exemple en disposant les corps dans des manifestations, des cercles de silence ou des chaînes humaines[100]. »

Les manifestations proches du village de Mutlangen, près de Stuttgart, et à Waldheide, près de Heilbronn, en témoignent. Aux côtés de manifestations de masse, comme celle de Hamburg de juin 1981, les manifestants agirent aussi « de manière spatiale, locale et décentralisée ». Cette pratique avait déjà été mise en place par les mouvements sociaux et le milieu alternatif de gauche des années 1970, fondée sur la valorisation de l'expérience, du concret, de la proximité et de la décentralisation. Dans ce cadre, « les pratiques, les formes d'action et les modèles d'interprétation de l'action de proximité n'ont souvent vu le jour que dans le cadre de processus de transferts transnationaux ; ils se basaient également sur les expériences des militants pour la paix d'autres États et restaient liés à des espaces et des lieux situés en dehors de la République fédérale[101] ». Les blocages locaux ont littéralement fait de la « politique du corps » le moyen d'attirer l'attention sur la menace spatiale et régionale que représentait la modernisation des armements pour les communautés locales[102].

Espaces frontaliers

Les travaux relatifs aux frontières se sont beaucoup développés depuis trente ans. Longtemps incarnation et marqueur de la souveraineté, et considérée comme un espace de tensions interétatiques au cœur d'une géopolitique naissante dominée par les travaux du géographe allemand Friedrich Ratzel, la frontière a vu sa fonction et ses fonctionnalités faire l'objet de nouvelles interprétations.

Les travaux ont porté sur l'établissement de délimitations spatiales entre deux souverainetés, en Europe et hors d'Europe. Beaucoup se sont concentrés sur l'époque coloniale, « où les espaces du monde furent déterritorialisés, privés de leurs significations précédentes, et reterritorialisés selon le bon vouloir des administrations coloniales et impériales » et avec l'appui du droit international[103]. Les représentations attachées aux frontières – à commencer par celle de la « frontière naturelle » – et leur fonction justificatrice des délimitations et découpages ont fait l'objet de nombreuses analyses. Les distinctions établies entre frontières étatiques, frontières nationales et « frontières de régime » (Daniel Nordmann) autour de leur politisation au moment de la Première Guerre mondiale rendent compte de l'enrichissement des lectures traditionnelles par la lecture culturelle, qui met l'accent sur la production tant idéologique et imaginaire que diplomatique de la frontière et sur les (dis)continuités des pratiques propres à ces marges. Les travaux de Sabine Dullin sur la frontière soviétique ou ceux d'Étienne Peyrat sur les frontières du Caucase témoignent ainsi de l'inscription de l'histoire de ces espaces en voie de reconfiguration et d'institutionnalisation, dans les problématiques spécifiques d'une histoire des relations internationales plus générale de l'entre-deux-guerres, marquée par la gestion collective des minorités nationales et des immigrés comme par la définition de nouvelles stratégies sécuritaires extérieures.

> « Les notions de front, de vitrine et d'interface qu'elle a contribué à forger aident en effet à penser les politiques bolcheviques à la frontière, tant en matière de construction administrative et territoriale que de mise en place d'un modèle politique éventuellement exportable[104]. »

Lieu de la confrontation, la frontière devient un espace d'interactions locales et régionales, réinterrogée également par l'histoire impériale[105]. Les historiens insistent aussi sur la diversité des situations, quand les populations et acteurs locaux jouent un rôle plus important que supposé initialement. Enfin, l'essor des études frontalières (*Border Studies*) a contribué à mettre en lumière le fait que les frontières actuelles des États correspondent souvent à un empilement de frontières d'échelles différentes et peuvent être tout à la fois des frontières d'entités fédérées, de provinces ou de villes, dont les effets s'articulent dans des logiques parfois contradictoires.

Certains espaces naturels – les mers, les océans, les pôles, le Groenland, l'Antarctique, l'Arctique –, qui sont au cœur d'une partie des travaux d'histoire environnementale, sont considérés dorénavant comme des espaces frontaliers, partagés ou disputés, où se jouent aussi des relations internationales. Le centenaire du traité du Spitzberg de 1920 a favorisé l'essor de l'histoire des pôles comme espace de coopération scientifique et d'échange de données et d'idées, ainsi que de transfert de méthodes, d'instruments, d'artefacts technologiques et de scientifiques au-delà des frontières nationales. Leur étude fait écho aux travaux conduits par les historiens dix-neuviémistes sur l'appropriation coloniale des terres. Alors que les États-Unis traitaient le Groenland comme un espace vide à contrôler par la technologie moderne, en particulier par les stations radar et les avions, il n'était en fait ni vide ni inhabité : il y avait, à proximité, des chasseurs inuits, dont les membres avaient des contacts réguliers avec l'armée américaine. Ces lieux géographiques ont été transformés en lieux de l'international, en laboratoires de l'affrontement Est-Ouest pour utiliser une métaphore également très présente dans la nouvelle historiographie[106]. L'instauration d'une coopération scientifique internationale pacifique et de zones dénucléarisées au plus fort de la guerre froide a permis d'alimenter la réflexion sur la gouvernance des biens communs mondiaux.

Espaces intimes

Au sein des villes, à côté des lieux officiels où se discute et se « fabrique » l'international (les ministères, les parlements, les organisations internationales, etc.), il existe des espaces éphémères – matériels, symboliques ou virtuels – où quelque chose se dit et se lit de l'évolution des relations internationales. Ponctuellement médiatisés ou dévoilés des années plus tard dans des témoignages, restés longtemps inconnus, parfois disparus, ils constituent un domaine d'étude à défricher et doivent encore faire l'objet d'une véritable archéologie.

Espaces privés

C'est le cas des restaurants et cafés, des chambres, salons et bars d'hôtels, des clubs ou des maisons de particuliers, transformés, le temps d'une négociation, en véritables lieux diplomatiques, ou demeurés les espaces d'échanges informels. La propriété acquise en 1920 à Georgetown (Washington, DC), dans une nature luxuriante, par le diplomate Robert Woods Bliss et sa femme, et qu'ils baptisèrent Dumbarton Oaks, est emblématique. Elle accueillit à la fin de l'été 1944 une série de rencontres entre des délégations de la Chine, de l'Union soviétique, du Royaume-Uni et des États-Unis, d'où sortit la charte des Nations unies adoptée à San Francisco peu après. La maison et les jardins du banquier français Albert Kahn (1860-1940), à Boulogne, à la lisière de Paris, furent un espace de l'internationalisme, rassemblant des hommes politiques, mais aussi des intellectuels et des artistes, comme le poète bengali Rabindranath Tagore. Citons encore la villa située dans un quartier d'El Biar, à Alger, offerte par le Vietcong à la délégation du *Black Panthers Party*, mouvement contestaire afro-africain fondé en 1966, également présent à Alger, et qui venait de déménager. Devenue le siège de la Section internationale des Panthères, elle tint le rôle d'ambassade informelle en un temps où les États-Unis n'en avaient pas en Algérie, et recouraient à un chargé d'affaires au sein de l'ambassade suisse. Certains restaurants parisiens adoptés par les émigrés vietnamiens, chinois ou nord-américains « ont joué un rôle dans les circuits urbains et la formation des communautés » ou « servi de plate-forme d'échange d'informations pour les demandeurs d'emploi nord-américains à Paris[107] » dans l'entre-deux-guerres. Il faut encore mettre en lumière les grands paquebots et les yachts privés, comme le célèbre *Galeb* du dirigeant yougoslave Tito, les trains tel le tout aussi fameux TEE, le « Transeuropéen Express » Bruxelles-Paris, qui tint un rôle important pour fortifier un sentiment de solidarité entre les premiers fonctionnaires des Communautés européennes, et aussi entre les parlementaires et les journalistes qui suivaient leurs déplacements. Ces espaces délivrent une vision autre des « relations internationales » où l'intimité tient une part non négligeable, où la géographie n'est plus nécessairement celle des lieux officiels, mais celle de quartiers ou de villes « secondaires », avec leurs acteurs non-diplomatiques.

Espaces protocolaires

Les espaces protocolaires que sont les dîners d'État, mais aussi les enterrements de chefs d'État, voire certains mariages ou couronnements, sont autant d'espaces marginaux et éphémères où s'observent des prises de contact, des échanges ou des évitements, réglés très en amont par le protocole. Leur histoire, qui reste à écrire, a vocation à enrichir l'histoire culturelle des relations internationales, en travaillant par exemple leur articulation avec la création d'espaces spontanés où se manifestent de nouvelles pratiques transnationales. Depuis le décès accidentel de la princesse de Galles en 1997 et les dépôts spontanés de fleurs devant le palais de Kensington, les commémorations impromptues de personnes décédées, assorties d'hommages floraux, sont devenues une pratique planétaire. Elles se distinguent des monuments aux morts traditionnels par leur improvisation, qui est l'œuvre d'initiatives privées, et par leur caractère éphémère – les objets de la commémoration (fleurs, bougies, photographies, ballons, peluches, etc.) sont retirés généralement de l'espace public. Elles peuvent plus rarement engendrer un changement du sens, attribué à certains lieux, tel le flambeau du pont de l'Alma, réplique de la « flamme de la Liberté » de la statue éponyme, devenu pour beaucoup un mémorial à la mémoire de Lady Diana. Du décès de ce symbole d'une nouvelle « diplomatie des célébrités » à celui en 2015 de Lee Kuan Yew, Premier ministre inamovible de Singapour, incarnation de la souveraineté recouvrée et de la modernisation de la cité-État, symbole des « valeurs asiatiques », la pratique s'est institutionnalisée en moins d'une décennie, manifestation de nouveaux cultes de personnalités publiques. Mais elle a aussi été reprise dans le cadre d'hommages à des individus sortis de l'anonymat, comme les victimes de l'attentat du 11 septembre 2001 contre le World Trade Center à New York, ou comme celles des attentats de Paris de 2015. Dans ce dernier cas, on a assisté à la décentralisation des hommages. Ils furent rendus non seulement sur les sites mêmes des attentats, mais dans d'autres lieux parisiens et d'autres lieux à l'étranger, comme ce mur de l'ambassade de France à Téhéran accueillant le dépôt de fleurs fait par des Iraniens. Cette histoire dit, entre autres, les émotions voire les valeurs partagées par une partie mouvante de la communauté internationale.

Espaces virtuels

Il peut paraître étonnant de regrouper les espaces virtuels, assimilés à des espaces ouverts à un large public, dans les espaces intimes. La pandémie provoquée par la diffusion du Covid-19 en 2020-2021 a renforcé l'importance acquise par la diplomatie virtuelle par le biais des visioconférences entre chefs d'État et fonctionnaires et des sommets internationaux tenus sur un écran. Certes, les ministères des Affaires étrangères et les autres administrations avaient déjà intégré l'Internet et les médias sociaux dans leurs pratiques de travail et de communication. Une « ambassade virtuelle » avait été expérimentée par un État comme la Suède, puis abandonnée. Des « postes diplomatiques virtuels » ont pris le relais au Canada, aux États-Unis ou encore en Israël. La « Twidiplomatie » (ou « X-diplomatie ») est une pratique qui s'était aussi imposée avec l'objectif d'obtenir une audience élargie auprès de publics très variés, en court-circuitant les réseaux de communication traditionnels[108].

Mais, au-delà de cette « nouvelle diplomatie 2. 0 », qui a ouvert un nouveau chapitre dans l'histoire longue de l'information et de la communication diplomatiques, mais aussi de la reconnaissance internationale – le Kosovo, qui a déclaré unilatéralement son indépendance de la Serbie en 2008, s'est fait reconnaître par Facebook en 2013 sans l'être par l'ONU et l'Union européenne –, l'histoire des relations internationales doit également intégrer à sa réflexion la place inédite tenue par les médias sociaux comme lieux d'échanges transnationaux permettant de repenser la relation entre acteurs publics et société civile. Ils constituent une « plateforme » susceptible d'influencer les décisions des gouvernements, voire de déstabiliser ces gouvernements. Ils font advenir comme objets de débats transnationaux progressivement institutionnalisés des questions qui ont longtemps ressorti à l'intimité des individus. Ils manifestent aussi comme jamais la part intime et émotionnelle des responsables internationaux.

L'histoire des relations internationales fournit les outils méthodologiques pour penser ensemble les enjeux économiques, sociaux, culturels et politiques engendrés par ces nouveaux espaces.

Chapitre 6

Incarner l'international : discours, concepts et métaphores

Le 13 octobre 2022, au sein du Collège d'Europe à Bruges, devant sa prédécesseur Federica Mogherini, devenue la rectrice du Collège, et les jeunes diplomates du programme-pilote destiné à créer une Académie diplomatique européenne, le haut représentant de l'Union pour les affaires étrangères et la politique de sécurité Josep Borrell déclarait :

> « Ici, Bruges est un bon exemple du jardin européen. Oui, l'Europe est un jardin. Nous avons construit un jardin. [...] Le reste du monde – et vous le savez très bien, Federica – n'est pas exactement un jardin. La majeure partie du reste du monde est une jungle, et la jungle pourrait envahir le jardin. Les jardiniers devraient s'en occuper, mais ils ne protégeront pas le jardin en construisant des murs. Un joli petit jardin entouré de hauts murs afin d'empêcher la jungle d'entrer ne sera pas une solution. Parce que la jungle a une forte capacité de croissance, et le mur ne sera jamais assez haut pour protéger le jardin. Les jardiniers doivent aller dans la jungle. Les Européens doivent être beaucoup plus engagés avec le reste du monde. Sinon, le reste du monde va nous envahir, de différentes manières et moyens. [...] Gardez le jardin, soyez de bons jardiniers. Mais votre devoir ne sera pas de prendre soin du jardin lui-même, mais de la jungle à l'extérieur[1]. »

La déclaration suscita un tollé immédiat tant dans une partie du monde occidental qu'au Moyen-Orient et en Afrique, en particulier. On lut dans la métaphore de la jungle une référence directe aux représentations du monde des néoconservateurs américains, en particulier de Robert Kagan. Dans *The Jungle Grows Back: America and Our Imperiled World* (2018), ce dernier avait écrit :

> « L'ordre mondial libéral est fragile et éphémère. Comme un jardin, il est toujours assiégé par les forces de la nature de l'histoire, par la jungle dont les lianes et les mauvaises herbes menacent constamment de le submerger. [...] L'ordre

libéral est aussi précaire que précieux. C'est un jardin qui a besoin d'être entretenu en permanence, de peur que la jungle ne repousse et ne nous engloutisse tous[2]. »

Pour le quotidien français *Libération*, la déclaration de Borrell était une « formule qui s'apparente à une leçon dispensée par le monde civilisé à celui qui ne l'est pas[3] ». L'ambassadeur canadien à l'ONU, Bob Rae, déplora dans un tweet une « terrible analogie ». Le porte-parole de la diplomatie iranienne, Nasser Kanaani, déclara sur Twitter que « la métaphore du jardin/jungle découle de la mentalité coloniale totalement inacceptable qui donne à l'Occident le droit d'empiéter et d'occuper. Cette époque est révolue. Le monde multipolaire est derrière la porte ». Le ministère des Affaires étrangères et de la Coopération internationale (MoFAIC) des Émirats arabes unis s'insurgea également. Josep Borrell dut s'employer à récuser ces accusations dans des entretiens ultérieurs.

Un peu plus d'un mois plus tard, le président français Emmanuel Macron employa la métaphore de la jungle dans un autre contexte. Lors du sommet des dirigeants économiques de l'APEC, il commenta la rivalité entre les États-Unis et la République populaire de Chine en disant :

> « Nous sommes dans la jungle et il y a deux éléphants de plus en plus agités et s'ils sont trop agités, ils commencent à se battre et toute la jungle en souffrira. Ils ont besoin de la coopération d'un grand nombre d'autres animaux, les tigres, les singes, tous[4]. »

Ces deux exemples liminaires attestent, avec bien d'autres, le poids des mots, et plus précisément des métaphores, dans le discours politique. Ils suscitent aussi des interrogations sur la constitution d'espaces métaphoriques d'images, qui font l'objet de circulations plus denses à une époque donnée. Ils attirent enfin l'attention sur les perceptions et réceptions différenciées de ces images selon les contextes culturels et politiques de leur emploi et selon les publics qui les interprètent. Ils incitent dès lors l'historien internationaliste à pénétrer dans un domaine de recherche, celui de l'analyse du discours, où il est encore peu présent, alors même que l'histoire des relations internationales est jalonnée par de grands discours, identifiés comme des moments pivots dans la formulation d'une politique étrangère ou internationale, d'un projet ou d'une revendication. Reproduits dans des anthologies, intégrés dans les bibliothèques numériques, comme celles des Nations unies ou la digithèque de l'OTAN, sous forme de textes et/ou de vidéos, ces discours font, la plupart du temps, l'objet de commentaires de type journalistique, qui expriment la réaction personnelle du commentateur à des déclarations réduites à leur dimension informationnelle.

On peut imputer le désintérêt relatif des historiens internationalistes au rejet d'une tentation de paraphrase, qui serait la reprise passive et tacite de textes d'archives et de discours publics, qui ont pu constituer jadis la trame de certains récits positivistes, exprimant le « culte des faits ». On peut y lire le sursaut d'historiens auxquels on a trop longtemps reproché d'avoir vu les relations internationales au travers des yeux des décideurs, en raison des relations étroites souvent entretenues entre les deux sphères (financement des études internationales par les gouvernements, intégration des universitaires dans le monde du renseignement et du conseil politique, etc.) comme d'avoir repris les concepts, les postulats et les cadres analytiques issus du domaine discursif de ces mêmes décideurs. Ce désintérêt traduit enfin la volonté de prendre de la distance par rapport à des discours, auxquels on peut reconnaître une vertu incantatoire ou performative, mais que l'on estime devoir être mis à l'épreuve de leurs circulations et réceptions. En d'autres termes, tout s'est passé comme si le caractère par essence rhétorique des figures du discours politique avait disqualifié *a priori* son étude plus générale.

L'analyse de discours nous semble pourtant particulièrement utile pour une discipline, l'histoire des relations internationales, régie historiquement par un principe de rationalité, mais dont la rhétorique est identifiée de très longue date au langage des passions. « Les passions ont un langage particulier. Les expressions qui sont les caractères des passions sont appelées figures », écrivait Bernard Lamy en 1675.

> « Comme on lit sur le visage d'un homme ce qui se passe dans son cœur, [...], les tours particuliers de son discours, les manières de s'exprimer éloignées de celles que l'on garde dans la tranquillité, sont les signes et les caractères des agitations, dont son esprit est ému dans le temps qu'il parle. Les passions font que l'on considère les choses d'une autre manière que l'on ne fait dans le repos et dans le calme de l'âme : elles grossissent les objets, elles y attachent l'esprit, et font presque autant d'impression sur lui que les choses mêmes[5]. »

Les figures de style comme les structures linguistiques sous-jacentes ancrent les acteurs du côté des émotions, là où ils peuvent croire forger des positions et prendre des décisions dans un contexte rationnel.

Or, des historiens et des chercheurs, venus de nombreux autres domaines de recherche (philosophie, philologie, linguistique, littérature, droit, sciences de la communication, sociologie et science politique) ont déjà travaillé en ce sens. En Allemagne (dans la zone d'occupation soviétique) paraît en 1947 l'ouvrage *LTI – Notizbuch eines Philologen*, du philologue Victor Klemperer. Dans ce livre, redécouvert ultérieurement, il se livrait à une critique implacable de la langue du nazisme, montrant comment elle avait subverti et perverti les expressions et les concepts de la langue allemande en procédant à des détournements de sens, en recourant de manière privilégiée à certaines figures comme l'hyperbole :

> « Le nazisme s'insinua dans la chair et dans le sang du plus grand nombre à travers des expressions isolées, des tournures, des formes syntaxiques qui s'imposaient à des millions d'exemplaires et qui furent adoptées de manière mécanique et inconsciente[6]. »

En France, le philosophe Olivier Reboul a réfléchi aux usages idéologiques de la langue, c'est-à-dire à un usage « servant sans le dire à légitimer, de façon apparemment rationnelle, un pouvoir[7] ». Il a examiné les processus linguistiques qui permettent de fonder la domination en donnant aux individus « le sentiment de raisonner ». Il montre, par exemple, que le classement en catégories des métaphores des langages libéral, conservateur et marxiste permet de mettre en lumière les soubassements propres à chacune de ces idéologies. Le discours conservateur privilégie ainsi les métaphores biologiques présentant l'ordre existant comme le produit incontestable de la nature. Au-delà, elles sont unies par une référence métaphorique commune, celle des sciences, qui légitime en creux une pensée qui se prétend rationnelle. Marqué par la réflexion de Paul Ricœur et de Judith Schlanger, Antoine de Baecque s'est intéressé à la manière dont « l'histoire prend corps » en travaillant un corpus de textes de la Révolution française qui placent la métaphore corporelle au cœur du récit[8]. Willibald Steinmetz s'est livré à une analyse du vocabulaire révolutionnaire en Allemagne en 1848[9]. Winfried Baumgart a fait observer que chaque époque avait son propre univers conceptuel (*eine ihm eigene Begriffswelt*), mettant en exergue ceux du XIXe siècle, des guerres mondiales, mais aussi de la république de Weimar, des douze années du nazisme, de l'après-1945, de la guerre froide, ou encore de certains espaces spécifiques : la RDA, les organisations internationales et l'Union européenne[10]. Plus que certains événements ou crises saisis comme moments-pivots, le cheminement sous-jacent des évolutions sémantiques nous semble être un bon indicateur des évolutions internationales. Luttant contre le sentiment d'un lissage et d'une euphémisation de l'expression publique, intriguées par les formes nouvelles prises par la communication politique et, dans la sphère internationale, par la diplomatie publique, un certain nombre d'études ont aussi prêté attention au discours diplomatique et politique international et à ce qui est dénoncé comme la « langue de bois des organisations internationales », ce « parler de l'autre », qui évoque un « ennui sidéral doublé d'une dangereuse impuissance »[11]. Les mots de la novlangue des organisations ont été soumis à une lecture critique. L'ONU et les institutions européennes ont été deux cibles de choix. Les notions de « gouvernance », terme issu des organisations internationales, ou d'« eurocratie », ont ainsi fait l'objet d'une déconstruction systématique comme d'une enquête conduite sur leur genèse et leur diffusion. Elles ont été interprétées comme les reflets de « la perte de légitimité croissante des formes classiques de gouvernement » et l'expression d'un discours anti-européen homogénéisant la diversité des acteurs interagissant dans la sphère bruxelloise[12]. Enfin, le discours poutinien avec ses notions propres (« étranger proche », « monde russe ») favorise un regain d'intérêt des chercheurs pour le contenu et le poids des mots.

Dans le domaine de l'histoire des relations internationales, Frank Costigliola a joué un rôle de précurseur en recourant à l'analyse des tropes contenus dans les discours tenus par les fonctionnaires américains sur la France lors de moments-clefs pour l'Alliance atlantique. Il a souligné que l'emploi de métaphores relevant des domaines du genre, du sexe et de la pathologie leur permettait de naturaliser des relations de pouvoir inégal entre les Américains et les Français. L'enjeu était de « discerner comment les significations émotionnelles peuvent contraindre et façonner activement l'analyse rationnelle[13] ». Dans la foulée des propositions d'Ann Laura Stoler qui enjoignait de déconstruire les catégories d'« États taxinomiques », la nouvelle histoire impériale (*New Imperial History*) s'est prêtée à cet exercice critique[14]. En travaillant sur les discours coloniaux du Royaume-Uni et de la France, Martin Thomas et Richard Toye se sont employés à définir la notion de rhétorique impériale, en termes de « formes publiques de communication ayant un but persuasif ou symbolique[15] ». Ils ont ainsi examiné les supports de ces discours, s'exprimant de manière écrite, visuelle ou orale. Dans la continuité des incitations de Joll, ils ont aussi cherché à mettre au jour les « postulats implicites privés et les motivations », leurs « fondements raciaux et leurs tonalités paternalistes, leurs préjugés éthiques et les visions du monde qui y sont contenues ». Ils ont souligné la violence dissimulée par une rhétorique fondée sur l'invocation d'« images du progrès impérial et d'une décolonisation généreuse », tout en tenant compte de la spécificité de chaque mode de domination politique (occupation directe, présence de troupes, protectorats, accords commerciaux, etc.). Ils ont enfin pris position sur un constructivisme fondé sur l'idée que la réalité sociale est construite par le seul discours et insisté sur l'importance de la reconstitution de ses contextes de production, d'énonciation et de diffusion. L'histoire du genre a donné lieu également, dans une perspective intersectionnelle, à ces déconstructions du discours impérial. L'historienne néerlandaise Frances Gouda a ainsi examiné la manière dont les métaphores parentales avaient été utilisées pour légitimer la domination coloniale des Pays-Bas en Indonésie. La nouvelle histoire diplomatique (*New Diplomatic History*) a, de son côté, pris position pour une histoire culturelle de la diplomatie, définie, en l'occurrence, comme un acte de communication interculturelle, « dans laquelle au moins trois niveaux de langage sont présents : le code de signes de chaque diplomate, le monde symbolique de son interlocuteur et le protocole diplomatique comme ensemble de règles communes permettant idéalement une compréhension[16] ».

Écrire l'histoire des relations internationales aujourd'hui passe par une attention plus systématique prêtée aux discours internationaux, aux concepts et aux tropes (ou figures de rhétorique). Cette exigence est nécessaire pour redonner à la sous-discipline une capacité conceptuelle qui a pu lui faire défaut. Elle est aussi une réaction suscitée par les processus de standardisation des textes produits par les organisations internationales, ou par le recours à des logiciels de traduction comme Linguee, lancé en 2010, qui a constitué sa base de données en grande partie à partir de textes du Parlement européen, et du site EUR-Lex.

Dans cette perspective, l'analyse des métaphores, qui sont loin d'être de simples ornements ou vecteurs d'idées politiques, constitue un levier particulièrement utile pour débusquer les représentations au cœur des relations internationales et pour essayer d'évaluer leurs poids sur les actions conduites. Dans l'espace imparti, le présent chapitre ne porte donc pas sur les vecteurs du discours (documents officiels, mais aussi presse, iconographie, radio, cinéma, meetings ou réseaux sociaux), ni sur les publics visés, ni sur leur réception. Ils se concentrent sur l'identification des concepts qui le structurent, et des images métaphoriques qui l'incarnent, ainsi que sur leur fonction de révélateur politique. Cette phase d'identification est une première étape dans un processus analytique, qui pourra faire l'objet de propositions ultérieures.

Définir le discours international

Pour définir celui-ci, nous disposons du travail des linguistes, pour lesquels le discours, de manière générale, est défini comme « un énoncé caractérisable certes par des propriétés textuelles, mais surtout comme un acte de discours accompli dans une situation (participants, institution, lieu, temps) [...][17] ». Patrick Charaudeau et Dominique Maingueneau ont établi les caractéristiques générales du discours comme : « orienté » (il se développe dans le temps en fonction d'une fin choisie par le locuteur), « performatif » (toute énonciation constitue un acte qui vise à changer une situation), « interactif » (tout discours suppose un échange verbal entre deux partenaires, sous forme d'interaction orale comme dans une conversation), « contextualisé » (on ne peut pas attribuer du sens au discours hors contexte), « pris en charge » par un sujet (le sujet énonciateur, « je », assume la responsabilité de son discours et choisit une attitude énonciative) et « régi par des normes ». Enfin, il est « pris dans un interdiscours » n'acquérant du sens « qu'à l'intérieur d'un univers d'autres discours »[18]. Cette définition correspond, en grande partie, aux propositions faites par les grands représentants de l'histoire intellectuelle (Quentin Skinner) et conceptuelle (Reinhardt Koselleck) dont les appels à la lutte contre les interprétations anachroniques des concepts et images du passé semblent plus pertinents que jamais.

Le discours international ne peut pas être réduit à un simple discours politique. Nous le concevons comme un acte d'énonciation, porteur d'une vision prospective, gestionnaire ou perturbatrice de l'ordre international, dans ses différentes déclinaisons spatiales, et qui se déploie selon des modalités variables dans l'espace public ou privé. Sa spécificité par rapport à d'autres discours est la dimension immédiatement transfrontalière de sa diffusion et de sa portée. Comme tel, il est également porteur d'enjeux spécifiques dus à sa traduction dans d'autres langues, qui donne lieu à des marchandages interprétatifs et juridiques qui seront définis plus bas. Enfin, il se distingue par sa qualité dramatique, potentiellement belligène : on peut se battre pour une idée comme pour un mot mal défini, mal interprété ou mal traduit.

Pour étudier ces discours, on dispose d'outils, techniques et analytiques, considérablement renouvelés ces dernières années, que nous présenterons dans une première partie. Nous nous concentrerons, dans un second temps, sur l'étude d'un certain nombre de concepts et de métaphores.

L'analyse du discours international : outils techniques et cadres analytiques

La lexicométrie, parfois appelée statistique linguistique, est une méthodologie d'étude du discours. Nous disposons aujourd'hui de logiciels d'analyse textuelle (DtmVic, Hyperbase, IRaMuTeQ, TXM, etc.) qui permettent des analyses lexicométriques favorisant les conclusions quantitatives, fondées sur le calcul des occurrences de mots. Ces outils permettent d'étudier l'évolution sémantique et argumentative des discours et de mettre en lumière les systèmes de représentation des acteurs étudiés. La méthodologie reste celle de toute étude de ce type : constituer un corpus de textes sur des critères de regroupement rigoureux (similarité de forme – articles de presses, interventions radiophoniques, émissions de télévision, discours de campagne électorale, discours annuel devant l'Assemblée générale de l'ONU, etc. –, convergence thématique, définition de la période étudiée etc.). Pour conduire l'analyse, l'historien des relations internationales recourt aujourd'hui comme hier à un corpus de textes officiels produits par les administrations nationales et internationales, mais il y incorpore aussi les journaux, magazines spécialisés, romans, manuels, livres à destination de la jeunesse, tracts, pétitions, documents iconographiques – tableaux, affiches, photographie, etc. –, audiovisuels et numériques, fils des réseaux sociaux, grâce auxquels ces concepts et métaphores prennent forme et sens, sont diffusés et circulent. Dans un second temps, il indexe les discours, les lemmatise – c'est-à-dire qu'il regroupe les mots appartenant à une même famille – et les télécharge dans le logiciel retenu. Il peut alors déterminer les termes les plus récurrents, leur fréquence, les circonstances de leur apparition, leur auteur, le contexte de leur énonciation. Enfin, il cherche à cartographier les représentations au cœur de ces discours en fonction de la période étudiée, à évaluer leurs éventuelles asymétries et à les hiérarchiser. Le travail proprement textométrique peut ensuite céder la place à l'analyse de la construction rhétorique du discours, suivant une méthodologie classique propre au commentaire de texte, à commencer par l'identification du type de texte analysé, c'est-à-dire du genre auquel il appartient. Celui-ci entraîne un certain nombre de contraintes génériques, qui engendrent des pratiques discursives différentes en principe. Ce travail sera suivi de la distinction des grandes parties du discours, de l'évaluation du niveau de la syntaxe et des mots choisis, de l'établissement de la liste des figures de rhétorique privilégiées (métaphore, métonymie, anaphore, oxymore, etc.), de la contextualisation du discours (lieu et moment où il est prononcé), d'un travail sur les sources du discours, de la recherche de son véritable rédacteur, dans la mesure où il s'identifie rarement à celui qui l'endosse et/ou le prononce, de sa caractérisation entre exposé informatif et proposition d'un récit, c'est-à-dire une construction factuelle qui donne un sens à l'enchaînement événementiel proposé.

Ce travail effectué, il s'agit ensuite de recourir à un certain nombre de cadres analytiques pour interpréter les données. Les lectures pluridisciplinaires s'imposent : linguistiques, philosophiques, ou encore relevant de l'histoire intellectuelle et conceptuelle. La sémantique historique permet ainsi d'étudier les actes de langage et le contenu d'une notion. On peut aussi décider de privilégier une analyse des conventions textuelles propres à chaque type de discours en lien avec la mise en œuvre d'une pragmatique, c'est-à-dire en examinant le lien établi entre les signes et les usagers des signes. Sivan Cohen-Wiesenfeld s'est ainsi livrée à une étude pionnière du discours diplomatique, souvent citée, en analysant quarante tomes d'archives diplomatiques françaises, relatives aux origines de la guerre de 1914 et publiées entre 1929 et 1958. L'établissement d'une typologie des documents contenus (rapports, instructions, lettres, notes, dépêches, notes verbales, etc.) permet de démontrer que chacun relève d'un genre épistolaire très codifié, obéissant à des règles propres. En s'intéressant à ce qu'ils nous disent des différentes formes d'interaction entre les acteurs, cette méthode permet de dépasser le statut de « preuve » que prêtait l'histoire diplomatique à ce type de document[19]. La linguistique pragmatique aide à mettre au jour les intentions des acteurs, à travailler sur les objectifs de leur discours conçus comme « actes de langage ».

Une première approche consiste à lire le discours international comme le produit des forces profondes à l'œuvre à l'heure de son élaboration : son auteur reflète alors les pressions dominantes et les grands courants de pensée de l'époque ou de son groupe social, ainsi que les intérêts de ce groupe et/ou de la communauté auxquels il appartient. Une autre approche consiste à privilégier la recherche des représentations mentales de son auteur et à mettre en valeur le fait que le discours est le produit de systèmes de signification sociaux et culturels plus larges. La rupture dramatique entre Brejnev et Dubček en 1968, fruit du printemps de Prague, s'est aussi incarnée et jouée dans la sortie de Dubček de la relation « patron-client » mise en scène par le discours brejnevien et dans l'adoption du « langage du démocrate » par le dirigeant tchécoslovaque[20]. Tandis que le dirigeant soviétique surjouait la rhétorique de la confiance, en s'adressant à Dubček non comme à un homme d'État ou au représentant d'un autre pays, mais comme à un camarade de parti et en l'appelant par le diminutif de son prénom, Dubček restaurait dans son discours des catégories diplomatiques occidentales comme la souveraineté, l'indépendance et l'inviolabilité des frontières aux dépens de l'intangibilité du rôle du Parti, qui n'étaient pas pertinentes dans le discours brejnevien.

On peut encore explorer en profondeur la manière dont les décideurs politiques ont imprégné le monde d'émotions et de sens, de manière intentionnelle pour légitimer leur action, ou à leur insu. L'emploi de la métaphore a pu, en particulier, leur permettre de transcender l'argumentation politique, en persuadant par association symbolique implicite et en « naturalisant », en quelque sorte, une situation de pouvoir ou de domination. Un troisième type d'approche s'intéresse à ce que le discours induit et génère, en fonction de l'intentionnalité cachée ou avouée de son auteur. Elle se concentre sur les usages du vocabulaire normatif d'une société à un moment donné et peut, à l'instar de Quentin Skinner, privilégier l'étude des changements d'usage en tentant de mesurer leur ampleur grâce au développement ou à l'atrophie de ce vocabulaire et en se concentrant sur les « changements conceptuels soudains[21] ».

Vient alors le temps de l'interprétation en fonction de la question de recherche privilégiée. Dans le domaine de la politique étrangère, l'étude de discours aide à évaluer les relations hiérarchiques des acteurs ou à mettre en lumière la manière dont « les identités des nations et des autres acteurs (soi et les autres) ont été constituées », comme l'exprime Patrick Finney, qui prolonge en l'occurrence les réflexions de Frank Ninkovich pour lequel « si les États ne possèdent pas d'identités stables et prédiscursives, s'il n'existe pas de "nous" essentiel à défendre, il semblerait que la mobilisation contre l'autre au nom de la sécurité nationale soit davantage une manière de constituer la nation, d'évoquer et de préserver l'illusion de l'unité, qu'une question de défense contre des menaces extérieures[22] ».

Parmi les tâches nombreuses que peut conduire l'historien internationaliste, nous en développerons ici deux principales, en lien avec les spécificités du discours international : le travail sur les concepts structurants et celui sur les métaphores. Ces propositions relèvent de l'esquisse, et certaines de nos premières conclusions sont le propre du discours politique général – la centralité de la métaphore du corps, par exemple –, et non du seul discours politique international. Le travail futur doit tendre à l'identification de ses expressions spécifiques, à rechercher la manière dont elles ont pu irriguer les discours nationaux et à s'intéresser à leurs trajectoires au sein de l'espace international, à leur reprise, à leur déformation, à leur adaptation ; en résumé, à tous ces phénomènes de transferts déjà évoqués.

Les concepts structurants

Les mots employés dans le discours international nous sont familiers et semblent avoir été toujours présents. Or, ce que la fréquentation des textes diplomatiques et internationaux enseigne, c'est à la fois la longévité de certains et leur changement sémantique ou d'usage, ainsi que la cristallisation de mutations structurelles dans de nouveaux concepts ou expressions suivant des processus que l'approche historique doit permettre d'expliquer.

Les mots disent leur époque, mais le moment de leur surgissement n'est pas nécessairement celui où ils acquièrent une force structurante. C'est ce décalage qu'il peut être intéressant d'explorer à l'invitation d'un juriste internationaliste bien connu de ceux qui connaissent la genèse de la Société des Nations, Léon Bourgeois. Réfléchissant au passage du concept de « solidarité » du langage courant au vocabulaire politique, il demandait en 1896 :

> « N'y a-t-il qu'un mot nouveau et comme un caprice du langage ? Ou ce mot n'exprime-t-il pas vraiment une idée nouvelle, et n'est-il pas l'indice d'une évolution de la pensée générale ?[23] »

Apôtre du solidarisme – cette doctrine sociale qui a cherché à établir une solidarité de droit, fondée sur un principe d'obligation morale et juridique, et qui a servi de support philosophique et moral au système de protection sociale ébauché sous la IIIe République –, il imaginait mettre en œuvre un même type de rapport entre les nations. Or, cette mise en œuvre n'adviendra que vingt-trois ans après la parution de son livre et au lendemain d'une guerre mondiale avec la création de la Société des Nations.

Les concepts structurants au cœur du discours international sont les mots du discours produit par les individus et les institutions, acteurs ou témoins des processus en cours, et dont la combinaison permet à l'historien de définir les fondements du système international, les tensions qui s'y font jour, les dynamiques qui le traversent, à une époque considérée. Ils se décomposent en trois catégories. Nous distinguons des concepts principiels, formels et émotionnels. Les *concepts principiels* sont les principes et les valeurs partagés par la communauté internationale qui fondent l'ordre international à une époque donnée. Les *concepts formels* énoncent les règles de modalité qui doivent permettre la mise en œuvre des concepts principiels. Les *concepts émotionnels* permettent de préciser la nature du lien entre les acteurs du système international. Ils sont tous saturés de sens, de normes et de valeurs. Les étudier pour ce qu'ils sont, des mots porteurs de cette pluralité, permet de sortir de la dimension morale, affective ou magique qui leur est souvent attachée par le discours politique (voir l'expression de « diplomatie des valeurs » imposé en France en 2007 par Joseph Maïla) et perçue comme telle par l'opinion publique. Par « dimension magique », nous voulons dire que ces concepts acquièrent parfois la qualité de maîtres-mots, au caractère sidérant, dont l'usage a pour effet la suppression a priori du débat. Comment se dire, par exemple, contre la paix ou le dialogue ?

Les concepts principiels

Les *concepts principiels* ont une dimension « constitutionnelle » : on les trouve en particulier dans les préambules des traités et conventions, comme dans les chartes fondatrices des États ou des organisations internationales. Ils ont une valeur de socle pour l'action future et de formules justificatrices car ils motivent et légitiment la signature des traités. Ce sont des principes politiques (la paix et la sécurité, la liberté, la démocratie, l'auto-détermination, etc.), économiques (le développement, l'expansion, etc.), sociaux (le bien-être, l'humanité, etc.), ou moraux (l'honneur, la justice, etc.). Ils peuvent relever de plusieurs domaines. Les droits de l'homme en sont l'exemple archétypal, à la fois droits politiques et/ou sociaux et/ou moraux selon le régime politique qui les définit. Les préambules des traités de l'Ancien Régime ont fait l'objet de lectures attentives[24], soulignant que l'accord sur les objets du traité était justifié par la référence habituelle à la « paix » entre les monarques individuels et indépendants et attirant notre attention à la fois sur la longévité de ce concept et sur les modifications de son champ de références (de la *pax christiana* à la paix par le Droit), concept aujourd'hui concurrencé par celui de la « sécurité ».

Les concepts principiels ont toujours eu des contenus extrêmement variables et polysémiques qui expliquent les interprétations différentes et les débats très vifs du temps de la guerre froide entre pays capitalistes et pays socialistes. Ils opposent toujours aujourd'hui les représentants des États entre eux, en particulier les États occidentaux et leurs homologues non-occidentaux, certains États « illibéraux » à leurs homologues de l'Union européenne, ou encore les États à certains représentants de la société civile sur le contenu de la « démocratie », de la « souveraineté » ou des « droits de l'homme ». En d'autres termes, le concept principiel « ne peut échapper à l'idéologie[25] ». Son inscription dans un texte relève plus généralement de la « lutte terminologique » dont parla l'ancien juriste et diplomate ouest-allemand Wilhelm Grewe (1911-2000), auteur méconnu de la doctrine Hallstein, dans un article paru pendant la guerre froide. Il y analysait la polysémie de l'expression de « langue diplomatique » et dénonçait les usages de l'Union soviétique :

> « Usant de cette terminologie, les Soviétiques ont à maintes reprises réussi à mener par le bout du nez leurs interlocuteurs et à semer le trouble dans le camp occidental – qu'il s'agisse de mots-clés tels que "paix", "progrès", "lutte pour la libération", "coexistence pacifique", "détente" ou n'importe quel autre. En Allemagne aussi, de nombreux groupes de la vie politique étaient sans cesse disposés à supposer derrière des vocables ambigus une attitude conciliante de la diplomatie soviétique. La note soviétique de mars 1952, dans laquelle de nombreux Allemands ont voulu déceler une proposition d'"élections libres" telles qu'ils les concevaient en est une illustration célèbre[26]. »

Développant l'exemple du caractère relatif du concept de paix, Grewe attirait aussi l'attention sur la temporalité propre à chaque concept, à chaque expression, sur le fait que le sens d'un mot change selon le contexte de son emploi et selon le locuteur.

Les concepts principiels ont ce caractère de « concept essentiellement contesté » forgé par le sociologue écossais Walter B. Gallie en 1956 et ils continuent aujourd'hui à faire l'objet d'interprétations et d'usage différents[27].

Les concepts formels

La seconde catégorie de concepts structurants englobe les *concepts formels*, qui établissent les modalités de la mise en œuvre des concepts principiels. Ils expliquent la manière dont seront réalisés les buts indiqués. Ils ont eux aussi une dimension axiologique, tels la coopération ou le dialogue. Développons l'exemple de ce dernier.

À première vue, le concept de « dialogue » paraît s'être imposé dans le lexique médiatique international dans les années 2000, à la suite des débats suscités par l'expression de « choc des civilisations » (*clash of civilizations*) employée par Samuel Huntington. Le « dialogue interculturel » est défini en 2008 par le Conseil de l'Europe comme « un processus d'échange de vues ouvert et respectueux entre des personnes et des groupes de différentes origines et traditions ethniques, culturelles, religieuses et linguistiques, dans un esprit de compréhension et de respect mutuels[28] ». Le dialogue est même devenu un *topos*, mot magique censé constituer l'antidote du *clash*[29]. De pair avec l'Unesco et le Conseil de l'Europe, les États membres de l'Union européenne ont fait plus largement de la promotion du dialogue interculturel l'un des fondements de leur politique internationale depuis vingt ans. Mais le concept sous-tend aussi dorénavant la mise en œuvre des politiques de sécurité. Il s'institutionnalise dans les dispositifs au centre des politiques de l'OTAN, tant avec ses partenaires orientaux que méditerranéens. L'ONU a fait de 2023 l'Année internationale du dialogue comme garantie de paix (résolution adoptée par l'Assemblée générale le 6 décembre 2022/A/RES/77/32).

Or, ce concept de dialogue n'a pas encore fait l'objet, à notre connaissance, d'une étude proprement historique. Il a pourtant été théorisé de longue date. C'est en partant des romans de Fiodor Dostoïevski, dans les années 1920, que le critique littéraire Mikhaïl Bakhtine (1895-1975) avait construit sa conception du dialogue :

« Le dialogue n'est pas pour lui l'antichambre de l'action, mais l'action elle-même. Ce n'est pas non plus un procédé pour découvrir, mettre à nu un caractère humain fini ; dans le dialogue, l'homme ne se manifeste pas seulement à l'extérieur, mais devient, pour la première fois, ce qu'il est vraiment et non pas uniquement aux yeux des autres, répétons-le, aux siens propres également. Être, c'est communiquer dialogiquement[30]. »

Le concept a été travaillé par des philosophes comme Fred Dallmayr, Hans-Georg Gadamer, Jürgen Habermas ou Francis Jacques, ou des politologues comme Andrew Linklater ou Thomas Risse. Renouant avec la conception platonicienne, Gadamer rappelle que « pour avoir un dialogue, il faut bien d'abord que les interlocuteurs ne parlent pas chacun pour lui-même [...] », qu'« être en dialogue ce n'est pas réduire l'autre au silence par l'argumentation, c'est au contraire déterminer le poids réel de son opinion »[31]. Le dialogue ne conduit pas au reniement de ses principes, ni à l'adoption des principes de l'autre, mais il permet de trouver un espace supérieur où les deux parties peuvent se rencontrer et trouver un accord. Ceux qui travaillent dans le domaine des études de conflit, comme le diplomate australien John Burton, décédé en 2010, l'opposent à la « négociation » dans sa définition traditionnelle, qui présuppose l'objectif de maximiser ou d'optimiser ses propres intérêts et préférences, et qui met en œuvre une approche conflictuelle entre « eux » et « nous ». Le dialogue, pour sa part, implique que les acteurs sachent quitter leur propre position et éprouver de l'empathie pour la position de l'Autre. Dans un article programmatique intitulé « Let's Argue! » paru en 2000, Thomas Risse a proposé l'application des thèses d'Habermas sur l'action communicative aux théories sur la négociation internationale. Il a établi les jalons d'un programme de recherche visant à déterminer quand et dans quelles circonstances l'action communicative l'emporterait sur l'action stratégique dans les processus décisionnels. Pour Habermas, rappelons-le, il y a action communicationnelle quand :

« Les plans d'action des acteurs participants ne sont pas coordonnés par des calculs de succès égocentriques, mais par des actes d'intercompréhension. Dans l'activité communicationnelle, les participants ne sont pas primordialement orientés vers le succès propre ; ils poursuivent leurs objectifs individuels avec la condition qu'ils puissent accorder mutuellement leurs plans d'action sur le fondement de définitions communes des situations. Pour cette raison, la négociation des définitions de situations est une composante essentielle des opérations d'interprétation requises pour l'agir communicationnel[32]. »

Le politologue Andrew Linklater ne dit pas autre chose, lui pour qui le dialogue s'oppose à une « épreuve de force entre des adversaires déterminés à convertir les autres à leur cause[33] ». Pour Thomas Risse, l'argumentation constitue une étape nécessaire (mais pas suffisante) dans un processus de négociation car elle favorise le développement d'une connaissance commune concernant à la fois une définition de la situation et un accord sur les « règles du jeu » sous-jacentes qui permettent aux partenaires de s'engager dans des négociations stratégiques[34]. Le dialogue repose sur la capacité argumentative des acteurs de la négociation :

il favorise l'empathie, le partage d'un « monde de vie commun » (*gemeinsame Lebenswelt*), une réserve d'interprétations collectives du monde et d'eux-mêmes, fournies par la langue, une histoire commune ou la culture. Par le dialogue, les négociateurs se reconnaissent mutuellement comme égaux en ce qui concerne la présentation d'un argument ou la contestation d'une revendication de validité. On saisit, en lisant les uns les autres, l'intérêt épistémologique de ces distinctions et formulations et la manière dont elles parlent aux historiens, qui analysent les évolutions internationales. Les travaux dont on dispose aujourd'hui sur les négociations d'Helsinki semblent valider la pertinence de cette approche, dans la mesure où la négociation proprement dite a été précédée par de longs mois de pourparlers multilatéraux préparatoires entre novembre 1972 et juin 1973, durant lesquels fut mis en œuvre le processus consistant à « s'asseoir à la table » et à établir une « connaissance commune ». De manière plus systématique, ces propositions théoriques doivent être mises à l'épreuve de l'expérience historique du dialogue international tel qu'il a été conceptualisé et pratiqué en Europe, mais aussi conduire à nous interroger sur les pratiques d'acteurs extra-européens.

L'expérience européenne permet de postuler que, comme pratique diplomatique institutionnalisée, le dialogue s'est en effet incarné dans les années 1960-1970 dans des espaces aussi différents que la politique pontificale, la relation franco-allemande et l'Union européenne. Écho du dialogue œcuménique entre les Églises et communautés ecclésiales, la « politique du dialogue » a ainsi été théorisée par le Vatican par Paul VI dans l'encyclique *Ecclesiam suam*, le 6 août 1964 :

> « Le rapport de l'Église avec le monde s'exprime le mieux sous forme de dialogue : (80) Nous semble, au contraire, que le rapport de l'Église avec le monde, sans se fermer à d'autres formes légitimes, peut mieux s'exprimer sous la forme d'un dialogue, et d'un dialogue non pas toujours le même, mais adapté au caractère de l'interlocuteur et aux circonstances de fait [...]. (81 -) Cette forme de rapport indique une volonté de courtoisie, d'estime, de sympathie, de bonté de la part de celui qui l'entreprend ; elle exclut la condamnation a priori, la polémique offensante et tournée en habitude, l'inutilité de vaines conversations[35]. »

Elle a été incarnée par un diplomate, Mgr Casaroli, qui a été l'homme de l'*Ostpolitik* du Vatican, dialogue de l'Église catholique avec les États athées du bloc socialiste, et par une génération de diplomates qu'il a formée. La conférence d'Helsinki a marqué le retour du Saint-Siège comme participant de plein droit à une conférence multilatérale cent cinquante-huit ans après le congrès de Vienne. La notion de « dialogue franco-allemand » s'est imposée dans l'entre-deux-guerres à la faveur du rapprochement commencé par Aristide Briand et Gustav Stresemann et elle s'est épanouie à la suite de la conclusion du traité de l'Élysée en 1963. La notion renvoie aussi au type nouveau de relations interrégionales organisées par l'Union européenne depuis les années 1970 : des dialogues interrégionaux. Ils ont connu une croissance remarquable encouragée par l'essor de la Coopération politique européenne : accords euro-méditerranéens (1972), dialogue euro-arabe (1974), etc. Initiative du président français Georges

Pompidou et de son ministre des Affaires étrangères Michel Jobert, le dialogue euro-arabe est défini comme une pratique de négociation politique « à cheval sur le domaine communautaire et celui des États membres », « une pratique mixte établie par les Européens au cours des ans » et non cadre juridiquement contraignant[36]. Ses objectifs généraux sont une « coopération qui devrait contribuer à renforcer les relations qui existent déjà et à développer l'amitié entre les États et les peuples concernés ». Dans le domaine économique, il est orienté vers le développement des pays arabes. Vingt ans plus tard, l'Union européenne était engagée dans vingt-cinq dialogues politiques, y compris avec des entités régionales comme l'ASEAN ou le Conseil de coopération du Golfe. Dans le cadre du Nouvel Agenda transatlantique lancé en 1995, destiné à refonder les liens entre l'Union et les États-Unis au terme de la Guerre froide, le rapprochement cible aussi les membres de la société civile. Un premier dialogue, celui du monde des affaires (TABD, pour *Transatlantic Business Dialogue*), est inauguré dans la foulée de la signature de l'accord. Suivent en 1996 celui sur le travail (TALD, pour *Transatlantic Labour Dialogue*), puis en 1998 les dialogues sur la consommation (TACD, pour *Transatlantic Consumer Dialogue*) et sur l'environnement (TAED, pour *Transatlantic Environment Dialogue*). En 1996, l'Union met aussi en place l'ASEM (*Asia Europe Meeting*) à la suite du sommet de Bangkok, avec les pays de l'ASEAN (Association des nations de l'Asie du Sud-Est) et la Chine, le Japon, et la Corée. Avec ces dialogues engagés dans les années 1990, on se trouve face à une configuration d'usage inédite du concept en raison de son appropriation par la sphère économique.

Les études qui ont été conduites sur la genèse de ces dialogues interrégionaux de l'Union ont, d'autre part, mis au jour des pratiques dialogiques propres aux nations d'Asie du Sud-Est qui témoignent de l'intérêt qu'il y aurait à poursuivre l'étude dans une perspective comparée en examinant les déclinaisons nationales et régionales du recours au dialogue, dans le cadre d'une réflexion de nature systémique. Les travaux qui ont déjà eu lieu sur la traduction des concepts politiques ou juridiques occidentaux incitent à explorer les mots vernaculaires utilisés pour décrire une pratique relevant du « dialogue ». Dans l'exemple retenu, les pratiques du *musyawarah* et du *mufakat* (consensus et consultation) devraient être analysées au regard de la pratique occidentale. Issues des pratiques de la démocratie villageoise indonésienne, voire aussi de pratiques malaises et philippines, elles valorisent la dimension informelle de la négociation et l'aversion pour toute forme d'institutionnalisation de la coopération. Dans une grande partie de la littérature sur les relations internationales en Asie du Sud-Est, le terme « dialogue » est utilisé de manière interchangeable avec des termes tels que « communication » et « consultation ». La pratique de l'ASEAN s'en écarterait sur deux points : le premier est que le consensus au sein de l'ASEAN est présumé *a priori* car rendu nécessaire par la crainte qu'un dialogue non contrôlé puisse conduire à une intervention dans les affaires intérieures des États membres. En d'autres termes, le dialogue ne serait pas seulement un *modus operandi*, mais il serait devenu dans cet espace régional une « norme constitutive », « intrinsèquement inclusive, volontaire et prescriptive[37] ». La seconde différence est que, dans le cas de l'ASEAN, les deux situations peuvent coexister et ne sont pas nécessairement séparées dans le temps. Le dialogue, en tant que norme constitutive, est pratiqué lorsque l'ASEAN mène des délibérations internes, alors qu'en même temps elle conduit des « dialogues stratégiques » avec ses partenaires extérieurs sous la forme des dialogues + 1, comme ce fut le cas avec le Japon et l'Australie.

Les concepts émotionnels

La troisième catégorie, celle des *concepts émotionnels*, est peut-être la plus difficile à appréhender car elle paraît contre-intuitive. Ils appartiennent au champ lexical de l'émotion et semblent inscrire *a priori* leur contenu dans un contexte interprétatif émotionnel, alors qu'ils relèvent d'un registre fondamentalement politique. Leur étude permet de préciser la nature prétendue du lien entre les acteurs du système international.

Les traités de l'époque moderne sont saturés de concepts émotionnels, comme l'attestent les manuels diplomatiques (et plus particulièrement les manuels de style diplomatique ou les manuels protocolaires) jusqu'à nos jours. Dans son *Cours de style diplomatique* publié à Paris en 1826, Auguste-Henri Meisel établissait la liste de ces expressions réglées par le cérémonial, employées dans les lettres, mémoires ou discours – « amitié », « affection », « estime », « bonne intelligence », « harmonie », « respect », « vénération », « bienveillance » ou encore « confiance » –, en marquant d'emblée « comme principe fondamental, que tous les souverains, quoique d'un rang bien différent, sont égaux à l'égard de la liberté et de l'indépendance[38] ». Ce faisant, il soulignait que l'emploi de ces termes s'inscrivait dans la phase historique ouverte par les traités de 1648, qui avait établi la société internationale sur la base de l'égalité juridique des États, mettant en place ce qu'Evgeny Roshchin a appelé « un modèle horizontal d'amitié publique (internationale)[39] ».

Depuis la remarque d'Alexander Wendt en 1999 sur le fait qu'au regard des travaux importants sur le concept d'« ennemi », le concept d'« ami » était resté « sous-théorisé », en particulier en Relations internationales – à l'exception du livre publié par Arnold Wolfers, *Discord and Collaboration: Essays on International Politics* (1962)[40] –, les recherches ultérieures ont permis de retirer au concept sa charge émotive, inscrite dans le registre des sentiments privés et de confirmer sa dimension politique. Il renvoie essentiellement à une position impliquant une neutralité bienveillante entre les « États ». À partir du début du XVIe siècle, les traités d'amitié entre souverains européens augmentent. L'évolution du contenu du concept a accompagné l'affirmation de la souveraineté extérieure et exprimé dorénavant l'égalité théorique entre les acteurs s'en prévalant. À partir de la paix de Westphalie, il figure dans presque tous les traités. L'amitié est donc un concept émotionnel au cœur de la nouvelle organisation des relations internationales, fondée sur la souveraineté entre égaux et sur un principe dynastique dans lequel le souverain s'identifie à l'État. En renforçant leurs liens dynastiques et personnels, notamment par des alliances matrimoniales, les souverains fondent l'amitié entre leurs États.

L'usage du concept est demeuré intensif jusqu'à nos jours, quels que soient les États et leur idéologie. L'impact de l'allégement protocolaire qui marque les relations internationales à partir des années 1960 et de l'essor d'une nouvelle mise en scène des relations intergouvernementales dans le cadre « intime » de rencontres « au coin du feu » (tels les rencontres Gymnisch ou les sommets du G7) doit encore être mesuré.

Toutefois, la spécificité de la période contemporaine a été l'affirmation d'une nouvelle catégorie, celle de l'« amitié entre les peuples », qui prend son essor au XIXe siècle. Cette démocratisation de l'amitié, encore inscrite dans le lexique de la parenté – les peuples sont « frères », les nations « sœurs » –, est le fruit des processus révolutionnaires qui culminent avec le printemps des peuples en 1848. Elle se fonde alors sur des engagements politiques ou idéologiques partagés autour de l'opposition à l'Europe dite « du congrès de Vienne ». Les travaux de Gilles Pécout sur l'amitié franco-italienne ont aussi souligné son fondement culturel[41]. L'étude de ce type d'amitié politique, qui soude la « diplomatie des peuples », a été l'un des motifs de l'histoire transnationale des relations internationales.

Cette présentation des concepts structurants des discours internationaux effectuée, deux remarques s'imposent. Si l'on procède à l'analyse des concepts relevant de ces trois catégories, il importe d'être très attentif à ce que nous appellerons les « marchandages » juridiques et interprétatifs, qui ont présidé à leur fixation dans un texte. Par « marchandage juridique », nous entendons cette pratique argumentative au cœur du droit, que le juriste belge Jean Salmon, formé par Chaïm Perelman, explicitait en disant que « la création de la norme juridique internationale [était] le résultat de négociations au cours desquelles les parties échangent leurs arguments en vue de se convaincre l'une l'autre afin d'aboutir à un accord exprimant sous forme de droits et d'obligations, du devoir-être[42] ». La compréhension du concept structurant, déjà polysémique en soi et sujet à des variations interprétatives en fonction du contexte historique, du locuteur et des auditeurs, se trouve ainsi compliquée par la technique juridique qui, rappelle aussi Salmon, « tendra souvent à donner aux mots utilisés un sens particulier qui, à la limite, peut être différent de celui du langage naturel ». En d'autres termes, le droit est un langage comme un autre, soumis à des variations de sens diachronique et synchronique, variations également tributaires de l'espace juridique de son emploi (droit national ou international) comme de la langue nationale ou régionale dans lequel ce langage est littéralement traduit. Comme langage, il souffre de « diverses imperfections syntaxiques, sémantiques ou logiques ». De manière de nouveau contre-intuitive pour le profane, l'étude du vocabulaire juridique révèle son recours à des « notions à contenu flou et variable », voire métaphorique, comme en témoigne, dans le préambule du pacte de la SDN, la traduction française du concept formel anglais *open* – issu du premier des « 14 Points » de Wilson de 1918 : « *Open covenants of peace, openly arrived at* [...] » – par « au grand jour » pour désigner la manière dont on espère conduire la Nouvelle Diplomatie (*New Diplomacy*). Ce concept a donné lieu à deux interprétations, l'une estimant qu'il frayait la voie à des négociations conduites de manière « transparente » devant les opinions publiques, l'autre s'en tenant à la publicisation des résultats de la négociation

Par l'expression de « marchandage interprétatif », nous entendons les négociations relatives à la traduction d'un concept d'une langue à une autre et à l'imposition d'un sens à un mot. L'un des exemples les plus fameux appartient à l'histoire des négociations des traités de l'*Ostpolitik* à la fin des années 1960. Le traité germano-soviétique du 12 août 1970, qui l'inaugure, stipule que la République fédérale d'Allemagne et l'Union des républiques socialistes soviétiques « considèrent aujourd'hui et considéreront à l'avenir les frontières de tous les États en Europe comme inviolables [...] ». L'adjectif « inviolable » a en effet fait l'objet d'affrontements entre les représentants des deux États : le texte initial du traité, dans sa version soviétique, contenait le mot *niezyblemi*, c'est-à-dire immuable, intangible, tandis que, dans la version allemande, le mot *unverletzlich* était utilisé, c'est-à-dire inviolable, qui ne pouvait être remis en cause par un coup de force. La version définitive en allemand n'a pas changé, en revanche, en russe, un autre adjectif a été inséré, *nierouchimy*, c'est-à-dire inviolable, ce qui laissait la porte ouverte à une remise en cause par la voie d'une négociation pacifique[43]. L'analyse de ces marchandages interprétatifs devrait être confortée par l'essor de recherches historiques sur le développement de l'interprétariat de conférence et du métier de traducteur au XXe siècle, développement historiquement concomitant avec celui de la traductologie comme science de la traduction, élaborée par des linguistes et des philosophes du langage. C'est un domaine entier de recherches, encore très peu défriché, qui s'ouvre à l'historien internationaliste, dans lequel il trouvera intérêt à poursuivre le dialogue interdisciplinaire. Winfried Baumgart en avait eu l'intuition quand il avait conçu son *Wörterbuch historischer und politischer Begriffe* (2010). Partant du constat que chaque secteur d'activité disposait de la traduction de son vocabulaire spécialisé dans d'autres langues, il avait voulu mettre à disposition du traducteur et de l'interprète, du journaliste et de l'homme politique, un outil comparable, composé de plus de quinze mille concepts. Il avait classé ses concepts en grandes catégories : les événements historiques, les expressions imagées ou les lieux communs, certains mots du quotidien, datés ou disparus, des mots de la langue poétique, des termes de la sphère industrielle ou professionnelle, des euphémismes, des formules de politesse, des titres de noblesse et de fonctions, des expressions germanisées de mots étrangers et des expressions allemandes et étrangères idiomatiques et « intraduisibles », des concepts historiques (*Begriffswelt der Historiker*), des slogans, etc. En l'occurrence, si sa taxinomie très disparate ne convainc pas vraiment le lecteur, elle n'en constitue pas moins un matériau inspirant et sous-exploité qui gagnerait à être retravaillé.

Un dernier commentaire doit être apporté. Ces concepts structurants sont, au même titre que les concepts analytiques du passé (l'ordre, le système, etc.), issus du langage des sources. Ils peuvent devenir des concepts analytiques. Nous avons vu, par exemple, la faveur dont jouissent les *Peace* ou les *Security Studies*. Comme tels, cette porosité des catégories, ces transferts d'un type de discours à l'autre devront faire l'objet d'analyses futures, à l'instar de celles déjà entreprises sur un certain nombre de métaphores au cœur du discours international.

Les métaphores de l'international, ou ce que les jeux de sens nous disent des relations internationales

Nous l'avons déjà souligné au chapitre 3, la métaphore sert d'outil analytique à l'historien. Ce dernier peut reprendre le langage de ses sources pour en faire un instrument de son propre discours. Cette reprise atteste la lexicalisation de la métaphore, c'est-à-dire son entrée dans le lexique courant et commun, et révèle son autre fonction : celle de « combler une lacune dans le lexique, de créer un terme qui s'avère ensuite indispensable[44] ». C'est le cas de la « guerre froide » et du « rideau de fer ». Dans cette sous-partie, nous nous concentrons sur ces mots-sources, sur le langage métaphorique des praticiens et des témoins.

Pour saisir les représentations d'une époque historique, la métaphore est la figure de signification (ou trope) privilégiée. Comparaison implicite, elle substitue un mot à un autre par analogie. Le recours à la métaphore permet aux acteurs internationaux de donner une matérialité à des idées abstraites (par exemple, la décadence de l'État est exprimée dans l'image de « l'homme malade ») et de concentrer en un mot ou une expression une série d'arguments autour desquels s'organise une interprétation des réalités internationales. Sa vertu est de donner à voir, de manière accessible et souvent euphémistique, en faisant appel à l'imaginaire, des mécanismes et processus complexes.

Si Aristote en traite à la fois dans la *Poétique* et la *Rhétorique*, c'est bien du côté de la rhétorique que la tire le discours politique, qui repose sur la séduction de l'auditoire, du lecteur ou du spectateur, et sur le recours métaphorique à des mots qui comportent une connotation positive ou négative selon l'intention du locuteur, qui organise le transfert du sens vers l'objectif visé. La « plus poétique des figures et peut-être la plus dangereuse ![45] » est encore peu étudiée par les historiens internationalistes, qui l'associent peut-être à une forme de vacuité : celle imputée à la rhétorique dont elle est une figure, et à un contenant moins important que son contenu, l'idée. Quels sont ses effets certains sur la conception comme sur la réception des politiques internationales, voire sur leur réorientation ?

Pour analyser l'univers métaphorique d'un discours, les linguistes recourent à une série d'expressions visant à hiérarchiser ces figures de style en repérant en premier lieu la métaphore « initiale », qu'elle soit appelée une « métaphore primaire », une « métaphore-synthèse », une « métaphore-mère », ou encore une « métaphore constitutive ». Pour analyser quelques-unes d'entre elles au cœur du discours international, nous distinguerons : les métaphores « fondamentales », ou *primaires*[46] (nous en retiendrons trois ici : le corps, la saison, la géométrie), et les métaphores *secondaires* reliées aux premières par un lien analogique (la famille et la maison ressortissent au corps en exprimant l'interdépendance des membres ou des pièces). Les unes et les autres peuvent être « filées », c'est-à-dire s'étendre sur plusieurs phrases grâce à l'utilisation d'un champ lexical similaire (par exemple : « naissance », « jeunesse », « maladie » quand il s'agit d'appliquer à d'autres objets les différents états du corps). Enfin, nous parlerons de *métaphores dérivées* pour parler des variations métaphoriques qui se produisent dans un même champ lexical (par exemple, dans le champ des pathologies : l'image de la « crise » ou de « l'homme malade »).

On observe que nombre de métaphores utilisées dans le discours international appartiennent à des champs lexicaux de la vie quotidienne. En introduisant des catégories relevant de l'espace privé, elles familiarisent l'auditoire, le préparent à l'exposé d'idées, l'aident à circonscrire les problèmes.

Le corps, la métaphore fondamentale de l'interdépendance

Les politologues Francis A. Beer et Christ'l de Landtsheer ont souligné la structure métaphorique profonde du discours politique : elle repose sur l'expérience humaine partagée de l'incarnation (*embodiment*). Le corps est une métaphore fondamentale, ce qu'ils appellent une « métaphore séminale globale » (*global root metaphor*) pour dire la relation de l'homme au monde car elle est une référence partagée[47]. Elle s'est appliquée en premier lieu à l'acteur longtemps central des relations internationales, l'État. Il s'est incarné chez Hobbes dans la forme devenue divine du Léviathan[48]. À l'origine serpent de mer menaçant, dont le *Livre d'Isaïe* (27 : 1), partie de l'Ancien Testament, évoque le sort à venir au moment du Jugement dernier – « En ce jour, l'Éternel frappera de sa dure, grande et forte épée le Léviathan, serpent fuyard, le Léviathan, serpent tortueux ; et il tuera le monstre qui est dans la mer » –, et qui a fait l'objet de représentations illustrées généralement terrifiantes, il est devenu chez Hobbes le géant aux pieds duquel les individus déposent leur droit de nature à assurer leur survie à n'importe quel prix et passent un contrat entre eux. Dans l'introduction de l'œuvre, parue en 1651, l'auteur développe cette longue métaphore. Il montre comment chaque corps de l'État incarne un organe particulier du Léviathan et une fonction, et il souligne leur interdépendance.

Si, pour Hobbes, le champ référentiel est national, la métaphore du corps a été amplement utilisée dans le lexique international. On peut songer au « corps diplomatique ». Cette expression polysémique désigne à la fois l'ensemble des « membres » des missions diplomatiques accrédités dans un État, figurant sur une liste diplomatique et bénéficiant des privilèges et immunités prévus par la convention de Vienne de 1961, et les membres du corps diplomatique national, structuré par un statut et/ou une réglementation définissant les carrières (recrutement, avancement, retraite, etc.). Les deux corps (communautés nationale et internationale) sont soudés par un même « esprit de corps », autre expression métaphorique qui désigne un fort sentiment d'unité et de solidarité autour de comportements, d'usages, de préjugés et de liens de sociabilités communs.

L'exemple du corps permet de souligner à la fois l'importance des *métaphores secondaires* (famille, maison) et *dérivées* qui lui sont attachées (crise, homme malade), l'existence de métaphores-*antonymes* (esprit), et les trajectoires métaphoriques entre l'espace international et l'espace national. Les *métaphores secondaires* donnent elles-mêmes naissance à des métaphores dérivées (« mur », « plafond », « rideau », « ustensile », « tabouret » pour la maison).

Les variations relatives aux différents états du corps biologique ont été filées dans de nombreuses métaphores : la naissance, la jeunesse, la maladie, la décadence ou la mort, pour parler de l'origine, du développement et de la chute des empires, des États ou des nations, des cultures et des civilisations[49]. Au corps sont attachées des métaphores dérivées relevant du lexique médical. La « crise », métaphore lexicalisée, est devenue un véritable concept de l'histoire des relations internationales désignant un événement-clef qui marque une rupture autour de laquelle s'organisent un avant et un après. Certaines métaphores constituent des variations anthropomorphiques : celle de l'« homme malade », appliqué à un État affaibli, est sans doute l'une des plus connues

L'emploi de l'épithète « malade » pour qualifier l'Empire ottoman est déjà attesté au XVIIe siècle[50], et Montesquieu le compare à un « corps malade » dans les *Lettres persanes* (1721)[51]. L'origine de l'expression en tant que telle est imputée au tsar Nicolas Ier de Russie qui, lors d'une discussion avec l'ambassadeur d'Angleterre Sir Hamilton Seymour au cours d'un bal à Saint-Pétersbourg, le 1er janvier 1853, aurait déclaré à propos de l'Empire ottoman :

> « Nous avons sur les bras [...] un homme très malade ; ce serait, je vous le dis franchement, un grand malheur si, un de ces jours, il venait à nous échapper, surtout avant que toutes les dispositions nécessaires fussent prises[52]. »

Sa déclaration s'inscrivait dans le contexte de la crise d'Orient qui voyait s'affronter les visions antagonistes des grandes puissances européennes sur la nécessité de maintenir ou non son intégrité territoriale. Sir Hamilton Seymour répondit alors : « C'est à l'homme généreux et fort de ménager l'homme malade et faible[53] », défendant l'intégrité ottomane face aux ambitions navales russes dans les détroits du Bosphore et des Dardanelles, qui, depuis la convention de Londres du 13 juillet 1841, étaient fermés aux vaisseaux de guerre. La métaphore anthropomorphique va cristalliser l'image d'un État sur le déclin, incapable de se réformer et de conserver les provinces de son Empire, qui s'autonomisent, et favoriser une lecture décadentiste longtemps dominante.

La reprise de la métaphore de « l'homme malade » depuis près de deux siècles est un exemple de trajectoire métaphorique. Elle a été appliquée à d'autres pays en déclin et faisant face à de grandes difficultés, économiques et politiques : au Royaume-Uni à la fin des années 1970, au Portugal en 2007, à la Grèce en 2008, ou encore à la France en 2014. Dans un chapitre d'*Une histoire du Royaume-Uni de 1900 à nos jours* (2014) qu'il intitule « Le Royaume-Uni, homme malade de l'Europe ? (1970-1979) », François-Charles Mougel file la métaphore en se proposant d'étudier « les symptômes, le diagnostic et les thérapies qui ont caractérisé le *British disease*, le « mal britannique » ». Au-delà, l'utilisation de termes médicaux dans les relations internationales pour désigner des pays en déclin ou considérés comme impuissants est présente dans l'historiographie mondiale. Dans *Olympic Games* (2008), l'historien Xu Guoqi attribue à l'érudit Fu Yan, traducteur de livres occidentaux au début du XXe siècle, le premier usage de l'expression « homme malade » appliqué à la Chine[54]. L'« homme malade » a aussi donné naissance à des métaphores dérivées comme celle des « enfants malades » (*the sick children of Europe*) auxquels le Département d'État a comparé les Allemands au début des années 1960[55].

Le lexique médical a engendré d'autres images dans l'espace international. Dans le cadre de la guerre froide, le communisme est assimilé par le discours occidental à une « peste », une « épidémie » ou encore à une « catastrophe naturelle », mais certains commentateurs américains ont retourné la métaphore contre la politique américaine. Henry Wallace identifie la doctrine d'endiguement du président Truman aux « forces négatives des marées, des torrents, des inondations, des conflagrations, de la pression, de l'intimidation, de la criminalité, des foules, des cris et des batailles. Ses véhicules de maladie préférés comprenaient des termes tels que "suppuration", "infection", "pourriture", "névrose" et "psychopathie"[56] ».

Le corps a secrété sa métaphore-antonyme : l'« esprit ». Décrit comme « un rendez-vous fréquent d'hommes d'État, une occasion permanente de causer, une habitude d'examiner ensemble les difficultés de la vie internationale [...][57] », « l'esprit de Genève », expression métaphorique consacrée, mais non créée, par le livre éponyme de Robert de Traz paru en 1929, désigne à la fois le projet politique, dont l'objectif est de pacifier les relations internationales en favorisant la coopération entre les peuples et en s'appuyant sur la Société des Nations, une mystique et un mythe qui a engendré ses métaphores dérivées jusqu'à nos jours. Qu'il soit « international », « de Genève », « de Locarno », « d'Helsinki » ou « de Davos » ou encore « de Lima », l'« esprit » renvoie à l'ensemble des dispositions mentales dominantes qui déterminent et caractérisent les sentiments et les actions d'une personne ou d'un groupe social, et qui expriment une atmosphère particulière de club, marquée par l'entre-soi, un vocabulaire, un mode de pensée et des pratiques communs. Devenue rapidement un *topos*, l'expression « esprit de Genève » circule entre la sphère civile et la sphère politique, comme en témoigne la réponse faite en juin 1935 par le secrétaire d'État allemand von Bülow à l'ambassadeur britannique à Berlin, Sir Eric Phipps, qui lui avait demandé « ce qu'il fallait entendre par "modification de l'esprit de Genève" », et qui s'était vu répondre qu'il fallait mettre un terme au clientélisme français vis-à-vis de l'Europe centrale[58]. La métaphore est également devenue un concept analytique : l'historien Nicolas Badalassi parle ainsi de « l'autre esprit de Genève » pour caractériser – à rebours de l'analyse d'un des acteurs du processus Michel Jobert, qui assimila « l'esprit d'Helsinki » à la consécration des ambitions politiques dominantes[59] – la deuxième phase de la conférence sur la paix et la sécurité en Europe, qui rassembla les négociateurs sur les rives du lac Léman de septembre 1973 à juillet 1975[60].

Au corps sont reliées deux métaphores secondaires, très présentes dans le lexique international, exprimant l'interdépendance : la « famille » et la « maison », auxquelles s'articulent des métaphores dérivées, synonymes et antonymes.

La famille

La « famille », déclinée par des métaphores dérivées (l'« alliance », le « mariage » et la « lune de miel », le « couple »), est la première métaphore secondaire de la société internationale. Comme le corps, elle est ancrée dans le fonctionnement des relations internationales de l'Europe à l'époque moderne, moment où les sociétés étaient construites sur le modèle de la famille, et où l'ordre avait une dimension proprement familiale, reposant sur les alliances de lignées dynastiques. Elle demeure très utilisée au moment des visites d'État au XIXe siècle, en raison du maintien des régimes monarchiques. Son utilisation est renforcée par l'usage protocolaire des titres de parenté, qui, lui aussi, perdure jusqu'au début du XXe siècle, titres qui expriment non seulement les liens du sang effectifs entre les souverains, mais aussi les « relations politiques égales ou inégales qui subsistent entre eux. [...] Les Rois se qualifient réciproquement de *Frères*, mais le titre de *Cousin* et celui de *Neveu* désignent l'infériorité de celui qui les reçoit sans oser les rendre[61] ». L'expression métaphorique fait d'un groupe étatique hétérogène une communauté internationale naturelle et indivisible. Elle introduit aussi une dimension interpersonnelle au sein des relations internationales, accrue par le recours à des concepts « sentimentaux » comme « ceux d'amitié, d'affection, d'estime, de bonne intelligence, d'harmonie ».

Si les membres de la famille sont mobilisés dans le discours diplomatique, ils sont aussi utilisés de manière métaphorique dans le discours colonial. Les travaux de l'historienne Frances Gouda, citée plus haut, mettent en lumière la métaphore dérivée du « tuteur » pour caractériser le rôle des Néerlandais vis-à-vis des « élèves indigènes »[62]. Afin d'euphémiser et de légitimer le programme de « politique éthique », qui doit se substituer aux pratiques spoliatrices et agressives de la Compagnie néerlandaise des Indes orientales (VOC), le discours colonial use de la métaphore familiale, qui assimile la tutelle éthique (*ethical trusteeship*) au conseil parental (*parental guidance*). Dans ce discours, la société coloniale forme un organisme où chaque individu occupe une place :

> « En général, l'invocation de l'imagerie familiale par les Européens visait à renforcer le mythe des sociétés coloniales en tant qu'ensemble naturel et organique, et le symbolisme parental constituait une métaphore fondamentale qui encadrait, affinait et circonscrivait les pratiques discursives des colonisateurs. »

Les autochtones devaient appeler les fonctionnaires néerlandais leurs « pères » et le gouverneur général leur « grand-père ». Les métaphores filées de l'univers maternel (« maison de naissance », « berceau », « crèche publique ») permettaient d'euphémiser la violence du processus de colonisation. La figure maternelle incarnée par la reine Wilhelmine était aussi celle de l'autorité. En utilisant les discours de l'indépendantiste indonésien Tjipto Mangoenkoesoemo au *Volksraad*, Frances Gouda montre aussi comment les intellectuels autochtones ont subverti la figure de la mère en retournant contre le régime colonial celle de Médée, incarnation féminine de l'État Minotaure : la mère patrie gloutonne, toujours avide de matières premières et dévorant ses propres enfants.

La maison

La « maison » est la seconde métaphore secondaire car, comme la famille, elle exprime cette vision organiciste de l'interdépendance. Elle a fait un grand retour dans la vie internationale au tournant des XXe-XXIe siècle. Le dernier dirigeant soviétique Mikhaïl Gorbatchev a recouru à plusieurs reprises à la métaphore de la « maison commune » pour traiter du « retour à l'Europe » de la Russie. Mais, en réalité, l'expression de « maison commune européenne » avait déjà été employée en 1972 par le ministre des Affaires étrangères Andrei Gromyko lors d'une rencontre destinée à convaincre le président français Georges Pompidou de soutenir le projet soviétique de conférence sur la sécurité et la coopération en Europe. Gorbatchev lui-même, dès avant son accession au pouvoir, l'avait utilisée devant le Parlement britannique en décembre 1984, concluant que « quoique ce soit qui nous sépare, nous vivons sur la même planète et l'Europe est notre maison commune, une maison, et non un théâtre d'opérations militaires[63] ». Devenu secrétaire général du PCUS, il l'emploie, le 1er octobre 1985, lors d'un entretien à la télévision française et déclare :

> « L'apport des Européens à la civilisation européenne est énorme. Nous vivons dans une seule maison même si tous n'y entrent pas par le même chemin. Il nous est nécessaire de coopérer et de mettre au point les communications dans cette maison. »

De Prague à Strasbourg, en passant par Belgrade, Gorbatchev file et enrichit la métaphore tandis que son conseiller, le *germanisty* Nikolaj Portugalov, la décline en l'appliquant aux deux Allemagne dans un entretien au *Spiegel* le 5 juin 1989 : il parle de l'existence de « deux appartements allemands » dans la même maison commune européenne. Au cœur de la « nouvelle pensée » (la nouvelle politique extérieure soviétique), l'image a une triple fonction : une fonction de diplomatie publique – séduire l'opinion publique européo-occidentale –, une fonction politique – convaincre les dirigeants occidentaux de l'européanité de la Russie et du fait que la sécurité du continent s'écrira toujours avec elle –, et une fonction tactique – préparer le terrain à la future « option zéro » (l'élimination des missiles de portée intermédiaire).

De son côté, le président français Jacques Chirac a recouru en 2002 à la métaphore-antonyme de la « maison en feu » pour éveiller la conscience environnementale des États en accentuant le sentiment d'interdépendance et de rétrécissement du monde : « Notre maison brûle et nous regardons ailleurs[64]. » Elle a été reprise par la jeune activiste suédoise Greta Thunberg dans sept discours entre janvier 2019 et mars 2020. Sa première intervention a eu lieu le 25 janvier 2019 au *World Economic Forum* de Davos, et la métaphore apparaît à la fois dans l'*incipit* et la péroraison pour mobiliser les responsables politiques et économiques afin d'enrayer le changement climatique : « Our house is on fire. I am here to say, our house is on fire[65]. » L'exemple de la « maison en feu » est l'occasion d'illustrer cette porosité métaphorique entre le discours praticien et le discours analytique. On peut imaginer que ni Jacques Chirac, ni Greta Thunberg, ni même les rédacteurs de leur discours n'avaient conscience de la reprise d'un *topos* de la littérature sociologique, utilisé par Arnold Wolfers pour expliquer qu'une « maison qui brûle » incite tous les individus à se précipiter vers la sortie « quelles que soient leurs prédispositions psychologiques[66] », et repris par Robert

Jervis pour démontrer les attitudes divergentes des décideurs britanniques face au danger hitlérien dans les années 1930 :

> « Pour Churchill, la maison brûlait dès l'accession de Hitler au pouvoir ; pour Chamberlain, ce n'est qu'après mars 1939 qu'elle s'est mise à brûler ; et pour d'autres encore, il n'y a jamais eu de feu[67]. »

Comme le corps, la maison a ses métaphores dérivées, relatives à ses diverses parties de construction. Le « mur d'acier » et le « plafond de verre » ont été forgés par le discours féministe pour appuyer la revendication de l'accès des femmes aux fonctions internationales. La métaphore du *muro de acero* a été utilisée par la diplomate espagnole María Rosa Boceta Ostos pour parler des obstacles qu'elle a dû surmonter avant d'intégrer le ministère espagnol des Affaires étrangères[68], et celle du plafond de verre (*glass ceiling*) a été introduite à la fin des années 1970 pour décrire les inégalités professionnelles auxquelles se heurtaient les femmes. Sur la scène internationale, Hillary Clinton a beaucoup fait pour populariser l'expression entre 2008 et 2016, au gré de ses candidatures à la présidence des États-Unis, déclarant, par exemple, après sa défaite lors des primaires démocrates de 2008, que « bien que nous n'ayons pas été capables de briser ce plafond de verre le plus haut et le plus dur, cette fois-ci, grâce à vous, il a environ dix-huit millions de fissures », faisant référence, par cette métaphore filée, aux votes qu'elle avait reçus lors de ces primaires.

Le lexique textile fournit aussi son lot de métaphores dérivées, comme le « rideau de fer » – avec sa déclinaison espagnole en acier (*telón de acero*) –, déconstruit par György Peteri, qui préfère parler de « rideau de nylon » en écho à un texte de David Riesman paru au début de la guerre froide et imaginant « la guerre du nylon » entre Américains et Soviétiques. Selon lui, « le rideau était en nylon, pas en fer. Il n'était pas seulement transparent, il était aussi soumis à de fortes tendances osmotiques qui mondialisaient les connaissances sur la culture, les biens et les services par-delà le fossé systémique[69] ». Travaillant sur les réseaux culturels et officieux de la propagande chinoise en Suisse, Cyril Cordoba a forgé l'expression de « rideau de bambou » pour souligner la flexibilité de la frontière idéologique entre les deux États[70]. Le « velours » est un autre textile utilisé pour décrire la révolution sans effusion de sang (*sametová revoluce*) qui se déroula en Tchécoslovaquie en novembre-décembre 1989 et qui entraîna la chute du régime communiste. La métaphore de la révolution de velours a été reprise et appliquée à trois révolutions ultérieures, également caractérisées par des images empruntées au domaine de la nature : celle des Roses en Géorgie, la révolution orange en Ukraine, celle des Tulipes au Kirghizistan[71].

Une autre référence célèbre empruntée au domaine de la maison est la métaphore de l'« ustensile », appliquée au dirigeant italien fasciste Mussolini par Churchill, qui n'était pas avare de figures métaphoriques, pour exprimer de manière raccourcie sa vassalisation par Hitler :

> « Mussolini, le vantard, s'est déjà effondré. Il n'est plus qu'un laquais et un serf, le plus simple ustensile de la volonté de son maître[72]. »

Dans les années 1980, lors des négociations de la *Joint Declaration* sur le statut de l'île chinoise de Hong Kong, émerge l'image selon laquelle la stabilité de la ville reposerait sur des relations triangulaires formant « un tabouret à trois pieds » dont chacun d'entre eux serait Hong Kong, le Royaume-Uni et la République populaire de Chine[73]. La métaphore signifie qu'à Hong Kong, les choses se déroulent sans heurts lorsque les trois parties sont d'accord. Elle fait écho à une métaphore antérieure utilisée en novembre 1971 par Denis Bray, un ancien haut fonctionnaire de Hong Kong, qui disait que la stabilité de Hong Kong reposait sur un « trépied de consentements ».

La métaphore dérivée de la « maison » peut, dans certains contextes, devenir une métaphore-antonyme : la « forteresse ». Cette dernière témoigne de l'ambivalence fondamentale que peuvent avoir les métaphores. Selon le contexte, elle assure une fonction de protection ou d'exclusion. Elle a été appliquée au XIXe siècle à l'Allemagne de Bismarck et à la Russie, plus récemment à l'Union européenne et au Japon. L'« Europe-forteresse » a déjà fait l'objet d'usages antérieurs quand elle est reprise pour être appliquée à l'Union européenne. Sous le Troisième Reich, elle désignait les fortifications du mur de l'Atlantique. Durant la guerre froide, elle protégeait les Européens de la menace soviétique. L'achèvement du marché unique en 1986 favorise le transfert de l'emploi de la métaphore dans le discours commercial par les États-Unis et le Japon, principaux concurrents de la Communauté européenne. Enfin, les mouvements de population massifs, tant au sein du territoire européen (l'afflux de réfugiés de guerre en provenance d'ex-Yougoslavie) que vers celui-ci (l'augmentation de l'immigration sub-saharienne via la Méditerranée), conduisent à son réemploi et à des usages variés. Sa longévité a enrichi le champ d'expériences qu'elle véhicule et permet à celui qui l'emploie d'y puiser de manière sélective l'élément implicite de la comparaison à laquelle elle renvoie, et de lui donner une charge émotive spécifique en fonction du public ciblé[74]. La députée écologiste du Parlement européen Claudia Roth constate le 9 juillet 1992 que :

> « Dans le cas de la guerre barbare qui se déroule dans l'ex-Yougoslavie, nous sommes confrontés à un incroyable refoulement, à une ignorance qui refuse de prendre acte de l'ampleur de la détresse et de la misère, du sang et des larmes. [...] Nous faisons l'expérience [...] des pratiques bureaucratiques rappelant fatalement l'ancienne RDA. Nous faisons l'expérience de la forteresse CEE dont le bilan positif inhumain se traduit par le fonctionnement actuellement presque parfait de cloisons étanches. Cette attitude est une honte. »

Avec ce constat, Claudia Roth puise dans la mémoire encore vive de son pays d'origine, l'Allemagne, mais aussi dans celle de l'Europe, pour rappeler un type de pratiques associées à une dictature socialiste, dont celle du franchissement des frontières par les transfuges de la République démocratique allemande. Ce faisant, elle vise à susciter une émotion dont la finalité est de modifier la politique de rejet des réfugiés des Balkans par l'Allemagne et par l'Union européenne et de définir un régime migratoire commun.

Autour de la forteresse se met en place tout un réseau métaphorique, constitué de métaphores filées (le bloc, le bâtiment, le portail, les portes) et de métaphores antonymes (la passoire ou l'aimant, en Allemagne). Réservoir de sens, la métaphore est devenue un levier analytique pour interroger l'identité et les finalités du projet européen et la fonction de la frontière européenne (protéger ou exclure).

La saison, le marqueur du temps

La saison est un marqueur du temps dans les relations internationales. Son usage métaphorique permet de désigner un cycle révolutionnaire, une époque. Retraçant la généalogie du chrononyme le plus célèbre de l'histoire des relations internationales, le « Printemps des peuples », qui désigne le mouvement révolutionnaire touchant les sociétés européennes en février-juin 1848, l'historien Jean-Claude Caron fait remarquer que « la figure poétique d'un printemps régénérateur irrigue la poésie européenne » romantique[75]. Ce faisant, il attire l'attention sur les circulations des images d'un domaine à l'autre. Il constate aussi que son emploi a été très décalé par rapport aux événements qu'il recouvre. En effet, il en trouve la trace en Allemagne, près d'un demi-siècle plus tard, tandis que son introduction en France date du livre collectif dirigé par François Fejtö, *1848 dans le monde. Le Printemps des peuples*, paru en 1948. Sa postérité a été grande. Elle est réactualisée en 1968 lors du printemps de Prague et en 1971 lors du Printemps croate[76]. Sa déclinaison – René Girault parle de « l'automne des peuples » pour qualifier les effondrements successifs des régimes communistes en Europe centrale et orientale[77] – est restée cantonnée à l'échelle européenne. Mais sa reprise en 2011 pour qualifier la vague révolutionnaire qui déferle sur les sociétés arabo-musulmanes vient ici témoigner de l'universalisation ambivalente de la métaphore. Les « Printemps arabes » mettent en valeur la pluralité et la diversité des révolutions arabes.

Parmi les métaphores dérivées de la saison, on trouve celles relevant du domaine lexical de la météorologie. Beaucoup de choses ont été écrites sur la « guerre froide » et ses métaphores dérivées (« glaciation », « réchauffement », « dégel »). Un peu moins commentée est la métaphore du « vent du changement », utilisée le 21 janvier 1957 par le président des États-Unis Dwight Eisenhower pour rendre compte à la fois de l'aspiration à la liberté des sociétés soviétisées et du mouvement de décolonisation qui touchait, « des déserts de l'Afrique du Nord aux îles du Pacifique Sud », un tiers de l'humanité :

> « Aucune nation, aussi ancienne ou grande soit-elle, n'échappe à cette tempête de changements et de bouleversements. [...] Le monde du communisme international a lui-même été secoué par une force féroce et puissante : la volonté des hommes qui aiment la liberté de donner leur vie à cet amour. [...] Budapest n'est plus seulement le nom d'une ville, elle est désormais le symbole nouveau et éclatant de l'aspiration de l'homme à la liberté. Ainsi, sur toute la planète, les vents du changement soufflent rudement. »

La métaphore est reprise en février 1960 par le Premier ministre Harold Macmillan pour redéfinir la relation du Royaume-Uni et de l'Afrique. Elle a encore été réinvestie par le groupe de hard rock allemand Scorpions dans une chanson, qualifiée de « chanson du siècle » en Allemagne, composée en 1990 par Klaus Meine, le chanteur du groupe : « I follow the Moskva down to Gorky Park listening to the wind of change. » [« Je longe la Moskva jusqu'au parc Gorky en écoutant le vent du changement. »] Elle est devenue un hymne de la « Wende », ce « tournant » de l'histoire allemande, comme des changements survenus en Europe de l'Est en 1989.

Le cercle et le domaine lexical de la géométrie, marqueur de l'espace

Les métaphores géométriques sont très prisées car elles sont un marqueur spatial important dans une perspective stratégique.

Si l'on a en mémoire la théorie des trois cercles, énoncée par Winston Churchill en 1948 pour redéfinir la politique extérieure britannique après la Seconde Guerre mondiale, on se souvient moins que Gamal Abdel Nasser a recouru à la même métaphore en 1955. Pour Churchill, la métaphore avait servi à recentraliser le Royaume-Uni à l'intersection des trois cercles et, donc, à lutter contre le sentiment de déclin qui s'était emparé d'une partie de ses dirigeants et de l'opinion :

> « Lorsque je regarde l'avenir de notre pays sur la scène changeante de la destinée humaine, je perçois l'existence de trois grands cercles parmi les nations et les démocraties libres. J'aimerais presque avoir un tableau noir. Je ferais un dessin pour vous. Je ne pense pas qu'il serait accroché à l'Académie royale, mais il illustrerait le point que je tiens que vous gardiez à l'esprit. Le premier cercle pour nous est naturellement le Commonwealth et l'Empire britannique, avec tout ce que cela comprend. Ensuite, il y a aussi le monde anglophone dans lequel nous, le Canada et les autres dominions britanniques et les États-Unis jouent un rôle si important. Et enfin, il y a l'Europe unie. Ces trois cercles majestueux coexistent et s'ils sont liés entre eux, il n'existe aucune force ou combinaison qui pourrait les renverser ou même les défier.[78] »

Dans le petit livre programmatique *The Philosophy of Revolution* (1954), les trois cercles arabe, africain et musulman ont servi à Gamal Abdel Nasser à fonder le projet révolutionnaire de l'Égypte au moment de son émancipation et de la nationalisation du canal de Suez, et à se poser en force de proposition d'une autre conception des relations internationales fondée sur une approche culturelle et religieuse[79] :

> « Voilà pour le premier cercle vers lequel nous devons nous tourner, et dans lequel nous devons agir de toutes nos capacités – le cercle arabe. Si nous considérons ensuite le deuxième cercle – le continent africain – je peux dire sans exagérer que nous ne pouvons en aucun cas, même si nous le souhaitons, rester à

> l'écart du conflit terrible et sanguinaire qui s'y déroule aujourd'hui entre cinq millions de Blancs et 200 millions d'Africains. Nous ne pouvons pas le faire pour une raison importante et évidente : nous sommes en Afrique. Il reste le troisième cercle, qui circonscrit les continents et les océans, et qui est le domaine de nos frères dans la foi, qui, où qu'ils se trouvent sous le soleil, se tournent comme nous vers La Mecque, et dont les lèvres pieuses prononcent les mêmes prières. »

À ce stade, nous n'avons pas trouvé trace d'une réflexion nassérienne sur les trois cercles churchilliens ; mais si tel était le cas, nous aurions un bel exemple de trajectoire métaphorique au sein de l'ancien espace impérial britannique.

Au regard de ces quelques exemples, il faut souligner que cette réflexion embryonnaire sur la genèse et l'usage de ces concepts et métaphores dans le domaine des relations internationales ne constitue qu'une partie de l'analyse du discours international. Il importe de réfléchir aussi à la structure d'ensemble de celui-ci et à la place relative qu'ils y occupent. On s'interrogera encore, de manière approfondie, sur la place que tiennent les processus de traduction. La métaphore peut ne pas exister dans la langue d'arrivée et, si la traduction littérale n'est pas possible, il y a le risque que les unités choisies pour la traduire atténuent ou modifient l'effet recherché dans la version originelle.

L'étude renouvelée du discours international à l'époque contemporaine doit être accompagnée d'un effort de recherche inédit, comparable à celui qui est en train d'être fait pour l'époque moderne, en rapprochant l'histoire des relations internationales et l'histoire médiatique et en s'intéressant, en particulier, aux nouveaux processus de production de ces discours internationaux, ainsi qu'aux interactions verbales et visuelles.

Elle devrait enfin s'accompagner d'une étude du « geste international ». Par cette expression, nous entendons la mise en scène corporelle qui accompagne l'énoncé du discours, de la mimique grimacière au geste spectaculaire, avéré (la fiole d'anthrax brandie par Colin Powell, le 5 février 2003, à la table du Conseil de sécurité) ou imaginé (la chaussure de Nikita Khrouchtchev martelée sur le pupitre de la tribune de l'Assemblée générale le 2 octobre 1960, alors que les seules vidéos et photographies le montrent frapper du poing sur sa table où figure bien, par ailleurs, une chaussure). L'écriture nouvelle de l'histoire des relations internationales contemporaines ne peut faire l'économie d'une réflexion sur ces concepts, métaphores et discours qui témoignent, disent et mettent en œuvre les dynamiques des relations internationales.

Conclusions

L'histoire des relations internationales peut se définir aujourd'hui comme l'histoire de dynamiques, c'est-à-dire de forces et de mouvements affectant les relations entre les individus, les groupes humains et les espaces. Les processus transnationaux, qui les suscitent ou en procèdent, peuvent avoir, ou ont, un effet sur l'ordre international établi. Ils peuvent le déstabiliser, le réaménager ou contribuer à sa stabilisation et à sa pérennisation. Ce domaine de recherche se distingue donc d'une histoire strictement transnationale par l'attention prêtée aux voies de l'internationalisation, de l'institutionnalisation ou de la désinstitutionnalisation de ces processus. Il examine la manière dont les principes traditionnels, qui fondaient la définition de l'ordre international (le droit, la diplomatie, la culture) sont remis en cause par l'existence d'ordres sociaux internationaux. L'international est de ce fait délocalisé, il sort des ministères et descend dans la rue. C'est à penser cette relation entre les ordres dans un cadre systémique que l'histoire des relations internationales s'emploie aujourd'hui dans le contexte de la remise en cause sans précédent de l'ordre institué en 1945.

Ce domaine universitaire né et institutionnalisé en Europe et en Amérique, dans un environnement étatique et national assumé, longtemps tourné vers les « mondes réels de la politique » (Patrick Finney), a entrepris de rééquilibrer son discours et ses pratiques.

L'historien ne peut plus, dans ce contexte, faire l'économie d'une démarche réflexive sur ses outils conceptuels, forgés pour beaucoup d'entre eux il y a plus de cinq siècles, et qui ont fait, et font encore, l'objet de nouveaux usages, tandis que de nouvelles notions encadrent aujourd'hui sa réflexion. La clarification de son positionnement dans l'historiographie contemporaine passe par celle de son positionnement par rapport au langage de ses sources. Cette clarification est une exigence renforcée par l'affirmation d'États non occidentaux et d'acteurs sociaux aux principes et représentations du monde différents. Or, le jeu des traductions a souvent contraint les sociétés extra-occidentales à reprendre des concepts et à se conformer à des définitions préconçues. Cela a eu des répercussions sur l'historiographie. Cela en a encore aujourd'hui du fait de l'importance que les universités occidentales tiennent toujours dans la formation des historiens nés dans des États d'Afrique ou d'Asie. Les catégories analytiques occidentales restent très prégnantes. Une écriture rééquilibrée de l'histoire des relations internationales implique dès lors l'examen du contenu et des interprétations de ces catégories, la prise en compte de la possible réversibilité de certains concepts européens (l'*open door policy* devenant ainsi la *closed door policy* pour des historiens chinois, par exemple[1]) et l'intégration dans le récit, sans cesse renforcée, des concepts vernaculaires qui, selon les époques, ont permis de dire et d'écrire les relations internationales à partir d'une perspective non occidentale.

La phase de transition épistémologique que nous vivons est appelée à durer tant que ce premier rééquilibrage n'aura pas été réalisé. Toutefois, les choses s'accélèrent dans la mesure où une nouvelle génération d'historiens internationalistes maîtrisant des langues africaines ou asiatiques, dans toute leur diversité, s'y emploie activement. Ils collaborent avec des historiens spécialistes ou issus de ces espaces, et s'appliquent à retrouver et à analyser les mémoires et documents privés de responsables politiques et de représentants de la société civile, ou de simples individus, ainsi que des sources d'archives conservées dans les collections d'institutions publiques ou privées de pays africains ou asiatiques. Ils y sont encouragés par les collaborations internationales entre les archivistes ainsi que par la volonté des États d'affirmer leur souveraineté et leur identité internationale par une diplomatie historique active. Les historiens peuvent maintenant consulter, par exemple, les archives nationales du Sénégal, du Ghana, de Corée, de Thaïlande, de la Barbade ou encore le site en ligne du NAS (*National Archives of Singapore*). Cela n'implique pas de délaisser les sources occidentales : les perspectives transnationales ou mondiales s'appliquent aussi de manière féconde à ces sources. C'est le cas, par exemple, quand des historiens de l'Égypte dans la guerre froide recourent aux fonds de l'ancienne RDA dans la mesure où Le Caire était alors un pont vers le monde communiste. Toutefois, y compris dans de grands États (Brésil ou Russie, par exemple), les moyens accordés aux centres d'archives et aux bibliothèques et les conditions d'accès restent très précaires ou discrétionnaires. Cela limite les recherches. En outre, certains États ont développé une approche de Relations internationales aux dépens d'une approche proprement historique. Expliquer ces situations nationales est une étape essentielle pour créer une grammaire commune entre les chercheurs.

Poursuivre la réflexion sur les temporalités de l'international est un autre élément du rééquilibrage. Comment sortir du paradigme de la souveraineté ? Doit-on d'ailleurs en sortir ? De fait, même les manuels qui accordent une place bien plus importante que jadis aux entités extra-européennes, continuent à raisonner en termes d'« intégration » dans la communauté internationale et de « socialisation » selon les normes forgées en Europe. Autour de l'identification de dates-pivots, les relations internationales demeurent identifiées aux « transferts de puissances », que ce soit aux échelles régionale ou étatique : en 1896, l'Éthiopie bat l'Italie à Adoua et affirme sa singularité dans une Afrique dorénavant asservie ; en 1898, les États-Unis battent l'Espagne à Cuba et font leur entrée sur la scène mondiale, le « siècle américain » (Henry Luce) s'amorce ; en 1905, le Japon bat la Russie et s'impose comme une puissance impérialiste régionale, etc. ; la Russie sous Pierre le Grand, les États de l'Amérique hispanique à partir des années 1820, le Liberia en 1847, l'Empire ottoman en 1856, etc. font leur « entrée dans la communauté internationale » ; le Liberia et l'Afrique du Sud, puis l'Éthiopie (1923) et l'Égypte (1937) « entrent » à la Société des Nations. Cela ne signifie pas que ces États n'avaient pas développé de relations internationales avant ces dates, ni que leurs peuples ne participaient pas à l'évolution de ces dernières. Le lien à toujours mieux établir entre l'histoire des pratiques sociales et l'histoire des lieux et espaces de l'international peut contribuer à cette réflexion. De fait, ni l'élargissement de l'histoire des relations internationales à l'étude des phénomènes sociaux transnationaux (diasporas, mobilisations, etc.), ni la désoccidentalisation historiographique n'ont encore eu de véritable répercussion sur la conception de nouvelles temporalités. Identifier et périodiser, par exemple les nouvelles pratiques internationales propres à la période contemporaine – tels l'administration internationale de territoires ou l'essor de modes d'échanges transfrontaliers et de négociations interrégionales institutionnalisés –, donneraient aussi un rythme différent de celui de la chronologie des guerres et des conférences.

Toutefois, cette remise à jour comme le travail sur le contenu et les usages de cadres analytiques anciens n'aboutissent pas nécessairement à décréter l'obsolescence de ces cadres. Les recherches, qui déplacent le curseur des acteurs étatiques vers les acteurs sociaux (migrants, étudiants, militants, experts, missionnaires, négociants, etc.), incitent à redécouvrir l'importance de l'analyse des dynamiques structurantes, ou « profondes », des relations internationales, non plus appliquée aux seuls États, mais déportée vers des espaces et des acteurs moins travaillés dans les décennies antérieures. Cette redécouverte est, en réalité, une nécessité. Depuis une vingtaine d'années, ce sont deux déferlantes antinomiques qui ont marqué tant le monde éditorial que les sciences humaines et sociales : aux côtés de l'histoire mondiale, modelée en grande partie par la perspective culturelle, la géopolitique, étude des rapports entre les données naturelles de la géographie et la politique, a signé un nouveau « retour », s'imposant souvent en France, dans les manuels universitaires, aux dépens de l'histoire des relations internationales, dans la préparation de certains concours aux grandes écoles ou dans les *think tanks*. La lecture de la presse révèle « une prolifération d'occurrences du terme dont l'hétérogénéité a de quoi donner le tournis à qui chercherait à en saisir le sens exact[2] ». En France, la consécration institutionnelle de la géopolitique est venue en 2013. Jean-Yves Le Drian, alors ministre de la Défense, a instauré un Prix du livre de géopolitique, qu'il continue à décerner à partir de 2017 au Quai d'Orsay, quand il devient ministre des Affaires étrangères. Au sein de l'École normale supérieure de la rue d'Ulm, un *think tank*, le Groupe d'études géopolitiques, est créé en 2017, éditeur d'une revue, *Le Grand Continent*. Cette déferlante est un symptôme intéressant du besoin éprouvé à disposer d'outils analytiques pour penser l'espace, en des termes qui ne relèvent plus uniquement des approches culturelles propres mais qui réhabilitent une lecture en apparence beaucoup plus traditionnelle du rapport des puissances.

Or, de quelle histoire des relations internationales a-t-on besoin depuis le 24 février 2022 ? Si le retour de la guerre sur le continent européen, par voie terrestre et par franchissement de frontière, semble conforter au premier abord un type de lecture « réaliste », « géopolitique », non seulement en termes de rapports de force stratégiques et militaires, mais aussi en termes de maîtrise des voies de communication et d'acheminement des approvisionnements (y compris alimentaires), les usages de l'histoire faits par le dirigeant russe, qui ont été bien commentés, ou les propositions d'intermédiation venues d'États non occidentaux, les perceptions très différenciées de ce conflit européen dans le reste du monde, ont mis en évidence la nécessaire maîtrise de plusieurs grilles de lecture. Les interrogations anxieuses portant sur le moment où l'on aurait dû stopper Vladimir Poutine renvoient aux discussions des historiens sur les années entre 1932 et 1936 où le rapport des forces militaires aurait encore permis aux démocraties libérales d'arrêter Hitler. Les analyses décisionnelles ont certes fait leur retour, avec leur part de causalité, mais les interprétations ont aussi pris en compte les représentations que la Russie poutinienne se fait de l'Europe, de l'Union européenne et de l'Occident, comme les représentations plurielles et débattues que les Occidentaux se font de la Russie et que le reste du monde se fait, et des belligérants, et de l'Union européenne.

Nier la pertinence d'une analyse plurifactorielle pour ne défendre qu'une interprétation du conflit serait se priver de la possibilité de bons diagnostics et de schémas prospectifs. Les interrogations sur l'entourage de Vladimir Poutine, sur sa psychologie, sur l'apparent manque d'anticipation de certains centres de prospective et agences de renseignement conduisent non pas tant à demander la restauration d'études décisionnelles à la mode des années 1960 qu'à réaffirmer la légitimité d'une forme proprement explicative de l'histoire, une « explication » liée à sa « compréhension » dans la continuité de la réflexion inaugurée par Johann Gustav Droysen et Wilhelm Dilthey, mais qui a pu parfois céder le pas à la reconstitution de grands tableaux, parfois imprécis et décontextualisés, ou à des pastilles impressionnistes, plus éloquentes que convaincantes. Repenser de manière dialectique l'articulation des faits et leurs représentations est une autre nécessité à l'heure des *fake news* dont on se refuse, avec d'autres, à réduire l'analyse à une opposition binaire du « vrai » et du « faux ». Il importe d'entretenir un espace historien où il continue d'être possible de discuter les prémisses de l'explication.

Le danger de lectures des relations internationales exclusives les unes des autres serait aussi de favoriser la restauration d'une vision à l'ancienne de « géographie politique », héritée de l'époque durant laquelle la géographie était l'affaire du prince. Or, pour l'historien des relations internationales, la grille géopolitique est extrêmement partielle car elle surdétermine les données spatiales, les ressources du sol et du sous-sol, et la grille culturelle l'est tout autant si elle minore ou ne conçoit pas la manière dont les circulations ou autres transferts affectent, ou pas, le système international.

Relier les histoires et les approches reste, dans ce contexte, au cœur de l'histoire des relations internationales. Ce qu'enseignent, au fond, l'instabilité et la cohabitation de divers labels, c'est l'importance relative des définitions identitaires. Que des chaires d'histoire internationale aient été transformées en chaires d'histoire mondiale ou transnationale dans certaines universités importe peu, dans les faits, si l'on continue à y développer des enseignements et des recherches qui éclairent, dans toutes leurs dimensions, les relations internationales. De même, on ne peut que se réjouir de l'attractivité renouvelée d'un domaine de recherches attirant dorénavant, de manière équilibrée, les étudiantes comme les étudiants. Longtemps l'apanage d'historiens, il a vu, génération après génération, les historiennes, nées entre la fin des années 1930 et la fin des années 1960, traiter de questions migratoires ou culturelles, devenir les spécialistes d'aires régionales, mais s'emparer aussi de sujets réputés relever des *high politics* (guerres, terrorisme, renseignement, économie et finances) et confirmer qu'il n'existait plus de division genrée de la recherche historique.

L'importance que nous avons attachée au rappel de sa structuration fondamentalement pluridisciplinaire nous conduit à réaffirmer, avec d'autres, l'importance de continuer à combiner une pluralité de perspectives et de méthodes et à se garder de toute exclusive. Faire entrer les historiographies et les disciplines en dialogue, expliquer, comparer et mettre en perspective, en évitant la construction de nouveaux métarécits, qui nivellent trop souvent les spécificités nationales, voire qui produisent des contresens ou reproduisent des erreurs factuelles, telle est sa raison d'être renouvelée. Cette pluralité méthodologique a été préservée, dans une certaine mesure, par l'asynchronie de son développement selon les États et les situations nationales. Ouverte au dialogue et à ses contradictions, l'histoire des relations internationales est un domaine de recherche qui garde toute sa pertinence dans un XXIe siècle gros de défis structurels et axiologiques.

Notes

Introduction

1. René Rémond (dir.), *Pour une histoire politique*, Paris, Seuil, 2008, p. 12.
2. Zara Steiner, « On Writing International History: Chaps, Maps and much more. Text of the 22nd Martin Wight Memorial Lecture at the University of Sussex on 24 October 1996 », *International Affairs*, 1997/3, n° 73, pp. 531-546.
3. Winfried Baumgart, *Europäisches Konzert und nationale Bewegung/Handbuch der Geschichte der Internationalen Beziehungen*, Bd.6, Paderborn/Munich/Vienne/Zurich, Schöningh, 2007 [1999], p. XI.
4. Ludovic Tournès, « Relire Pierre Renouvin », dans Jean-Michel Guieu et Claire Sanderson (dir.), *L'historien et les relations internationales. Autour de Robert Frank*, Paris, Presses de la Sorbonne, 2012, pp. 169-178, ici p. 169.
5. Robert Frank (dir.), *Pour l'histoire des relations internationales*, Paris, PUF, 2012, p. 39.
6. Alexander DeConde, « Essay and Reflection: On the Nature of International History », *The International History Review*, 1988/2, n° 10, pp. 282-301.
7. Patrick Finney, « Introduction: What is International History? », dans *id.* (eds.), *Palgrave Advances in International History*, Houndmills, Basingstoke, Hampshire ; New York, Palgrave Macmillan, 2005, pp. 1-35, ici p. 1.
8. Nicolas Weill, « Mort du philosophe et critique George Steiner », accessible via l'adresse suivante : https://www.lemonde.fr/disparitions/article/2020/02/03/mort-du-philosophe-et-critique-george-steiner_6028292_3382.html.
9. Lucien Febvre, « Vivre l'histoire. Propos d'initiation », *Combats pour l'histoire*, Paris, Armand Colin, 1953, p. 32.
10. Jean-Marie Moeglin (dir.) et Stéphane Péquignot, *Diplomatie et « relations internationales » au Moyen Âge, IXe-XVe siècle*, Paris, PUF, 2017, p. 8.
11. Pierre Renouvin (dir.), *Histoire des relations internationales*, t. 1. *Le Moyen Âge*, par François L. Ganshof, Paris, Hachette, 1953, p. 1.
12. Reinhart Koselleck, *Le futur passé. Contribution à la sémantique des temps historiques*, Paris, Éditions de l'EHESS, 2016 [1979], p. 228.

Chapitre 1

Genèses

1. René Rémond, *Pour une histoire politique*, *op. cit.*, p. 13.
2. Jeremy Bentham, *An Introduction to the Principles of Morals and Legislation: Printed in the Year 1780 and Now First Published*, Londres, Thomas Payne, 1789, chap. XXVII, § 2 Internal and international, p. CCCXXIV- CCCXXV. Souligné dans le texte.
3. Christophe Guillaume Koch, *Abrégé de l'histoire des traités de paix entre les puissances de l'Europe depuis la paix de Westphalie*, t. 1, Bâle, Decker, 1796, p. 6.

4. Harm Klueting, *Die Lehre von der Macht der Staaten: Das außenpolitische Machtproblem in der "politischen Wissenschaft" und in der praktischen Politik im 18. Jahrhundert*, Berlin, Duncker und Humblot, 1986, pp. 51-53.
5. Alexandre Escudier, « Des sciences de l'État à la synthèse culturelle (1760-1922). Histoire universelle, philosophie de l'histoire et philosophie politique en Allemagne », dans *id.* et Laurent Martin (dir.), *Histoires universelles et philosophies de l'histoire. De l'origine du monde à la fin des temps*, Paris, Presses de Sciences Po, 2015, pp. 79-98, ici p. 80.
6. Béatrice Guion, *Du bon usage de l'histoire : histoire, morale et politique à l'âge classique*, Paris, Honoré Champion, 2008 ; Ran Halévi (dir.), *Le savoir du prince : du Moyen Âge aux Lumières*, Paris, Fayard, 2002 ; Michel Sennelart, *Les arts de gouverner. Du* regimen *médiéval au concept de* gouvernement, Paris, Seuil, 1995.
7. Frédéric le Grand, *Histoire de mon temps*, 1746, dans *Œuvres de Frédéric le Grand*, Berlin, Imprimerie royale, Decker, 1846, ici avant-propos de 1775, p. 24.
8. Gérard Laudin, « L'enseignement de l'histoire dans le Saint-Empire. Structures et fonction sociale », dans Frédéric Attal *et al.*, *Les universités en Europe du XIIIe siècle à nos jours*, Paris, Publications de la Sorbonne, 2005, pp. 199-209, ici p. 206.
9. Charles de Martens, *Le Guide diplomatique, précis des droits et des fonctions des agents diplomatiques et consulaires*, t. 1, 4e édition, Paris, Gavelot Jeune/Leipzig, F. -A. Brockhaus, 1854, p. 4.
10. Charles Calvo, *Le droit international théorique et pratique, précédé d'un exposé historique des progrès de la science du droit des gens*, t. 1, Paris, A. Rousseau & G. Pedone-Lauriel/Berlin, Puttkammer et Mühlbrecht, 4e édition, 1887 [1868], p. 160, § 30, et p. 161.
11. Benjamin Durst, *Archive des Völkerrechts. Gedruckte Sammlungen europäischer Mächteverträge in der Frühen Neuzeit*, Berlin/Boston, De Gruyter Oldenbourg, 2016, pp. 259-260.
12. Cité par Benjamin Durst, *Archive des Völkerrechts, op. cit.*, p. 364, note 631.
13. Arnold Hermann Ludwig Heeren, *Handbuch der Geschichte des europäischen Staatensystems und seiner Colonieen, von seiner Bildung seit der Entdeckung beyder Indien bis zu seiner Wiederherstellung nach dem Fall des französischen Kayserthrons und der Freiwerdung von Amerika*, Göttingen, chez Johann Friedrich Röwer, 1822 [1809], p. VI.
14. Michel Foucault, « La "governamentalità" » (« La "gouvernementalité" »), cours du Collège de France, année 1977-1978 : « sécurité, territoire et population », 4e leçon, 1er février 1978.
15. Cité par Dominique Damamme, « D'une école des sciences politiques », *Politix*, 1988/3-4, n° 1, pp. 6-12, ici p. 7.
16. Émile Boutmy, « Observations sur l'enseignement des sciences politiques et administratives », *Revue internationale de l'enseignement*, 1881, n° 1, pp. 237-249, p. 237 et p. 239.
17. *Ibid.*, p. 244.
18. Albert Sorel, « Sur l'enseignement de l'histoire diplomatique », *Revue internationale de l'enseignement*, t. 1, janvier-juin 1881, pp. 25-31, ici p. 31.
19. John R. Seeley, « The Teaching of Politics », *Lectures and Essays*, Londres, Macmillan, 1870, p. 296.
20. *Id.*, « A Historical Society », *Macmillan's magazine*, 1859-1907, 1881, pp. 43-55, ici p. 49.
21. Merci à Vincent Genin de nous avoir signalé ce texte.
22. Émile Boutmy, « Quelques idées sur la création d'une Faculté libre d'enseignement supérieur : lettres et programme », Paris, Adolphe Lainé, 1871, p. 9-10.
23. William Smyth, *Lectures on Modern History: From the Irruption of the Northern Nations to the Close of the American Revolution*, Londres/Cambridge, William Pickering, J. and J.J. Deighton, 1841, p. 22.
24. John D. Fair, *Harold Temperley: A Scholar and Romantic in the Public Realm*, Newark, Del., University of Delaware Press, 1992, p. 34.
25. John R. Seeley, « A Historical Society », art. cit., pp. 44-45.
26. Samuel Flagg Bemis et Grace Gardner Griffin, *Guide to the Diplomatic History of the United States, 1775-1921*, Gloucester Mass, Peter Smith, 1963 [1935], p. 306 et p. 69.
27. Facundo Goñi, *Tratado de las relaciones internacionales de España. Lecciones pronunciadas en el Ateneo de Madrid*, Madrid, Don Ramon Rodriguez de Rivera editor, 1848, p. 10.
28. Alexander Medyakov, « Russland und Europa: Die internationalen Beziehungen der Neuzeit in der russischen Historiographie des 19. und 20. Jahrhunderts », dans Barbara Haider-Wilson *et al.*, *Internationale Geschichte in Theorie und Praxis/International History in Theory and Practice. Traditions and Perspectives*, Vienne, VÖAW, 2017, pp. 371-396, ici p. 374.

29. Paulo Roberto de Almeida, « 2. Historiografia brasileira de relações internacionais », *Relações internacionais e política externa do Brasil: a diplomacia brasileira no contexto da globalização*, Rio de Janeiro, LTC, 2012, pp. 24-69.
30. Duncan S. A. Bell, « Unity and Difference: John Robert Seeley and the Political Theology of International Relations », *Review of International Studies*, 2005/3, n° 31, pp. 559- 579, ici p. 560.
31. Jean-Marie Moeglin (dir.) et Stéphane Péquignot, *Diplomatie et « relations internationales »*, *op. cit.*, p. 145.
32. *Ibid.*, p. 144.
33. Guillaume de Humboldt, « La tâche de l'historien » [*Über die Aufgabe des Geschichtschreibers*], Villeneuve d'Ascq, Presses universitaires du Septentrion, 1985.
34. Charles Langlois et Charles Seignobos, *Introduction aux études historiques*, Paris, Hachette, 1898, note 1, p. 191 et pp. 277-278.
35. Christian Delacroix *et al.*, *Les courants historiques en France, XIX*e*-XX*e *siècle*, Paris, Armand Colin, 1999, p. 57.
36. Charles Langlois et Charles Seignobos, *Introduction aux études historiques*, *op. cit.*, p. 1.
37. Albert Sorel, *Le traité de Paris du 20 novembre 1815*, Paris, Librairie Germer Baillière, 1872, p. 3.
38. Alfred Rambaud, *L'Allemagne sous Napoléon I*er *(1804-1811) : la domination française en Allemagne* (3e édition), Paris, Perrin, 1874, p. 206.
39. Cité par Herbert Butterfield, « Some Trends in Scholarship 1868-1968, in the Field of Modern History », *Transactions of the Royal Historical Society*, vol. 19, 1969, p. 159, note 1, et p. 160.
40. Charles Webster, « The Study of British Foreign Policy (Nineteenth Century) », *The American Historical Review*, 1925/4, n° 30, pp. 728-737, ici p. 732.
41. David Stevenson, « Learning from the Past: The Relevance of International History », *International Affairs*, 2014/1, n° 90, pp. 5-22, ici p. 11.
42. Merci à Sophie Momzikoff pour ces précisions. Voir aussi : Vladimir A. Dounaïevski, *Sovietskaya istoriografiya novoy istorii stran Zapada, 1917-1941* [*Historiographie soviétique de l'histoire contemporaine des États occidentaux, 1917-1941*], Moscou, Nauka, 1974.
43. William L. Langer, *Gas and Flame in World War I*, New York, Alfred A. Knopf, 1965.
44. *In and Out of the Ivory Tower: The Autobiography of William L. Langer*, New York, Neele Watson Academic Publications, 1977, p. 88.
45. Bohumila Ferencuhova, « L'histoire des relations internationales dans l'historiographie tchèque et slovaque de 1918 jusqu'à présent. Traditions d'études et perspectives de recherches », dans Commission d'histoire des relations internationales, *The History of International Relations in Central and Eastern Europe. Study Traditions and Research Perspectives*, Cluj-Napoca, 1995, pp. 19-37, ici p. 23.
46. Alfred Francis Přibram, *Austrian Foreign Policy, 1908-1918*, Londres, George Allen and Unwin Ltd, 1923, pp. 11-12.
47. Ernest Llewellyn Woodward, *Short journey*, Londres, Faber and Faber Ltd, 1942, p. 83.
48. Benjamin Gilles, « L'expérience de la guerre dans ses interstices : Pierre Renouvin et la création du fichier "Psychologie du combattant" », *Matériaux pour l'histoire de notre temps*, 2010/4, n° 100, pp. 14-20.
49. H.W.V. Temperley, *Research and Modern History: Inaugural Lecture delivered at Cambridge, November 19th*, Londres, 1931, p. 18.
50. Pour une analyse à vif, lire Pierre Renouvin et Jacques Bariéty, « Nouvelles recherches sur la politique extérieure allemande (1914-1945) », *Revue historique*, 1962/2, n° 228, pp. 381-408.
51. Scipione Gemma, *Storia dei trattati nel secolo* XIX, Florence, Barbera, 1895, p. 11.
52. James Harvey Robinson, « The New History », *The New History: Essays Illustrating the Modern Historical Outlook*, New York, MacMillan, 1912, pp. 1-25, ici pp. 8-9.
53. Charles Beard, « That Noble Dream », *The American Historical Review*, 1935/1, n° 41, pp. 74-87, ici p. 83.
54. Charles Webster, « The Study of British Foreign Policy », art. cit., p. 729.
55. Pierre Renouvin, « La publication des documents diplomatiques français, 1871-1914 », *Revue historique*, t. CLXVI, 1931, p. 268.
56. Charles Webster, « The Study of British Foreign Policy », art. cit., p. 731.
57. William Langer, *European Alliances and Alignments, 1871-1890*, New York, Alfred A. Knopf, 1931, préface de 1930.
58. Pierre Renouvin, « La publication des documents diplomatiques français », art. cit., p. 273.

59. *Id.*, « L'opinion publique et la guerre en 1917 », *Revue d'histoire moderne et contemporaine*, 1968/1, 15, pp. 4-23, ici p. 14.
60. Charles Seignobos et Charles Langlois, *Introduction aux études historiques*, *op. cit.*, pp. 151-152.
61. Pierre Renouvin, « Entretien avec Maurice Paléologue, le 12 février 1936 », *Matériaux pour l'histoire de notre temps*, 1997, n° 47, pp. 61-63.
62. Luigi Albertini, *Le Origini della Guerra del 1914*, vol. I, *Le Relazioni Europee dal Congresso di Berlino All'Attentato di Sarajevo*, Milan, Fratelli Bocca, 1942.
63. Louis R. Gottschalk, Cly de Kluckhohn et Robert C. Angell (eds.), *The Use of Personal Documents in History, Anthropology, and Sociology*, Social Science Research Council, Bulletin 53, 1945, pp. 21-22.
64. Pim den Boer, *Une histoire des historiens français*, Paris, Vendémiaire, 2015, pp. 346-354.

Chapitre 2

Dynamiques internationales

1. Laurence Badel, « Au défi de l'interdisciplinarité. Naissance et essor de l'IHEI dans les années 1920 », dans Carlo Santulli et Pascale Martin-Bidou (dir.), *Le droit international pour un monde nouveau*, Paris, Pedone, 2023, pp. 303-313 ; Dzovinar Kévonian, *La danse du pendule. Les juristes et l'internationalisation des droits de l'homme, 1919-1939*, Paris, Publications de la Sorbonne, 2021.
2. Udi Greenberg, *The Weimar Century: German Émigrés and the Ideological Foundations of the Cold War*, Princeton, Princeton University Press, 2015, p. 19 ; Laurence Badel, « Jean-Baptiste Duroselle, l'Européen atlantique », dans Denis Crouzet (dir.), *Historiens d'Europe, historiens de l'Europe*, Ceyzérieu, Champ Vallon, 2017, pp. 323-339.
3. Alexander E. Davis *et al.*, *The Imperial Discipline: Race and the Founding of International Relations*, Londres, Pluto Press, 2020, p. 6.
4. Jan Stöckmann, *The Architects of International Relations: Building a Discipline, Designing the World, 1914-1940*, Cambridge, Cambridge University Press, 2022 ; Patricia Owens et Katharina Rietzgler (eds.), *Women's International Thought: A New History*, Cambridge, Cambridge University Press, 2021.
5. Merci à Michel Dumoulin d'avoir attiré notre attention sur cette historienne méconnue en France.
6. Antoine Fleury, « L'étude de l'histoire des relations internationales en Suisse », *Relations internationales*, 1985, n° 42, pp. 209-219, p. 210 et pp. 212-213.
7. Ennio di Nolfo, *Le paure e le speranze degli Italiani* (*1943-1953*), Milano, Mondadori, 1986, p. 8.
8. Hans Rothfels, « Zeitgeschichte als Aufgabe », *Vierteljahrshefte für Zeitgeschichte*, 1953/1, n° 1, pp. 1-8, ici p. 7.
9. Erika Weinzierl, « Zeitgeschichte – Programm einer Zeitschrift », *Zeitgeschichte*, 1973/1, n° 1, pp. 1-3.
10. Klaus Zernack, « Das Jahrtausend deutsch-polnischer Beziehungsgeschichte als geschichtswissenschaftliches Problemfeld und Forschungsaufgabe », dans Wolfgang H. Fritze (Hg.), *Grundfragen der geschichtlichen Beziehungen zwischen Deutschen, Polaben und Polen. Referate und Diskussionsbeiträge aus zwei wissenschaftlichen Tagungen*, Berlin, Colloquium Verl., 1976, pp. 3-46, ici p. 28.
11. Merci à Thomas Angerer auquel le développement sur l'historiographie autrichienne doit beaucoup.
12. Timothy W. Mason, « Some Origins of the Second World War », *Past & Present*, 1964/1, n° 29, pp. 67-87, ici p. 68.
13. Alan J. P. Taylor, « War Origins again », *Past & Present*, 1964/1, n° 30, pp. 110-113.
14. Patricia Clavin, « Defining Transnationalism », *Contemporary European History*, 2005/4, n° 14, pp. 421-439, ici p. 435.
15. Jean-Baptiste Duroselle, « Pierre Renouvin et la science politique », *Revue française de science politique*, 1975/3, n° 25, pp. 561-574.

16. Pierre Renouvin, « L'histoire contemporaine des relations internationales. Orientation de recherches », *Revue historique*, 1954/2, n° 211, pp. 233-255, ici p. 233.
17. Cité par Bruce Cummings, *Parallax Visions: Making Sense of American-East Asian Relations*, Durham, NC, Duke University Press, 1999, p. 173.
18. David Reynolds, *From World War to Cold War: Churchill, Roosevelt, and the International History of the 1940s*, Oxford, Oxford University Press, 2006, p. 185.
19. Alfred Zimmern, *Nationality and Government with other war-time essays*, Londres, Chatto and Windus, 1918, p. 33 et p. 35.
20. Georg Curtius, « Philologie und Sprachwissenschaft: Antrittsvorlesung gehalten zu Leipzig am 30. April 1862 », Leipzig, Druck und Verlag von B. G. Teubner, 1862, p. 9.
21. Paul Morand, « Politique transnationale », *Le réveille-matin*, Paris, Grasset, 1937, pp. 17-19, ici p. 17.
22. Alvin Johnson, « Transnational Politics in Europe », *The Yale Review*, 1936-1937, XXVI, pp. 262-270, ici p. 262 et p. 264.
23. *The Review of Politics*, 1946/3, n° 8, pp. 275-282, ici pp. 278-279.
24. Kiran Klaus Patel, « Nach der Nationalfixiertheit. Perspektiven einer transnationalen Geschichte: Antrittsvorlesung 12. Januar 2004 », Berlin, Humboldt-Universität, 2004, p. 13.
25. Philipp Gassert, « Transnationale Geschichte », dans Frank Bösch et Jürgen Danyel (Hg.), *Zeitgeschichte: Konzepte und Methoden*, Göttingen, Vandenhoeck & Ruprecht, 2012, p. 446.
26. Compte rendu dans la *Revue belge de philologie et d'histoire*, 1955, 33/3, p. 695.
27. Jacques Freymond, « L'histoire des relations internationales vingt ans après », *Relations internationales*, 1985/1, n° 41, pp. 5-12, ici p. 12.
28. Philipp Gassert, « Transnationale Geschichte », art. cit., p. 448.
29. Robert Frank, « *Quelles nouvelles dynamiques européennes depuis le tournant des années soixante-dix ?* », dans Robert Frank et Élisabeth du Réau (dir.), *Dynamiques européennes. Nouvel espace, nouveaux acteurs : 1969-1981*, Paris, Éditions de la Sorbonne, 2003.
30. Pierre-Yves Saunier et Shane Ewen (eds.) *Another Global City. Historical Explorations into the Transnational Municipal Moment, 1850-2000*, New York, Palgrave Macmillan, 2008.
31. Gerhard Th. Mollin, *Die USA und der Kolonialismus: Amerika als Partner und Nachfolger der belgischen Macht*, Berlin, Akademie Verlag, 1996, p. 13.
32. Patrick Finney (eds.), « Introduction: What is international history? », art. cit.
33. Andrea Giardina (dir.), *Storia mondiale dell'Italia*, Roma/Bari 2017, p. XVI.
34. La *New Global History Initiative* (NGH), lancée en 1989 par l'historien américain Bruce Mazlish, s'est affirmée en rupture avec la *World History*.
35. Cité par Matthias Middell, « Histoire universelle, histoire globale, transfert culturel », *Revue germanique internationale*, 2004, n° 21, pp. 227-244. Extrait de Hans F. Helmolt, « Gegenstand und Ziel einer Weltgeschichte », dans *id.* (eds.), *Weltgeschichte*, t. 1, Leipzig, Bibliographisches Institut, 1899, p. 3.
36. Damiano Matasci, « L'histoire mondiale : un modèle historiographique en question », SZG/RSH/RSS, 2021/2, n° 71, pp. 333-346, ici p. 334.
37. Françoise Banat-Berger, « Les archives et la révolution numérique », *Le Débat*, 2010/1, n° 158, pp. 70-82, ici p. 72.
38. Philippe Rygiel, « Chapitre 3. Les sources de l'historien à l'heure d'Internet », dans *id.*, *Historien à l'âge numérique*, Villeurbanne, Presses de l'Enssib, 2017, accessible via l'adresse suivante : http://books.openedition.org/pressesenssib/6303
39. Matthew Connelly, « The Next Thirty Years of International Relations Research. New Topics, New Methods, and the Challenge of Big Data », *Les Cahiers Irice*, 2015/2, n° 14, pp. 85-97.
40. Frédéric Clavert et Andreas Fickers, « On Pyramids, Prisms, and Scalable Reading », *Journal of Digital History*, 2021/1, n° 1, accessible via l'adresse suivante : https://doi.org/10.1515/JDH-2021-1008?locatt=label:JDHFULL
41. Robert Frank, « Avant-propos. Pourquoi une nouvelle revue ? », *Monde(s)*, 2012/1, n° 1, pp. 5-10.
42. https://www.cambridge.org/core/series/global-and-international-history/A7B42D0DEF99BBEB10B5566D6328CF2C
43. Voir : Akira Iriye et Jürgen Osterhammel (Hg.), *Geschichte der Welt*, Munich, C.H. Beck/Harvard University Press, 2013.
44. Échange de Jürgen Osterhammel avec l'auteur du 5 février 2023.

45. Essai d'Akira Iriye, Harvard University, Emeritus, H-Diplo Essay 272, *Essay Series on Learning the Scholar's Craft: Reflections of Historians and International Relations Scholars 25 September 2020.* « A Historian's Formative Years », accessible via l'adresse suivante : https://hdiplo.org/to/E272
46. *Ibid.*
47. *Ibid.*
48. Jean Chesneaux, « Pour une histoire asiatique de l'Asie moderne », *Diogène,* 1966, n° 55, p. 110-126. Voir : Jürgen Osterhammel, *Britischer Imperialismus im Fernen Osten. Strukturen der Durchdringung und einheimischer Widerstand auf dem chinesischen Markt, 1932-1937,* Bochum, Studienverlag Brockmeyer, 1983, p. 428, note 1.
49. Sur Jean Chesneaux, lire Pierre Journoud, « La formation d'une nouvelle génération d'historiens de l'Asie au miroir des guerres d'Indochine », dans Laurence Badel (dir.), *Histoire et relations internationales. Pierre Renouvin, Jean-Baptiste Duroselle et la naissance d'une discipline universitaire,* Paris, Éditions de la Sorbonne, 2020, pp. 301-311, ici p. 302.
50. Jürgen Osterhammel, *China und die Weltgesellschaft. Vom 18. Jahrhundert bis in unsere Zeit,* Munich, C. H. Beck, 1989, p. 4 et pp. 14-16.

Chapitre 3

Les catégories de l'international

1. Jürgen Osterhammel, *La Transformation du monde. Une histoire globale du XIXᵉ siècle,* Paris, Nouveau Monde, 2017 [2009], p. 79.
2. Martin Sabrow, « Zäsuren in der Zeitgeschichte », dans Frank Bösch et Jürgen Danyel (Hg.), *Zeitgeschichte, op. cit.*, pp. 109-130, ici p. 113.
3. Louis Bourdeau, *L'Histoire et les historiens. Essai critique sur l'histoire considérée comme science positive,* Paris, Félix Alcan, 1888.
4. Rüdiger Graf, « Zeit und Zeitkonzeptionen in der Zeitgeschichte », dans Frank Bösch et Jürgen Danyel (Hg.), *Zeitgeschichte, op. cit.*, pp. 84-108, ici pp. 89-90.
5. Françoise Balibar *et al.*, « Moment, instant, occasion », *Trivium* [En ligne], 2013, n° 15, mis en ligne le 9 décembre 2013, accessible via l'adresse suivante : http://journals.openedition.org/trivium/4638
6. Hippolyte Taine, *Histoire de la littérature anglaise,* Paris, Hachette, 1881-1882, 5e édition, vol. 1, « Introduction », p. XXIX.
7. Anne Rasmussen, « Tournant, inflexions, ruptures : le moment internationaliste », *Mil neuf cent. Revue d'histoire intellectuelle,* 2001/1, n° 19, pp. 27-41.
8. Paul W. Schroeder, *The Transformation of European Politics, 1763-1848,* Oxford, Clarendon Press, 1994, p. VII.
9. Winfried Baumgart, *Europäisches Konzert, op. cit.*, p. XIV.
10. Christophe Charle, « Fin de siècle », *Revue d'histoire du XIXe siècle,* 2016/1, n° 52, pp. 103-117.
11. Jean-François Sirinelli, « L'événement-monde », *Vingtième Siècle. Revue d'histoire* 2002/4, n° 76, pp. 35-38.
12. Laura Calabrese Steimberg, « Les héméronymes. Ces évènements qui font date, ces dates qui deviennent évènements », *Mots. Les langages du politique* [En ligne], 2008, n° 88, mis en ligne le 1er novembre 2010, accessible via l'adresse suivante : http://journals.openedition.org/mots/14443
13. Accessible via l'adresse suivante :https://www.un.org/fr/observances
14. Voir : la résolution 53/199 du 15 décembre 1998 relative à la proclamation d'années internationales, ainsi que la résolution 1980/67 du Conseil économique et social, en date du 25 juillet 1980, relative aux années internationales et anniversaires, et les directives figurant dans son annexe, que l'Assemblée générale a reprises dans sa décision 35/424 du 5 décembre 1980.
15. Elizabeth Sheppard, « Problème public », dans Laurie Boussaguet *et al.*, *Dictionnaire des politiques publiques,* Paris, Presses de Sciences Po, 2014 [2004], pp. 530-538.
16. Cité dans Holly Case, *The Age of questions,* Princeton, Princeton University Press, 2018, p. 8 et p. 216.
17. Édouard Driault, *La Question d'Orient depuis ses origines jusqu'à nos jours,* Paris, F. Alcan, 1921 [1898], 8e édition, p. 2 et p. VIII.

18. Georges Bousquet, *Le Japon de nos jours et les échelles de l'Extrême-Orient*, t. 2, Paris, Librairie Hachette, p. 460. Voir : Philippe Pelletier, *L'Extrême-Orient : l'invention d'une histoire et d'une géographie*, Paris, Gallimard, 2011.
19. Michel Chevalier, *Lettres sur l'Amérique du Nord*, Bruxelles, Wauters et Cie, 1844, 4e édition, p. 12.
20. L. M. Tisserand, « Situation de la latinité », *Revue des races latines*, janvier 1861, p. 497. Voir : Arturo Ardao, « La idea de Latinoamérica », *Marcha*, n° 1282 du 27 novembre 1965 ; *id.*, *Génesis de la idea y el nombre de América Latina*, Caracas, Centro de Estudios Latinoamericanos Rómulo Gallegos-Ministerio de la Secretarìa de la Presidencia de la Rep. de Venezuela, 1980 ; Mónica Quijada, « Sobre el origen y difusión del nombre 'América Latina' (o una variación heterodoxa en torno al tema de la construcción social de la verdad) », *Revista de Indias*, 1998, vol. LVIII, n° 214, pp. 595-615.
21. L'article « The Persian Gulf and International Relations » est paru dans *National Review*, XL (September 1902). Il a été repris dans Alfred T. Mahan, *Retrospect and Prospect. Studies in International Relations. Naval and Political*, Boston, Littler, Brown and Company, 1902, pp. 209-251, ici p. 237.
22. T. E. Gordon, « The Problems of the Middle East », *The Nineteenth Century*, XXXVII (March 1900), p. 413. Voir : Clayton R. Koppes, « Captain Mahan, General Gordon, and the Origins of the Term "Middle East" », *Middle Eastern Studies*, 1976/1, n° 12, pp. 95-98.
23. Voir : Yasmina Aziki, « La genèse de l'aide au développement dans les pays du MENA (*Middle East-North Africa*). Coopération internationale et intégration régionale (1960-1990) », thèse inédite de doctorat d'histoire, dir. Laurence Badel, université Paris 1 Panthéon-Sorbonne, 2019.
24. Christian Grataloup, « L'invention des océans. Comment l'Europe a découpé et nommé le monde liquide », *Géoconfluences*, [En ligne], janvier 2015, accessible via l'adresse suivante : https://geoconfluences.ens-lyon.fr/informations-scientifiques/dossiers-thematiques/oceans-et-mondialisation/articles-scientifiques/l-invention-des-oceans
25. Tobias Schwarz, « What I thought of the Term Global South... Before I Learned How the Mainstream Uses It », [En ligne], accessible via l'adresse suivante : https://web.archive.org/web/20161026093719/http://gssc.uni-koeln.de/node/465
26. René Girault, « Le difficile mariage de deux histoires. Économie et relations internationales dans le monde contemporain », *Relations internationales*, 1985/1, n° 41, p. 14.
27. Hans-Ulrich Wehler, « "Moderne" Politikgeschichte? Oder: Willkommen im Kreis der Neorankeaner vor 1914 », *Geschichte und Gesellschaft*, 1996, 22/1, pp. 257-266, ici p. 258.
28. Reinhart Koselleck, *Le futur passé*, *op. cit.*, p. 146 et p. 358.
29. Hans Blumenberg, *Paradigmes pour une métaphorologie*, Paris, Vrin, 2006 [1960], p. 25.
30. Heinz Duchhardt, « "Europa" als Begründungs- und Legitimationsformel in völkerrechtlichen Verträgen der Frühen Neuzeit », dans Wolfgang E. J. Weber et Regina Dauser (Hg.), *Faszinierende Frühneuzeit. Reich, Frieden, Kultur und Kommunikation 1500-1800. Festschrift für Johannes Burkhardt zum 65. Geburtstag*, Berlin, Akademie Verlag, 2008, pp. 51-60, ici p. 57.
31. Hans Blumenberg, *Paradigmes*, *op. cit*, p. 85. Voir : Stefan Kadelbach *et al.* (eds.), *System, Order, and International Law : The Early History of International Legal Thought from Machiavelli to Hegel*, Oxford, Oxford University Press, 2017.
32. Riccardo Fubini, « Aux origines de la balance des pouvoirs : le système politique en Italie au xve siècle », dans Lucien Bély (dir.), *L'Europe des traités de Westphalie. Esprit de la diplomatie et diplomatie de l'esprit*, Paris, PUF, 2000, p. 113 et p. 118 ; Wolf D. Gruner, *Gleichgewicht in Geschichte und Gegenwart*, Hambourg, Krämer, 1989.
33. Matthew S. Anderson, *The Rise of Modern Diplomacy, 1450-1919*, Londres et New York, Longman, 1993, p. 151.
34. Helmut Meinhardt *et al.*, *Ordnung*, dans Joachim Ritter *et al.* (Hg.), *Historisches Wörterbuch der Philosophie online*, Bâle, Schwabe Verlag, 2017.
35. *Extrait du Projet de Paix perpétuelle de M. l'abbé de Saint-Pierre*, par J. J. Rousseau, citoyen de Genève, Paris, 1761, p. 22-23.
36. Préface des deux premières éditions dans Arnold H. L. Heeren, *Handbuch der Geschichte des europäischen Staatensystems*, *op. cit.*, p. VI.
37. Georges-Henri Soutou, *L'Europe de 1815 à nos jours*, Paris, PUF, 2007, p. 26.
38. Lukas Zidella, *Das Ende von Ordnung im 20. Jahrhundert. Dekolonisierung und Zerfall des Ostblocks als Desintegrationsprozesse internationaler Ordnungen*, Baden-Baden, Nomos Verlagsgesellschaft, 2019, p. 34.

39. Victor Hugo, *Le Rhin : lettres à un ami*, Bruxelles, Meline Cans et Cie, 1842, p. 355.
40. Procès-verbaux de la chambre des députés – Partie 1, France. Chambre des députés 1844, séance du 21 janvier 1844, p. 168.
41. Lukas Zidella, *Das Ende von Ordnung, op. cit.*, p. 32.
42. Martin Wight, *Systems of States*, Leicester, Leicester University Press, 1977, p. 22.
43. Cité par Harm Klueting, *Die Lehre von der Macht der Staaten, op. cit.*, p. 33.
44. Le texte fondateur est celui de Leopold von Ranke, « Die großen Mächte », *Historisch-politische Zeitschrift*, 1833, n° 2, pp. 1-51.
45. René Girault *et al.*, *La loi des géants, 1941-1964*, Paris, Masson, 1993, pp. 90-91.
46. Albert Sorel, *Essais d'histoire et de critique*, Paris, Plon, 1883, p. 25 et p. 70.
47. Jean Meyriat, « L'étude de la politique extérieure », *Revue française de science politique*, 1961/1, n° 11, pp. 143-154, ici p. 145.
48. Leopold von Ranke, « Politisches Gespräch », *Historisch-politische Zeitschrift*, 1836, n° 2, pp. 775-807, réédité en 1949, ici pp. 36-37.
49. Marcel Merle, *La Politique étrangère*, Paris, PUF, 1984, p. 17.
50. Hermann Oncken, *Über die Zusammenhänge zwischen äußerer und innerer Politik. Vortrag gehalten in der Gehe-Stiftung zu Dresden am 5. Oktober 1918*, Band 9, Heft 4, Dresde-Leipzig, Druck und Verlag von B.G. Teubner, 1919, p. 16.
51. Cité par Bernd Faulenbach, *Ideologie des deutschen Weges. Die deutsche Geschichte in der Historiographie zwischen Kaiserreich und Nationalsozialismus*, Munich, Verlag C. H. Beck, 1980, p. 25.
52. Brendan Simms, *The Impact of Napoleon. Prussian High Politics, Foreign Policy and the Crisis of the Executive, 1797-1806*, Cambridge, Cambridge University Press, 1997, p. 3.
53. Association française de science politique (AFSP), « La politique étrangère et ses fondements », *Cahiers de la Fondation nationale des sciences politiques*, Paris, Armand Colin, 1954, n° 55, p. 374.
54. Hans-Ulrich Wehler, *Das Deutsche Kaiserreich: 1871-1918*, Göttingen, Vandenhoeck und Ruprecht, 1973, pp. 184-185.
55. Charles Seignobos, *Histoire politique de l'Europe contemporaine : évolution des partis et des formes politiques 1814-1914*, 7e édition, t. 1, Paris, Armand Colin, 1924-1926 [1897], p. XII.
56. Jules Isaac, « Le problème des origines de la guerre. Trois solutions américaines », *Revue d'histoire moderne*, 1932/2, n° 7, pp. 138-178, ici p. 144 ; *id.*, *Un débat historique : le problème des origines de la guerre*, Paris, Rieder, 1933, p. 8.
57. William Langer, *European Alliances and Alignments, op. cit.*, préface de 1930.
58. James Bryce (Viscount Bryce), *International Relations: Eight Lectures Delivered in the United States in August 1921*, New York, Macmillan, 1922.
59. Pierre Renouvin, « La publication des documents diplomatiques français, 1871-1914 », art. cit., p. 273.
60. Raymond Aron, *Paix et guerre entre les nations*, Paris, Calmann-Lévy, 1984 [1962], p. 103.
61. Hedley Bull, *The Anarchical Society. A Study of Order in World Politics*, Houndmills, Basingstoke/Londres, Macmillan 1995 [1977], pp. 9-10.
62. Arnold Wolfers, *Discord and Collaboration: Essays on International Politics*, Baltimore, Johns Hopkins Press, 1962, p. 19.
63. Patrick M. Morgan, *Theories and Approaches to International Politics: What are we to think?*, San Ramon, Consensus, 1972, pp. 227-228.
64. Quincy Wright, *A Study of War*, Chicago-Londres, The University of Chicago Press, 1965 [1942], p. 784.
65. Lukas Zidella, *Das Ende von Ordnung, op. cit.*, p. 38.
66. Richard N. Lebow, *A Cultural Theory of International Relations*, Cambridge/New York, Cambridge University Press, 2008, p. 4.
67. Hedley Bull, *The Anarchical Society, op. cit.*, p. 8.
68. Michel Girard, « Les conceptions de l'ordre dans les relations internationales », *Cahiers français*, 1993, n° 263, p. 4.
69. Paul Schroeder, « World War I as a Galloping Gertie », *The Outbreak of World War I*, dans Holger Herwig (eds.), Boston, Houghton Mifflin, 1997, pp. 142-151 et p. XIII.
70. Paul W. Schroeder, *The Transformation of European Politics, op. cit.*, p. XIII.
71. Georges-Henri Soutou et Jean Bérenger (dir.), *L'ordre européen du XVIe au XXe siècle*, Paris, PUPS, 1998 ; Georges-Henri Soutou, *L'Europe de 1815, op. cit.*, p. 16 et p. 26.

72. Johannes Paulmann, *Pomp und Politik: Monarchenbegegnungen in Europa zwischen Ancien Régime und Erstem Weltkrieg*, Paderborn, Schöningh, 2000.
73. Matthias Schulz, *Normen und Praxis. Das Europäische Konzert der Großmächte als Sicherheitsrat, 1815-1860*, Munich, Oldenbourg, 2009.
74. Laurent Rucker, « La contestation de l'ordre international : les États révolutionnaires », *Revue internationale et stratégique*, 2004/2, n° 54, pp. 109-118.
75. Eckart Conze, « Abschied von Staat und Politik? Überlegungen zur Geschichte der internationalen Politik », dans Eckart Conze *et al.* (Hg.), *Geschichte der internationalen Beziehungen. Erneuerung und Erweiterung einer historischen Disziplin*, Cologne, Böhlau, 2004, pp. 15-43, ici p. 34.
76. Thomas G. Otte, « Eyre Crowe and British Foreign Policy: A Cognitive Map », dans Thomas G. Otte et Constantine A. Pagedas (eds.), *Personalities, War and Diplomacy: Essays in International History*, Londres, Frank Cass, 1997, p. 15.
77. Raoul Girardet, « L'influence de la tradition sur la politique extérieure de la France », dans AFSP, « La politique étrangère et ses fondements », art. cit, p. 143.
78. Birte Wassenberg, « Diplomatie territoriale et coopération transfrontalière en Europe depuis 1945 », *Relations internationales*, 2019/3, n° 179, pp. 9-24, ici p. 14.
79. Akira Iriye, « Culture and International History », dans Michael J. Hogan et Thomas G. Paterson (eds.), *Explaining the History of American Foreign Relations*, New York, 1991, p. 215.
80. Peter Jackson, « Pierre Bourdieu, the "Cultural Turn" and the Practice of International History », *Review of International Studies*, 2008/1, n° 34, pp. 155-181, ici p. 156.
81. Marc Trachtenberg, « The State of International History », conférence donnée en 2010 à l'Institut Nobel d'Oslo, synthétisée dans l'article publié en ligne le 9 mars 2013 et accessible via l'adresse suivante : https://www.e-ir.info/2013/03/09/the-state-of-international-history/
82. Essai de Charles Maier, Harvard University, *Emeritus, Essay Series on Learning the Scholar's Craft : Reflections of Historians and International Relations Scholars*, publié le 16 octobre 2020, accessible via l'adresse suivante : https://hdiplo.org/to/E280
83. David Reynolds, « International History, the Cultural Turn and the Diplomatic Twitch », *Cultural and Social History*, 2006/1, n° 3, pp. 75-91, ici p. 88.
84. Benedict Anderson, *Imagined Communities. Reflections on the Origin and Spread of Nationalism*, Londres, Verso, 2006 [1983], p. 6.
85. Kiran Klaus Patel, « An Emperor without Clothes? The Debate about Transnational History Twenty-five Years On », *Histoire@Politique*, 2015, n° 26, p. 4.
86. Sebastian Gießmann, *Die Verbundenheit der Dinge. Eine Kulturgeschichte der Netze und Netzwerke*, Berlin, Kulturverlag Kadmos, 2016.
87. Charles Kadushin, « Networks and circles in the production of culture », *American Behavioral Scientist*, 1976/6, n° 19, pp. 769-785, ici pp. 771-772.
88. J. W. Burton, *Systems, States, Diplomacy and Rules*, New York, Cambridge University Press, 1968, pp. 8-9.
89. Michel Espagne et Michaël Werner, « La construction d'une référence culturelle allemande en France : genèse et histoire (1750-1914) », *Annales. Économies, sociétés, civilisations*, 1987, n° 4, pp. 969-992, ici p. 985.
90. François Beilecke, « Netzwerke und Intellektuelle. Konzeptionelle Überlegungen zur politischen Rolle eines zivilgesellschaftlichen Akteurs », dans *id.* et Katja Marmetschke (Hg.), *Der Intellektuelle und der Mandarin. Für Hans Martin Bock*, Cassel, Kassel University Press, 2005, pp. 49-65, ici p. 55.
91. Madeleine Herren (eds.), *Networking the international system. Global Histories of international organisations*, Cham, Springer-Verlag, 2014, p. 6.
92. Martin Grandjean, « Structures complexes et organisations internationales : Analyses de réseaux en histoire. L'exemple de la coopération intellectuelle de la Société des Nations ». 2017. halshs-01610098v2.
93. Stefanie Gänger, « Circulation: Reflections on circularity, entity, and liquidity in the language of global history », *Journal of Global History*, 2017/3, n° 12, pp. 303-318, ici p. 304.
94. Philipp Sarasin et Andreas Kilcher, « Editorial », *Nach Feierabend: Zürcher Jahrbuch für Wissensgeschichte*, 2011, n° 7, pp. 7-11, ici p. 8.
95. Frederick Cooper, « Was nützt der Begriff der Globalisierung? Aus der Perspektive eines Afrika-Historikers », dans Sebastian Conrad *et al.*, (eds.), *Globalgeschichte: Theorien, Ansätze, Themen*, Franfort-sur-le-Main, Campus, 2007, p. 131.

Chapitre 4

Individus et figures

1. Michel Crozier et Erhard Friedberg, *L'acteur et le système*, Paris, Seuil, 1977.
2. Hippolyte-Adolphe Taine, *Histoire de la littérature anglaise*, t. 1, Paris, Hachette, 1866, introduction, p. V.
3. Plutarque, *Vies parallèles*, Paris, Gallimard, 2001 ; Patricia Eichel-Lojkine, *Le Siècle des grands hommes. Les recueils de Vies d'hommes illustres avec portraits du XVIe siècle*, 2001. Voir : Barbara Carnevali, « Literary Mimesis and Moral Knowledge. The Tradition of "Ethopoeia" », *Annales. Histoire, Sciences Sociales*, 2010/ 2, pp. 291-322.
4. Sebastian J. Moser et Tobias Schlechtriemen, « Social Figures – Between Societal Experience and Sociological Diagnosis », FMSH-WP-2018-140, publié en décembre 2018, p. 11, accessible via l'adresse suivante : https://halshs.archives-ouvertes.fr/halshs-01972078/document. Merci à Christoph Streb d'avoir attiré notre attention sur cet article.
5. Hélène Miard-Delacroix et Andreas Wirsching (Hg.), *Emotionen und internationale Beziehungen im Kalten Krieg*, Berlin/Boston, De Gruyter/Oldenbourg, 2020, p. 2.
6. Elle est employée par Jutta Weldes dans l'article « Constructing National Interests », *European Journal of International Relations*, 1996/3, n° 2, p. 281.
7. Thomas Carlyle, *Les héros : le culte des héros et l'héroïque dans l'histoire*, Paris, Armand Colin, 1888 [1841], p. 3.
8. Jean-Claude Allain, « De la personnalité au groupe de décision : leur pouvoir sur le cours de l'histoire internationale », *Relations internationales*, 1995/3, n° 83, pp. 317-326, ici p. 318.
9. Olivier Reboul, *Langage et idéologie*, Paris, PUF, 1980, p. 126.
10. Henry Bulwer-Lytton, *Essai sur Talleyrand*, Paris, Reinwald, 1868, p. 4.
11. Albert Sorel, *Essais d'histoire et de critique*, Paris, Plon, 1883, p. 16.
12. Henry Kissinger, *A World Restored. Metternich, Castlereagh and the Conservative Politics in a Revolutionary World*, Boston, Houghton Mifflin Company, 1973 [1957], pp. 8-9, en français dans le texte.
13. George P. Gooch, *Before the War. Studies in Diplomacy*, t. I, Londres, Longmans, 1936, p. V ; Pierre Renouvin, « Gooch (G.P.), *Before the War. Studies in Diplomacy*, t. I. *The Grouping of the Powers*, Londres, Longmans, 1936 », *Revue d'histoire de la guerre mondiale*, juillet 1936, pp. 276-278, ici pp. 276-277.
14. Pierre Renouvin (éd.), *Les politiques d'expansion impérialiste*, Paris, PUF, 1949, p. 222.
15. Michel Espagne et Michaël Werner, « La construction d'une référence culturelle allemande », art. cit., p. 980.
16. Bruno Latour, *Nous n'avons jamais été modernes. Essai d'anthropologie symétrique*, Paris, La Découverte, 2006 [1991], p. 111.
17. Gérard Bossuat (dir.) et Georges Saunier, *Inventer l'Europe. Histoire nouvelle des groupes d'influence et des acteurs de l'unité européenne*, Bruxelles, Peter Lang, 2003.
18. Thomas David et Ludovic Tournès, « Introduction. Les philanthropies : un objet d'histoire transnationale », *Monde(s)*, 2014/2, n° 6, pp. 7-22.
19. Hubert Bonin, Catherine Hodeir et Jean-François Klein (dir.), *L'esprit économique impérial, 1830-1970. Groupes de pression et réseaux du patronat colonial en France et dans l'Empire*, Paris, Publications de la SFHOM, 2008.
20. Stanislas Jeannesson *et al.* (dir.), *Experts et expertises en diplomatie. La mobilisation des compétences dans les relations internationales du congrès de Westphalie à la naissance de l'ONU*, Rennes, PUR, 2018.
21. Peter M. Haas, « Introduction: Epistemic Communities and International Policy Coordination », *International Organization*, 1992, 46/1, pp. 1-35, ici p. 3.
22. Dzovinar Kévonian et Philippe Rygiel (dir.), « Profession, juristes internationalistes », *Monde(s)*, 2015/1, n° 7 ; Jean-Michel Guieu et Dzovinar Kévonian (dir.), « Juristes et relations internationales », *Relations internationales*, 2012/1, n° 149.
23. Marcus Payk, *Frieden durch Recht? Der Aufstieg des modernen Völkerrechts und der Friedensschluss nach dem Ersten Weltkrieg*, Berlin/Boston, De Gruyter-Oldenbourg, 2018.
24. David Aubin, « Congress Mania in Brussels, 1846-1856: Soft Power, Transnational Experts, and Diplomatic Practices », *Historical Studies in the Natural Sciences*, 2020/4, n° 50, pp. 340 -363 ; Gabriele Balbi et Andreas Fickers (eds.), *History of the International Telecommunication*

Union: Transnational techno-diplomacy from the telegraph to the Internet, Berlin, De Gruyter, 2020 ; David Pretel et Lino Camprubi (eds.), *Technology and Globalisation : Networks of Experts in World History,* Londres, Palgrave Macmillan, 2018.
25. Daniel R. Headrick, *The Tools of Empire: Technology and European Imperialism in the Nineteenth Century,* Oxford/New York, Oxford University Press, 1981.
26. Johan Schot et Vincent Lagendijk, « Technocratic Internationalism in the Interwar Years: Building Europe on Motorways and Electricity Networks », *Journal of Modern European History,* 2008/2, n° 6, pp. 196-217.
27. Maurizio Isabella, *Risorgimento in Exile. Italian Emigrés and the Liberal International in the Post-Napoleonic Era,* Oxford, Oxford University Press, 2009 ; Michaël Roy, Marie-Jeanne Rossignol et Claire Parfait (eds.), *Undoing Slavery. American Abolitionism in Transnational Perspective (1776-1865),* Paris, Éditions Rue d'Ulm, 2018 ; Christopher Leslie Brown, *Moral Capital: Foundations of British Abolitionism,* Chapel Hill, University of North Carolina Press, 2006 ; Carol Faulkner, *Lucretia Mott's Heresy: Abolition and Women's Rights in Nineteenth-Century America,* Philadelphie, University of Pennsylvania Press, 2011 ; « Paix, sociétés civiles et Parlements (fin XIXe-1939) », *Parlement[s]. Revue d'histoire politique* 2017/2, n° 26 ; « Les peuples font la paix (1918-1925) », *Matériaux pour l'histoire de notre temps,* 2018/3-4, n° 129-130, pp. 2-9.
28. Andrew S. Tompkins, *Better Active than Radioactive! Anti-nuclear Protest in 1970s France and West Germany,* Oxford, Oxford University Press, 2016, p. 3.
29. Delphine Diaz et Alexandre Dupont, « Les mots de l'exil dans l'Europe du XIXe siècle », *Hommes & migrations* [En ligne], 1321 | 2018, mis en ligne le 1er avril 2020, accessible via l'adresse suivante : https://journals.openedition.org/hommesmigrations/4130 ; Janine Ponty, « Réfugiés, exilés, des catégories problématiques », *Matériaux pour l'histoire de notre temps,* 1996, n° 44, pp. 9-13, ici p. 9.
30. Stéphane Dufoix, *Les diasporas,* Paris, PUF, 2003 ; *id.*, « Chronique bibliographique : l'objet diaspora en questions », *Cultures & Conflits* [En ligne], printemps-été 1999, p. 33-34, mis en ligne le 16 mars 2006, accessible via l'adresse suivante : http://journals.openedition.org/conflits/495
31. Anaïs Fléchet et Antoine Marès (dir.), « Exils, musique et littérature », *Monde(s),* 2023/1, n° 23.
32. Nicolas Bourguinat et Gilles Vogt, *La guerre franco-allemande de 1870. Une histoire globale,* Paris, Flammarion, 2020 ; Alexandre Dupont, « L'impossible déchéance de nationalité. L'État français face au volontariat militaire pro-carliste (1872-1876) », *Le Mouvement social,* 2017, n° 259, pp. 99-110 ; Gilles Pécout, « The International Armed Volunteers: Pilgrims of a Transnational Risorgimento », *Journal of Modern Italian Studies,* 2009/4, n° 14, pp. 413-426.
33. Sabine Dullin, *La frontière épaisse : aux origines des politiques soviétiques, 1920-1940,* Paris, EHESS, 2014.
34. Laurence Badel, *Diplomaties européennes, XIXe-XXIe siècle,* Paris, Les Presses de Sciences Po, 2021.
35. Gordon A. Craig, « On the Nature of Diplomatic History: The Relevance of Some Old Books », dans Paul Gordon Lauren (eds.), *Diplomacy: New Approaches in History, Theory and Policy,* New York, Free Press, 1979, pp. 21-42, ici p. 22.
36. *Id.*, « The Historian and the Study of International Relations », *The American Historical Review,* 1983/1, n° 88, pp. 1-11, ici p. 5.
37. Glenda Sluga et Carolyn James (eds.), *Women, Diplomacy and International Politics since 1500,* New York, Routledge, 2016, p. 7.
38. Albert Sorel, « Les détails et l'ensemble », *Nouveaux essais d'histoire et de critique,* Paris, Librairie Plon, 1888, ici 3e édition, p. 186.
39. Glenda Sluga et Carolyn James (eds.), *Women, op. cit.*, p. 7.
40. Emily S. Rosenberg, « Gender », *The Journal of American History,* 1990/1, n° 77, pp. 116-124.
41. Jean-Marc Delaunay et Yves Denéchère (dir.), *Femmes et relations internationales au XXe siècle,* Paris, Presses Sorbonne nouvelle, 2006.
42. Johannes Paulmann, *Pomp und Politik, op. cit.*, pp. 309-325.
43. Laurence Badel, « Chapitre 3. Femmes européennes en diplomatie », dans *id., Diplomaties européennes, op. cit.*, pp. 85-116 ; Charlotte Faucher, *Propaganda, Gender, and Cultural Power: Projections and Perceptions of France in Britain c. 1880-1945,* Oxford, Oxford University Press, 2022.
44. Sandra C. Taylor, « Long-Haired Women, Short-Haired Spies: Gender, Espionage, and America's War on Vietnam », *Intelligence and National Security,* 1998/2, n° 13, pp. 61-70 ;

Tammy M. Proctor, *Female Intelligence: Women and Espionage in the First World War*, New York/Londres, New York University Press, 2003.
45. Christoph Becker-Schaum *et al.* (Hg.), *"Entrüstet Euch!" Nuklearkrise, NATO-Doppelbeschluss und Friedensbewegung*, Paderborn, Schöningh, 2012.
46. Mona L. Siegel, *Artisanes de la paix. La lutte mondiale pour les droits des femmes après la Grande Guerre*, Paris, Les Éditions des femmes-Antoinette Fouque, 2022 [2020].
47. Ingrid Sharp, *Aftermaths of War: Women's Movements and Female Activists, 1918-1923*, Leiden, Brill, 2011.
48. Pierre Renouvin et Jean-Baptiste Duroselle, *Introduction à l'histoire des relations internationales*, Paris, Armand Colin, p. 385.
49. Alexander Wendt, « The Agent-structure Problem in International Relations Theory », *International Organization*, 1987/3, n° 41, pp. 335-370, ici p. 338, note 5.
50. Ernest Labrousse, « Comment naissent les révolutions ? », *Actes du congrès historique de la Révolution de 1848*, Paris, 1948, pp. 1-20.
51. Jacques Marseille, *Empire colonial et capitalisme français : histoire d'un divorce*, Paris, Albin Michel, 1984, p. 220.
52. Chris Wrigley, « A. J. P. Taylor: A Nonconforming Radical Historian of Europe », *Contemporary European History*, Cambridge, Cambridge University Press, 1994, vol. 3, n° 1, pp. 73-86.
53. Jean-Claude Allain, *Agadir (1911), une crise impérialiste en Europe pour la conquête du Maroc*, Paris, Publications de la Sorbonne, 1976, p. 429.
54. Paul Gordon Lauren (eds.), *Diplomacy: New Approaches, op. cit.*, p. 10.
55. Donald Cameron Watt, « What about the people? Abstraction and Reality in History and the Social Sciences. An inaugural lecture », The London School of Economics and Political Science, 1983, p. 2.
56. Kristina Spohr et David Reynolds (eds), *Transcending the Cold War: Summits, Statecraft, and the Dissolution of Bipolarity in Europe, 1970-1990*, Oxford, Oxford University Press, 2016, pp. 2-3.
57. Charles Webster, « The Study of British Foreign Policy », art. cit., p. 730.
58. Jean-Claude Allain, « Le groupe dirigeant dans la conduite des relations internationales », *Relations internationales*, 1985/1, n° 41, pp. 79-92, ici p. 82.
59. Pierre Renouvin et Jean-Baptiste Duroselle, *Introduction, op. cit.*, pp. 379-380.
60. Jean-Baptiste Duroselle, « La décision de politique étrangère. Esquisse d'un modèle-type », *Relations internationales*, mai 1974, n° 1, pp. 5-26, ici pp. 13-15 ; Jean-Claude Allain, « Le groupe dirigeant », art. cit.
61. Isabel V. Hull, *The Entourage of Kaiser Wilhelm II, 1888-1918*, New York, Cambridge University Press, 1982, pp. 8-9.
62. Zara Steiner, « On Writing International History », art. cit., p. 537. Voir aussi : Joachim Beck et Franz Thedieck (eds.), *The European Dimension of Administrative Culture*, Baden-Baden, Nomos, 2008.
63. James Joll, *1914. The Unspoken Assumptions. An inaugural Lecture Delivered 25 April 1968 (London School of Economics and Political Science)*, Londres, Weidenfeld and Nicolson, 1968.
64. Robert Jervis, « Hypotheses on Misperception », *World Politics*, 1968/3, n° 20, pp. 454-479.
65. René Girault, « L'histoire des relations internationales peut-elle être une histoire totale ? », dans *Enjeux et puissances. Pour une histoire des relations internationales au xxe siècle. Mélanges en l'honneur de Jean-Baptiste Duroselle*, Paris, Publications de la Sorbonne, 1986, p. 32.
66. Len Scott et Peter Jackson, « The Study of Intelligence in Theory and Practice », *Intelligence & National Security*, 2004/2, n° 19, pp. 139-169, ici p. 147. Voir : Robert Jervis, « Intelligence and Foreign Policy: A Review Essay », *International Security*, 1986/3, n° 11, pp. 141-161 ; Peter Jackson, *La France et la menace nazie. Renseignement et politique, 1933-1939*, Paris, ministère des Armées, Nouveau Monde, 2017 [2000].
67. Louis R. Gottschalk *et al.* (eds), *The Use of Personal Documents, op. cit.*, p. 27.
68. Hippolyte-Adolphe Taine, *Histoire de la littérature anglaise*, t. 1, Paris, Hachette, 1866, p. XXVII-XXVIII.
69. Gordon A. Craig, « The Historian and the Study of International Relations », *The American Historical Review*, 198/1, n° 88, p. 9.
70. Maurice Agulhon, *Pénitents et francs-maçons de l'ancienne Provence : essai sur la sociabilité méridionale*, Paris, Fayard, 1968, p. 17. Voir : Nicole Racine, « Présentation », *Les Cahiers de l'Institut d'histoire du temps présent*, 1992, n° 20, pp. 7-9.

71. Voir : Hans-Manfred Bock et Gilbert Krebs (dir.), *Échanges culturels et relations diplomatiques. Présences françaises à Berlin au temps de la République de Weimar*, Paris, Presses de l'Institut d'allemand d'Asnières, 2004.
72. Philippe Chenaux, *Entre Maurras et Maritain, une génération intellectuelle catholique 1920-1930*, Paris, Éditions du Cerf, 1999, p. 12 ; *id.*, *Une Europe vaticane. Entre le Plan Marshall et les traités de Rome*, Bruxelles, Éditions Ciaco, 1990.
73. Jean-Claude Allain, « De la personnalité au groupe de décision », art. cit., pp. 323-324. En italique dans le texte ; Laurence Badel, *Un milieu libéral et européen : le grand commerce français, 1925-194*, Paris, CHEFF, 1999.
74. Fanny Gallot, « L'*agency* : un concept heuristique pour penser le genre et les classes populaires », *Écrire l'histoire*, 2021, n° 20-21, pp. 35-42.
75. Romain Bertrand et Guillaume Calafat, « La microhistoire globale : affaire(s) à suivre », *Annales. Histoire, Sciences Sociales*, 2018/1, n° 73, pp. 1-18.
76. Voir en particulier : Jürgen Osterhammel, « "Technical Co-Operation" between the League of Nations and China », *Modern Asian Studies*, 1979/4, n° 13, pp. 661-680 ; et Margherita Zanasi, « Exporting Development : The League of Nations and Republican China », *Comparative Studies* dans *Society and History*, 2007/1, n° 49, pp. 143-169.
77. Gabriele Rosenthal (eds.), *Transnational Biographies*, Göttingen, Göttingen University Press, 2022 ; Roswitha Breckner et Monica Massari, « Biography and Society in Transnational Europe and beyond. An introduction », dans *Rassegna Italiana di Sociologia*, 2019, n° 1, pp. 3-18 ; Desley Deacon *et al.* (eds.), *Transnational Lives. Biographies of Global Modernity, 1700-present*, Londres, Palgrave Macmillan, 2010.
78. Anna Xymena Wieczorek, *Migration and (Im)Mobility: Biographical Experiences of Polish Migrants in Germany and Canada*, Bielefeld, transcript Verlag, 2018 (voir chapitre 5, pp. 219-258).
79. Maurice Tournier, « Émotion populaire, petite note lexicologique », *Mots. Les langages du politique*, 2004, n° 75, pp. 121-125. Voir : Thomas Dixon, « Introduction : From Passions and Affections to Emotions », dans Thomas Dixon, *From Passions to Emotions: The Creation of a Secular Psychological Category*, Cambridge, Cambridge University Press, 2003 ; Ute Frevert *et al.*, *Emotional Lexicons : Continuity and Change in the Vocabulary of Feeling 1700-2000*, Oxford/New York, Oxford University Press, 2014, p. 10.
80. Aristote, *Rhétorique*, Liv. II, Paris, Les Belles Lettres, 1967, p. 60.
81. Pierre-François Moreau, *Les passions à l'âge classique. Théories et critiques des passions*, t. 2, Paris, PUF, 2006, p. 2.
82. Cité par Nathalie Richard, « L'histoire comme problème de psychologie. Taine et la "psychologie du Jacobin" », *Mil neuf cent. Revue d'histoire intellectuelle*, 2002/1, n° 20, p. 153-172.
83. Albert Sorel, *Le traité de Paris du 20 novembre 1815*, Paris, Librairie Germer Baillière, 1872, p. 3.
84. Benjamin Gilles, « L'expérience de la guerre dans ses interstices : Pierre Renouvin et la création du fichier "Psychologie du combattant" », *Matériaux pour l'histoire de notre temps*, 2010/4, n° 100, pp. 14-20.
85. Cette correspondance – cinq petites lettres au crayon à papier –, qui nous avait été remise par son petit-fils, a été donnée à La contemporaine en septembre 2022.
86. Pierre Renouvin, *L'Armistice de Rethondes*, Paris, Paris, Gallimard, 2006 [1968], pp. 82-85 et pp. 97-98.
87. Louis R. Gottschalk *et al.*, *The Use of Personal Documents*, *op. cit.*, p. 57.
88. *IX*[e] *congrès international des sciences historiques (Paris, 28 août-3 septembre 1950), t. 2 Actes*, Paris, Armand Colin, 1951, « Époque contemporaine. Rapport de M. Renouvin », ici p. 244.
89. Sigmund Freud et William C. Bullit, *Thomas Woodrow Wilson. A Psychological Study*, Londres, 1967. Voir : Patrick Weil, *Le président est-il devenu fou ? Le diplomate, le psychanalyste et le chef de l'État*, Paris, Grasset, 2022 ; Erik H. Erikson, *Young Man Luther : A Study In Psychoanalysis and History*, New York, W. W. Norton, 1958.
90. Voir aussi : Hans W. Gatzke, « Hitler and Psychohistory: A Review Article », *American Historical Review*, 1973, vol. 78, n° 2, p. 395.
91. William Langer fut le méconnu mais véritable agent OSS 117, qui inspira l'écrivain français Jean Bruce en 1949.
92. Pierre Renouvin et Jean-Baptiste Duroselle, *Introduction*, *op. cit.*, p. 286.
93. *Ibid.*, p. 308.

94. Alan Taylor, *Bismarck: The Man and the Statesman*, Londres, Hamish Hamilton Ltd, 1955, ici 1965, p. 9.
95. John C. G. Röhl, *Kaiser, Hof und Staat. Wilhelm II. und die deutsche Politik*, Munich, C. H. Beck, 1988, pp. 17-34.
96. Manfred Berg, *Woodrow Wilson*, Munich, Beck, 2017, p. 22.
97. Saul Friedländer, *Réflexions sur le nazisme : entretiens avec Stéphane Bou*, Paris, Seuil, 2016, p. 20. Voir : *id.*, *L'Antisémitisme nazi : histoire d'une psychose collective* (1971) et *Histoire et psychanalyse* (1975).
98. Pierre de Senarclens, « Psychoanalysis and the Study of Emotions in International Politics », dans Yohan Ariffin *et al.* (eds.), *Emotions in International Politics: Beyond Mainstream International* Relations, Cambridge, Cambridge University Press, 2015, pp. 168-183, ici p. 172 ; Jörn Rüsen et Jürgen Straub (Hg.), *Die dunkle Spur der Vergangenheit. Psychoanalytische Zugänge zum Geschichtsbewußtsein*, Francfort-sur-le-Main, Suhrkamp, 1998 ; Christian Wipperfürth, *Von der Souveränität zur Angst. Britische Außenpolitik und Sozialökonomie im Zeitalter des Imperialismus*, Stuttgart, Franz Steiner Verlag, 2004.
99. Joseph Morsel, « Traces ? Quelles traces ? Réflexions pour une histoire non passéiste », *Revue historique*, 2016, n° 680, pp. 813-868, ici p. 818.
100. Charles-Victor Langlois et Charles Seignobos, *Introduction, op. cit.*, p. 1.
101. Frank Costigliola, « The Nuclear Family: Tropes of Gender and Pathology in the Western Alliance », *Diplomatic History*, 1997/2, n° 21, pp. 163-83 ; Laurence Badel, « Die Niederschlagung der Proteste auf dem Pekinger Tian'anmen-Platz 1989 und die Subjektivität der Diplomaten. Ein Plädoyer für die Berücksichtigung von Emotionen in der Geschichte der internationalen Beziehungen », dans Hélène Miard-Delacroix et Andreas Wirsching (Hg.), *Emotionen, op. cit.*, pp. 341-364.
102. Jean-David Mizrahi, *Genèse de l'État mandataire. Service des renseignements et bandes armées en Syrie et au Liban dans les années 1920*, Paris, Publications de la Sorbonne, 2003.
103. Voir : Jussi Hanhimäki, *Containing Coexistence: America, Russia, and the "Finnish Solution" 1945-1956*, Kent, OH, Kent State University Press, 1997, p. 219, note 21.
104. Bernhard Gotto, *Enttäuschung in der Demokratie. Erfahrung und Deutung von politischem Engagement in der Bundesrepublik Deutschland während der 1970er und 1980er Jahre*, Berlin, De Gruyter Oldenbourg, 2018.
105. Wilhelm Grewe, « Die Sprache der Diplomatie », *Merkur*, 20(9), 1966, p. 25.
106. Peter N. Stearns et Carol Z. Stearns, « Emotionology: Clarifying the History of Emotions and Emotional Standards », *American Historical Review*, 1985, n° 90, pp. 813-836.
107. Ann Laura Stoler, *Au cœur de l'archive coloniale : questions de méthode*, Paris, Éditions de l'EHESS, 2019 [2009], p. 103.
108. Yves Denéchère, « Une acculturation postcoloniale par la langue : les enfants métis d'Indochine en France (1945-1980) », *Relations internationales*, 2021/4, n° 188, pp. 43-58 ; *id.*, « Expériences intimes et subjectivité juvénile des Eurasiennes envoyées en France à la fin de la guerre d'Indochine », *Outre-Mers. Revue d'Histoire*, 2020/1, n° 406-407, pp. 227-247.
109. William Reddy, *The Navigation of Feeling. A Framework for the History of Emotions*, Cambridge, Cambridge University Press, 2001, pp. 34-111, ici pp. 63-111 et pp. 108-137; *id.*, « Against Constructionism. The Historical Ethnography of Emotions », *Current Anthropology*, 1997/3, n° 38, pp. 327-351, ici pp. 331-335.
110. Yohan Ariffin *et al.* (eds.), *Emotions, op. cit.*, pp. 213-215.
111. Barbara H. Rosenwein, *Emotional Communities in the Early Middle Ages*, Ithaca, Cornell University Press, 2006, p. 2.
112. Laurence Badel, « Die Niederschlagung », art. cit., pp. 341-364.
113. Fabrice Virgili, « Éditorial », *Clio. Femmes, Genre, Histoire*, « Les lois genrées de la guerre », 2014, n° 39, p. 7-17. Laurence Badel, « Les enjeux de la "diplomatie féministe". Représentation de l'État et promotion des droits », *Annuaire français de relations internationales*, 2023, pp. 927-942.
114. Holger Nehring, « "Civility" in history: some observations on the history of the concept », *European Review of History-Revue européenne d'histoire*, 2011/3, n° 18, pp. 313-333.
115. Jeffrey C. Alexander, « The Societalization of Social Problems: Church Pedophilia, Phone Hacking, and the Financial Crisis », *American Sociological Review*, 2018/6, n° 83, p. 1049-1078.
116. Patrick Hassenteufel, « Les processus de mise sur agenda : sélection et construction des problèmes publics », *Informations sociales*, 2010/1, n° 157, pp. 50-58.

Chapitre 5

Lieux et espaces de l'international

1. Alphonse Dupront, « Au commencement, un mot : lieu. Étude sémantique et destin d'un concept », dans Michel Crépu et Richard Figuier (dir.), *Hauts Lieux : une quête de racines, de sacré, de symboles*, Paris, Autrement, 1990, pp. 58-66, ici p. 59 et p. 63.
2. André Micoud, « Territoires », dans Élisabeth Rémy *et al.* (dir.), *Espaces, savoirs et incertitudes*, Paris, Ibis Press, 2007, p. 107.
3. Denis Retaillé, « Introduction », dans *id.*, *Les lieux de la mondialisation*, Paris, Éditions Le Cavalier Bleu, 2012, p. 11 et p. 15 ; Matthieu Boisdron, « Les lieux du politique en Europe médiane (XIXe-XXe siècles) : introduction », *Histoire@Politique* [En ligne], 2023, n° 49.
4. Laurence Badel et Stanislas Jeannesson (dir.), « Introduction. Une histoire globale de la diplomatie », *Monde(s)*, 2014, n° 5, pp. 7-26.
5. Michel de Certeau, « Récits d'espace. Espaces et lieux », dans *id.*, *L'invention du quotidien*, Paris, Union générale d'éditions, 1980, p. 208 ; Marc Augé, *Non-lieux. Introduction à une anthropologie de la surmodernité*, Paris, Le Seuil, 1992.
6. Marc Augé, *Non-lieux*, *op. cit.*, p. 101.
7. Susanne Schregel, « The Spaces and Places of the Peace Movement », dans Christoph Becker-Schaum *et al.* (eds.), *The Nuclear Crisis: The Arms Race, Cold War Anxiety, and the German Peace Movement of the 1980s*, New York, Berghahn Books, 2016, p. 174.
8. Jacques Lévy et Michel Lussault (dir.), *Dictionnaire de la géographie et de l'espace des sociétés*, Paris, Belin, 2003, p. 448.
9. Roger Brunet *et al.*, *Les mots de la géographie. Dictionnaire critique*, Reclus-Paris, La Documentation française, 1993, p. 299.
10. Pierre Vimont, « Esprit de corps: has the EEAS missed something? », *European Foreign Affairs Review*, 2021/1, n° 26, pp. 13-24, ici p. 21.
11. Patrick Fridenson, « Les organisations : un nouvel objet », *Annales. Economies, sociétés, civilisations*, 1989/6, pp. 1461-1477, ici p. 1461 ; *id.*, « Pour une histoire de l'État contemporain comme organisation », *Les Cahiers du Centre de recherches historiques*, 2009, n° 25. Voir : Michel Crozier, Erhard Friedberg, *L'acteur et le système*, Paris, Seuil, 1977.
12. Paul Fauconnet et Marcel Mauss, cité par Christian Laval, « Le destin de l'institution dans les sciences sociales », *Revue du MAUSS* 2016/2, n° 48, p. 275-292, ici p. 279. Voir : Paul Fauconnet et Marcel Mauss, « Sociologie : objet et méthode », dans *La Grande Encyclopédie*, n° 30, Paris, 1901, pp. 165-175 ; Christian Laval, « Le destin de l'institution dans les sciences sociales », art. cit., p. 282.
13. Jacques Lagroye, « Debate : À propos de Pierre Bourdieu », *Swiss Political Science Review*, 2002/3-4, n° 8, pp. 101-128, ici p. 116.
14. Cour internationale de justice, avis consultatif du 11 avril 1949, p. 179.
15. Jean-Claude Allain, « Le groupe dirigeant », art. cit., p. 79.
16. Charles Webster, « The Study of British Foreign Policy », art. cit., ici pp. 730-731.
17. Zara Steiner, « The Old Foreign Office: From a Secretarial Office to a Modern Department of State », dans *Opinion publique et politique extérieure en Europe, I. 1870-1915*, Actes du colloque de Rome (13-16 février 1980), Rome, École Française de Rome, 1981, pp. 177-195, ici p. 185. Voir : David Easton, *The Political System: An Inquiry into the State of Political Science*, New York, Alfred A. Knopf, 1953 ; *id.*, *A Systems Analysis of Political Life*, New York, Wiley, 1965.
18. Zara Steiner, « On Writing International History », art. cit., p. 536 ; Guy Thuillier, *Pour une histoire de la bureaucratie en France*, t. I., nouvelle édition [En ligne]. Vincennes, IGPDE, 1999.
19. Christopher Andrew et David Dilks, *The Missing Dimension: Governments and Intelligence in the Twentieth Century*, Londres, Macmillan, 1894.
20. Olivier Forcade (dir.), Les *intelligence studies* aujourd'hui : doctrines, pratiques, perspectives, Paris, Documentation française, 2022 ; Sébastien Laurent, *État secret, État clandestin. Essai sur la transparence démocratique*, Paris, Gallimard, 2024.
21. René Girault, « Encore une nouvelle histoire des relations internationales : l'histoire des organisations internationales », *Relations internationales*, 1993/3, n° 75, pp. 271-275.
22. Michael D. Callahan, *Mandates and Empire. The League of Nations and Africa, 1914-1931*, Brighton-Portland, Sussex Academic Press, 2008 ; Susan Pedersen, *The Guardians: The League*

of Nations and the Crisis of Empire, Oxford, Oxford University Press, 2015 ; Mark Mazower, *Governing the World: The History of an Idea*, New York, Penguin, 2012.

23. Emanuel Adler et Vincent Pouliot, « International Practices », *International Theory*, 2011/1, n° 3, pp. 1-36. Voir : René Girault. « *Souvenirs et pratiques* », dans *id.*, *Être historien des relations internationales*, Paris, Éditions de la Sorbonne, 1998, p. 25 ; Laurence Badel, « Deux administrations françaises face à la construction européenne : éléments de réflexion pour une histoire politique des administrations », *Matériaux pour l'histoire de notre temps*, 2002, n° 65-66, pp. 13-17.

24. Sophia Hoffmann, Noura Chalati et Ali Dogan, « Rethinking Intelligence Practices and Processes: Three Sociological Concepts for the Study of Intelligence », *Intelligence and National Security*, pp. 5-6 ; Michael G. Fry et Miles Hochstein, « Epistemic Communities: Intelligence Studies and International Relations », *Intelligence and National Security*, 1993/3, n° 8, pp. 14-28.

25. Isabelle Dasque, *Les Diplomates de la République (1871-1914)*, Paris, Sorbonne Université Presses, 2020. Voir : Jean-Baptiste Duroselle, « L'étude des relations internationales : objet, méthode, perspectives », *Revue française de science politique*, 1952, n° 4, pp. 676-701, ici p. 686 ; Laurence Badel, « Les acteurs de la diplomatie économique de la France au XXe siècle : les mutations du corps des attachés commerciaux (1919-1950) », *Relations internationales*, 2003, n° 114, pp. 189-211.

26. Voir : Marcella Aglietti, Mathieu Grenet et Fabrice Jesné (eds.), *Consoli e consolati italiani dagli Stati preunitari al fascismo (1802-1945)*, Rome, École française de Rome, 2020 ; Fabrice Jesné (dir.), *Les consuls, agents de la présence française dans le monde (XVIIIe–XIXe siècles)*, Rennes, PUR, 2017.

27. Ariane Knüsel, « "White on the Outside but Red on the Inside": Switzerland and Chinese Intelligence Networks during the Cold War », *Cold War History*, 2020/1, n° 20, pp. 77-94.

28. Jean-Denis Mouton, « Présentation d'une position doctrinale », dans Jean-Christophe Barbato et Jean-Denis Mouton (dir.), *Vers la reconnaissance des droits fondamentaux aux États membres de l'Union européenne*, Bruxelles, Bruylant, 2010.

29. Laurence Badel, *Diplomatie et grands contrats. L'État français et les marchés extérieurs au XXe siècle*, Paris, Publications de la Sorbonne, 2010, p. 434.

30. David Webster, « Modern Missionaries: Canadian Postwar Technical Assistance Advisors in Southeast Asia », *Journal of the Canadian Historical Association/Revue de la Société historique du Canada*, 2009/2, n° 20, pp. 86-111 ; Massimiliano Trentin, *Engineers of Modern Development : East German Experts in Ba'thist Syria 1965-1972*, Padoue, CLEUP, 2010.

31. Olivier Forcade, « Objets, approches et problématiques d'une histoire française du renseignement : un champ historiographique en construction », *Histoire, économie & société*, 2012/2, pp. 99-110, ici p. 103.

32. Martin Thomas, *Empires of Intelligence: Security Services and Colonial Disorder after 1914*, Berkeley, University of California Press, 2008 ; Richard J. Popplewell, *Intelligence and Imperial Defence: British Intelligence and the Defence of the Indian Empire, 1904*-1924, Londres, Frank Cass, 1995 ; Jean-David Mizrahi, *Genèse de l'État mandataire, op. cit.*

33. Une vision d'ensemble est donnée dans Jean-Claude Cousseran et Philippe Hayez, *Nouvelles leçons sur le renseignement*, Paris, Odile Jacob, 2021 [2015].

34. Voir : Peter J. Katzenstein, *The Culture of National Security. Norms and Identity in World Politics*, New York, Columbia University Press, 2016.

35. Pour la France, voir : Julien Florent, « Renseignement et diplomatie de la SDN à l'ONU. Histoire des pratiques de l'espionnage dans les organisations internationales », thèse inédite de doctorat d'histoire contemporaine, dir. Olivier Forcade, Sorbonne-Université, 2014 ; Vincent de Kytspotter, « Le Renseignement dans les opérations de maintien de la paix des Nations unies ou le mythe de Sisyphe des Casques bleus », thèse inédite de doctorat en science politique, dir. Emmanuel Decaux, Panthéon-Assas Université, 2016.

36. Sandra Pingel-Schliemann, *Zersetzen: Strategie einer Diktatur*, Berlin, Robert-Havemann-Ges., 2002.

37. Olivier Forcade *et al.*, « Archives et politiques du secret : ramener l'État à la raison démocratique », *Esprit*, 2021, n° 475, pp. 99-109.

38. Charles W. Kegley Jr., « Decision Regimes and the Comparative Study of Foreign Policy », dans Charles F. Hermann *et al.* (eds.), *New Directions in the Study of Foreign Policy*, Boston, Allen & Unwin, 1987.

39. Christophe Gironde et Gilles Carbonnier (dir.), *The ILO @ 100*, International Development Policy series n°11, Geneva/Boston, Graduate Institute Publications, Brill-Nijhoff, 2019 ; Iris

Borowy, *Coming to Terms with World Health. The League of Nations Health Organisation*, Berlin, Peter Lang, 2009 ; Jean-Michel Guieu et Stanislas Jeannesson (dir.), « La Société des nations. Une expérience de l'internationalisme », *Monde(s)*, 2021/1, n° 19.
40. Sandrine Kott, « Les organisations internationales, terrains d'étude de la globalisation. Jalons pour une approche socio-historique », *Critique internationale*, 2011/3, n° 52, pp. 9-16 ; *id.*, *Organiser le monde. Une autre histoire de la guerre froide*, Paris, Seuil, 2021.
41. Ute Frevert *et al. Feeling Political. Emotions and Institutions since 1789*, Cham, Palgrave Macmillan, 2022, p. 4 ; *id.*, *Gefühlspolitik. Friedrich II. als Herr über die Herzen ?*, Göttingen, Wallstein, 2012 ; *id.*, « La politique des sentiments au XIXe siècle », *Revue d'histoire du XIXe siècle*, 2013/1, 46, pp. 51-72.
42. Ute Frevert et al., *Feeling Political, op. cit.*, p. 2.
43. Voir : « L'entreprise comme acteur politique », *Entreprises et histoire* 2021/3, n° 104.
44. Pierre Renouvin et Jean-Baptiste Duroselle, *Introduction, op. cit.*, p. 67.
45. Albert Broder, « L'entreprise et l'international », *Entreprises et histoire*, 1995/1, n° 8, pp. 5-8.
46. Susan Strange, « States, Firms and Diplomacy », *International Affairs*, 1992/1, n° 68, pp. 1-15. Voir : Laurence Badel, « Milieux économiques et relations internationales : bilan et perspectives de la recherche au début du XXIe siècle », *Relations internationales*, 2014/1, n° 157, pp. 3-23.
47. Éric Bussière, *Paribas, l'Europe et le monde, 1872-1992*, Anvers, Fonds Mercator, 1992 ; Emily Rosenberg, *Financial Missionaries to the World: The Politics and Culture of Dollar Diplomacy, 1900-1930*, Cambridge, Harvard University Press, 1999.
48. Geoffrey Jones, *British Multinational Banking, 1830-1990*, Oxford, Clarendon Press, 1993 ; Harm G. Schröter, *Aufstieg der Kleinen. Multinationale Unternehmen aus fünf kleinen Staaten vor 1914*, Berlin, Duncker & Humblot, 1993.
49. Takafumi Kurosawa et Ben Wubs (eds.), *Multinational Enterprise, Political Risk and Organisational Change: From Total War to Cold War*, New York, Routledge, 2019 ; Geoffrey Jones et Rachael Comunale, « Business, Governments and Political Risk in South Asia and Latin America since 1970 », *Australian Economic History Review*, 2018/3, n° 58, pp. 233-264.
50. Antoine Acker, « "The Brand that Knows our Land". Volkswagen's "Brazilianization" in the "Economic Miracle" », 1968-1973, *Monde(s)*, 2014, n° 5, pp. 197-218.
51. Janick Schaufelbuehl, « Becoming the Advocate for US-based Multinationals: The United States Council of the International Chamber of Commerce, 1945-1974 », *Business History*, 2023/2, n° 65, pp. 284-301 ; [extrait du numéro spécial coordonné avec Pierre Eichenberger et Neil Rollings], « The Brokers of Globalization: Towards a History of Business Associations in the International Arena », *Business History*, 2023/2, n° 65 ; Thomas David et Alix Heiniger, *Faire Société. La philanthropie à Genève et ses réseaux transnationaux autour de 1900*, Paris, Publications de la Sorbonne, 2019.
52. Laurence Badel, « Diplomatie économique, diplomatie d'entreprise », dans Thierry Balzacq *et al.* (dir.), *Manuel de diplomatie*, Paris, Presses de Sciences Po, 2018, pp. 243-261.
53. Thomas David et Ludovic Tournès, « Introduction. », art. cit., pp. 7-22, ici p. 8. Voir : Ludovic Tournès (dir.), *L'argent de l'influence. Les fondations américaines et leurs réseaux européens*, Paris, Éditions Autrement, 2010.
54. Jürgen Kocka, « Zivilgesellschaft als historisches Problem und Versprechen », dans Manfred Hildermeier *et al.* (Hg.), *Europäische Zivilgesellschaft in Ost und West: Begriff, Geschichte, Chancen*, Francfort-sur-le Main/New York, Campus Verlag, 2000, pp. 13-39, ici p. 21.
55. « Organisations internationales et ONG : coopération, rivalité, complémentarité de 1919 à nos jours », *Relations internationales*, 2012/3-4, n° 151-152. Voir : Guillaume Devin et Marie-Claude Smouts, *Les Organisations internationales*, Paris, Armand Colin, 2011.
56. Anaïs Fléchet, « Le Conseil international de la musique et la politique musicale de l'Unesco (1945-1975) », *Relations internationales*, 2013/4, n° 156, pp. 53-71.
57. Marie-Luce Desgrandchamps, « En quête de légitimité. Le Comité international de la Croix-Rouge et l'Afrique durant les années 1960 », *Monde(s)*, 2021/1, n° 19, pp. 221-239.
58. Caroline Moine et Andreas Kötzing (eds.), *Cultural Transfer and Political Conflicts. Film Festivals in the Cold War*, Göttingen, Vandenhoeck & Ruprecht, 2017 ; Caroline Moine, *Cinéma et Guerre froide : histoire du festival de films documentaires de Leipzig (1955 1990)*, Paris, Publications de la Sorbonne, 2014 ; Anaïs Fléchet *et al.*, *Une histoire des festivals. XIXe-XXe siècle*, Paris, Publications de la Sorbonne, 2013.
59. Claire-Lise Debluë, *Exposer pour exporter : culture visuelle et expansion commerciale en Suisse (1908-1939)*, Neuchâtel, Alphil – Presses universitaires suisses, 2015 ; Claude Hauser et François

Vallotton, « Entre *soft power*, compétition économique et divertissement de masse : les expositions internationales aux XIXe et XXe siècles », *Relations internationales*, 2015/4, n° 164, pp. 3-8.
60. Voir : Sylvain Dufraisse, *Une histoire sportive de la Guerre froide*, Paris, Nouveau Monde, 2023 ; Robert Edelman et Christopher Young (eds.), *The Whole Word was watching : Sport in the Cold War*, Stanford, Stanford University Press, 2019 ; Emmanuel Bayle et Patrick Clastres (eds.), *Global Sport Leaders*, Londres, Palgrave Macmillan, 2018 ; Robert Frank, « Internationalisation du sport et diplomatie sportive », dans *id.*, *Pour l'histoire des relations internationales*, *op. cit.*, pp. 387-405 ; Pierre Singaravélou et Julien Sorez (dir.), *L'Empire des sports. Une histoire de la mondialisation culturelle*, Paris, Belin, 2010 ; « Olympisme et relations internationales », *Relations internationales*, 2002, n° 111-112 ; « Sports et relations internationales » - *Relations internationales*, 1984/2, n° 38.
61. Christian Delporte et François Vallotton (dir.), « Journalisme et relations internationales », *Relations internationales*, 2013/1, n° 153 ; Claude Hauser *et al.* (dir.), *La diplomatie par le livre. Réseaux et circulation internationale de l'imprimé de 1880 à nos jours*, Paris, Nouveau Monde, 2011 ; Jean-Yves Mollier, Jean-François Sirinelli et François Vallotton, *Culture de masse et culture médiatique en Europe et dans les Amériques, 1860-1940*, Paris, PUF, 2006.
62. Thomas Lindenberger (Hg.), *Massenmedien im Kalten Krieg. Akteure, Bilder, Resonanzen*, Cologne, Böhlau, 2006 ; Ariane D'Angelo, *Promouvoir la RFA à l'étranger. L'exemple de la France (1958-1969)*, Villeneuve d'Ascq, Presses universitaires du Septentrion, 2018. Voir : Dominique Wolton, « La communication politique : construction d'un modèle », *Hermès*, 1989/1, n° 4, pp. 27-42, ici p. 28.
63. Dzovinar Kévonian et Guillaume Tronchet, *La Babel étudiante : la Cité internationale universitaire de Paris (1920-1950)*, Rennes, PUR, 2013.
64. Florian Michel, « L'affirmation transnationale de la culture catholique française (années 1920-années 1960) », *Revue historique*, 2016/3, n° 679, pp. 605-628, ici p. 605 et p. 608. Voir : Robert Frank, « Religion(s) : enjeux internationaux et diplomatie religieuse », dans *id.* (éd.), *Pour l'histoire des relations internationales*, *op. cit.*, pp. 407-435. Voir : Aron Rodrigue, *French Jews, Turkish Jews: The Alliance israélite universelle and the Politics of Jewish Schooling in Turkey, 1860-1925*, Bloomington, Indiana University Press, 1990 ; Peter R. D'Agostino, *Rome in America : Transnational Catholic Ideology from the Risorgimento to Fascism*, Chapel Hill, University of North Carolina Press, 2004 ; Alan Lester, « Humanitarians and White Settlers in the Nineteenth Century », dans Norman Etherington (eds.), *Missions and Empire*, Oxford, Oxford University Press, 2005, pp. 64-85 ; William G. Clarence-Smith, *Islam and the Abolition of Slavery*, Londres, Hurst & Company, 2006.
65. Charles Mercier, « Pour une histoire globale du fait religieux "contemporain" », *Revue historique*, 2019, n° 692, pp. 959-982, ici pp. 972-973. Voir : *Journal of Global History*, 2007/2, n° 2.
66. Corine Defrance *et al.* (dir.), *Vaincus ! Histoire de défaites, Europe XIXe-XXIe siècles*, Paris, Nouveau Monde, 2016 ; Antoine Marès et Marie-Pierre Rey (éd.), *Mémoires et émotion. Au cœur des relations internationales*, Paris, Éditions de la Sorbonne, 1994.
67. Étienne François et Hagen Schulze (Hg.), *Deutsche Erinnerungsorte*, Munich, Beck, 3 vol., 2001 ; Hans Henning Hahn et Robert Traba (Hg.), *Deutsch-polnische Erinnerungsorte*, 5 vol., Paderborn, Schöningh, 2012-2015 ; Pim den Boer *et al.* (Hg.), *Europäische Erinnerungsorte*, 3 vol., Munich, Oldenbourg, 2012 ; Étienne François et Thomas Serrier (éd.), *Lieux de mémoire européens*, Paris, La Documentation française, 2012.
68. Michel Bruneau et Kyriakos Papoulidis, « La mémoire des "patries inoubliables". La construction de monuments par les réfugiés d'Asie mineure en Grèce », *Vingtième Siècle. Revue d'histoire*, 2003/2, n° 78, pp. 35-57 ; Nicole Colin *et al.* (éd.), *Le Mur de Berlin. Histoire, mémoires, représentations*, Bruxelles, PIE. Peter Lang, 2016.
69. Antoine Fleury, « La rue : un objet géographique ? », *Tracés. Revue de sciences humaines*, 2004/5, pp. 33-44.
70. Nina Birkner et York-Gothart Mix, « Qu'est-ce que l'espace public ? Histoire du mot et du concept », *Dix-huitième siècle*, 2014/1, n° 46, pp. 285-307, ici p. 286.
71. Lucien Bély, « Peut-on parler d'une opinion publique internationale à l'époque moderne ? », dans Daniel Roche (dir.), *L'Opinion publique en Europe (1600-1800)*, Paris, PUPS, 2011, pp. 161-181, ici p. 162.
72. Stephen Wertheim, « Reading the International Mind. International Public Opinion in Early Twentieth Century Anglo-American Thought », dans Nicolas Guilhot et Daniel Bessner (eds.)

The Decisionist Imagination: Democracy, Sovereignty, and Social Science in the 20th Century, New York, U.S., Berghahn Books, p. 28.
73. Pierre Renouvin et Jean-Baptiste Duroselle, *Introduction*, *op. cit.*, p. 3.
74. Ian Kershaw, *Popular Opinion and Political Dissent in the Third Reich. Bavaria*, 1933-45, Oxford, Clarendon Press, 2002 [1983], p. 5.
75. *Ibid.*, p. 8.
76. Marlis G. Steinert, *Hitlers Krieg und die Deutschen. Stimmung und Haltung der Bevölkerung im Zweiten Weltkrieg*, Düsseldorf/Vienne, Econ Verlag, 1970.
77. Donald C. Watt, *Britain Looks to Germany: British Opinion and Policy Towards Germany Since 1945*, Londres, O. Wolff, 1965.
78. Voir : Robert Frank, « Mentalités, opinion, représentations, imaginaires et relations internationales », dans *id.* (éd.), *Pour l'histoire des relations internationales*, *op. cit.*, pp. 345-370.
79. Daniel Hucker, *Public Opinion and the End of Appeasement in Britain and France*, Londres, Routledge, 2011, p. 9. Voir : Birgit Aschmann et Michael Salewski (Hg.), *Das Bild "des Anderen". Politische Wahrnehmung im 19. und 20. Jahrhundert*, Stuttgart, Franz Steiner Verlag, 2000.
80. Pierre-Yves Saunier, « La secrétaire générale, l'ambassadeur et le docteur. Un conte en trois épisodes pour les historiens du "monde des causes" à l'époque contemporaine, 1800-2000 », *Monde(s)*, 2012/1, n° 1, pp. 29-46.
81. Ludivine Bantigny *et al.*, « Avant-propos. Les "années 1968" : circulations révolutionnaires », *Monde(s)*, 2017, n° 11, p. 10.
82. Jeremi Suri, *Power and Protest: Global Revolution and the Rise of Detente*, Cambridge, MA, Harvard University Press, 2003 ; Quinn Slobodian, *Foreign Front: Third World Politics in Sixties West Germany*, Durham, Duke University Press, 2012.
83. Paul Gerhard, « Visual History », dans Frank Bösch et Jürgen Danyel (Hg.) *Zeitgeschichte*, *op. cit.*, p. 391-419 ; Gil Bartholeyns, « Voir le passé : histoire et culture visuelles », dans Christophe Granger (dir.), *À quoi pensent les historiens ? Faire de l'histoire au XXIe siècle*, Paris, Autrement, 2013, pp. 149-164 ; Quentin Deluermoz *et al.*, « Le XIXe siècle au prisme des visual studies », *Revue d'histoire du XIXe siècle*, 2014, n° 49, pp. 139-175.
84. Andrew S. Tompkins, *Better Active than Radioactive!*, *op. cit.*, p. 9.
85. David Todd, *L'identité économique de la France. Libre-échange et protectionnisme*, Paris, Grasset, 2008.
86. Ho-Fung Hung, *Protest with Chinese Characteristics: Demonstrations, Riots, and Petitions in the Mid-Qing Dynasty*, New York, Columbia University Press, 2011 ; Qiang Fang, « Hot Potatoes: Chinese Complaint Systems from Early Times to the Late Qing (1898) », *The Journal of Asian Studies*, 2009/4, n° 68, pp. 1105-1135 ; Pierre Singaravélou, *Tianjin cosmopolis. Une autre histoire de la mondialisation*, Paris, Seuil, 2017.
87. Arnulf Becker Lorca, « Petitioning the International: A "Pre-history" of "Self-determination" », *The European Journal of International* Law, 2014/2, n° 25, pp. 497-523, ici p. 499 ; Erez Manela, *The Wilsonian Moment: Self-determination and the International Origins of Anticolonial Nationalism*, New York, Oxford University Press, 2007 ; Carl Bouchard, *Cher Monsieur le Président. Quand les Français écrivaient à Woodrow Wilson*, Ceyzérieu, Champ Vallon, 2015.
88. Marie-Renée Mouton, « La SDN et la protection des minorités nationales en Europe », *Relations internationales*, 1993/3, n° 75, pp. 315-328 ; Natasha Wheatley, « Mandatory Interpretation: Legal Hermeneutics and the New International Order in Arab and Jewish Petitions to the League of Nations », *Past and Present*, 2015/1, n° 227, pp. 205-248.
89. On pourra confronter utilement le livre coordonné par Jacques Bariéty, *Mouvements et initiatives de paix dans la politique internationale : 1867-1928*, Berne, Peter Lang, 1987, celui de William Mulligan, *The Great War for Peace*, New Haven, Yale University Press, 2014, et celui de Rémi Fabre *et al.* (dir.), *Les défenseurs de la paix. 1899-1917*, Rennes, PUR, 2018.
90. Vanessa Conze, *Richard Coudenhove-Kalergi. Umstrittener Visionär Europas*, Göttingen, Muster-Schmidt Verlag, 2000 ; Laurence Badel, *Un milieu libéral et européen. op. cit.*, 1999.
91. Xavier Vigna et Michelle Zancarini-Fournel, « Les rencontres improbables dans "les années 68" », *Vingtième Siècle. Revue d'histoire*, 2009/1, n° 101, pp. 163-177.
92. Leopoldo Nuti *et al.*, *The Euromissile Crisis and the End of the Cold War*, Washington, D.C., Woodrow Wilson Center Press, 2015.
93. Christoph Becker-Schaum *et al.*, *The Nuclear Crisis*, *op. cit.* ; William Marotti, « Japan 1968: The Performance of Violence and the Theater of Protest », *The American Historical Review*, 2009/1, n° 114, pp. 97-135.

94. Hélène Miard-Delacroix et Andreas Wirsching, « Emotionen », *op. cit.*, p. 6.
95. Philippe Artières et Paweł Rodak, « Écriture et soulèvement. Résistances graphiques pendant l'état de guerre en Pologne (13 décembre 1981-13 décembre 1985) », *Genèses*, 2008, n° 70, pp. 120-139.
96. Robert Frank, « Émotions mondiales, internationales et transnationales, 1822-1932 », *Monde(s)*, 2012, n° 1, pp. 47-70, ici p. 66.
97. Hélène Miard-Delacroix et Andreas Wirsching, « Emotionen », *op. cit.*, p. 8 ; Philipp Gassert, « Vertrauen, Einsicht und guten Willen zu wecken. Uberlegungen zu einem Zentralbegriff westdeutscher Ausenpolitik », dans Reinhild Kreis (Hg.), *Diplomatie mit Gefühl. Vertrauen und die Außenpolitik der Bundesrepublik Deutschland*, Munich, De Gruyter, 2015, pp. 17-31.
98. Marc Augé, *Non-lieux*, *op. cit.*, p.119.
99. Matthias Middell et Katja Naumann, « Global History and the Spatial Turn: From the Impact of Area Studies to the Study of Critical Junctures of Globalization », *Journal of Global History*, 2010/1, n° 5, pp. 149-170, ici p. 153 et p. 162 ; Eric Burton, « Hubs of Decolonization. African Liberation Movements and Eastern Connections in Cairo, Accra and Dar es Salaam », dans Lena Dallywater *et al.* (eds.), *Southern African Liberation Movements and the Global Cold War « East »: Transnational Activism 1960-1990*, Berlin, De Gruyter, 2019, pp. 25-56 ; *id.*, « Antikoloniale Solidaritäten im Konflikt: Panafrikanismus, Panarabismus und afroasiatische Beziehungen in Kairo, 1956-1963 », *Stichproben. Wiener Zeitschrift für kritische Afrikastudien/Vienna Journal of African Studies*, 2021, n° 40, pp. 43-80, ici p. 51.
100. Susanne Schregel, « Die Orte der Friedensbewegung », dans Christoph Becker-Schaum *et al.* (Hg.) « *Entrüstet Euch!* » *Nuklearkrise*, *op. cit.*, p. 169-170.
101. *Ibid.*, pp. 169-171.
102. Christoph Becker-Schaum *et al.*, *The Nuclear Crisis*, *op. cit.*, p. 12.
103. David Harvey, *The Condition of Postmodernity*, Londres, Blackwell, 1989, p. 264.
104. Sabine Dullin, *La frontière épaisse*, *op. cit.*, p. 14 ; Étienne Peyrat, *Histoire du Caucase au xx*e *siècle*, Paris, Fayard, 2020.
105. David Harvey, *The Condition of Postmodernity*, Londres, Blackwell, 1989, p. 264 ; Peter Sahlins, *Boundaries. The Making of France and Spain in the Pyrenees*, Berkeley, University of California Press, 1989.
106. Julia Herzberg *et al.* (eds), *Ice and Snow in the Cold War: Histories of Extreme Climatic Environments*, New York, Berghahn Books, 2018.
107. Michael Goebel, *Paris, capitale du tiers monde. Comment est née la révolution anticoloniale (1919-1939)*, Paris, La Découverte, 2017 [2016].
108. Stéphane Paquin, « La diplomatie à l'ère d'Internet et des médias sociaux », dans Christian Lequesne (dir.), *La puissance par l'image. Les États et leur diplomatie publique*, Paris, Presses de Sciences Po, 2021, pp. 33-57.

Chapitre 6

Incarner l'international : discours, concepts et métaphores

1. Accessible via l'adresse suivante : https://www.eeas.europa.eu/eeas/european-diplomatic-academy-opening-remarks-high-representative-josep-borrell-inauguration_en?etrans=fr
2. Robert Kagan, *The Jungle Grows Back: America and our Imperiled World*, New York, Alfred A. Knopf, 2018, p. 4 et p. 163.
3. Billet. « Josep Borrell, le maître jardinier de l'Europe se perd dans "la jungle" », *Libération*, par Hala Kodmani, 19 octobre 2022, accessible via l'adresse suivante : https://geopolitique.eu/2022/10/31/une-conversation-avec-josep-borrell/
4. Discours d'Emmanuel Macron au Sommet de l'APEC (Coopération économique pour l'Asie-Pacifique) du 18 novembre 2022, accessible via l'adresse suivante : https://www.vie-publique.fr/discours/287228-emmanuel-macron-18112022-relations-internationales
5. Bernard Lamy, *De l'art de parler avec un discours dans lequel on donne une idée de l'art de persuader*, Paris, Chez André Pralard, 2e édition, 1676 [1675], p. 77.
6. Victor Klemperer, *LTI. La langue du III*e *Reich*, Paris, Albin Michel, 1996 [1947], p. 38.
7. Olivier Reboul, *Langage et idéologie*, Paris, PUF, 1980, pp. 45-46 et p. 209.

8. Antoine de Baecque, *Le Corps de l'histoire. Métaphores et politique (1770-1800)*, Paris, Calmann-Lévy, 1993, p. 14.
9. Willibald Steinmetz, « "Sprechen ist eine Tat bei euch". Die Wörter und das Handeln in der Revolution von 1848 », dans Dieter Dowe *et al.* (Hg.), *Europa 1949. Revolution und Reform*, Bonn, Berghahn Books, 1998, pp. 1089-1138.
10. Winfried Baumgart, *Wörterbuch historischer und politischer Begriffe des 19. und 20. Jahrhunderts : Deutsch - Englisch - Französisch*, Munich, Oldenbourg, 2010.
11. Marie-Dominique Perrot, « Mondialiser le non-sens », *Revue du MAUSS*, 2002/2, n° 20, pp. 204-221, ici p. 206.
12. Pierre Lascoumes et Louis Simard, « L'action publique au prisme de ses instruments. Introduction », *Revue française de science politique*, 2011/1, n° 61, pp. 5-22, ici p. 15.
13. Frank Costigliola, « The Nuclear Family », art. cit., pp. 163-83.
14. Ann Laura Stoler, *La Chair de l'Empire : savoirs intimes et pouvoirs raciaux en régime colonial*, Paris, La Découverte, 2013 [2002], p. 259.
15. Martin Thomas et Richard Toye, *Rhetorics of Empire: Languages of Colonial Conflict After 1900*, Manchester, Manchester University Press, 2017, p. 13 ; *id.*, *Arguing about Empire. Imperial Rhetoric in Britain and France, 1882-1956*, Oxford, Oxford University Press, 2017, pp. 1-2.
16. Susanne Schattenberg, « "Sascha, ich würde Dir gern glauben, aber versteh auch Du mich…". Breschnew, Dubcek und die Frage von Kadern und Vertrauen im Konflikt um den Prager Frühling 1968 », *Historische Anthropologie*, 2013/2, n° 21, pp. 227-250, ici p. 229. Voir : Markus Mösslang et Torsten Riotte (eds.), *The Diplomats' World: A Cultural History of Diplomacy, 1815-1914*, Oxford, Oxford University Press, 2008.
17. Jean-Michel Adam, *Éléments de linguistique textuelle : théorie et pratique de l'analyse textuelle*, Liège, Mardaga, 1990, p. 23.
18. Patrick Charaudeau et Dominique Maingueneau (dir.), *Dictionnaire d'analyse du discours*, Paris, Le Seuil, 2002, pp. 187-190.
19. Sivan Cohen-Wiesenfeld, « Le discours diplomatique dans la correspondance franco-allemande 1871-1914 », *Argumentation et Analyse du Discours* [En ligne], 2008, 1 ; Françoise Armengaud, *La pragmatique*, Paris, PUF, 2007.
20. Susanne Schattenberg, « "Sascha", ich würde Dir gern glauben », art. cit.
21. Quentin Skinner, *Visions politiques. Volume 1 : sur la méthode*, Genève, Droz, 2018 [2002], pp. 232-234.
22. Patrick Finney, « Still "marking time"? Text, Discourse and Truth in International History », *Review of International Studies*, 2001/3, n° 27, pp. 291-308, ici p. 306 ; Frank Ninkovich, « No Postmortems for Postmodernism, Please », *Diplomatic History*, 1998/3, n° 22, pp. 451-466, ici p. 456.
23. Léon Bourgeois, *Solidarité*, Paris, Armand Colin, 1896, p. 7.
24. Jörg Fisch, *Krieg und Frieden im Friedensvertrag : eine universalgeschichtliche Studie über Grundlagen und Formelemente des Friedensschlusses*, Stuttgart, Klett-Cotta, 1979.
25. Jean Salmon, *Droit international et argumentation*, Bruxelles, Bruylant, 2014, p. 51.
26. Wilhelm Grewe, « Die Sprache der Diplomatie », *op. cit.* Voir : Ruth Lambertz-Pollan, *Auf dem Weg zu Souveränität und Westintegration (1948-1955): Der Beitrag des Völkerrechtlers und Diplomaten Wilhelm Grewe*, Baden-Baden, Nomos Verlag, 2016.
27. W. B. Gallie, « Essentially Contested Concepts », *Proceedings of the Aristotelian Society*, 1955, n° 56, pp. 167-198.
28. Conseil de l'Europe, *Livre blanc sur le dialogue interculturel. Vivre ensemble dans l'égale dignité*, Strasbourg, 7 mai 2008.
29. Jürgen Endres, *Le dialogue interculturel au Conseil de l'Europe, à l'Union européenne et à l'Unesco : état des lieux*, DFI, dossiers SER, 2010.
30. Mikhaïl Bakhtin, *Problèmes de la poétique de Dostoïevski*, Lausanne, L'Âge d'homme, 1970, p. 51.
31. Hans-Georg Gadamer, *Vérité et méthode*, Paris, Seuil, 1996 [1960], p. 390.
32. Jürgen Habermas, *Théorie de l'agir communicationnel*, t. 1, Paris, Fayard, 1987 [1981], pp. 295-296.
33. Andrew Linklater, 1997, *The Transformation of Political Community: Ethical Foundations of the Post-Westphalian Era*, Cambridge, Polity, p. 86.
34. Thomas Risse, « "Let's Argue!": Communicative Action in World Politics », *International Organization*, 2000, 54/1, pp. 1-39.

35. Paul VI, lettre encyclique « Ecclesiam suam », accessible via l'adresse suivante : www.vatican.va/holy_father/paul_vi/encyclicals/documents/hf_p-vi_enc_06081964_ecclesiam_fr.html
36. Bernard Corbineau, « Le dialogue euro-arabe, instance du nouvel ordre international (1973-1978) », dans *Revue française de science politique*, 1980, 30e année, n° 3, pp. 560-598.
37. H. A. Tuan, « Asean Dispute Management: Implications for Vietnam and an Expanded Asean », *Contemporary Southeast Asia*, 1996/1, n° 18, pp. 61-80, ici p. 63 ; Kim Hyung Jong et Lee Poh Ping, « The Changing Role of Dialogue in the International Relations of Southeast Asia », *Millenium Conference*, 2010, p. 3. Voir : Laurence Badel, « Interrégionalisme, rivalités économiques et cultures diplomatiques : une approche historique du processus Asie-Europe (ASEM) », dans Sebastian Santander (dir.), *Concurrences régionales dans un monde multipolaire émergent*, Bruxelles, PIE-Peter Lang, 2016 pp. 313-328.
38. *Cours de style diplomatique*, par H. Meisel, tome 1, Paris, J.-P. Aillaud, 1826, pp. 48-49.
39. Evgeny Roshchin, « The Concept of Friendship: From Princes to States », *European Journal of International Relations*, 2006/4, n° 12, pp. 599-624 ; *id.*, *Friendship Among Nations : A History of a Concept*, Manchester, Manchester University Press, 2017.
40. Alexander Wendt, *Social Theory of International Politics*, Cambridge, Cambridge University Press, 1999.
41. Gilles Pécout, « Amitié littéraire et amitié politique méditerranéennes : philhellènes français et italiens de la fin du XIXe siècle », *Revue germanique internationale*, 1-2 | 2005, pp. 207-218.
42. Jean Salmon, *Droit international, op. cit.*, pp. 32-34 et p. 534.
43. Philippe Bretton, « Le traité germano-soviétique du 12 août 1970 », *Annuaire français de droit international*, vol. 16, 1970, pp. 125-143, ici p. 137.
44. Olivier Reboul, *Langage et idéologie, op. cit.*, p. 128.
45. Pierre Fontanier, *Les figures du discours*, Paris, Flammarion, 1968 [1821-1827], p. 127.
46. Kohei Kida, « La métaphore filée à la lumière de la théorie des blocs sémantiques », *Corela* [En ligne], 2021/1, n° 19, mis en ligne le 7 juillet 2021, accessible via l'adresse suivante : http://journals.openedition.org/corela/12950
47. Francis A. Beer et Christ'l de Landtsheer (eds.), *Metaphorical world politics*, East Lansing, MI, Michigan State University Press, 2004, p. 15.
48. Thomas Hobbes, *Léviathan ou matière, forme et puissance de l'État chrétien et civil*, Paris, Gallimard, 2000 [1651].
49. Francis A. Beer and Christ'l de Landtsheer, *Metaphorical world politics, op.cit.*, p. 16.
50. Sarga Moussa, « La métaphore de "l'homme malade" dans les récits de voyage en Orient », *Romantisme*, 2006/1, n° 131, p. 19.
51. Voir : la lettre XVIII (Usbek à son ami Rustan à Ispahan) : « J'ai vu avec étonnement la faiblesse de l'Empire des Osmanlins. Ce corps malade ne se soutient pas par un régime doux et tempéré, mais par des remèdes violents, qui l'épuisent et le minent sans cesse », dans *Lettres persanes*, tome 1, Amsterdam, chez Pierre Brunel, 1721, p. 75. Voir : Sarga Moussa, « La métaphore de "l'homme malade" », art. cit., p. 19.
52. Cité par Paul Dumont, « La période des Tanzîmât », dans Robert Mantran (dir.), *Histoire de l'Empire ottoman*, Paris, Fayard, 1989, p. 501.
53. Jean-François Solnon, « Au chevet de l'homme malade », dans Jean-François Solnon (dir.), *L'Empire ottoman et l'Europe*, Paris, Éditions Perrin, 2017, pp. 686-687.
54. Xu Guoxi, *Olympic Games. China and Sports, 1895-2008*, Cambridge, Harvard University Press, 2008, p. 18.
55. Frank Costigliola, « The Nuclear Family », art. cit., p. 179.
56. Robert L. Ivie, « Cold War Motives and the Rhetorical Metaphor: A Framework of Criticism », dans Martin J. Medhurst *et al.*, *Cold War Rhetoric: Strategy, Metaphor, and Ideology*, East Lansing, MI, Michigan State University Press, p. 75.
57. Robert de Traz, *L'esprit de Genève*, Lausanne, L'Âge d'homme, 1995 [1929], p. 57.
58. Ministère des Affaires étrangères, *Documents diplomatiques français* 1932-1939. 1re série, 1932-1935. 11, 1er juin-20 août 1935, p. 5, document 4.
59. Michel Jobert, *L'autre regard*, Paris, Grasset, 1976, p. 311.
60. Nicolas Badalassi, *En finir avec la Guerre froide : la France, l'Europe et le processus d'Helsinki, 1965-1975*, Rennes, PUR, 2014.
61. *Cours de style diplomatique*, par H. Meisel, *op. cit.*, p. 43 et p. 48.

62. Frances Gouda, « The Gendered Rhetoric of Colonialism and Anti-Colonialism in Twentieth-Century Indonesia: Role of Faithful Tutors to Indigenous Pupils », *Indonesia*, 1993, n° 55, pp. 1-22, ici pp. 1-2.
63. Cité par Marie-Pierre Rey, « "Europe is our Common Home": A Study of Gorbachev's Diplomatic Concept », *Cold War History*, 2004/2, n° 4, pp. 33-65, ici p. 34.
64. Discours de Jacques Chirac du 2 septembre 2002 devant l'assemblée plénière du quatrième Sommet de la Terre à Johannesburg, en Afrique du Sud.
65. Sébastien Chonavey, « La Maison brûle-t-elle ? Une analyse d'une figure "enargique" dans les discours écologistes de Greta Thunberg », *Exercices de rhétorique* [En ligne], 2021, 17, mis en ligne le 25 novembre 2021, accessible via l'adresse suivante : http://journals.openedition.org/rhetorique/1235
66. Arnold Wolfers, *Discord and Collaboration: Essays on International Politics*, Baltimore, Johns Hopkins Press, 1962, p. 13.
67. Robert Jervis, *Perception and Misperception in International Relations*, Princeton, Princeton University Press, 2017 [1967], p. 20.
68. Cité dans Bartira Magalhães Filgueiras Nunes, *El ingreso de las mujeres en la diplomacia en España (1878-1975). Un análisis de las trayectorias de las primeras diplomáticas españolas*, Madrid, Colleción Escuela Diplomática, 2021.
69. György Péteri (dir.), *Nylon Curtain. Transnational and Transsystemic Tendencies in the Cultural Life of State-Socialist*, Trondheim Studies on East European Cultures and Societies, 2006, n° 18, p. 4.
70. Cyril Cordoba, *Au-delà du rideau de bambou. Relations culturelles et amitiés politiques sino-suisses (1949-1989)*, Neuchâtel, Alphil, 2020.
71. Viatcheslav Avioutskii, *Les révolutions de velours*, Paris, Armand Colin, 2006.
72. Winston Churchill's Address to Joint Session of US Congress, 1941, 26 décembre 1941.
73. James T.H. Tang et Frank Ching, « The MacLehose-Youde Years: Balancing the "Three-Legged Stool", 1971-1986 », dans Ming K. Chan, *Precarious Balance. Hong Kong between China and Britain, 1842-1992*, Londres, Routledge, 1994, pp. 149-171.
74. Cet exemple est extrait de la thèse de doctorat inédite de Celia Burgdorff, « Une "Europe passoire" ou une "Europe forteresse" ? Imaginaires, débats et politiques autour du régime migratoire européen (1985-2004) », co-dir. Laurence Badel et Andreas Wirsching, université Paris 1 Panthéon-Sorbonne/LMU (Munich), novembre 2022. Voir : Celia Burgdorff, « A Monument Made of Words? How the Metaphor of « Fortress Europe » Became a Collective Memory (1992-2008) », *JEIH Journal of European Integration History*, 2023/1, n° 29, pp. 53-70.
75. Jean-Claude Caron, « "Printemps des peuples" : pour une autre lecture des révolutions de 1848 », *Revue d'histoire du XIXe siècle*, 2016/1, n° 52, pp. 31-45, ici p. 38.
76. En France, l'expression est utilisée par *Le Monde* du 14 décembre 1971 et du 27 janvier 1972. Voir : Ines Sabotič, « Le printemps croate dans la presse quotidienne française », *Balkanologie* [En ligne], 2010/2, XII ; Ante Batovic, *The Croatian Spring : Nationalism, Repression and Foreign Policy Under Tito*, New York, I. B. Tauris, 2017.
77. René Girault, « L'automne des peuples », *Le Monde*, 13 octobre 2009.
78. Winston S. Churchill, « Conservative Mass Meeting: A Speech at Llandudno, 9 October 1948 », *Europe Unite: Speeches 1947 & 1948*, Londres, Cassell, 1950, pp. 416-418.
79. Efraim Karsh, *Islamic Imperialism: A History, New Haven*, Yale University Press, 2013 [2007], pp. 155-156.

Conclusions

1. Yuan Xingpei et Yan Wenming (dir.), *The History of Chinese Civilization*, volume IV, *Late Ming and Qing Dynasties (1525-1911)*, Peking University Press, 2006, p. 197.
2. Florian Louis, *Qu'est-ce que la géopolitique ?*, Paris, PUF, 2022.

Bibliographie complémentaire

Cette bibliographie complémentaire présente une sélection de livres et d'articles généraux, non cités dans les notes, sur l'épistémologie et l'écriture de l'histoire, ainsi que sur les perspectives traditionnelles ou renouvelées de l'histoire des relations internationales et des Relations internationales.

ACHARYA Amitav et BUZAN Barry, *The Making of Global International Relations: Origins and Evolution of IR at its Centenary*, Cambridge, Cambridge University Press, 2019.

AGGESTAM Karin et TOWNS Ann (eds.), *Gendering Diplomacy and International Negotiations*, Londres, Palgrave MacMillan, 2018.

AGGESTAM Karin et TOWNS Ann, « The Gender Turn in Diplomacy: A New Research Agenda », *International Feminist Journal of Politics*, 2019/1, n° 21, pp. 9-28.

ALLARDYCE Gilbert, « Toward World History: American Historians and the Coming of the World History Course », *Journal of World History*, 1990/1, n° 1, pp. 23-76.

ALLÈS Delphine, *La Part des dieux. Religion et relations internationales*, Paris, CNRS Éditions, 2021.

ÁLVAREZ Silvia T., « Relaciones Internacionales e historia en América Latina: los caminos para reconocer nuestros mundos », *Revista De Historia De América*, 2021, n° 161, pp. 173-214.

ARMITAGE David, « Globalizing Jeremy Bentham », *History of Political Thought*, 2011/1, n° 32, pp. 63-82.

ARNOULD Maurice-A., « Suzanne Tassier-Charlier (1898-1956) », *Revue belge de philologie et d'histoire*, 1956/3, n° 34, pp. 964-967.

AUWERS Michael, « Koele minnaars van de Koude Oorlog? De Belgische historici en het Oost-West conflict na de Tweede Wereldoorlog » [« *La guerre froide mal aimée ? Les historiens belges et le conflit Est-Ouest après la Seconde Guerre mondiale* »], dans *Revue belge d'histoire contemporaine*, 2022/3, n° LII, pp. 34-65.

BADEL Laurence, « Diplomacy and the History of International Relations: Redefining a Conflictual Relationship », *Diplomatica*, 2019/1, n° 1, pp. 33-39.

BADIE Bertrand, *Le Temps des humiliés. Pathologie des relations internationales*, Paris, Odile Jacob, 2014.

BADIE Bertrand, *Pour une approche subjective des relations internationales*, Paris, Odile Jacob, 2023.

BALZACQ Thierry et RAMEL Frédéric (dir.), *Traité de relations internationales*, Paris, Presses de Sciences Po, 2013.

BARRET-KRIEGEL Blandine, *L'histoire à l'Âge classique*, Paris, PUF, 1988.

BEARD Charles, *The Idea of National Interest. An Analytical Study in American Foreign Policy*, New York, Macmillan Co., 1934.

BELISSA Marc, « Diplomatie et relations "internationales" au XVIIIe siècle : un renouveau historiographique ? », *Dix-huitième Siècle*, 2005, n° 37, pp. 31-47.

BERWINKEL Holger, « The Diplomatic Correspondence in the 20th Century », *Archiv für Diplomatik, Schriftgeschichte, Siegel- und Wappenkunde*, 2015/1, n° 61, pp. 343-391.

BESSNER Daniel et LOGEVALL Fredrik, « Recentering the United States in the Historiography of American Foreign Relations », *The Scholar*, 2020/2, n° 3, pp. 38-55.

BLAIN Keisha N. et GILL Tiffany M. (eds.), *To Turn the Whole World Over: Black Women and Internationalism*, Urbana, University of Illinois Press, 2019.

BODLER Markus, « Les historiens français et les États-Unis dans les années 1950 et 1960 », *Nuevo Mundo Mundos Nuevos* [En ligne], débats mis en ligne le 29 janvier 2010, accessible via l'adresse suivante : https://journals.openedition.org/nuevomundo/58811

BOURGEOIS Daniel, « Notice bibliographique sur les publications récentes concernant les relations internationales de la Suisse de 1848 à nos jours », *Relations internationales*, 1982, n° 30, pp. 231-248.

BRIGHT Charles et GEYER Michael, « World History in a Global Age », *The American Historical Review*, 1995/4, n° 100, pp. 1034-1060.

BRUTER Annie, *L'histoire enseignée au Grand Siècle. Naissance d'une pédagogie*, Paris, Belin, 1997.

BURIGANA David, « De la Storia dei Trattati e di Politica internazionale à la Storia delle Relazioni internazionali : éclairages sur la polémique entre Federico Chabod et Mario Toscano », dans BADEL Laurence (dir.), *Histoire et relations internationales. Pierre Renouvin, Jean-Baptiste Duroselle et la naissance d'une discipline universitaire*, Paris, Éditions de la Sorbonne, 2020, pp. 235-248.

BUSSIÈRE Éric *et al.*, *Penser le système international, XIXe-XXIe siècle : autour de l'œuvre de Georges-Henri Soutou*, Paris, PUPS, 2013.

BUTLER K. T. B., « V. A. "Petty" Professor of Modern History: William Smyth (1765-1849) », *Cambridge Historical Journal*, 1948/2, n° 9, pp. 217-238.

BUTTERFIELD Herbert et WIGHT Martin (eds.), *Diplomatic Investigations: Essays on the Theory of International Politics*, Londres, Allen & Unwin, 1966.

BUULTJENS Ralph et MAZLISH Bruce (eds.), *Conceptualizing Global History*, Boulder, Westview Press, 1993.

BUZZANCO Robert, « Commentary: Where's the Beef? Culture without Power in the Study of U.S. Foreign Relations », *Diplomatic History*, 2000/4, n° 24, pp. 623-632.

CAHEN Raphaël *et al.*, « L'essor récent de l'histoire du droit international », *Clio@Themis* [En ligne], 2020, n° 18, mis en ligne le 1er juin 2020, accessible via l'adresse suivante : https://journals.openedition.org/cliothemis/298

CANESIN Carlos, « A ordem e as forças profundas na Escola Inglesa de Relações Internacionais: em busca de uma possível francofonia », *Revista Brasileira de Política Internacional*, 2008/1, n° 51, pp 123-136.

CARBONELL Charles-Olivier, « L'histoire des érudits, des philosophes et des gens de lettres (XVIIe-XVIIIe siècles) », dans CARBONELL Charles-Olivier (éd.), *L'historiographie*, Paris, PUF, 2002 [1981], pp. 66-82.

CASSIDY Jennifer (eds.), *Gender and Diplomacy*, Londres et New York, Routledge, 2017.

CATTERALL Peter, « What (if anything) is distinctive about Contemporary History? », *Journal of Contemporary History*, 1997/4, n° 32, pp. 441-452.

CERVO Amado Luiz, *Relações internacionais da América Latina: velhos e novos paradigmas*, São Paulo, Saraiva, 2007.

CHI-KWAN Mark, *China and the World since 1945: An International History*, Abingdon, Oxon/New York, Routledge, 2012.

COMBS Jerald A., *American Diplomatic History: Two Centuries of Changing Interpretations*, Berkeley, University of California Press, 1983.

CONZE ECKART *et al.* (Hg.), *Geschichte der internationalen Beziehungen. Erneuerung und Erweiterung einer historischen Disziplin*, Cologne, Böhlau Köln, 2004.

CONZE Eckart, « Securitization. Gegenwartsdiagnose oder historischer Analyseansatz? », *Geschichte und Gesellschaft*, 2012/3, n° 381, pp. 453-467.

COQUERY-VIDROVITCH Catherine, « De la périodisation en histoire africaine. Peut-on l'envisager ? À quoi sert-elle ? », *Afrique & histoire*, 2004/1, n° 2, pp. 31-65.

CONRAD Sebastian, « Conjonctures mondiales : la nouvelle fabrique de l'histoire politique européenne », *Annales. Histoire, Sciences Sociales*, 2021/4, pp. 685-700.

CORTEN André, « Un religieux immanent et transnational », *Archives de sciences sociales des religions*, 2006/1, n° 133, pp. 135-151.

CORTEN André et MARSHALL-FRATANI Ruth (eds.), *Between Babel and Pentecost. Transnational Pentecostalism in Africa and Latin America*, Londres-Bloomington, IN, Hurst Publisher/Indiana University Press, 2001.

COTTON James, « Early International Relations Teaching and Teachers in Australia: Institutional and Disciplinary Origins », *Australian Journal of International Affairs*, 2013/1, n° 67, pp. 71-97.

COUDERC Anne, DEFRANCE Corine et PFEIL Ulrich (dir), *La réconciliation. Histoire d'un concept entre oubli et mémoire/Versöhnung. Geschichte eines Begriffs zwischen Vergessen und Erinnerung*, Peter Lang, Bruxelles, 2022.

CROIZIER, Ralph, « World History in the People's Republic of China », *Journal of World History*, 1990/1, n° 2, pp. 151-169.

D'AGOSTINO Peter, *Rome in America. Transnational Catholic Ideology from the Risorgimento to Fascism*, Chapel Hill, NC, University of North Carolina Press, 2004.

DE FRANCESCHI Sylvio Hermann, « L'histoire des idées politiques en France et en Italie. Parcours comparés d'une discipline (1920-1970) », *Revue française d'histoire des idées politiques*, 2010/1, n° 31, pp. 3-37.

De Leonardis Massimo, *Storia dei trattati e politica internazionale: fonti, metodologia, nascita ed evoluzione della diplomazia permanente*, Milan, EDUCatt, 2015.

DeBenedetti Charles, « James T. Shotwell and the Science of International Politics », *Political Science Quarterly*, 1974/2, n° 89, pp. 379-395.

DeConde Alexander, « Thomas A. Bailey: Teacher, Scholar, Popularizer », *Pacific Historical Review*, mai 1987, vol. 56, n° 2, pp. 161-193.

Delgado Gómez-Escalonilla Lorenzo, « El estudio de las relaciones internacionales de España durante el franquismo: allegro ma non troppo », dans Rein Raanan et Thomàs i Andreu Joan Maria (dir.), *Guerra Civil y franquismo: una perspectiva internacional*, Saragosse, Prensas Universitarias de Zaragoza, 2016, pp. 201-244.

Delgado Gómez-Escalonilla Lorenzo *et al.* (dir.), *La apertura internacional de España. Entre el franquismo y la democracia, 1953-1989*, Madrid, UNED, 2016.

Delissen Alain, « Carrefour historique, carrefours historiographiques : les nouveaux passés de la Corée du Sud », *Matériaux pour l'histoire de notre temps*, 2007/4, n° 88, pp. 20-25.

Delissen Alain, « La nouvelle bataille des Falaises rouges ? À propos du manuel commun Chine-Corée-Japon », *Vingtième Siècle. Revue d'histoire*, 2007/2, n° 94, pp. 57-71.

Delmas Corinne, *Instituer des savoirs d'État. L'Académie des sciences morales et politiques au XIXe siècle*, Paris, L'Harmattan, 2006.

Deluermoz Quentin *et al.*, « Écrire l'histoire des émotions : de l'objet à la catégorie d'analyse », *Revue d'histoire du XIXe siècle*, 2013/2, n° 47, pp. 155-189.

Demyk Noëlle, « D'un paradigme à l'autre : les apories de la notion d'aire culturelle », *Cahiers des Amériques latines*, 2002, n° 40, pp. 178-187.

Descendre Romain, *L'état du monde : Giovanni Botero entre raison d'état et géopolitique*, Genève, Droz, 2009.

Devin Guillaume (dir.), *Méthodes de recherche en relations internationales*, Paris, Presses de Sciences Po, 2016.

Di Nolfo Ennio, *Prima lezione di storia delle relazioni internazionali*, Rome, GLF editori Laterza, 2006.

Di Nolfo Ennio, *Lessico di politica internazionale contemporanea*, Rome, Bari, GLF editori Laterza, 2012.

Dotti Jorge, « Encuesta sobre el concepto de recepción », dans Dotti Jorge *et al.*, « Respuestas de Jorge Dotti », *Políticas de la Memoria*, 2009, n° 8/9, pp. 98-99.

Droit Emmanuel, « L'histoire internationale en Allemagne depuis 1990. Origines, renouvellements, perspectives », *Vingtième Siècle. Revue d'histoire*, 2014/4, n° 124, pp. 123-139.

Droit Emmanuel, « Les césures du temps présent. Approche comparée franco-allemande », *Atala : cultures et sciences humaines*, 2014, n° 17, pp. 167-181.

Droit Emmanuel, « Écrire une histoire globale de 1989 : entre onde de choc et brèche dans le temps », *Monde(s)*, 2020, n° 18, pp. 171-190.

Dubois Mathieu et Hudemann Rainer, « La *Zeitgeschichte* dans l'historiographie européenne : introduction », *Histoire, économie, société*, 2016/2, n° 35, pp. 4-13.

Dufour Pascale, « Pour une analyse comparée de la transnationalisation des solidarités. La Marche mondiale des femmes comme "objet" transnational complexe », *Revue internationale de politique comparée*, 2016/2, n° 23, pp. 145-173.

DÜLFFER Jost et LOTH Wilfried (Hg.), *Dimensionen internationaler Geschichte*, Munich, Oldenbourg Wissenschaftsverlag, 2012.

DULLIN Sabine et SINGARAVÉLOU Pierre, « Introduction – Le débat public : un objet transnational ? », *Monde(s)*, 2012/1, pp. 11-27.

DURANTON Henri, « Le métier d'historien au XVIIIe siècle », *Revue d'histoire moderne et contemporaine*, 1976/4, n° 23, pp. 481-500.

EISERMANN Daniel, *Außenpolitik und Strategiediskussion: die Deutsche Gesellschaft für Auswärtige Politik 1955 bis 1972*, Munich, Oldenbourg, 1999.

ELMAN Colin et ELMAN Miriam Fendius, « Diplomatic History and International Relations Theory: Respecting Difference and Crossing Boundaries », *International Security*, 1997/1, n° 22, pp. 5-21.

EMORY Eliott, « Diversity in the United States and Abroad: What does it Mean When American Studies is Transnational? », *American Quarterly*, 2007/1, n° 59, pp. 1-22.

ENGELBORGHS-BERTELS Marthe, « Les conceptions chinoises en matière de relations internationales », *Études internationales*, 1981/2, n° 12, pp. 321-341.

EVANS Richard J., *Cosmopolitan Islanders: British Historians and the European Continent*, Cambridge, Cambridge University Press, 2009.

FABIANI Jean-Louis, « Vers la fin du modèle disciplinaire ? », *Hermès. La Revue*, 2013/3, n° 67, pp. 90-94.

FAUVELLE François-Xavier et LAFONT Anne, *L'Afrique et le Monde : histoires renouées. De la Préhistoire au XXIe siècle*, Paris, La Découverte, 2022.

FELLNER Fritz, « Geschichte als Wissenschaft. Der Beitrag Österreichs zur Theorie, Methodik und Themen der Geschichte der Neuzeit », dans *id.*, *Geschichtsschreibung und nationale Identität. Probleme und Leistungen der österreichischen Geschichtswissenschaft*, Vienne, Böhlau, 2002, pp. 36-91.

FERGUSON Niall *et al.* (eds.), *The Shock of the Global: The 1970s in Perspective*, Cambridge, MA, Harvard University Press, 2010.

FINNEY Patrick *et al.*, « Introduction: The Cultural Turn and Beyond in International History », *International History Review*, 2018/3, n° 40, pp. 573-575.

FRANK Robert, « Penser historiquement les relations internationales », *AFRI*, 2003, vol. IV, pp. 42-65.

FRIEDLÄNDER Saul *et al.* (dir.), *L'historien et les relations internationales. Recueil d'études en hommage à Jacques Freymond*, Genève, IUHEI, 1981.

FRIESE Heidrun (eds.), *The Moment: Time and Rupture in Modern Thought*, DGO-Digital original, Liverpool University Press, 2001.

GABORIAUX Chloé *et al.*, « Politiques des langues dans les organisations internationales », *Mots. Les langages du politique*, 2022, n° 128, pp. 9-25.

GALIMI Valeria, « Culture fasciste et droit à la guerre. L'Istituto per gli studi di politica internazionale dans les années trente », *Mil neuf cent. Revue d'histoire intellectuelle*, 2005/1, n° 23, pp. 167-182.

GÄNGER Stefanie et OSTERHAMMEL Jürgen, « Une pause réflexive pour l'histoire globale », *Histoire@Politique* [En ligne], 2021, n° 45, mis en ligne le 1er octobre 2021, accessible via l'adresse suivante : https://journals.openedition.org/histoirepolitique/1759

GARAVINI Giuliano, « Storia internazionale e storia globale: differenze e contaminazioni », *Ricerche di storia politica*, 2016, n° 3, pp. 285-294.

GARNER Guillaume, *État, économie, territoire en Allemagne. L'espace dans le caméralisme et l'économie politique (1740-1820)*, Paris, EHESS, 2006.

GARNER Karen, *Women and Gender in International History*, Londres, Bloomsbury Academic, 2018.

GERWITZ Julian, *Unlikely Partners Chinese Reformers, Western Economists, and the Making of Global China*, Cambridge, Harvard University Press, 2017.

GEYER Martin H. et PAULMANN Johannes (eds.), *The Mechanics of Internationalism. Culture, Society, and Politics from the 1840s to the First World War*, Oxford, Oxford University Press, 2001.

GIANNINI Amedeo, « Gli studi di storia diplomatica in Italia (1860-1950) », *Rivista di Studi Politici Internazionali*, 1950/4, n° 17, pp. 607-632.

GIENOW-HECHT Jessica, « Emotionale Wahlverwandtschaften. Musik und Politik in den transatlantischen Beziehungen seit 1850 », dans CONZE Eckart *et al.* (Hg.), *Geschichte der internationalen Beziehungen, Erneuerung und Erweiterung einer historischen Disziplin*, Cologne, Böhlau, 2004, pp.197-229.

GIENOW-HECHT Jessica, « What Bandwagon? Diplomatic History Today », *Journal of American History*, 2009/4, n° 95, pp. 2083-2086.

GIENOW-HECHT Jessica, « Nation Branding: A Useful Category for International History », *Diplomacy & Statecraft*, 2019/4, n° 30, pp. 755-779.

GIENOW-HECHT Jessica et SCHUMACHER Frank (eds.), *Culture and International History*, Oxford, New York, Berghahn Books, 2003.

GILDERHUS Mark T., « Founding Father: Samuel Flagg Bemis and the Study of U.S.-Latin American Relations », *Diplomatic History*, 1997/1, n° 21, pp. 1-12.

GIONA Federico, *ISPI, primo think tank italiano di politica internazionale*, Roma, Aracne, 2014.

GIRAULT René, *Être historien des relations internationales*, Paris, Éditions de la Sorbonne, 1998.

GOEDDE Petra, *GIs and Germans: Culture, Gender, and Foreign Relations, 1945-1949*, New Haven/Londres, Yale University Press, 2003.

GOEDDE Petra, « Power, Culture, and the Rise of Transnational History in the United States », *The International History Review*, 2018/3, n° 40, pp. 592-608.

GOMART Thomas, « Écrire l'histoire des relations internationales après WikiLeaks », *Revue des deux mondes*, mai 2011, pp. 83-94.

GRADSKOVA Yulia, « Women's international Democratic Federation, the "Third World" and the Global Cold War from the late-1950s to the mid-1960s », *Women's History Review*, 2020/2, n° 20, pp. 270-288.

GRADVOHL Paul et MARÈS Antoine, « Enjeux historiques de l'approche de l'Europe médiane », *Monde(s)*, 2018/2, n° 14, pp. 7-30.

GRAF Maximilian et RÖHRLICH Elisabeth, « Von der Diplomatiegeschichte zur International History. Das Institut für Zeitgeschichte und die internationalen Beziehungen », dans PERZ Bertrand et MARKOVA Ina (Hg.), *50 Jahre Institut für Zeitgeschichte der Universität Wien 1966-2016*, Vienne, New Academic Press, 2017, pp. 350-370.

GROSSER Pierre, *Les Temps de la guerre froide. Réflexions sur l'histoire de la guerre froide et les causes de sa fin*, Bruxelles, Complexe, 1995.

GROSSER Pierre, « Comment écrire l'histoire des relations internationales aujourd'hui ? Quelques réflexions à partir de l'Empire britannique », *Histoire@Politique*, 2010, n° 10.

GROSSER Pierre, « L'histoire mondiale/globale, une jeunesse exubérante mais difficile », *Vingtième Siècle. Revue d'histoire*, 2011/2, n° 110, pp. 3-18.

GROSSER Pierre, « L'histoire des relations internationales à l'épreuve des interactions transnationales », dans Robert Frank (dir.), *Pour l'histoire des relations internationales, op. cit.*, pp. 271-288.

GROSSER Pierre, « État de littérature. L'histoire des relations internationales aujourd'hui », *Critique internationale*, 2014/4, n° 65, pp. 173-200.

GROSSER Pierre, « La Guerre froide, une périodisation impossible ? », *Atala : cultures et sciences humaines*, 2014, n° 17, pp. 149-166.

GUIEU Jean-Michel et SANDERSON Claire (dir.), *L'historien et les relations internationales. Autour de Robert Frank*, Paris, Presses de la Sorbonne, 2012.

GUIEU Jean-Michel, « Éditorial : l'Europe et la paix. Jalons pour une relecture de l'histoire européenne des XIXe-XXIe siècles », *Matériaux pour l'histoire de notre temps*, 2012/4, n° 108, pp. 1-6.

HALL Ian, « The Art and Practice of a Diplomatic Historian: Sir Charles Webster, 1886-1961 », *International Politics*, 2005/4, n° 42, pp. 470-490.

HAMILTON Keith, « Historical Diplomacy: Foreign Ministries and the Management of the Past », dans Jovan Kurbalija (eds.), *Knowledge and Diplomacy*, Malte, Diplo Foundation, 1999, pp. 35-44.

HARTOG François, « De l'histoire universelle à l'histoire globale ? Expériences du temps », *Le Débat*, 2009/2, n° 154, pp. 53-66.

HARTOG François, « Le présent de l'historien », *Le Débat*, 2010/1, n° 158, pp. 18-31.

HAUPT Heinz-Gerhard et KOCKA Jürgen (Hg.), *Geschichte und Vergleich. Ansätze und Ergebnisse international vergleichender Geschichtsschreibung*, Francfort-sur-le Main/New York, Campus, 1996.

HEILBRON Johan *et al.*, « Vers une histoire transnationale des sciences sociales », *Sociétés contemporaines*, 2009/1, n° 73, pp. 121-145.

HEREDIA Edmundo, « Relaciones Internacionales Latinoamericanas: historiografía y teorías », *Estudios Iberoamericanos*, PUCRS, 2008/1, n° XXXIV, pp. 7-35.

HERREN-OESCH Madeleine, *Internationale Organisationen seit 1865. Eine Globalgeschichte der internationalen Ordnung*, Darmstadt, Wissenschaftliche Buchgesellschaft, 2009.

HESKETH Ian, « Writing History in Macaulay's Shadow: J. R. Seeley, E.A. Freeman, and the Audience for Scientific History in Late Victorian Britain », *Journal of the Canadian Historical Association/Revue de la Société historique du Canada*, 2011/2, n° 22, pp. 30-56.

HOFFMANN Stanley, « An American Social Science: International Relations », *Daedalus*, 1977/3, n° 106, pp. 41-60.

HOGAN Michael J., « The Next Big Thing: The Future of Diplomatic History in a Global Age », *Diplomatic History*, 2004/1, n° 28, pp. 1-21.

HSÜ Immanuel C. Y., « Modern Chinese Diplomatic History: A Guide to Research », *The International History Review*, 1979/1, n° 1, pp. 102-120.

HUCKER Daniel, « International History and the Study of Public Opinion: Towards Methodological Clarity », *The International History Review*, 2012/2, n° 34, pp. 775-794.

IHL Olivier et KALUSZYNSKI Martine, « Pour une sociologie historique des sciences de gouvernement », *Revue française d'administration publique*, 2002/2, n° 102, pp. 229-243.

INGLEBERT Hervé, *Le Monde, l'Histoire. Essai sur les histoires universelles*, Paris, PUF, 2014.

INGLEBERT Hervé, *Histoire universelle ou histoire globale ?*, Paris, PUF, 2018.

IRIYE Akira, « Culture and International History », dans HOGAN Michael J. et PATERSON Thomas G. (eds.), *Explaining the History of American Foreign Relations*, Cambridge, Cambridge University Press, 2004, pp. 241-256.

IRIYE Akira, « Réflexions sur l'histoire globale et transnationale », *Cahiers d'histoire. Revue d'histoire critique*, 2013, n° 121, pp. 89-106.

IRIYE Akira et GOEDDE Petra (eds.), *International History. À Cultural Approach*, Bloomsbury Academic, 2022.

IRIYE Akira et SAUNIER Pierre-Yves, *The Palgrave Dictionary of Transnational History*, Basingstoke, Hampshire (GB)-New York, Palgrave Macmillan, 2009.

JACKSON Peter, « Pierre Bourdieu, the "cultural turn" and the practice of international history », *Review of international studies*, 2008/1, n° 34, pp. 155-181.

JACKSON Peter et IMLAY Talbot, « 10. International Relations Theory and the Practice of International History », dans BUKOVANSKY Mlada *et al.* (eds.), *The Oxford Handbook of History and International Relations*, Oxford, Oxford University Press, 2023, pp. 137-158.

JANIS Mark W., « Jeremy Bentham and the Fashioning of "International Law" », *The American Journal of International Law*, 1984/2, n° 78, pp. 405-418.

JANSEN Sabine et SCOT Marie, « Les relations internationales à Sciences Po : la naissance du CERI et l'essor d'un champ disciplinaire (1945-1968) », *Revue historique*, 2019/3, n° 691, pp. 669-704.

JOURNOUD Pierre, « Vers une histoire des relations internationales contemporaines en Asie-Pacifique », *Bulletin de l'Institut Pierre Renouvin*, 2015/1, n° 41, pp. 149-155.

KAELBLE Hartmut, « Histoire mondiale. Quelle contribution des historiens ? », *Eurostudia*, 2008/2, n° 4.

KAISER Karl, « Transnationale Politik. Zu einer Theorie multinationaler Politik », dans CZEMPIEL Ernst-Otto (Hg.), *Die anachronistische Souveränität. Zum Verhältnis von Innen- und Außenpolitik*, Cologne, Opladen, 1969, pp. 80-109.

KAISER Wolfram et MEYER Jan-Henrik, « Non-State Actors in European Integration in the 1970s: Towards a Polity of Transnational Contestation », *Comparativ*, 2010/3, n° 20, pp. 7-24.

KEIM Wiebke, « La circulation internationale des savoirs en sciences sociales », *Revue d'anthropologie des connaissances* [En ligne], 2016/1, n° 10, mis en ligne le 16 novembre 2016, accessible via cette adresse : https://www.cairn.info/revue-anthropologie-des-connaissances-2016-1-page-1.htm

KEYS Barbara, *Globalizing Sport: National Rivalry and International Community in the 1930s*, Cambridge/Londres, Harvard University Press, 2006.

Keys Barbara, « Henry Kissinger: The Emotional Statesman », *Diplomatic History*, 2011/4, n° 35, pp. 587-609.

Keys Barbara, « The Diplomat's Two Minds: Deconstructing a Foreign Policy Myth », *Diplomatic History*, 2020/1, n° 44, pp. 1-21.

Kiessling Friedrich, « Der "Dialog der Taubstummen" ist vorbei. Neue Ansätze in der Geschichte der internationalen Beziehungen des 19. und 20. Jahrhunderts », *Historische Zeitschrift*, 2002/3, n° 275, pp. 651-80.

Knipping Franz, « L'historiographie des relations internationales en Allemagne fédérale : quelques remarques sur la situation actuelle », *Relations internationales*, 1985/2, n° 42, pp. 149-163.

Kreienbrink Axel, Oltmer Jochen et Sanz Díaz Carlos, *Das "Gastarbeiter" – System: Arbeitsmigration und ihre Folgen in der Bundesrepublik Deutschland und Westeuropa*, Munich, Oldenbourg, 2012.

Kristensen Peter Marcus, « International Relations in China and Europe: The Case for Interregional Dialogue in a Hegemonic Discipline », *The Pacific Review*, 2015/2, n° 28, pp. 161-187.

Laborier Pascale et *al.*, *Les sciences camérales : activités pratiques et histoire des dispositifs publics*, Paris, PUF, 2011.

Langley Lester D., « The Diplomatic Historians: Bailey and Bemis », *The History Teacher*, 1972/1, n° 6,pp. 51-70.

Lawson George, « The Eternal Divide? History and International Relations », *European Journal of International Relations*, 2012/2, n° 18, pp. 203-226.

Lees Nicholas, « The Brandt Line after Forty Years: The More North-South Relations Change, the More They Stay the Same? », *Review of International Studies*, 2021/1, n° 47, pp. 85-106.

Lehmkuhl Ursula, « Diplomatiegeschichte als internationale Kulturgeschichte: Theoretische Ansätze und empirische Forschung zwischen Historischer Kulturwissenschaft und Soziologischem Institutionalismus », *Geschichte und Gesellschaft*, juillet-septembre 2001/3, n° 27, pp. 394-423.

Lemercier Claire, « Analyse de réseaux et histoire », *Revue d'histoire moderne & contemporaine*, 2005/2, n° 52, pp. 88-112.

Leonhard Jörn, « From European Liberalism to the Languages of Liberalisms: The Semantics of "Liberalism" in European Comparison », *Redescriptions: Yearbook of Political Thought and Conceptual History*, 2004, n° 8, pp. 17-51.

Leonhard Jörn, « Comparison, Transfer and Entanglement, or: How to Write Modern European History Today? », *Journal of Modern European History*, 2016/2, n° 14, pp. 149-163.

Leurdijk J. Henk, « De la politique internationale à la politique transnationale : un changement de paradigmes ? », *Revue internationale des sciences sociales*, 1974/1, n° XXVI, pp. 53-69.

Levitt Peggy et Kahgram Sanjeev (eds.), *The Transnationalism Studies Reader. Intersections and Innovations*, Londres, Routledge, 2007.

Lim Jie-Hyun, « Comment historiciser le monde en Asie orientale ? », *Critique*, 2018/1-2, n° 848-849, pp. 83-99.

LOTH Wilfried et OSTERHAMMEL Jürgen (Hg.), *Internationale Geschichte: Themen-Ergebnisse-Aussichten*, Munich, R. Oldenbourg Verlag, 2000.

LUHMANN Niklas, *La confiance. Un mécanisme de réduction de la complexité sociale*, Paris, Économica, 2006 [1968].

LUSSAULT Michel, *Hyper-lieux. Les nouvelles géographies de la mondialisation*, Paris, Le Seuil, 2017.

MAIER Charles S., « 15. Marking Time: The Historiography of International Relations », dans KAMMEN Michael (eds.), *The Past Before Us: Contemporary Historical Writing in the United States*, Ithaca, NY, Cornell University Press, 1981, pp. 355-388.

MAIOLO Joseph A., « Personalities, Policies, and International History: The Life and Work of Donald Cameron Watt », *Diplomacy and Statecraft*, 2015/2, n° 26, pp. 203-210.

MAIOLO Joseph A., « Systems and Boundaries in International History », *The International History Review*, 2018/3, n° 40, pp. 576-591.

MALGERI Giampaolo, « La nascita della *Rivista Di Studi Politici Internazionali* (Firenze, 1934) », *Rivista Di Studi Politici Internazionali*, vol. 84, n° 2 (334), 2017, pp. 233-54.

MARTINIÈRE Guy, « La Escuela de los "Annales" y las Américas Latinas (1929-1949) », *Estudios Latinoamericanos*, 1980, n° 6, pp. 133-153.

MATASCI Damiano et BANDEIRA JERÓNIMO Miguel, « Une histoire transimpériale de l'Afrique : concepts, approches et perspectives », *Revue d'histoire contemporaine de l'Afrique*, 2022, n° 3, pp. 1-17.

MAUREL Chloé, « Le tournant global de l'histoire. Récents développements en histoire globale dans le monde », *Cahiers d'histoire. Revue d'histoire critique*, 2013, n° 121, pp. 127-152.

MAUREL Chloé, *Manuel d'histoire globale. Comprendre le* « global turn » *des sciences humaines*, Paris, Armand Colin, 2014.

MAURER Catherine et SCHULZ Matthias (Hg.), *Solidarität denken und praktizieren/Penser et pratiquer la solidarité*, Stuttgart, Franz Steiner Verlag, 2023.

MAY Ernest R., *« Lessons » of the Past: The Use and Misuse of History in American Foreign Policy*, New York, Oxford University Press, 1973.

MAZLISH Bruce et IRIYE Akira (eds.), *The Global History Reader*, New York, Routledge, 2005.

MCKERCHER Asa, « Toward Canada in the World: Thoughts on the Future of Canadian Foreign Policy History », *International Journal*, 2017/2, n° 72, pp. 243-54.

MCKERCHER Asa et VAN HUIZEN Phil, *Undiplomatic History: Rethinking Canada in the World*, Montréal et Kingston, McGill-Queen's University Press, 2019.

MELCHIONNI Maria Grazia, « Due maestri : Gemma e Baldoni », *Rivista di Studi Politici Internazionali*, 1953/4, n° 20, pp. 573-585.

MENDE Silke, *Ordnung durch Sprache. Francophonie zwischen Nationalstaat, Imperium und internationaler Politik, 1860-1960*, Berlin/Boston, De Gruyter Oldenbourg, 2020.

MERLE Isabelle, « Les *Subaltern Studies*. Retour sur les principes fondateurs d'un projet historiographique de l'Inde coloniale », *Genèses*, 2004/3, n° 56, pp. 131-147.

MERLE Marcel, *Sociologie des relations internationales*, Paris, Dalloz, 1974.

MIDDELL Matthias, « Méthodes de l'historiographie culturelle : Karl Lamprecht », *Revue germanique internationale*, 1998, n° 10, pp. 93-115.

MIDDELL Matthias (Hg.), *Dimensionen der Kultur- und Gesellschaftsgeschichte. Festschrift für Hannes Siegrist zum 60. Geburtstag*, Leipzig, Leipziger Universitätsverlag, 2007.

MIDDELL Matthias et NAUMANN Katja, « Weltgeschichte et histoire globale en Allemagne », *Revue de l'IFHA*, 2010, n° 2, pp. 247-284.

Ministère des relations extérieures, *Les archives du ministère des relations extérieures depuis les origines. Histoire et guide*, t. 1, Paris, Imprimerie nationale, 1984.

Ministère des relations extérieures, *Les archives du ministère des relations extérieures depuis les origines. Histoire et guide*, t. 2, Paris, Imprimerie nationale, 1985.

MONTEIL Lucas et ROMERIO Alice, « Des disciplines aux "*studies*". Savoirs, trajectoires, politiques », *Revue d'anthropologie des connaissances*, 2017/3, n° 11, pp. 231-244.

MONZALI Luciano, *Mario Toscano e la politica estera italiana nell'era atomica*, Florence, Le Lettere, 2011.

MONZALI Luciano, « Pietro Pastorelli. Ricordo di uno storico italiano delle relazioni internazionali », *Nuova Storia Contemporanea*, 2013, n° 6, pp. 145-154.

MORELI Alexandre, « Ser historiador das relações internacionais. Diálogos com as escolas francesa e italiana », *Intelligere, Revista de História Intelectual*, 2020, n° 10, pp. 127-139.

MORENO Juste Antonio, « La historia de las relaciones internacionales y de la política exterior española », *Ayer*, 2001, n° 42, pp. 71-96.

MOTADEL David, « Globaliser l'Europe », *Annales. Histoire, Sciences Sociales*, 2021/4, pp. 645-667.

MOYN Samuel, « L'histoire intellectuelle de l'Europe après le tournant global », *Annales. Histoire, Sciences Sociales*, 2021/4, pp. 717-727.

MUCCHIELLI Laurent, « Aux origines de la Nouvelle Histoire en France : l'évolution intellectuelle et la formation du champ des sciences sociales (1880-1930) », *Revue de synthèse*, 1995/1, n° 116, pp. 55-98.

MÜLLER Klaus-Jürgen, « La situation dans la République fédérale d'Allemagne », *Relations internationales*, 1985/2, n° 42, pp. 145-148.

NEILA HERNÁNDEZ José Luis, « La historia de las Relaciones Internacionales: notas para una aproximación historiográfica », *Ayer*, 2001, n° 42, pp. 17-42.

NEUMANN Iver B., « Discourse Analysis » dans KLOTZ Audie et PRAKASH Deepa (eds.), *Qualitative Methods in International Relations: A Practical Guide*, Houndmills, Basingstoke, Hampshire/New York, Palgrave Macmillan, 2008, pp. 61-77.

NOVICK Peter, *That Noble Dream: The "Objectivity Question" and the American Historical Profession*, New York, Cambridge University Press, 1988.

O'BRIEN Patrick, « Historiographical traditions and modern imperatives for the restoration of global history », *Journal of Global History*, 2006/1, n° 1, pp. 3-39.

OSIANDER Andreas, « Sovereignity, International Relations, and the Westphalian Myth », *International Organization*, 2001/2, n° 55, pp. 251-87.

OSTERHAMMEL Jürgen, « Transnationale Gesellschaftsgeschichte: Erweiterung oder Alternative? », *Geschichte und Gesellschaft*, 2001/3, n° 27, pp. 464-479.

OTTE Thomas G., « "The Light of History": Scholarship and Officialdom in the Era of the First World War », *Diplomacy and Statecraft*, 2019/2, n° 30, pp. 253-287.

OTTE Thomas G., « The Inner Circle: What is Diplomatic History? (And Why We Should Study it): An Inaugural Lecture », *History*, 2020, vol. 105, n° 364, pp. 5-27.

OUSTINOFF Michaël, « (In)discipline et interdisciplinarité : des mots aux choses », *Hermès. La Revue*, 2013/3, n° 67, pp. 21-24.

OWENS Patricia et RIETZLER Katharina (eds.), *Women's International Thought: A New History*, Cambridge, Cambridge University Press, 2021.

PASTORELLI Pietro, « La storia delle relazioni internazionali negli studi e nell'insegnamento di Mario Toscano », *Rivista di Studi Politici Internazionali*, 1968/4, n° 35, pp. 543-562.

PATEL Kiran et SCHOT Johan, « Twisted Paths to European Integration: Comparing Agriculture and Transport in a Transnational Perspective », *Contemporary European History*, 2011/4, n° 20, pp. 383-403.

PECHIR GOMES Manzur Tania, « Opinião pública e política externa do Brasil do Império a João Goulart: um balanço historiográfico », *Revista Brasileira de Política Internacional*, 1999/1, n° 42, pp. 30-61.

PELZ Stephen, « Essay and Reflection: On Systematic Explanation in International History », *The International History Review*, 1990/4, n° 12, pp. 762-781.

PÉQUIGNOT Stéphane et SCHAUB Marie-Karine, « Gender matters ? Genre et histoire de la négociation », *Revue historique*, 2022/2, n° 702, pp. 431-456.

PEREIRA CASTAÑARES Juan Carlos, « De la Historia diplomática a la Historia de las relaciones internacionales: algo más que el cambio de un término », *Historia Contemporánea*, 1992, n° 7, pp. 155-182.

PEREIRA CASTAÑARES Juan Carlos, « Pensar sobre el siglo XX para entender mejor el siglo XXI. Tiempo, espacios y procesos desde la perspectiva de la Historia de las Relaciones Internacionales », *Anales de Historia Contemporánea*, 2000, n° 16, pp. 27-44.

PEREIRA CASTAÑARES Juan Carlos et SANZ DÍAZ Carlos, « La Historia de las Relaciones Internacionales y de la Política Exterior española », dans BARRIO Alonso Á. *et al.*, (dir.), *Nuevos horizontes del pasado: culturas políticas, identidades y formas de representación*, X Congreso de la AHC, Santander, Universidad de Cantabria, 2011, pp. 251-260.

PEREIRA LOUREIRO Felipe *et al.*, « Public Opinion and Foreign Policy in João Goulart's Brazil (1961-1964): Coherence between National and Foreign Policy Perceptions? », *Revista Brasileira de Política Internacional*, 2015/2, n° 58, pp. 98-118.

POMIAN Krzysztof, « World History : histoire mondiale, histoire universelle », *Le Débat*, 2009/2, n° 154, pp. 14-40.

PORTER Bernard, « L'Empire dans l'histoire britannique », *Revue d'histoire du XIXe siècle* [En ligne], 2008, n° 37, p. 127-143, mis en ligne le 1er décembre 2010, accessible via l'adresse suivante : http://journals.openedition.org/rh19/3517

RAPHAEL Lutz, *Geschichtswissenschaft im Zeitalter der Extreme: Theorien, Methoden, Tendenzen von 1900 bis zur Gegenwart*, Munich, Beck, 2003.

RAPOPORT Mario, « Una contribución al estudio de la historia de las relaciones internacionales en América Latina desde fines del siglo XX », *Horizontes Latinoamericanos*, 2014, pp. 93-104.

RAPOPORT Mario, « Una contribución al estudio de la historia de las relaciones internacionales en América Latina desde fines del siglo XX », accessible via l'adresse suivante : http://www.mariorapoport.com.ar/uploadsarchivos/horizontes_latinoamericanos.pdf

RAUSCH Helke, « Akademische Vernetzung als politische Intervention in Europa. Internationalismus-Strategien US-amerikanischer Stiftungen in den 1920er Jahren », *Jahrbuch für Universitätsgeschichte*, 2015, n° 18, pp. 165-188.

RINGMAR Erik, « Performing International Systems: Two East-Asian Alternatives to the Westphalian Order », *International Organization*, 2012/1, n° 66, pp. 1-25.

ROCHE Jean-Jacques, « L'enseignement des relations internationales en France : les aléas d'une "discipline-carrefour" », *Revue internationale et stratégique* 2002/3, n° 47, pp. 100-107.

ROUSSO Henry, « L'histoire du temps présent, vingt ans après », *Bulletin de l'Institut d'histoire du temps présent*, juin 2000, n° 75, pp. 23-40.

SABROW Martin, *Die Zeit der Zeitgeschichte*, Göttingen, Wallstein Verlag, 2012.

SANZ DÍAZ Carlos, *España y la República Federal de Alemania, 1949-1966: política, economía y emigración entre la Guerra Fría y la Distensión*, Madrid, UCM, 2006.

SANZ DÍAZ Carlos, « Autour de José María Jover. L'ouverture internationale de l'historiographie espagnole », dans BADEL Laurence (dir.). *Histoire et relations internationales, op. cit.*, 2020, pp. 261-271.

SAUNIER Pierre-Yves, « La toile municipale aux XIXe-XXe siècles : un panorama transnational vu d'Europe », *Urban history review. Revue d'histoire urbaine*, 2006/2, n° XXIV, pp. 163-176.

SAWYER Stephen W., « Déglobaliser l'histoire globale de l'Europe », *Annales. Histoire, Sciences Sociales*, 2021/4, n° 76, pp. 775-785.

SCHLÖGEL Karl, « Von der Vergeblichkeit eines Professorenlebens: Otto Hoetzsch und die deutsche Rußlandkunde », *Osteuropa*, 2005/12, n° 55, pp. 5-28.

SCHORS Arvid et KLOSE Fabian (Hg.), *Wie schreibt man internationale Geschichte? Empirische Vermessungen zum 19. und 20. Jahrhundert*, Frankfurt a. M./New York, Campus Verlag, 2023.

SCHROEDER Paul W., « International History: Why Historians Do It Differently than Political Scientists », dans ELMAN Colin, FENDIUS ELMAN Miriam (eds.), *Bridges and Boundaries: Historians, Political Scientists, and the Study of International Relations*, Cambridge (Mass.), The MIT Press, 2001, pp. 403-416.

SHEPHERD Laura, *Gender, UN and Peacebuilding*, Oxford, Oxford University Press, 2017.

SIEGEL Mona L., *Peace on Our Terms: The Global Battle for Women's Rights After the First World War*, New York, Columbia University Press, 2020.

SIGAUD Anne, « Conceptions et pratiques transnationales au sein des fondations du banquier Albert Kahn (1898-1931) », *Les Cahiers Sirice*, 2020/2, n° 25, pp. 31-40.

SLUGA Glenda et CLAVIN Patricia, *Internationalisms: A Twentieth-Century History*, Cambridge, Cambridge University Press, 2016.

SLUGA Glenda, « Editorial. The transnational history of international institutions », *Journal of Global History*, 2011/2, n° 6, pp. 219-222.

STEINMETZ Willibald, « La sémantique historique : problèmes théoriques et pratiques de recherche », disponible à l'adresse suivante : https://www.politika.io/fr/article/semantique-historique-problemes-theoriques-pratiques-recherche

STEINMETZ Willibald (eds.), *Political Languages in the Age of Extremes*, Oxford, Oxford University Press, 2011.

STEINMETZ Willibald *et al.* (eds.), *Conceptual History in the European Space*, New York/ Oxford, Berghahn Books, 2017.

STEINER Zara, « Beyond the Foreign Office Papers: The Making of an International Historian », *The International History Review*, 2017/3, n° 39, pp. 546-570.

STEVENSON David, « International Relations », dans JACKSON Julian (eds.), *Short Oxford History of Europe: Europe, 1900-1945*, Oxford, Oxford University Press, 2002, pp. 16-47.

STRUCK Bernhard *et al.*, « Introduction: Space and Scale in Transnational History », *International History Review*, 2011/4, n° 33, pp. 573-584.

SUEIRO SEOANE Susana, « La historia de las relaciones internacionales en España. Un balance. Tendencias actuales y perspectivas de futuro », dans RÉMOND René *et al.* (dir.), *Hacer la historia del siglo XX*, Madrid, UNED, 2004, pp. 95-118.

TEMPERLEY Harold W.V. et PENSON Lilian M. (eds.), *A Century of Diplomatic Blue Books, 1814-1914*, Londres, Cass, 1938, pp. 1-7.

TESNIÈRE Valérie, « La BDIC dans le "moment documentaire" », *Matériaux pour l'histoire de notre temps*, 2010/4, n° 100, pp. 7-13.

THAKUR Vineet, « Liberal, Liminal and Lost: India's First Diplomats and the Narrative of Foreign Policy », *The Journal of Imperial and Commonwealth History*, 2017/2, n° 45, pp. 232-258.

THELEN David, « The Nation and Beyond: Transnational Perspectives on United States History », *Journal of American Studies*, 1999/3, n° 86, pp. 965-975.

THIBAULT Jean-François, « Introduction. Revisiter la problématique "westphalienne" », *Études internationales*, 2006/2, n° XXXVII, pp. 197-203.

THIEMEYER Guido, « The "Forces Profondes" of Internationalism in the Late Nineteenth Century: Politics, Economy and Culture », dans LÖHR Isabella et WENZLHUEMER Roland (eds.), *The Nation State and Beyond. Transcultural Research-Heidelberg Studies on Asia and Europe in a Global Context*, Berlin, Heidelberg, Springer, 2013, pp. 27-42.

TORRE DEL RÍO Rosario de la, « España, el Mediterráneo, el Atlántico y el mundo. La aportación de José María Jover a la historia de la política internacional moderna y contemporánea », dans RUIZ FRANCO Rosario (eds.), *Pensar el pasado. José María Jover y la historiografía española*, Madrid, Biblioteca Nueva, 2012, pp. 119-139.

TOWNS Ann, *Women and States. Norms and Hierarchies in International Society*, Cambridge, Cambridge University Press, 2010.

TYRRELL Ian, « American Exceptionalism in an Age of International History », *American Historical Review*, 1991/4, n° 96, pp. 1031-1055.

TYRRELL Ian, *Transnational Nation: United States History in Global Perspective since 1789*, Basingstoke, Palgrave Macmillan, 2007.

VAÏSSE Maurice, « Les documents diplomatiques français : outil pour la recherche ? », *La revue pour l'histoire du CNRS* [En ligne], 2006, n° 14, mis en ligne le 3 mai 2008, accessible via l'adresse suivante : http://journals.openedition.org/histoire-cnrs/1836

VAN DEN DUNGEN Peter et WITTNER Lawrence S., « Peace History: An Introduction », *Journal of Peace Research*, vol. 40, n° 4, 2003, pp. 363 –375.

VANNEUVILLE Rachel, « La mise en forme savante des sciences politiques. Les usages de la référence allemande dans l'institutionnalisation de l'École libre des sciences politiques à la fin du XIXe siècle », *Politix*, 2002, n° 59, pp. 67-88.

VARSORI Antonio, « Dalla storia delle relazioni internazionali alla storia globale ? Il caso italiano fra tradizione e cauta innovazione », *Ricerche di storia politica*, 2016, n° 3, pp. 269-283.

VEDOVATO Giuseppe, « La storia dei trattati nelle Università italiane », *Rivista di Studi Politici Internazionali*, 1948/2, n° 15, pp. 286-290.

VERMEREN Pierre, *Misère de l'historiographie du « Maghreb » post-colonial (1962-2012)*, Paris, Éditions de la Sorbonne, 2012.

VIGEZZI Brunello, « Quelques remarques sur l'histoire des relations internationales en Italie : formation et perspectives », *Relations internationales*, 1985, n° 42, pp. 187-199.

VIGEZZI Brunello, *The British Committee on the Theory of International Politics (1954-1985): The Rediscovery of History*, Milano, Edizioni Unicopli, 2005.

VILLARROEL PEÑA Yetzy Urimar, « Historiografía y Relaciones Internacionales en América Latina: Entre la Rebeldía Autonomista y la Sumisión Occidentalista », *Relaciones Internacionales*, 2018, n° 37, pp. 143-171.

VINCENT Julien, « Les "sciences morales" : de la gloire à l'oubli ? Savoirs et politique en Europe au XIXe siècle », *La revue pour l'histoire du CNRS*, 2007/3, n° 18, pp. 38-43.

VITALIS Robert, *White World Order, Black Power Politics: The Birth of American International Relations*, Ithaca, Cornell University Press, 2015.

WANG Q. Edward, « Encountering the World: China and Its Other(s) in Historical Narratives, 1949-89 », *Journal of World History*, 2003/3, n° 14, pp. 327-358.

WATT Donald, « What is Diplomatic History? », *History Today*, 1985/7, n° 35, pp. 33-42.

WEBER Pierre-Frédéric, *Timor Teutonorum. Angst vor Deutschland seit 1945: eine europäische Emotion im Wandel*, Paderborn, Schöningh, 2015.

WEBER Pierre-Frédéric, « La peur de l'Allemagne comme volonté et représentation ? De la politique des émotions en Pologne », 2019/2, n° 228, pp. 46-57.

WILSON Keith (eds.). *Forging the Collective Memory: Government and International Historians through Two World Wars*, Providence, Berghahn Books, 1996.

WORMELL Deborah, *Sir John Seeley and the Uses of History*, Cambridge, Cambridge University Press, 1980.

XIA Yafeng, « The Study of Cold War International History in China: A Review of the Last Twenty Years », *Journal of Cold War Studies*, 2008/1, n° 10, pp. 81-115.

XU Luo, « Reconstructing World History in the People's Republic of China since the 1980s », *Journal of World History*, 2007/3, n° 18, pp. 325-350.

ZHANG Xupeng, « Historical Writing in the People's Republic of China since 1978 », *Revue Tiers-Monde*, 2013/4, n° 216, pp. 89-110.

ZHU Yongtao, « American Studies in China », *American Studies International*, 1987/2, n° 25, pp. 3-19.

ZÚÑIGA Jean-Paul, *Pratiques du transnational. Terrains, preuves, limites*, Paris, Centre de recherches historiques, 2011.

Index des noms propres

M

T

Remerciements

Je tiens à remercier ici non seulement mes éditeurs, Marie Lecrivain, pour l'accueil immédiat et enthousiaste de ce projet, Jean Henriet et Anaïs Ben Bounan pour leurs conseils et leur accompagnement éditorial minutieux, mais aussi les collègues de toutes générations avec lesquels j'ai échangé sur des points particuliers, ou qui même ont accepté des relectures dans les derniers mois de la rédaction. Je leur exprime ma reconnaissance : Thomas Angerer, Yvonne Blomann, Hubert Bonin, Elena Calandri, Eckart Conze, Paulo R. de Almeida, Lorenzo Delgado, Alain Delissen, Marie-Luce Desgrandchamps, Michel Dumoulin, Robert Frank, Vincent Genin, Talbot Charles Imlay, Stanislas Jeannesson, Sébastien-Yves Laurent, Thomas Maissen, Niels May, Florian Michel, Sophie Momzikoff, Olivier Poncet, Carlos Sanz, Matthias Schulz, Christoph Streb, Édouard Vasseur et Geneviève Verdo.

Table des matières

263061 - (I) - OSB 80° - BPE - BTT

Achevé d'imprimer en février 2024 par
La Nouvelle Imprimerie Laballery
58500 Clamecy (Nièvre)
N° d'impression : 402319
Dépôt légal : mars 2024

Imprimé en France